Heinz-Lothar Worm

Schulzes Anna und ihre Kinder

Die Geschichte einer Familie

© 2010 Brunnen Verlag Gießen
www.brunnen-verlag.de
Lektorat: Eva-Maria Busch
Umschlagmotive: Franz Ewert, Lahnau (unten); privat
Umschlaggestaltung: Ralf Simon
Satz: DTP Brunnen
Druck: GGP Media GmbH, Pößneck
ISBN 978-3-7655-1788-4

Schulzes Anna

Das Dorf

Schauplatz des Geschehens ist ein kleines Dorf in Nordhessen – unweit von Kassel. Etwa dreißig Häuser kauern am Fuß des aufragenden Vulkankegels, der noch die Überreste einer mittelalterlichen Burganlage trägt. Es gibt da stattliche Bauernhöfe, schöne Fachwerkhäuser mit geräumigen, offenen Höfen, in deren Mitte ein ebenso stattlicher Misthaufen thront. Und dann sind da die Hütten der Häusler, die nur einen oder zwei Äcker ihr Eigen nennen, welche schmalen Handtüchern gleichen und die nur über Nachbarfelder erreichbar sind.

Es gibt natürlich auch eine Frischwasserleitung – das ist der Dorfbach, aus dem man sich Wasser holen kann, wenn es nicht gerade vorher in Strömen geregnet hat und die Fluten trüb geworden sind. Die Brücke über den Bach, die man heute vorfindet, gab es seinerzeit noch nicht. Die Straße – oder besser: der Fahrweg – führt mitten durch das an dieser Stelle ausgemauerte Bachbett. Für die Fußgänger liegen ein paar alte, behauene Steinblöcke im Bach, über die man bei normalem Wasserstand bequem laufen kann, ohne sich nasse Schuhe zu holen.

Die Kirche ist klein und gedrungen, das Pfarrhaus nebenan dagegen erscheint herrschaftlich. Das stattlichste Gehöft jedoch ist das des Bürgermeisters mitten im Dorf, es liegt schräg gegenüber vom Pfarrhaus. Hier regiert der schon seit vielen Jahren amtierende, seit einigen Jahren verwitwete Dorfschulze mit seinen beiden Söhnen. Der rüstige Fünfziger führt ein strenges Regiment sowohl in seinem Hause als auch in seinem Herrschaftsgebiet.

Und drüben, am Bürgel, da steht eine kleine Kate. Hier wohnt Anna mit ihrer Mutter. Die beiden haben nur eine Kuh, mit der sie auf ihren Äckern arbeiten. Annas Mutter tagelöhnert, so wie es ihr Ehemann seinerzeit getan hat. Anna selbst hilft hier und da als Kindsmagd aus, geht aber auch schon oft mit den großen Bauern ins Feld, wenn zur Zeit der Ernte jede Hand gebraucht wird.

Anna

Anna ist ein hübsches Mädchen. Sie hat ein längliches Gesicht, die Haare schmiegen sich in Wellen um ihren Kopf, hell wie goldgelber Bernstein sehen sie aus, sie glitzern fast in der Sonne. Es ist unnötig zu erwähnen, dass ihre Augen kräftig blau sind. Anna hat die Haare zu einem langen Zopf geflochten, der um den Kopf gelegt wird. Weil die Haare so dick sind, sehen sie von weitem wie eine goldene Krone aus. Eine eigene Tracht gibt es in dem Dorf nicht, also trägt auch Anna keine. Die reichlich gefalteten Röcke sind bei den Mädchen und jungen Frauen heller, bei den älteren Frauen dunkler blau gemustert, die Greisinnen tragen fast nur schwarz. Die Arbeitsschürzen sind aus kariertem Baumwollstoff genäht, nur sonntags trägt man weiße Schürzen.

Anna kommt mit ihrer Freundin Klara aus der Schule. Morgen wird der letzte Schultag sein, denn am kommenden Sonntag ist die Konfirmation. Und dann wollen beide in Stellung gehen. Klara weiß schon, dass sie in einem nahen Städtchen als Magd dienen kann.

Anna hat noch keine Stelle.

»Du hast zwar eine hübsche Larve«, hatte ihr die Mutter gesagt, »aber das wird dir nichts helfen. Aus einer schönen Schüssel isst man sich nicht satt. Du könntest hässlich sein wie die Nacht: Wenn du viele Äcker hättest, würden sich die Männer um dich reißen. Aber so … die schöne Schale ist nichts wert. Arm wirst du sein, ein Leben lang. Du wirst arbeiten und trotzdem hungern. Und von der Gnade der großen Bauern wirst du abhängen. Sie werden dich schuften lassen für einen kargen Lohn. Und wenn sie dir auch nur eine Kleinigkeit schenken, dann wirst du »danke« sagen müssen. Immer wirst du die Tochter eines armseligen Tagelöhners sein. Schön bist du, das ist wahr. Aber das ist nichts nütze. Bilde dir nur ja nichts darauf ein!

Wenn ich dich nur schon los wäre! Es ist Zeit, dass du aus dem Haus kommst. Zwei Mäuler sind zu viel für unser bisschen Land. Aber es will dich niemand haben. Wer will schon die Tochter eines Tagelöhners dingen?«

Nachdenklich schlendern Anna und Klara von der Schule nach Hause. Die Dorfstraße führt auf den Bach zu, der hier Elbe heißt – so wie der große Strom im Osten und Norden.

Klara sagt: »Du wirst schon eine Stelle finden. Vielleicht kann ich ja einmal horchen, ob jemand in Sachsenhausen eine Magd sucht.«

Anna lächelt: »Du weißt doch, dass ich arm bin. Du bist die Tochter eines Försters. Und dein Vater kennt so viele Leute in unserer Gegend. Da ist es kein Wunder, dass er gleich eine Stelle für dich gefunden hat. Aber bei mir, wo mein Vater schon so lange tot ist ...«

Ein Pferdefuhrwerk nähert sich. Die Mädchen wissen, dass es nur der Schulze sein kann, denn nur er besitzt zwei Pferde. Nur wenige Bauern noch haben ein Pferd, die meisten sind Kuhbauern. Die Mädchen verneigen sich, wie es sich gehört, und warten darauf, dass der Schulze mit seinem Wagen vorüberfährt. Aber er ruft: »Brrr...!«, und hält den Wagen an.

Anna und Klara blicken zu ihm auf. Der Schulze ist seit dem Tod des Vaters Annas Vormund. Das hat für Anna aber bisher keine Bedeutung gehabt.

Der Schulze schweigt und starrt Anna an. Mit Blicken, die Anna nicht kennt, tastet er sie ab. Von der Haarkrone bis zu den schlechten, einleistigen Schuhen, die sie trägt. Anna wird rot im Gesicht. Sie schämt sich und weiß nicht warum. Oder ahnt sie, dass ihr Leben von dem dicken Mann auf dem Wagen dort oben so sehr beeinflusst werden wird?

»Er schaut durch meine Kleider hindurch«, denkt Anna und erschrickt zugleich vor den merkwürdigen Augen des Schulzen. Aber da sagt er schon: »Ihr beiden kommt aus der Schule? Habt ihr denn schon Arbeit?«

»Ich gehe nach Sachsenhausen in Stellung«, beeilt sich Klara zu sagen.

»Und du, Anna?«, fragt der Schulze weiter.

»Ich bin noch nicht unter, Schulze«, antwortet Anna, »ich habe noch keine Stellung.«

»So, so«, lächelt der Mann auf dem Wagen, »das wäre ja auch schade ... Hüh!«, ruft er, knallt mit der Peitsche und lässt die Pferde anziehen. »Das wäre wirklich schade!«, lacht er laut, während die Räder auf dem Schotter der Straße knarren. Dann biegt er um die Ecke.

Die beiden Mädchen starren ihm nach. Keine sagt etwas. Anna denkt: »Er ist ein gemeiner Kerl, der Schulze. Warum ist es schade, wenn ich Arbeit habe?«

Klara bittet: »Komm doch noch mal mit zu uns nach Hause. Bald bin ich ja weg von hier. Dann sehen wir uns kaum noch.«

Anna denkt an die gute Hausmacherwurst, die ihr Klara manchmal gibt. Deswegen sagt sie: »Ja, ich komme noch einmal mit.«

Hoher Besuch im Försterhaus

Vor dem Försterhaus ist eine Kutsche vorgefahren. Klara freut sich: »Das ist der Herr Großvater!« Und sie ahnt, dass sie selbst der Grund des Besuches ist. Der Herr Großvater ist ein Baron, ein richtiger hessischer Baron. Die Försterin, Klaras Mutter, ist seine leibliche Tochter. Im ganzen Dorf ist es bekannt, dass der Baron in jungen Jahren, damals auf dem nahe gelegenen Gut als Soldat stationiert, in einer heftigen Leidenschaft zur Mutter der Försterin entbrannt war, die als Zimmermädchen auf dem Gut arbeitete. Als die junge Frau schwanger geworden war, wollte der Baron sie zu seiner Ehefrau machen. Der Hof in Kassel jedoch verbot ihm die Eheschließung mit einer Bürgerlichen. Klaras Mutter wurde daher unehelich geboren. Der adlige Vater jedoch besuchte seine Tochter oft und nahm auch weiterhin Anteil an ihrem Ergehen. Ihn interessierten auch seine Enkelkinder. So hatte er wohl erfahren, dass seine Enkeltochter Klara am kommenden Sonntag zur Konfirmation gehen würde. Und da wollte er ihr ein Geschenk bringen.

Klara freut sich. Sie hat den Großvater gern, obwohl sie sich auch wieder ein wenig vor ihm scheut. Er ist so anders, so fremd mit seinem »von« vor dem Namen. Aber er hat liebe Augen und überhaupt ein fröhliches Gesicht. Der Großvater hat Klara erwartet. Sie begrüßt ihn artig. Auch Anna kommt um eine Begrüßung nicht herum.

»Du gehst bald zur Konfirmation, mein Kind?«, fragt der Großvater. Klara nickt. »Da sollst du von deinem Großvater ein Geschenk erhalten; eines, das dich an ihn erinnert, auch wenn es ihn schon lange nicht mehr gibt.« Klara stammelt: »Herr Großvater …«, aber da schreitet der stattliche Herr zu seiner Kutsche und holt etwas heraus. Er hält Klara ein vornehmes Geldbeutelchen hin. »Da, nimm, mein Kind.«

Klara traut sich fast nicht.

»Da, Kind, nimm nur. Es sind einige alte Goldmünzen in dem Geldbeutel. Sie sollen dir gehören. Zur Erinnerung an deinen Großvater. Trenne dich nur von ihnen, wenn es unbedingt notwendig ist. Und wenn du nun von daheim fortgehst, dann bleibe ordentlich und fleißig.«

Klara steht wie eine Salzsäule. »Danke, Herr Großvater, herzlichen Dank«, kann sie nur hervorbringen.

»Bist deiner Großmutter ähnlich«, murmelt er dann leise, aber vernehmlich. »Die war auch so …« Er schluckt und schweigt.

Der Großvater winkt der Försterin zu, die sich ein wenig abseits gehalten hatte. »Gott befohlen, Tochter! Ich sehe, dass du noch einmal gesegneten Leibes bist. So wünsche ich dir denn Gottes Beistand in deiner schweren Stunde.

Und lass mich wissen, ob du mir einen Enkelsohn oder eine Enkeltochter beschert hast.«

Die Försterin senkt den Blick. Der Baron ist gerade im Begriff, in die Kutsche zu steigen, da fällt sein Blick auf Anna, die neben Klara steht und ebenfalls das Geldbeutelchen anstarrt. »Wer bist du, mein Kind?«

Anna bringt kein Wort heraus, aber dafür kann Klara plötzlich gut reden. »Das ist die Anna! Sie wohnt dort drüben am Bürgel und wird auch am Sonntag konfirmiert.«

»So, am Bürgel wohnst du?«, fragt der Baron freundlich. »Weißt du, Kind, auch du sollst dich an den alten Großvater von der Klara gerne erinnern.« Er greift in seine Brusttasche. »Hier, du sollst auch eine Goldmünze haben. Ich schenke sie dir zu deiner Konfirmation.«

Er nimmt Annas Hand und legt eine kleine gelbe Münze hinein. Annas Herz klopft bis zum Hals. Sie rührt sich nicht. Erst als der Wagen von Klaras Großvater um die Ecke gebogen ist, kann sie ein wenig winken.

Bei der Mutter

Anna betritt die Kate ihrer Mutter. Sofort merkt sie, dass die Mutter, die eigentlich zu Schwermut neigt, heute sehr aufgeräumt ist. Sie lächelt sogar. »Denk mal, Anna, dein Vormund, der Schulze, war hier.«

»Der Schulze?«, wundert sich Anna.

»Ja, und stell dir vor, er will dich in seinen Dienst nehmen. Du sollst ab Montag bei ihm als Stallmagd arbeiten. Was sagst du dazu?«

Anna sagt vorerst gar nichts. Sie denkt an die merkwürdigen Augen des Schulzen, an seinen wilden, irgendwie verschlagenen Blick. Und sie denkt an seine Worte, dass es schade wäre, wenn sie schon eine Stelle als Magd hätte.

»Du sagst ja gar nichts«, fordert die Mutter sie zum Reden auf. »Freust du dich nicht, dass du Arbeit hast?«

»Doch, Mutter, ich freue mich«, beeilt sich Anna zu antworten.

Die Kate besteht aus einem größeren Raum, der Wohnküche und einer angebauten Schlafkammer. In der Ecke der Küche steht ein gemauerter Herd mit einer eisernen Kochplatte. An den Wänden links und rechts hängen Töpfe und Pfannen. Auf einer kleinen Schüsselbank stehen ein paar irdene Teller, Becher und Näpfe. Um den Tisch in der Mitte der Kammer stehen einige Hocker. Die Fenster haben keine Vorhänge. Armselige Drucke zieren die Wände, die anscheinend vor kurzem weiß gekalkt worden sind. In der Schlafkammer steht ein Doppelbett, dazu eine Truhe, die Kleider enthält.

Hinter dem Haus ist eine kleine Scheune angebaut, in dem die Kuh und ein Schwein untergebracht sind, dazu einige Hühner. Über diesem Schober liegt das Heu für die Kuh. Im Schuppen ist das Feuerholz für den Winter und für die Küche aufgeschichtet. Die Kartoffeln und Futterrüben – »Dickwurtelen« heißen sie hier – lagern in einem flachen Keller unter dem Haus, der nur von außen zugänglich ist. Der Abtritt befindet sich am Ende des Gartens in einem kleinen Haus, das ein Herz in der Tür hat. Ach ja, das Wasser. Die Wasserleitung ist der Dorfbach, wobei die Schöpfstelle etwa fünfhundert Meter weit vom Haus entfernt ist.

»Du sollst beim Schulzen arbeiten! Welch eine Ehre für dich«, beginnt die Mutter von neuem. »Dabei hätte er doch reiche Bauerntöchter als Mägde haben können. Aber vielleicht denkt er ja noch an deinen Vater. Der hat oft bei ihm gearbeitet, und immer war der Schulze mit ihm zufrieden. Dein Vater konnte aber auch zupacken wie kein Zweiter. Na ja, die Schulzin hat ihn seinerzeit gerne gesehen und ihm immer mal etwas zugesteckt. Aber ich vermute, dass der Schulze das gar nicht weiß. – Wie auch immer, Kind, jetzt bist du gut unter! Du bekommst die beste Stelle im Dorf. Und ich bin dich los. Ich habe nun etwas mehr zu beißen, und du brauchst beim Schulzen bestimmt nicht zu hungern, bestimmt nicht.«

Anna ist dermaßen erstaunt über den Redeschwall der sonst so schweigsamen Mutter, dass sie erst jetzt merkt, wie krampfhaft sie mit der Rechten das Goldstück umschließt.

Sie hält der Mutter die geschlossene Hand vor die Augen. Dann öffnet sie langsam die Finger. Die Mutter starrt das Goldstück an. »Gold?«, fragt sie. »Echtes Gold? Wo hast du das her? Am Ende gar gestohlen?!«

Anna schüttelt den Kopf. »Das habe ich geschenkt bekommen. Von Klaras Großvater. Er hat Klara einen Beutel mit Goldstücken gebracht. Mir hat er eins geschenkt. Zur Konfirmation.«

»Soso, da war der alte Baron mal wieder da. Na ja, der kann auch seine Jugendzeit nicht vergessen! Ist trotzdem schon lange her. Und da hat er dir ein Goldstück geschenkt? Gott lohne es ihm.«

Die Mutter schaut sich die Goldmünze an. »So eine habe ich noch nie gesehen. Es muss ausländisches Geld sein.«

Anna sagt: »Mutter, wenn ich nun aber beim Schulzen dienen soll, dann … dann brauche ich doch auch eine Truhe.«

Anna weiß, dass in der Gesindetruhe die Mägde ihre Kleider, ihre Bettwäsche und auch ihr Geld aufzuheben pflegen. Diese Truhe wird sie als ihre Habe mit in ihre Mägdekammer nehmen. Und diese Truhe wird sie auch mit sich führen, wenn sie einmal heiraten sollte. In ihr wird sie die Aussteuerwäsche sammeln.

»Oben unter dem Dach steht noch die Truhe von deiner Großmutter. Wir holen sie herunter und machen sie sauber. Dann hast du auch eine Gesindetruhe, die der Schulze auf den Wagen laden kann, wenn er dich abholt.«

Anna nickt. »Heute ist ein merkwürdiger Tag«, sinniert sie.

»Ein Glückstag ist heute«, verbessert die Mutter. »Und dabei habe ich zuerst einen Augenblick lang wirklich geglaubt, du ... du hättest das Goldstück gestohlen.«

»Mutter!«, ruft Anna. »Hast du wirklich gedacht, ich bin eine Diebin?« Anna weiß, dass ihre Mutter sich niemals an fremdem Eigentum vergreifen würde. Die Mutter lächelt. »Nein, Kind, für eine Diebin halte ich dich nicht. Aber hüte dich davor, dich jemals am Besitz anderer zu vergreifen. Das wäre für mich die schlimmste Schande. Arm zu sein, das ist nicht schlimm. Aber unehrlich zu sein, das wäre das Verderben.«

Anna kennt diese Ansichten. Sie hört sie mehrmals in jeder Woche. Deshalb bittet sie: »Mutter, wollen wir Großmutters Truhe runterholen und abwaschen? Ich räume sie dann gleich ein.«

»Jawohl, Tochter«, die Mutter lässt sich von Anna ablenken. »Und dein Goldstück, das hebst du im Seitenfach der Truhe auf«, schlägt sie vor.

Konfirmation

Heute ist Annas Konfirmationstag. Drei Kinder werden aus der Schule entlassen, und fünf Sechsjährige sollen eingeschult werden. Sie warten geduldig vor der Kirche, denn die drei Konfirmanden – Klara, Anna und Ludwig – werden ihre Griffel den angehenden Erstklässlern schenken, sobald sie nach dem Gottesdienst aus der Kirche kommen.

Anna und Klara haben den Heidelberger Katechismus gut gelernt, außerdem kennen sie Psalmen und Bibelverse; auch viele Lieder aus dem Kirchengesangbuch können sie aus dem Kopf hersagen. Sie brauchen sich keine Sorgen zu machen, am Ende die »Prüfung« nicht zu bestehen. So viel hat Anna gelernt: Bald nach ihrer Geburt wurde sie getauft und damit in die Gemeinde der Christen aufgenommen. Damals haben ihre Eltern und ihre Patin für sie entschieden, dass sie dem evangelisch-christlichen Glauben gemäß leben würde. Bei der Konfirmation nun soll Anna diese Entscheidung annehmen und bestätigen. Sie wird heute also zusammen mit Klara und Ludwig eine Frage gestellt bekommen und mit »ja« antworten. Dann hat sie die Taufe von damals angenommen, und alles ist in Ordnung.

Wie Anna sich Gott vorstellt? Nun ja, er ist wie ein Vater, wie ihr Vater vielleicht. Ihr Vater war gut zu ihr. Er war nicht so streng wie die Mutter. Und er war viel fröhlicher. So ist Gott vielleicht auch. Aber irgendwie muss er auch sehr streng sein. Denn er kann Sünde nicht vertragen. Die muss er unnachsichtig bestrafen. Weil das aber für Menschen sowieso nicht zu schaffen ist, ohne Sünde zu leben, hat Gott ein für alle Mal seinen Sohn Mensch werden lassen. Den hat Gott dann bestraft – für die Menschen. Deswegen brauchen auch die Menschen nicht mehr bestraft zu werden.

Das hat Anna alles begriffen. Aber sie weiß auch, dass ihre Mutter etwas anders darüber denkt. Ihre Mutter sagt: »Tue recht und scheue niemand.« Und ihre Mutter achtet auf Rechtschaffenheit. Sie achtet auf untadeligen Lebenswandel, sie lässt sich nichts zuschulden kommen, redet wenig, arbeitet wie ein Ackergaul, borgt niemals etwas aus. Und darauf ist sie stolz. Anna weiß das. »Wenn alle so wären wie meine Mutter, dann hätte Gott seinen Sohn nicht bestrafen müssen.« Aber der Gedanke, dass alle so wären wie die Mutter, der macht Anna Angst.

Anna weiß, dass man zu Gott beten kann. Das Vaterunser zum Beispiel. Aber wozu? denkt sie oft. Er kennt dieses Gebet doch, wozu also soll ich es ihm immer noch einmal vorsagen?

Nach der »Prüfung« beginnt der Pfarrer zu predigen. Der Pfarrer ist ein weichherziger Mann, der aber mit eintöniger Stimme redet, sodass es schwierig ist, ihm längere Zeit zuzuhören, ohne einzunicken.

Anna lauscht der Predigt des Pfarrers mit andächtigem Gesicht, aber ihre Gedanken sind weit weg. Sie denkt an Johannes. Der ist gerade in Berlin als Soldat. Dort dürfen nur solche Soldaten hin, die besonders lang gewachsen sind. Und Johannes ist so einer. Irgendwie hat er ihr schon immer gefallen. Johannes hat braune Haare und hellblaue Augen. Das sieht gut aus. Der Johannes, ja, der könnte ihr gefallen. Aber der hat mehr Interesse an Klara. Klara ist ja auch die Tochter des Försters, und sie ist nichts weiter als das Kind eines Tagelöhners. Sie hat keine Mitgift. Kein Mann wird sich um sie bemühen. Allenfalls ein Tagelöhner wird sie haben wollen, so einer wie der schwächliche Ludwig, der ständig hustet und dabei immer Blut ausspuckt. Ein Bauer wie der Johannes, das wäre ein Mann, wie sie ihn sich vorstellt. Aber der fühlt sich wohl eher zu Klara hingezogen. Klara hat es gut. Die wird von einem jungen Mann wie Johannes geliebt.

Plötzlich gibt Klara ihr einen Rippenstoß. Anna fährt aus ihren Gedanken auf. Sie schaut Klara erschrocken an. Es ist Zeit, aufzustehen, zum Altar zu gehen und »ja« zu sagen. Klara nimmt Anna am Arm und zieht sie mit nach vorne.

Dienstantritt

Anna steigt vom Wagen des Schulzen. Er hat sie mitsamt ihrer Gesindetruhe bei der Mutter abgeholt. Stolz und froh ist Anna auf das Gefährt gestiegen und hocherhobenen Hauptes durch das Dorf gefahren.

Die Mutter hat ihr nachgeschaut, auch sie empfindet diesen Tag als einen Festtag. Einige Male hat der Schulze Anna wieder so merkwürdig angesehen, aber Anna tut so, als hätte sie es nicht bemerkt. Heute hört ihr Kinderleben auf, ab heute ist sie eine junge Erwachsene. Und im Haus des Schulzen wird sie Magd sein; sie, die Tagelöhnerstochter. Sie will für ihr Lebensglück arbeiten und kämpfen, und beginnen will sie damit in dem stattlichen Haus, in dessen Hof das Fuhrwerk gerade eingefahren ist.

Vor der Haustür wartet auf sie ein alter Onkel des Schulzen, der nicht spricht, dafür aber fleißig arbeitet. Er soll im Kopf nicht richtig sein. »Das ist Onkel Frieder, du kennst ihn ja«, sagt der Schulze zu Anna. »Er kann nicht sprechen, aber darum brauchst du keine Angst vor ihm zu haben. Er wird dir im Stall helfen.«

Eine alte Magd kommt auf Anna zu. »Willkommen hier im Haus, Anna«, sagt sie. »Du kannst ab jetzt Lisa zu mir sagen. Früher war ich für dich ja die Tante Lisa. Ich bin für die Küche da. Wenn du mit mir sprichst, dann musst du das laut tun, denn ich höre nicht mehr gut.«

Anna gibt der alten Frau artig die Hand und nickt.

Jetzt begrüßt sie der älteste Sohn des Hauses. Er hat ein schwammiges, rötliches Gesicht und eine breite Lücke zwischen den oberen Schneidezähnen.

Selbstverständlich kennt Anna alle Bewohner des Dorfes und somit auch die des Hofes. Aber heute ist das irgendwie anders. Den etwa fünfundzwanzigjährigen Mann hat sie noch nie so aufmerksam angesehen wie jetzt. Sie weiß, dass er mit einer Bauerntochter aus einem Nachbarort verlobt ist. Im nächsten Jahr soll geheiratet werden. Der Sohn des Schulzen wird dann auf den Hof der jungen Frau ziehen.

Der jüngere Sohn des Schulzen gefällt ihr ganz gut. Er hat mittelblonde Haare und ein schmales Gesicht. Seine Augen sind grau. Er ist schlank und groß, aber nicht so groß wie Johannes. »Er erinnert mich an irgendjemanden, aber an wen?«, denkt Anna, als sie ihn begrüßt.

Die beiden jungen Männer werden Annas Truhe gleich in ihre Kammer tragen. Lisa wird Anna Salz und Brot reichen – als Zeichen, dass sie nun in die Hausgemeinschaft aufgenommen ist.

Im Stall

Anna hat ihren Bereich, den Stall, übernommen. Auf einem dreibeinigen Schemel sitzend, rückt sie von einer Kuh zur anderen. Zwölf Kühe muss Anna melken, das heißt, melken muss sie zurzeit nur acht, denn vier Kühe stehen trocken. Sie ist auch für ein gutes Dutzend Schweine verantwortlich. Die beiden Pferde gehen sie nichts an. Die werden von den Männern versorgt. Anna muss den Mist aus dem Stall schaffen, frisches Stroh aus der Scheune zu holen, die Kühe sauber halten und füttern. Futter holen die Männer. Manchmal, wenn Not am Mann ist, soll Anna mit hinaus auf die Wiesen fahren und Futter holen. Im Sommer wird sie die Tiere am frühen Vormittag auf die Weide treiben und gegen Abend heimholen, um zu melken. Selbstverständlich wird sie auch die Milch zu Butter verarbeiten und Käse machen.

Mit rotem Gesicht kämpft sich Anna von einer Kuh zur anderen. Melken kann sie, das ist gar keine Frage. Ihre Kuh daheim hat Anna auch jeden Tag gemolken und gefüttert. Jetzt hat sie aber die achtfache Arbeit. Und acht Kühe zu melken, das geht ihr in die Arme. Trotzdem will sie sich nichts anmerken lassen. Sie will arbeiten und tüchtig sein, das hat sie sich fest vorgenommen.

Gelegentlich stößt ihr bei der Arbeit das Wurstfett auf, das es reichlich beim Mittagessen – Kraut mit Grieben – gegeben hat. Sie ist das fette Essen nicht gewöhnt. Zu Hause bei ihrer Mutter war immer Schmalhans Küchenmeister. Auch wenn daheim geschlachtet wurde, blieb nicht viel Fett übrig, denn das Schwein selbst war nur mager und mit den beleibten Artgenossen im Stall des Schulzen nicht zu vergleichen. Außerdem – ihre Mutter kochte mehr als fettarm. Anna würde sich an das Fett gewöhnen, das war ein weiterer Vorsatz.

Lisa kommt immer wieder einmal in den Stall und fragt, ob alles in Ordnung ist. Anna bejaht jedes Mal und freut sich, dass Lisa anerkennend nickt und offensichtlich mit ihr zufrieden ist. Heute Abend – so hat Lisa ihr verraten – soll es rote Wurst mit frisch gebackenem Brot geben. Zur Feier des Tages, weil Anna ihren Dienst heute angefangen hat.

Besuch aus der Nachbarschaft

Die Männer sind in den Dorfkrug gegangen. Lisa und Anna haben Brot und Wurst weggeräumt, die Messer abgewischt und die irdenen Trinkbecher ausgespült und zum Trocknen auf die Schüsselbank gestellt. Jetzt ist Feierabend.

Da ruft draußen jemand. Es ist Tante Emma. Tante Emma ist wohl die älteste Magd im Dorf. Sie ist so alt, dass sie selbst nicht mehr so genau weiß, wie viele Jahre sie zählt. Trotzdem arbeitet sie noch flink auf dem benachbarten Hof mit, auf dem sie ein Leben lang verbracht hat und den sie nicht verlassen will. Jedermann im Dorf nennt sie Tante Emma; erstens, weil sie viele Patenkinder hat, und zweitens wegen ihres Alters. Tante Emma nimmt am dörflichen Leben regen Anteil.

So ist es auch erklärlich, dass sie heute Abend zu Besuch kommt. Sie möchte zu gerne wissen, wie es Anna gefällt.

»Das habe ich schon geahnt, dass Tante Emma uns besucht«, kichert Lisa und zwinkert Anna zu. »Sie ist zwar nicht neugierig, aber wissensdurstig. Die will jetzt erfahren, wie du dich am ersten Tag hier eingeführt hast.«

Tante Emma kommt unter einem Vorwand. Sie will fragen, ob Lisas Hennen schon brüten. Bei den Hennen auf ihrem Hof sei nämlich dazu noch keinerlei Bereitschaft festzustellen. Dann wendet sie sich aber sofort Anna zu.

Anna mag Tante Emma gern, denn die kennt viele alte Geschichten und Sagen aus der Gegend. Manchmal hat sie Tante Emma bei ihrer Patentante, der Godel, getroffen. Und immer hat ihr Tante Emma dann eine Geschichte oder Sage erzählt. Auch heute würde sie sich gerne etwas von ihr erzählen lassen. Sie wartet also geduldig, bis Tante Emma ihre Fragen gestellt hat. Dann bittet sie: »Willst du uns nicht eine Sage erzählen? Eine von hier? Ich höre dir immer so gerne zu!«

Tante Emma lächelt. Lisa schließt sich an: »Ja, Tante Emma! Erzähle uns von der Burg oben.«

Tante Emma wehrt ab. »Ach, ich kann das doch nicht richtig. Außerdem kennt ihr die Sage längst.« Das gehört zum Verfahren. Jetzt muss man Tante Emma weiter drängen, denn in Wirklichkeit brennt sie geradezu darauf, eine ihrer Geschichten zu erzählen. Anna und Lisa drängen also, bis Tante Emma beginnt.

»Oben auf unserer Burg lebte vorzeiten der Ritter Reinhard von Dalwigk. Er war um ein Haupt länger als die gewöhnlichen Männer, und er war kriegslustig, tapfer und klug. Um seinen Lebensunterhalt zu verdienen, scheute er auch den offenen Straßenraub nicht. Als er es einmal allzu arg trieb, da zog der hessische Landgraf Ludwig der Friedsame mit einer zahlreichen Mannschaft vor die Burg Reinhards und belagerte sie. Bald waren die Vorräte auf der Burg verzehrt, und Reinhard gab sich verloren. Da rettete ihn die Klugheit seiner Gemahlin Agnes. Sie wollte einen

Fußfall vor dem Landgrafen tun und um Gnade für ihren Mann bitten. Also zog sie ihre schönsten Kleider an und erschien so im Lager des Landgrafen vor der Burg. Aber der Landgraf war zornig und schwor, dass alle Bewohner der Burg sterben oder in Gefangenschaft geführt werden sollten. Nur die Edelfrau und ihre Mägde sollten frei abziehen dürfen. Der Landgraf erlaubte außerdem, dass die Frauen ihren kostbarsten Besitz mitnehmen dürften — allerdings nur so viel, wie sie auf dem Rücken tragen konnten. Voller Freude eilte Agnes auf die Burg zurück und gab ihren Dienerinnen ihre kostbarsten Kleider und Schmuckstücke zum Tragen. Sie selbst nahm ihren Ehemann auf den Rücken. So zogen die Frauen zum Burgtor hinaus. Der Landgraf musste von Herzen lachen über diesen sonderbaren Zug. Seine Begleiter meinten, so wäre der Abzug der Frauen aber nicht gemeint gewesen. Doch der Landgraf antwortete: ›Ich habe der Edelfrau versprochen, dass sie freien Abzug erhält und ihren kostbarsten Besitz mitnehmen darf. Und mein Wort werde ich nicht brechen. Ich wollte, überall im Land wären die Männer der kostbarste Besitz ihrer Frauen anstatt prachtvoller Kleider oder funkelnder Edelsteine.‹«

Lisa sagt: »Danke schön, Tante Emma! Wenn du eine alte Geschichte erzählst, dann ist es, als wäre man dabei.«

Anna denkt: »Ja, so wünsche ich es mir. Wenn ich einen Mann bekomme, dann soll er mein kostbarster Besitz sein.«

Das Recht der ersten Nacht

Ruhe ist eingekehrt auf dem Hof des Schulzen. Anna liegt auf ihrem Lager in der Kammer, auf dem Strohsack, den Lisa ihr am Nachmittag mit frischem Stroh ausgestopft hat. Anna ist müde, aber irgendwie noch so aufgeregt, dass sie wach in ihrem Bett liegt. Der Mond scheint durch das kleine Fenster mit dem Kreuz und beleuchtet spärlich Annas Lagerstatt, den Schemel, auf dem ihre Kleider liegen, und ihre Truhe, die noch ein paar Kleidungsstücke enthält und irgendwann einmal ihre gesamte Aussteuer bergen soll. Dann, wenn sie ihren Lohn erhalten hat und sich etwas kaufen kann.

Anna ist zufrieden mit dem vergangenen Tag. Sie weiß, sie wird an ihrer Arbeit nicht versagen. Sie wird eine tüchtige Magd werden und irgendwann vielleicht auch einen Mann mit ein wenig Landbesitz heiraten können.

Anna kommt ins Träumen. Vielleicht, wenn sie etwas Geld gespart hat und sie einen netten Mann findet, der auch etwas Geld gespart hat, dann kann man vielleicht zusammen nach Amerika gehen. So wie ihr Onkel, der Bruder von Annas Mutter. Dort gibt es, so erzählen die Leute, viel Land.

So einer wie Johannes müsste das sein oder wenigstens so einer wie Jost, der jüngste Sohn des Schulzen. Jetzt fällt ihr auch ein, an wen er sie erinnert: Jost sieht ihrem Vater ähnlich. Dass sie das nicht gleich bemerkt hat! Na klar, das längliche Gesicht, die grauen Augen, die Haarfarbe – so hat ihr Vater ausgesehen.

Ja, der Vater ... Anna träumt oft von ihm und wünscht sich, er wäre noch am Leben. Mit ihm konnte sie immer so gut reden, er war viel verständnisvoller als die strenge Mutter. Ob er stolz auf sie wäre, wenn er sie jetzt sehen könnte als Magd beim Schulzen?

Anna denkt an die alte Sage, die Tante Emma erzählt hat. Es muss schön sein, einen Mann zu haben, ihn von Herzen zu mögen und ihn als kostbarsten Besitz betrachten zu können.

Aber dieser Besitz war auch Last, das hatte die Edelfrau erleben müssen. Schließlich hatte sie ja ihren Mann auf dem Rücken schleppen müssen. Also eine kostbare Last? Anna würde das abwarten. Sie hat das Leben noch vor sich.

Plötzlich hört Anna ein leises Geräusch. Die Tür ihrer Kammer öffnet sich. Vor ihr steht der Schulze im Hemd. Das fahle Mondlicht lässt ihn wie ein Gespenst aussehen. Anna will ihn fragen, ob es ihm nicht gut ist. Aber da sagt er barsch: »Sei still und bleib liegen!«

Anna bekommt Angst. »Schulze, was wollt Ihr?«, fragt sie. Ihre Stimme zittert.

»Das wirst du dir wohl denken können!«

»Nein, Schulze«, sagt Anna.

»Wenn du tust, was ich dir sage, dann geschieht dir nichts«, zischt der Schulze. »Rück zur Seite!«

Anna zittert. Vor ihrem Bett reißt sich der Schulze plötzlich das Hemd vom Leib. Achtlos lässt er es zu Boden fallen. Anna erschrickt. Noch nie hat sie einen nackten Mann gesehen. Und trotzdem weiß sie, was ihr jetzt bevorsteht. Sie ist auf dem Land aufgewachsen und hat oft genug zugesehen, wie das bei den Tieren war. Das würde jetzt also ihr geschehen. Anna zittert immer mehr.

Der Schulze ist plötzlich über ihr, findet den Weg zwischen ihre Schenkel. Ein stechender Schmerz bringt Anna zum Schreien. Er schlägt ihr auf den Mund und keucht sie an: »Sei still! Davon ist noch keine gestorben. Du wirst dich dran gewöhnen!«

Anna verbeißt den Schmerz und den Ekel. Es dauert stundenlang, so jedenfalls kommt es ihr vor, bis der schwere Mann über ihr nach heftigem Röcheln wieder still wird. Als er sich zurückzieht, herrscht er sie an: »Und dass du keinem davon sagst! Nicht dem Lehrer und nicht dem Pfarrer. Außerdem würde dir ohnehin keiner glauben. Ich habe dich gedingt, und das hier gehört dazu. Du wirst gut bei mir bezahlt. Und die Jungen haben auch freien Zutritt, dass du das nur weißt. Konrad soll nächstes Jahr heiraten. Ich will nicht, dass er sich mit liederlichen Frauen abgibt. Er soll ein anständiger Kerl bleiben. Du hast für ihn da zu sein. Und für den Kleinen meinetwegen auch!«

Der Schulze erhebt sich und stampft schwerfällig zur Tür. Das Hemd lässt er achtlos liegen. Er schließt die Tür hinter sich. Anna würgt es vor Ekel im Hals. Sie fühlt sich abgrundtief gedemütigt, bodenlos erniedrigt.

Wieder öffnet sich die Tür. »Er holt sein Hemd«, denkt Anna und stellt sich schlafend. Sie blinzelt zwischen den Augenlidern hindurch und erkennt Konrad, den älteren Sohn des Schulzen. Sie ist unfähig zu schreien. Der junge Mann streift seine Beinkleider ab und steigt zu ihr in das Bett. »Komm schon«, giert er, »das macht Spaß.« Anna hält den Atem an. Schnell beschreitet der Sohn den Weg, den der Vater zuvor gebahnt hat. Noch während er seine Lust schweratmend an ihr büßt, öffnet sich die Tür erneut. Während Konrad Annas Bett verlässt, steigt Jost hinein. Zum dritten Mal muss sie sich missbrauchen lassen. Sie kämpft gegen den Schmerz in ihrem Leib an. Schließlich erhebt sich Jost wieder von ihrem Lager. »Irgendwann wird es dir Spaß machen«, sagt er. »Wir Männer sind so, wir machen das gerne. Und ihr Frauen mögt es doch auch. Wir zwei werden uns schon verstehen.«

Anna begreift nichts von dem, was er sagt. Er verlässt ihre Kammer. Sie steht mühsam auf, ballt das Hemd des Schulzen zusammen und wirft es vor die Kammertür. Dann drückt sie die Tür ins Schloss und sucht den Riegel. Erst jetzt merkt sie, dass es keinen gibt. Ihr wird übel. Sie öffnet das Fenster, hält den Kopf über die Fensterbank und muss alles aus sich rausspucken. Sie legt sich wieder auf ihren Strohsack. Der Mond scheint nicht mehr in ihre Kammer, es ist stockdunkel.

Am Morgen danach

Anna hat in der Nacht nicht geschlafen. Der Ekel hat sie immer wieder ergriffen, hat sie im Hals gewürgt. Bei den ersten Anzeichen der Morgendämmerung ist sie aufgestanden, hat sich ihre Kleider übergeworfen und auf den Weg gemacht. Jeder Schritt tut ihr weh. »Heim!«, denkt sie. »Ich will nach Hause zurück!« Sie hastet hinauf auf den Bürgel zum Haus der Mutter. Sie klopft an die Tür und das Fenster.

Es dauert einige Zeit, bis sie die Mutter herausgeklopft hat.

»Was willst du hier mitten in der Nacht?« Mutters Stimme klingt nicht freundlich. Anna beginnt hemmungslos zu schluchzen. »Was ist?«, fragt die Mutter noch einmal ungeduldig. Anna bringt kein Wort heraus.

Die Mutter schlägt ihr ins Gesicht. »Wirst du wohl still sein!«, zischt sie die Tochter an. »Kaum bist du einen Tag in deiner neuen Stellung, da kommst du schon wieder heimgeheult. Ich mache da nicht mit. Lehrjahre sind keine Herrenjahre, merk dir das! Beiß dich durch, das mussten wir alle! Und eines merk dir! Komm ja nicht wieder nach Hause und beschwer dich! Andere wären froh um so eine Stellung.«

Die Mutter schlägt die Türe zu. Anna steht draußen. Sie schreit mehrmals laut auf: »Mutter! Mutter!« – Aber in der kleinen Kate rührt sich nichts.

Anna lehnt sich wie betäubt in die Tür. Sie schließt die Augen. Wilde, haarige Bestien kommen auf sie zu. Die haben Schlangenköpfe. Anna öffnet die Augen und atmet tief durch. Die Bestien verschwinden.

Anna geht zurück ins Dorf. Und dann schlägt sie den Weg zum Hof des Schulzen ein. Langsam, sehr langsam geht sie über den Hof. Es ist inzwischen hell geworden. Der alte Onkel Frieder kommt ihr entgegen. Er schaut sie fragend an. Da beginnt Anna wieder zu schluchzen. Der alte Mann nimmt das weinende Mädchen in seine Arme und tröstet es.

Alltag

Am Morgen sind der Schulze, seine Söhne, der alte Onkel, die schwerhörige Lisa und die junge Magd in der geräumigen Küche beim Frühstück. Die Männer sind schweigsam. Konrad kann sie nicht anschauen. Anna wundert sich, dass sie alle so tun, als sei nichts gewesen. Lisa plappert fröhlich mit ihr drauflos, Anna kann kaum die passenden Antworten auf alle Fragen finden. Sie hilft Lisa beim Abräumen des Tisches und beim Abwaschen des irdenen Geschirrs. Dann geht sie in den Stall. Die zweite Kuh in der Reihe, Alma, gefällt ihr besonders gut. Alma hat ein freundliches Kuhgesicht. Anna umarmt Alma. »Eine Kuh wie du möchte ich sein«, denkt Anna, und wieder kommen ihr die Tränen. Alma schüttelt den Kopf. Ob sie mit einem solchen Gedanken nicht einverstanden ist? »Du hast Recht, Alma«, sagt Anna zu dem schönen Tier, »ich bin ein Mensch. Es nützt nichts, so etwas zu wünschen. Ich muss mich durchbeißen, hat die Mutter gesagt. Durchbeißen. Ich will es versuchen. Aber … was ist, wenn sie heute Abend wiederkommen?«

Anna zittert bei dem Gedanken. Und sie weiß: Die werden wiederkommen; wenn nicht gleich heute Abend, dann aber später. Sie umarmt die Kuh noch einmal. »Ich will mich durchbeißen, denn Lehrjahre sind keine Herrenjahre. Ich will mich durchbeißen«, verspricht sie der Kuh mit dem freundlichen Gesicht.

Alpträume

In den Nächten darauf hat Anna einen Traum, der sie immer wieder plagen wird. So oder so ähnlich schreckt er sie mehrmals wöchentlich auf.

In ihrem Traum steht sie mitten auf dem Burghof oben in der Burg. Sie selbst ist dort eingeschlossen und soll dem Hungertod preisgegeben werden. Bei ihr sind drei zottige Bären, die sie mit ihren rauen Tatzen schlagen und im Burghof herumhetzen. Sie versucht in ihrem Traum, irgendwo über die Burgmauer zu steigen, aber jedes Mal, wenn sie die Mauer berührt, verwandeln sich die wuchtigen Mauerquader in ein Heer züngelnder Schlangen, die sie anzischen, sodass sie entsetzt zurückweicht. Da verwandelt sie sich in die Edelfrau. Sie muss irgendwie zum Burgtor hinaus und dort vor dem Landgrafen einen Fußfall tun. Sie kleidet sich besonders sorgfältig, öffnet das Burgtor einen Spalt und schlüpft hinaus. Die drei Bären bleiben zurück. Draußen wartet der Landgraf auf sie. Er hat das Gesicht ihres Vaters.

»Du darfst das Kostbarste mitnehmen, was du hast. Alle anderen Einwohner deiner Burg müssen sterben.« Sie läuft zurück in den Burghof. Dort holt sie ihre Goldmünze und umschließt sie fest mit der Hand. Als sie die Burg verlassen will, springen die drei Bären auf ihren Rücken. »Du musst uns retten«, verlangen sie. »Sind wir nicht das Kostbarste, was du besitzt?« Anna versucht, die Bestien von sich abzuschütteln, aber – es geht nicht. Mühsam schleppt sie sich bis zum Burgtor und öffnet es. Als der Landgraf auf sie zukommt, gibt sie sich einen Ruck und wirft die Bären ab. Nun muss sie gegen die drei kämpfen, denn alle drei wollen von ihr getragen werden. Bei diesem wilden Kampf verliert sie ihre Goldmünze. Zuletzt kann sie sich befreien und durch das Burgtor entkommen.

Der Landgraf herrscht die Bären an: »Ihr müsst sterben! Ihr habt euer Leben verwirkt. Ihr habt es zu arg getrieben!« Er winkt einem wilden Stier zu, der plötzlich neben ihm steht. Der Stier senkt den Kopf und rennt auf den ersten Bären zu. Er durchbohrt ihn mit den Hörnern und trampelt auf ihm herum. Aber noch bevor der Stier den Bären erreicht hat, ist dieser verwandelt. Er hat jetzt die Gestalt des Schulzen angenommen.

Anna sieht, wie der Schulze von dem wilden Tier zerfleischt und niedergetrampelt wird. Sein Hemd rötet sich von Blut. Anna beobachtet das furchtbare Geschehen und lacht. Ihr Lachen wird so laut, dass sie davon Angst bekommt. Mit einem Schrei wird sie schließlich wach. Ihr Herz klopft zum Zerspringen. Es dauert einige Zeit, bis sie sich beruhigen kann.

Diesen Traum träumt sie jede Woche mindestens einmal. Obwohl sie ihn kennt, verliert er auch nach Jahren nichts von seinem Grauen.

Der andere Traum, der sie plagt, ist ebenso entsetzlich. Hier befiehlt ihr ein Unbekannter, durch einen großen Raum zu gehen, der voller Schlangen ist, die sie alle anzischen. Anna weigert sich, aber es nützt nichts. Als sie endlich losläuft, merkt sie, dass ihr die Schlangen bis zu den Knien reichen. Sie watet mühsam durch den mit allerlei Scheusalen angefüllten Raum. Anna weiß: Sie muss die gegenüberliegende Tür erreichen, dann ist sie gerettet. Aber die Tür kommt ihr nicht näher, wie lange sie sich auch durch die Schlangenleiber vorankämpft. Die rettende Tür wandert immer weiter von ihr weg. Erschöpft sinkt sie zu Boden. In diesem Moment wacht sie auf.

Auch diesen Traum muss sie oft durchleiden. Sie träumt ihn häufig gegen Morgen kurz vor dem Aufstehen.

Buttermachen

Vorsichtig schöpft Anna mit einem breiten Löffel den Rahm ab, die Fettschicht, die sich auf der kühlen Milch abgesetzt hat. Sie gibt ihn in das Butterfass, ein hohes Gefäß mit einem Stampfer. Anna beginnt nun, den Stampfer auf und ab zu bewegen. Plätschernd rinnt der Rahm durch die Löcher des hölzernen Stampfers. Anna gerät ins Schwitzen. Es dauert eine ganze Weile, bis das plätschernde Geräusch dumpfer wird. Jetzt haben sich Fettklümpchen gebildet, die in der Flüssigkeit schwimmen. Anna fischt sie vorsichtig mit einem Löffel heraus und legt sie in eine Schüssel.

Sie hat Glück gehabt. Manchmal will die Butter einfach nicht klumpig werden. Dann muss sie ganz kaltes Wasser ins Butterfass gießen. Das hilft manchmal. Aber heute ist es schnell gegangen. Mit nassen Fingern knetet sie die Butter zu einem länglichen Butterstück, das sie sofort in eiskaltes Wasser gleiten lässt. Wenn das Butterstück richtig fest geworden ist, wird sie es in den kühlen Keller bringen. Die übrig gebliebene Flüssigkeit im Butterfass, die gute Buttermilch, schüttet Anna in einen irdenen Henkeltopf.

Kaum ist sie damit fertig, schaut Konrad zur Tür herein. »Du hast frische Buttermilch?«, fragt er. Anna nickt. Konrad holt sich einen Becher und hält ihn Anna hin.

»Schütt mir ein!«, befiehlt er. Anna gehorcht. Konrad trinkt geräuschvoll. »Meine Mutter hat sich immer etwas Buttermilch auf einen Lappen getropft. Und dann hat sie sich damit das Gesicht abgerieben. Sie hat immer gesagt, das hält die Haut jung und frisch.«

»Ja, das habe ich auch schon gehört«, flüstert Anna. Konrad zwinkert ihr zu. Anna schaut weg.

Die Milch wird kühlgestellt und zum Abendessen getrunken oder unter den Quark gerührt. Ein Teil der Butter wird auf dem Hof des Schulzen verbraucht. Den Rest gibt Lisa nach Kassel auf den Markt und lässt ihn dort verkaufen.

Bei der Godel

Anna geht am Abend zu der Hütte ihrer Patentante; ihrer »Godel«, wie die Patin in Nordhessen heißt. Die Godel ist die Witwe eines Tagelöhners und viele Jahre lang in der Gemeinde als Hebamme tätig gewesen. Sie hat eine raue Schale, aber ein warmes Herz.

»Nun Kind?«, fragt sie, als Anna unvermittelt in ihre Kate tritt. Anna setzt sich zu ihr.

»Ich muss mich durchbeißen, Godel«, beginnt Anna, »das hat die Mutter mir aufgetragen.« Plötzlich kommen wieder Tränen.

»Ich will dich nicht fragen, wie es dir in deiner Stellung beim Schulzen gefällt, Kind, das sehe ich deutlich genug.« Plötzlich blickt die alte Frau auf. »Ist der Schulze am Ende in deiner Kammer gewesen?«

Anna nickt. »Es gibt keinen Riegel an meiner Tür«, schluchzt sie.

»Dieser … das sieht ihm ähnlich. Gleich am ersten Tag! Und du bist noch ein halbes Kind. Ich hätte es wissen müssen …«

Anna schluckt. »Nicht nur er.«

»Also auch der Konrad?«

»Und der Jost!«

Die Godel schließt das Patenkind fest in die Arme. Sie streicht Anna über das Haar. »So ist das wohl, Kind. Wir armen Leute müssen uns das gefallen lassen. Hat es … hat es dir sehr wehgetan?«

Anna nickt: »Sehr weh, Godel!«

»Das wird nicht immer so sein, Kind.«

»Was soll ich machen? Sie kommen bestimmt wieder.«

»Ja, Kind, bestimmt.«

»Muss ich beim Schulzen bleiben?«

»Anna, wo willst du sonst hin? Wenn du aus dem Dienst läufst, bekommst du nie wieder eine Stellung. Der Schulze wird dir dein Gesindebuch nicht ausstellen. Schließlich ist er der Bürgermeister unseres Ortes. Wo willst du hin ohne Gesindebuch? Es ist das Beste, wenn du erst mal bleibst.«

»Ja, Godel«, nickt Anna wieder.

»Etwas kann ich für dich tun«, sagt die Patin. »Du weißt, dass es davon Kinder geben kann. Ich gebe dir einen Sud, den trinkst du jede Woche. Dann wirst du nicht gesegneten Leibes werden. Ich kenne die alten Kräuter noch, du weißt es. Der Sud schmeckt bitter, aber er lässt dich nicht empfangen.« »Ich danke Euch, Godel«, sagt Anna.

Käse für den Markt

»Wir brauchen viel Käse«, sagt Lisa am nächsten Morgen. »Der Henner hat gesagt, in Kassel könnte er viel mehr verkaufen. Wir sollen ihm mehr davon mitgeben.«

Der Henner hat eine kleine Handkarre, die er dienstags und freitags am Abend mit Käse, Wurst und Eiern belädt, um dann in der darauf folgenden Nacht nach Kassel auf den Markt zu ziehen. Aus jedem Dorf der Umgebung gehen solche Marktbeschicker dorthin. Einen Teil des Erlöses behalten sie ein, das ist ihr Verdienst. Denn sie selbst haben nichts zum Verkaufen.

Hinten auf der Herdplatte, die dort nur noch warm ist und selbst bei starkem Herdfeuer nie richtig heiß wird, hat Lisa alle verfügbaren irdenen Töpfe aufgestellt und mit

Milch gefüllt. In den Töpfen, die selbst die Wärme lange halten, wird die Milch in wenigen Tagen dick. Nun gießen Anna und Lisa die geronnene Masse in kleine Leinensäckchen. An der Herdstange hängt eins neben dem anderen. Unten heraus tropft die Molke. Sie wird in flachen Schüsseln aufgefangen und später an die Schweine verfüttert. Die Säckchen mit der Dickmilch darin bleiben ein paar Tage lang am Herd hängen. Jetzt ist die Masse zu Quark geworden, der fast trocken ist. Aus dem Quark formt Lisa kleine, handtellergroße Bällchen, wobei jedes eine Prise Salz zugesetzt bekommt.

Die Quarkbällchen werden auf einem Brett über dem Herd gelagert. Dort müssen sie reifen. Jeden zweiten Tag haben sie sich mit einer schmierigen Schicht überzogen, die immer wieder mit klarem Wasser abgewaschen werden muss. Es riecht in dieser Zeit in der Küche streng nach Handkäse, aber daran ist nichts zu ändern.

Nach etwa zwei Wochen sind die Quarkbällchen in der Wärme über dem Herd »durch«, jetzt haben sie nicht nur die Farbe des Handkäses angenommen: Sie sind durch und durch Handkäse geworden.

Lisa überprüft an einem Käse die Reife. Sie schneidet ihn durch. »Drinnen darf er nicht mehr weiß sein«, sagt sie zu Anna. Aber das weiß Anna sowieso.

Ein Huhn wird geschlachtet

»Kannst du mir nachher ein Huhn schlachten?«, fragt Lisa. Anna schluckt. Sie kann ein Huhn schlachten … Aber gerne tut sie es nicht. »Ich zeige dir, welches heute in den Topf kommt«, sagt Lisa. »Wir haben eine Henne, die fängt schon an zu krähen. Sie muss weg. Ich habe am Misthaufen den kleinen Hauklotz aufgestellt – und das Beilchen liegt auch schon dort.«

Lisa läuft zum Obstgarten, in dem sich das Federvieh tummelt.

»Wie willst du das Huhn im Obstgarten denn kriegen, Lisa?«, wundert sich Anna. »Wir haben Hühner immer abends gefangen, wenn sie schon auf der Schlafstange saßen.«

»Dafür habe ich das hier mitgebracht«, kichert Lisa. Sie hat ein Gerät, das wie eine kleine Peitsche aussieht, an deren Schnur am Ende ein Stein angeknotet ist. Lisa sucht ihr Opfer, eine bejahrte Henne, und schleicht arglistig in ihre Nähe. Sie schwingt die Peitsche und schlägt dann dicht über dem Boden in Richtung des Opfers. Der Stein an der Schnur wickelt sich um die Beine des Huhnes und fesselt sie. Die Henne zetert erschrocken, kann aber nicht entkommen.

Anna greift das Tier und nimmt es mit zum Misthaufen. Sie weiß, dass Lisa sie genau beobachtet. Also greift sie – wie selbstverständlich – mit der Linken das Huhn bei beiden Flügeln, legt seinen Hals auf den Block, greift mit der Rechten das Beil, holt aus und trennt mit kräftigem Schlag den Kopf vom Rumpf. Das Huhn beginnt zu zappeln und wild mit den Flügeln zu schlagen. Anna hat Sorge, dass ihr Rock mit Blut besprizt wird, und lässt los.

»Nicht loslassen!«, schreit Lisa, aber es ist zu spät. Das Huhn ohne Kopf läuft stolpernd, sich überschlagend und Blut vertropfend über den Hof, stößt an eine Wand, rappelt sich auf, beginnt zu flattern und stürzt dann zu Boden, wo es noch ein wenig zappelt und dann still wird.

Lisa lacht. »Du musst das Huhn immer gut festhalten! Dann versaut es dir nicht den Hof mit Blut. Du kannst es jetzt rupfen, ich mache derweil den Hof wieder sauber.«

Erst jetzt bemerkt Anna, dass Jost belustigt zugesehen hat. Er hebt das inzwischen verblutete Huhn auf und gibt es Anna. »Weißt du eigentlich, warum ein Huhn ›dummes‹ Huhn genannt wird?«

»Na ja, weil ...«

»Weil es einfach zu dumm ist mit einem gebratenen Huhn. Für einen ist es zu viel, für zwei ist es zu wenig zum Essen.«

Anna lächelt. »Das hier wird überhaupt nicht gebraten. Dazu ist es zu alt und zu zäh.«

»Aber trotzdem hatte es noch viel Leben in sich. Das hast du doch gemerkt, als du es losgelassen hast.«

Anna ärgert sich, dass ihr das passiert ist. Mit rotem Kopf stellt sie sich zum Misthaufen und beginnt, das Huhn zu rupfen. Beim Rupfen denkt Anna: »Tagsüber sind sie anders als in der Nacht. Am Tag lachen sie und sprechen ganz normal, der Konrad und auch der Jost. Aber in der Nacht, da verwandeln sie sich. Da sind sie wild, wie Tiere. Das ist der Unterschied zwischen Tag und Nacht.«

Lisa schreckt sie aus ihren Gedanken auf. Sie ruft: »Wenn du fertig bist, kannst du es gleich ausnehmen.«

Anna geht in die Küche und brüht das Huhn kurz ab. Nun rupft sie die restlichen kleinen Federn, die sich zuerst nicht ausziehen lassen wollten. Dann holt sie sich zwei Teller und schlitzt dem Huhn den Bauch auf. Vorsichtig bohrt sie sich mit dem rechten Zeige- und Mittelfinger in das Gedärm und holt es heraus. Sie legt es auf einen Teller. Dann zieht sie am Magen, an dem die Speiseröhre hängt.

Sie muss kräftig reißen, bis sie Magen und Speiseröhre in der Hand hält. Mit einem Ruck trennt sie die Speiseröhre vom Magen. Der Magen wandert auf den anderen Teller, die Speiseröhre zu den Därmen. Ach ja, die Leber! Sie holt sie heraus. Vorsichtig trennt sie die Gallenblase ab. Die darf nicht platzen, denn dann macht die grüne Gallenflüssigkeit die Leber ungenießbar. Die Leber legt sie auf den Teller mit den Innereien. Und nun muss sie das Zwerchfell durchstechen, um Herz und Lunge entfernen zu können. Jetzt muss sie noch nachsehen, ob noch ungelegte Eier da sind, die sie retten kann. Aber diese Henne ist offensichtlich so hochbetagt, dass keine Eier mehr zu finden sind. Sie hat zweifellos schon lange keine Eier mehr gelegt. Lisa wird das Huhn bestimmt fünf Stunden lang kochen müssen, um es weich zu bekommen.

Lisa tritt ein. »Du bist ja schon fertig«, sagt sie anerkennend. »Hast du den Magen schon leergemacht?«

»So weit bin ich noch nicht«, sagt Anna eifrig, »aber gleich mache ich das noch.« Sie schneidet den prallgefüllten Magen auf und stülpt das Innere nach außen. Steinchen und halbverdautes Grünzeug finden sich darin. Es stinkt in der Küche. Anna schüttet Wasser in eine Schüssel und bürstet den Magen unter Wasser auf der Innenseite kräftig aus.

Lisa hackt nun dem Huhn die Füße ab, legt es, nachdem sie es gewaschen hat, in einen großen Topf, gießt reichlich Wasser darüber, legt die Innereien dazu, salzt die Brühe und setzt alles auf den Herd.

»Jetzt brauchen wir ordentlich Feuer unterm Topf«, sagt Lisa. »Bis heute Abend ist das Huhn gar.«

»Wie merkt man eigentlich, dass ein Huhn weich gekocht ist?«

»Ganz einfach! Du nimmst die beiden Schenkel und drehst sie nach außen. Wenn sie sich ablösen lassen, ist das Hühnerfleisch weich.«

Als das Huhn auf dem Herd steht, ruft Jost nach Anna. Sie soll ihm in der Scheune Heu abnehmen helfen. Anna steigt die Leiter hinauf. Oben zieht Jost sie an sich. »Komm!«, sagt er und versucht, sie zu streicheln.

Anna wehrt sich. Sie schreit.

»Was soll denn das?«, fragt Jost und lacht. »Es ist niemand im Haus außer Lisa. Und die hört nichts.«

Da wehrt sich Anna nicht mehr. »Es ist doch kein Unterschied«, denkt sie. »Am Tag sind sie genauso wie in der Nacht.«

Brotbacken

»Das Brot geht zur Neige, Anna«, sagt Lisa. Anna weiß, dass Brot gebacken werden muss. Sie hatte sich angewöhnt, meist zu nicken, weil Lisa sie wegen ihrer Taubheit ohnehin nur schlecht verstehen kann und ein Gespräch mit ihr schwierig ist.

Zum Glück verfügt der Hof über einen eigenen Backofen, sodass nicht gewartet werden muss, bis das öffentliche Backhaus frei ist. Die verstorbene Bäuerin hatte auf einem eigenen Backofen bestanden. Er steht hinter der Scheune beim Holzschuppen. Im Schuppen werden auch die Reisigbündel aufbewahrt, die man beim Heizen des Backofens braucht. Die ausgeschnittenen Reiser der Obstbäume, die Zweige der gefällten Bäume – sie alle werden zu handlichen Bündelchen geschnürt und im Holzschuppen gestapelt, wo sie trocknen können. Bis sie dann im Backofen landen, sind sie rappeldürr.

Am Abend vor dem Backen wird angesäuert. Lisa hat einen Steinguttopf mit etwas Sauerteig im Vorratskeller aufbewahrt; das ist der »Hefeling«. Sie gibt Mehl in den großen Backtrog, drückt in die Mitte mit der Hand eine Mulde, gießt handwarmes Wasser dazu, streut eine Hand voll Salz hinein und verrührt alles ein wenig. Dann legt sie den Hefeling hinein und knetet ihn unter. Über Nacht soll der Teig kräftig »gehen«.

Am nächsten Morgen heizen die beiden den Backofen an. Dort, wo später die Brote liegen werden, schichtet Anna alles voller Reisigbündel, die sie in Brand setzt. Während sich der Backofen erhitzt, muss das Brot geknetet werden. Anna und Lisa reißen vom Teig Stücke ab und kneten sie kräftig durch. Dann formen sie runde Brote daraus. Damit das Brot auf der Tischplatte nicht anklebt, muss immer wieder Mehl gestreut werden. Die fertig geformten Brote legen sie nebeneinander auf ein Brett. Die müssen noch einmal »gehen«.

Jetzt holt Anna die Asche aus dem Ofen und kehrt die Steinplatte, auf der die Brote liegen sollen, mit einem Strohwisch sauber. Sie fegt die noch verbliebene Asche einfach in zwei Rinnen rechts und links der Steinplatte. Mit dem »Backschießer«, einem hölzernen Gerät, das an einen überlangen Spaten erinnert, werden die Brote in dem heißen Backofen an den richtigen Platz gebracht.

Während die etwa zwanzig Brote backen, bereiten die beiden aus einem Teigrest den leckeren Speck- und Zwiebelkuchen. Dabei wird der Teig ganz dünn auf einem Backblech ausgewalzt, dick mit Speckwürfeln und Zwiebelringen belegt und mit etwas Rahm beträufelt. Auch ein wenig rote Wurst darf nicht fehlen. Dann kratzt Anna den Backtrog aus und macht aus den Teigresten einen Kratzkuchen, einen dünnen Fladen, der mit Wurstscheiben, mit Speck, aber manchmal auch mit Apfelstücken oder mit Zwetschen belegt werden kann. Zwischendurch schauen die beiden immer wieder nach; schließlich sollen die Brote nicht verbrennen.

Sind die Brote durchgebacken, werden sie mit Wasser bestrichen. Dann glänzen sie schön. Die Restwärme des Backofens reicht noch für den Zwiebelkuchen und den Kratzkuchen.

»Da muss ich dir was Schreckliches erzählen«, sagt Lisa. »Das ist mit unserem Backofen daheim passiert. Der Schuster von meinem Heimatdorf ist einmal im Winter zum Fischen gewesen. Dabei ist er in den Teich gefallen. Das war natürlich schrecklich kalt. Auf dem Weg nach Hause ist er am Backofen vorbeigekommen. Er hat gemerkt, dass der noch herrlich warm war. Und weil er so jämmerlich fror, hat er wohl gedacht: ›Ich krieche in den Backofen und wärme mich richtig durch.‹«

»Eine gute Idee!«, lacht Anna.

»Nein, Kind«, entgegnet Lisa ernst, »er ist von der Wärme eingeschlafen. So hat er wohl nicht gemerkt, dass der Ofen noch heißer war, als er gedacht hatte. Seine Frau suchte ihn, fand ihn aber nirgends. Am nächsten Tag erst haben sie ihn dann halb gebraten im Backofen gefunden. Du kannst dir denken, was das für ein Schreck im Dorf war.«

»Stimmt das wirklich, Lisa?«

»Freilich, ich war damals ein kleines Mädchen.«

»Wie schrecklich! Ich hätte nie ein Brot essen wollen, das später in diesem Ofen gebacken wurde.«

»Ach Unsinn! Meine Heimatgemeinde ist arm. Es gab kein Geld für einen anderen Backofen. Warum auch? Wir haben ihn gut ausgescheuert und dann innen ein starkes Feuer gemacht. Danach konnten wir wieder Brot backen.«

Anna würgt es im Hals. »Aber dass Fleisch darin backen kann …«

»Na, wenn wir ein Spanferkel oder ein Ziegenlämmchen braten oder einen großen Festtagsbraten machen, dann machen wir das doch auch alles im Backofen!«

Der Duft des frischen Brotes erfüllt die ganze Umgebung. Die fertigen Brote werden in der Vorratskammer kühl gelagert. Heute Abend gibt es Speck- und Zwiebelkuchen für alle. Und den Kratzkuchen gibt es obendrauf.

Das Silberstück

Anna sitzt in ihrer Kammer und betrachtet eine Silbermünze. Es ist eine alte Münze, die nicht mehr gilt. Aber dennoch ist sie sehr wertvoll. Sie gehört ihr.

In der vergangenen Nacht hat sie wieder Besuch gehabt. Konrad, der ältere Sohn des Schulzen, stand plötzlich in ihrer Kammer. Richtig verlegen hat er sie angelächelt. Sein dickes rötliches Gesicht hat im blassen Mondlicht wie ein Spuk ausgesehen, trotzdem hat sie die breite Zahnlücke deutlich erkennen können. »Du weißt schon, was ich will, Anna«, hatte Konrad geflüstert. »Du sollst mir wieder einen Gefallen tun. Komm, es soll dir auch Spaß machen.«

»Geh weg«, hat Anna geantwortet, aber da hat Konrad gelächelt und ihr eine Silbermünze gezeigt. »Die ist für dich«, hat er gelockt.

»Für mich? Woher hast du das Geld?«

»Das ist meine Sache.«

Anna hat die Münze angesehen. »Ist das wirklich dein eigenes Geld, Konrad?«

»Sonst hätte ich es doch wohl nicht.«

Anna hat immer wieder die Münze anschauen müssen.

»Du bekommst das Geldstück, dafür komme ich zu dir ins Bett. Ist das ein guter Handel?«

Etwas in Annas Kopf hat sie gewarnt. Sie hörte Stimmen, die auf sie eindrangen. »Tue es nicht! Du bist doch keine Hure! Nur Huren nehmen Geld von Männern.« – »Diese Kerle demütigen und erniedrigen dich unentwegt. Du weißt nicht, wie du das Geld noch brauchen kannst. Sei nicht dumm und nimm es!«

Anna überlegte. Ihm zu Willen sein, das musste sie sowieso. Er würde sich mit Gewalt nehmen, was sie ihm verweigerte. Deshalb – so denkt sie – soll er gleich haben, was er will. Ich bekomme auf diese Weise wenigstens auch etwas.

Anna hat das Silberstück genommen.

Am nächsten Morgen hat Anna das Silberstück zu dem Goldstück in ihre Truhe gelegt.

Im Heu

Seit dem frühsten Morgen sind der Schulze, seine Söhne, Onkel Frieder und einige Tagelöhner auf den Wiesen. Die Heumahd hat begonnen.

Alle mähen kräftig in weiten Bögen mit der Sense. Vorneweg Onkel Frieder. Als er eine Schneise von etwa fünf

Metern Länge in der Breite seines Sensenschwunges gemäht hat, beginnt der Schulze, neben ihm die Schneise zu verbreitern; als beide sich ein Stück nach vorne gearbeitet haben, mäht ein Dritter die nächste Schneise. Und so setzt sich das fort über die Breite der Wiese. Jeder arbeitet ein Stück vor oder hinter dem anderen, sodass niemand dem anderen ins Gehege kommt und womöglich durch die Sense verletzt werden kann.

Nach Sonnenaufgang kommen Lisa und Anna mit einigen Tagelöhnerinnen, die hölzernen Harken auf den Schultern. Lisa hat sie am Tag zuvor alle in Zuber mit Wasser gestellt, in denen sie über Nacht bleiben mussten. »Das musst du dir merken, Anna«, hat Lisa gesagt. »Bevor du die Harken gebrauchst, musst du sie über Nacht in Wasser tun. Dann wird das trockene Holz wieder biegsam, und es bricht kein Zinken aus.«

Die Frauen machen sich daran, das in Schwaden aufeinander liegende Gras auseinander zu rechen und aufzulockern. Nur so kann es gut trocknen. Zwischendurch läuft Lisa nach Hause und holt Brot, Wurst und Malzkaffee zum Frühstück. Den Älteren ist auch ein Schluck aus der Schnapsflasche erlaubt.

»Das ist für die Gesundheit«, sagt Lisa augenzwinkernd, als Anna sie fragend anblickt. »Wir Alten erkälten uns schneller als ihr Jungen«, kichert sie, »deswegen brauchen wir einen Schluck Schnaps. Ihr Jungen seid sowieso gesund.« Und Lisa nimmt noch einen, damit sie sich auch ganz bestimmt nicht erkältet.

Am Nachmittag wird noch eine zweite Wiese gemäht. Es geht nun nicht mehr so flink wie am Vormittag, die Sensenschwünge der mähenden Männer werden kleiner und die

Ruhepausen länger. Anna hat Muskelkater in den Armen, obwohl sie diese Arbeit jedes Jahr machen muss und eigentlich gewöhnt sein sollte.

Nach zwei Tagen wird das Heu gewendet, damit es völlig trocknet. Leider gibt es zwischendurch ein Gewitter, und das schon trockene Heu wird wieder nass. Das bedeutet zusätzliche Arbeit, denn das Heu muss noch einmal gewendet und aufgelockert werden.

Schließlich ist die Zeit der Einfahrt gekommen. Dazu rechen die Frauen das Heu zu großen Haufen zusammen, anschließend geben sie es mit den dreizinkigen Heugabeln auf den Leiterwagen, wo die Männer es festtreten. Einen Heuwagen zu beladen, ist eine Kunst; denn leicht kann die Ladung auf dem Heimweg verrutschen und herunterfallen.

Am Abend wird das Heu vom Wagen aus gleich in das Gebälk gereicht und dort verstaut.

Nach und nach werden alle Wiesen geheut, die Gefächer der Scheune füllen sich mit dem duftenden Futter.

Fast zwei Wochen hat die Heuernte gedauert. In dieser Zeit schwerster körperlicher Arbeit bekommt Anna keinen nächtlichen Besuch. Der Schulze, der regelmäßig jede Woche in ihre Kammer kommt, um sich bei ihr wortlos das zu holen, was ihm als dem Dienstherren zusteht, hat ihr keinen Besuch abgestattet. Auch Konrad und Jost haben sie in Ruhe gelassen. Die große Anstrengung während der Heuernte kommt ihr zugute. Aber sie hat Angst, dass die Männer alles nachholen werden.

Große Wäsche

Die Heuernte ist vorbei. Alle Wiesen sind leer. Auch die Wiese am Bach hinter dem Gehöft ist kahl.

»Jetzt können wir waschen«, sagt Lisa zu Anna. Anna seufzt. Sie weiß, dass »große Wäsche« eine Woche lang harte zusätzliche Arbeit bedeutet. Andererseits – einmal im Jahr muss große Wäsche sein, das ist unvermeidlich. Jeder im Haus besitzt zweiundfünfzig Leinenhemden, für jede Woche eines. Männer- und Frauenhemden unterscheiden sich nur wenig voneinander. Damit man nach dem Waschen weiß, wem welches Hemd gehört, sind Monogramme eingestickt. Die weißen Hemden werden auf der Haut getragen, immer von Samstag zu Samstag. Die Frauen tragen keine Schlüpfer, ebenso wenig wie die Männer Unterhosen tragen. Die Hemden der Männer sind so lang, dass sie um die Oberschenkel geschlungen werden können. Wozu also noch Unterhosen? Die Hemden werden nachts nicht ausgezogen, sie werden wirklich eine Woche lang auf der Haut getragen. Danach kommen sie in die Wäschekammer. Bis zum nächsten Sommer warten die Wäschestücke hier in verschiedenen Truhen auf die große Wäsche.

»Mach du nur den Kessel in der Waschküche gut sauber. Ich hole die Hemden und die Bettwäsche und die Tischtücher herunter. Genug Buchenholzasche habe ich gesammelt.«

Anna räumt alle entbehrlichen Gegenstände aus der Waschküche, die ja auch als Wurstküche dient, wenn geschlachtet wird. Anna hat ihre gebrauchten Hemden bei ihrem Einzug auf den Hof mitgebracht. Die holt sie jetzt und wirft sie auf den großen Wäscheberg, der immer noch wächst, weil Lisa aus allen Ecken noch Wäschestücke zusammensucht.

Anna füllt den Kessel zu drei Vierteln mit Wasser. Die richtige Waschbrühe herzustellen – das ist eine Kunst, die Lisa gut beherrscht. Dazu hat sie einige Zeit lang Buchenholzasche gesammelt; helle Asche. Wobei sie genau darauf achtet, dass kein einziges Stück halbverkohltes, schwarzes Holz darunter ist. Lisa gibt einen Eimer voll mit dieser Asche in den Kessel.

»Na, ich schätze, die ganze Woche gibt es nichts Warmes zu essen«, lässt sich Jost an der Türe vernehmen. »Wenn die Weibsleute große Wäsche haben, bleibt der Herd in der Küche kalt.«

»Häh?«, kreischt Lisa zurück.

»Bei großer Wäsche bleibt die Küche kalt!«, schreit Jost Lisa an. »Dafür ist es doppelt heiß in der Waschküche«, schreit Lisa zurück. »Mach dich fort, du Nichtsnutz! Hast du nichts zu tun, als uns bei der Arbeit zu stören?«

»Ich gehe ja schon«, lacht Jost. »Wenn es nichts Warmes gibt, dann kriege ich aber eine rote Wurst extra, Lisa«, ruft er noch.

»Extra kannst du gleich von mir ein paar auf den Hosenboden kriegen«, keift Lisa lachend und spritzt Waschlauge in Richtung Tür, wo Jost steht. Jost ist schnell verschwunden.

»Hier könnte es so schön, so lustig sein«, denkt Anna. »Hier könnte es mir gut gefallen, wenn nur …« – ja wenn die Besuche der Männer in ihrer Kammer niemals gewesen wären.

Lisa hat inzwischen die Asche untergerührt. Die Brühe sieht nun hellgrau aus. Jetzt gibt sie drei Tassen mit hellem, ungesalzenem Schweineschmalz dazu. Die Schmalzstücke schwimmen auf der Brühe.

»Jetzt brauchen wir Feuer unter dem Kessel«, sagt Lisa.

Anna holt etwas Glut aus dem Herd in der Küche und gibt sie in das Feuerloch unter dem Kessel. Sofort legt Lisa Holz darauf. Das Feuer lodert auf. Allmählich erwärmt sich das Wasser im Kessel, die Schweineschmalzklumpen schwimmen nun als Fettaugen auf der Waschbrühe. Lisa rührt mit einem großen Holzlöffel kräftig in der Brühe herum. Nach einiger Zeit sind die Fettaugen verschwunden. Sie haben sich mit der Buchenholzasche verbunden. Die graue Brühe schäumt beim Rühren.

»Die Brühe ist gut, Anna!«, ruft Lisa. »Wir können jetzt einweichen.«

Ein Teil der Wäsche wird in die handwarme Brühe gesteckt. Der Kessel ist inzwischen randvoll mit Wäsche.

»Für heute ist die Arbeit getan«, freut sich Lisa. »Über Nacht lassen wir die Wäsche weichen. Morgen früh geht es dann richtig los.«

Am nächsten Morgen um fünf Uhr ist Lisa schon auf den Beinen. Sie klopft an Annas Tür. »Anna, mach Feuer im Kessel, ich mache uns derweil Frühstück.«

Anna schlüpft in ihre Kleider und hastet in die Waschküche. Als das Feuer unter dem Kessel bullert, geht sie in die Küche. Sie isst einen Kanten Brot und trinkt dazu etwas Malzkaffee.

»Du kannst die Wäsche gleich schon stampfen«, sagt Lisa. Anna will aufspringen. »Erst musst du noch etwas essen, Kind!«, befiehlt Lisa. »Nimm Quark und Zwetschenmus!«

»Zwei Aufstriche? Der Schulze sagt doch immer, dass er

das nicht erlaubt. Er hätte schließlich keine zwei Höfe, deswegen dürfen wir auch nicht zwei verschiedene Aufstriche haben.«

»Ach was, Anna! Heute gibt es einen strammen Tag«, winkt Lisa ab. »Wer viel arbeitet, der muss auch gut essen.«

Anna schlingt gierig eine Quarkschnitte mit Zwetschenmus herunter. Sie hat Angst, dass der Schulze sie erwischen könnte.

Nach gut einer Stunde kocht die Waschbrühe mit den Hemden darin. Jetzt stampft Anna die Wäsche, das heißt, sie bewegt sie eigentlich mit einem Holzlöffel.

Die Wäsche kocht bis zum Mittag. Nach und nach füllt sich das ganze Gehöft mit dem Dampf der Waschbrühe, der die Augen zum Tränen bringt. Nun lassen die beiden Frauen das Feuer ausgehen. Sie fischen die einzelnen Hemden aus der Waschbrühe und lassen sie in einen Waschzuber gleiten. Darin steht das hölzerne geriefte Waschbrett. Sobald die Wäschestücke so weit abgekühlt sind, dass man sie anfassen kann, werden sie auf dem Waschbrett auf und ab gerubbelt, Dann müssen die Hemden – jedes für sich – genau nachgesehen werden. Vielleicht gibt es hier und da noch irgendwelche Flecken.

Es dauert Stunden, bis alle Hemden sauber sind. Die Hemden sehen nun kräftig grau aus. Auch nach dem Auswaschen sind sie nicht viel heller.

»Wir bringen sie gleich auf die Bleiche«, schlägt Lisa vor. »Einige Stunden Sonnenschein tut ihnen noch gut.«

In einem Wäschekorb schleppen die beiden die nassen und deswegen sehr schweren Hemden auf die Wiese am Bach. Hier breiten sie die Wäsche aus. Mit einem Eimer schöpfen sie Wasser aus dem klaren Bach und bespritzen damit die grauen Hemden.

»Wenn die Sonne mitmacht, Anna, dann sind die bald wieder weiß.«

Zurück in der Waschküche weichen die beiden wieder viele Hemden ein. Die kommen morgen an die Reihe. Zwischendurch läuft Anna wieder zur Bleiche, um die Hemden neu anzufeuchten. Abends holen sie die Hemden von der Bleiche heim.

»Lass nie ein Hemd über Nacht draußen, Anna!«, warnt Lisa.

»Warum nicht?«, wundert sich Anna.

»Weil dann der, dem das Hemd gehört, im nächsten Jahr sterben muss. Meine Mutter hat so etwas mal erlebt…«

Und nun folgt eine Geschichte, die so schrecklich ist, dass Anna nie wieder ein Hemd über Nacht auf der Bleiche liegen lassen wird.

Die nächsten Tage sind noch härter. Zwischendurch muss Anna immer wieder nach draußen laufen, um die bleichenden Hemden mit Wasser zu übergießen. Am Freitag waschen die Frauen ihre Unterröcke, ihre Schürzen, Schultertücher und ganz zuletzt die Strümpfe. Die Strümpfe werden nicht ausgespült, damit sie schön weich bleiben und nicht verfilzen.

Am Sonnabend liegen alle Wäschestücke sauber und glatt gestrichen in Kästen und Truhen. Mit dem Eisen geplättet werden nur die Tischtücher und die Tagesdecken für die Betten.

»Was hätten wir bloß gemacht, wenn es in dieser Woche geregnet hätte, Lisa?«, fragt Anna am Samstag.

»Ein Glück, dass Sonnenschein war. Wir hätten die

Wäsche sonst auf dem Speicher trocknen müssen. Und dann hätten wir warten müssen, bis es schönes Wetter gegeben hätte. Dann hätten wir draußen mit dem Bleichen anfangen müssen. Aber das wäre schlecht gewesen, weil ja das Gras schon wieder ein Stück gewachsen wäre.«

Gänse rupfen

»Ich bin vorhin bei den Gänsen gewesen«, beginnt Lisa. »Es wird Zeit, dass wir ihnen die Federn rupfen. Hast du das schon einmal gemacht?«

»Nein, Lisa! Wir hatten zu Hause doch keine Gänse.«

»Ja, aber …«, wundert sich Lisa, »womit habt ihr denn eure Kissen und Bettdecken gestopft?«

»Wir haben Hühnerfedern drin.«

»Hühnerfedern? Bei jungen Leuten mag das angehen, aber bei alten? Da ist das nichts.«

»Warum nicht, Lisa?«

»Ach, weißt du, auf Hühnerfedern stirbt es sich schwer.«

»Es stirbt sich schwer?«

»Ja, wer auf Hühnerfedern liegt und zum Sterben kommt, der hat es nicht leicht. Er muss lange kämpfen, bis er es endlich geschafft hat. Ich möchte um keinen Preis Hühnerfedern in meinem Bett haben. Hier im Haus sind – gottlob! – alle Bettdecken mit Gänsefedern gefüllt.«

»Brauchen wir denn überhaupt Federn, Lisa?«

»Wir, Anna? Wir nicht, aber du! Ich habe gedacht, wir fangen an, dir eine Gänsefederdecke zu stopfen. Wenn du dann heiratest, hast du schon eine schöne Bettdecke.«

»Ach, Lisa!« Anna umarmt die alte Magd. »Du bist so gut zu mir. Hat denn der Schulze nichts dagegen?«

»Der Schulze? Was wir hier machen, ist Frauensache. Darum hat er sich noch nie gekümmert. Aber jetzt bring Kordel und Schere! Ein altes Pfühl habe ich bereits mitgebracht. Darin wollen wir die Federn sammeln und trocknen. Ach ja, bring auch gleich ein Küchenmesser mit!«

»Willst du am Ende eine Gans schlachten, Lisa?«

»Unsinn!«

Unter den Obstbäumen hinten im Garten tummelt sich das Federvieh. »Jetzt fange eine Gans, Anna!«, befiehlt Lisa. »Du musst sie mit beiden Händen gleich unter dem Schnabel am Hals fassen, dann kann sie dich nicht beißen.«

Anna jagt hinter einer Gans her. Sie greift das Tier oben am Hals. Die Gans schreit zornig, schlägt mit den Flügeln, will weglaufen.

»Bring sie her zu mir!«, ruft Lisa, die sich auf einem Schemel niedergelassen hat. Mit ein paar schnellen Griffen hat sie dem sich heftig wehrenden Tier den Schnabel zugebunden. »Siehst du? Nun kann sie nicht mehr beißen«, lacht Lisa. »Und jetzt fesseln wir ihre Füße.«

Lisa klemmt die Gans zwischen die Knie, während Anna die Gänsefüße zusammenschnürt. »Gut, Anna! Nun schau her, wie es geht!«

Lisa nimmt das hilflose Tier auf den Schoß, klemmt die gefesselten Füße zwischen die Knie und dreht den Hals der Gans nach hinten, sodass sie den Kopf unter die Achselhöhle stecken kann. Jetzt liegt die Brust der Gans zum Rupfen bereit. Lisa zupft der Gans die Federn einzeln aus und reicht sie Anna, die sie in das Inlett steckt.

»Hier diese Federn mit dem dicken Kiel musst du draußen lassen. Nimm das Küchenmesser und schneide erst die Kiele heraus. Sie bohren sich sonst durch das Inlett.«

Allmählich hat die junge Gans eine kahle Brust. Als Lisa fertig ist, lässt sie das Tier vom Schoß und bindet ihm die Füße los. Zuletzt wird die Kordel vom Schnabel entfernt. Die Gans schüttelt sich und ergreift eilig die Flucht. Anna fängt die nächste ein.

»Da muss ich dir erzählen, wie es meiner Godel gegangen hat«, lacht Lisa. »Sie ist schon lange tot, deswegen kann ich die Sache ruhig erzählen. Willst du die Geschichte hören?«

»Na freilich«, ermuntert Anna sie.

»Also was meine Godel war, die war Häuslerin und wohnte mit ihrem Mann alleine. Kinder hatten die beiden nicht. War auch besser so, hatten doch sowieso nicht viel zu beißen. Jedenfalls hat die Godel im Frühjahr in Kassel auf dem Markt ein Gössel gekauft. Sie hat es gehegt und gepflegt, hat Brennnesseln geholt und abgewellt und ins Futter getan, damit das Gänseküken wachsen und gedeihen sollte. Und es gedieh auch prächtig. Sie fütterte die Gans bis zu Martin, dann musste ihr Mann das Tier schlachten. Was hat sie die Gans mit Liebe ausgenommen, ihr den Leib mit Apfelstücken gefüllt und zugenäht! Am Sonntag wollten sie die Gans dann essen. Als die Godel den Leckerbissen gerade auf den Tisch bringen wollte, da sah sie ihre Base mit den drei Blagen um die Ecke biegen und auf ihr Haus zusteuern. Flugs räumte sie die Teller wieder ab, und den Gänsebraten versteckte sie unter der Bank in der Küche. Eigentlich mochte sie die Base gerne leiden, und auch die Kinder waren ihr nicht einerlei – nur dass die jetzt ihre Gans essen sollten, das war ihr gar nicht recht. Denn die Base und ihre Kinder bekamen nur selten Fleisch zu Gesicht, und da würden sie einen gewaltigen Appetit entfalten.

›Das ist aber schön, dass du mal nach uns schaust‹, sagte meine Godel. ›Nur dumm, dass wir schon gegessen haben.‹

›Das macht doch nichts‹, meinte die Base und nahm in der Küche Platz. Auch die Kinder setzten sich. Sie sprachen etwa ein Viertelstündchen, da waren Geräusche unter der Bank zu hören. Eines von den Bälgern guckte unter die Bank. Und weißt du, was da war? Der Karo, ihr Hund, hatte sich über die Gans hergemacht. Daran hatte die Godel nicht gedacht, dass der Karo in der Küche war.

Der Godel ihr Mann verjagte den Karo mit dem Besenstiel, aber der Hund kam nicht unter der Bank vor, ohne den Gänsebraten mitzunehmen. Da jagte der Mann hinter dem Hund und dem Gänsebraten her – die ganze Dorfstraße entlang. Sie haben den Braten aber nicht wiedergesehen.

Die Freundschaft von meiner Godel mit ihrer Base hatte freilich einen starken Riss gekriegt. Erst ein Jahr darauf hat die Godel alles wieder gutmachen können. Da hat sie nämlich wieder eine Gans gefüttert. Und zum Gänsebratenessen hat sie die Base und die Kinder eingeladen.«

Anna kichert. »Sie hat wenigstens versucht, die Sache wieder in Ordnung zu bringen.«

Lisa kichert ebenfalls. »Aber denke doch, wie es ihr gegangen ist! Was hat sie sich blamiert!«

»Ich weiß nicht, ob ich die Base nicht gleich zum Gänsebratenessen eingeladen hätte«, sinniert Anna.

»Wer kann schon in einen Menschen hineinsehen?« Lisa wiegt gedankenschwer das Haupt.

Als alle Gänse gerupft sind und aufgeregt schnatternd im

Obstgarten herumlaufen, bringen Lisa und Anna das Inlett mit den Federn auf den Speicher. Unterm Dach sollen die Federn ein paar Wochen lang trocknen und lüften.

»Nächstes Jahr rupfen wir die Gänse wieder«, sagt Lisa. »Dann hast du bald eine gute Bettdecke. Eine für ein Ehebett. Na, mit welchem Ehemann wirst du wohl darunter schlafen?«, neckt Lisa.

Anna erschrickt. Allein der Gedanke an einen Mann neben sich im Bett ist ihr unerträglich, macht sie schaudern.

Getreideernte

Die hohe Zeit der Getreideernte ist da. Seit einigen Tagen sind die Männer, verstärkt durch Tagelöhner, auf den Getreideäckern, um die Frucht zu mähen. Sie schneiden das Getreide wie das Heu mit der Sense, nur ist diesmal an den Sensen ein Reff befestigt, ein aufrecht stehendes Drahtgeflecht, das die gemähten Halme gleich in Schwaden auf den Acker gleiten lässt. Diese Schwaden sind dann leichter in Garben zu binden.

Kurz nachdem die Männer mit dem Mähen begonnen haben, machen sich die Frauen ebenfalls an die Arbeit. Ein Arm voller Getreidehalme wird mit Hilfe eines Strohseils zusammengebunden. Die Strohseile sind vorher aus langen Halmen in der Scheune gedreht worden; sie jetzt erst herzustellen, dafür wäre die Zeit zu schade. Lisa, Anna und einige Tagelöhnerinnen, unter ihnen Annas Mutter, nehmen unermüdlich die Schwaden auf.

Um eine »Puppe« aufzustellen, müssen vier Frauen zunächst ihre Garbe, von vier Seiten kommend, mit den

Ähren gegeneinander lehnen. Dann legen sie von außen weitere Garben an, sodass ein kleines Häuschen entsteht. Die Arbeit ist schweißtreibend und unangenehm wegen der Grannen und Spelzen, die auf der Haut Juckreiz verursachen.

Um halb elf etwa gibt es ein gutes Frühstück mit Brot und Wurst. Hier langen besonders die Tagelöhner zu; es ist deutlich zu merken, dass sie selten so viel Wurst zu essen bekommen. Lisa ist zwischendurch heimgegangen und hat das Frühstück geholt. Nach dem Imbiss gibt es kein Verweilen, sofort geht es wieder an die Arbeit zurück. Am Nachmittag gegen drei Uhr wird wieder gegessen. Danach geht Lisa nach Hause, um warmes Essen für alle, auch die Tagelöhner, zu kochen. Abends gibt es ein gutes Mahl: Kartoffeln und Eierpfannkuchen mit roter Wurst und Speckscheiben darin.

So ähnlich geht das Tag für Tag. Da das Wetter gut bleibt, gilt es, schnell fertig zu werden. Und kaum ist das letzte Feld gemäht, muss eingefahren werden. Dazu wird der Leiterwagen mit einem ganz großen Tuch, dem Schlagtuch, ausgelegt. Im Schlagtuch sammeln sich die Körner, die während der Fahrt aus den Ähren herausfallen. Sie fielen sonst zwischen des Stäben des Wagens hindurch auf den Weg und gingen verloren. Lisa und Anna haben das Schlagtuch zuvor sorgfältig geprüft. Es darf kein Loch darin sein.

Das Beladen des Wagens erfordert viel Geschick. Zunächst dürfen die trockenen Garben beim Aufnehmen mit der dreizinkigen Gabel nicht geschüttelt werden, weil sonst Körner herausfallen könnten. Die Garben werden nun mit den Ähren nach innen in den Wagen gelegt. Da die trockene Frucht leicht ins Rutschen gerät, darf nicht zu viel geladen werden, vor allem nicht, wenn auf dem Heimweg Steigungen zu bewältigen sind. In der Scheune neben der Tenne laden die Männer die Garben ab. Dort bleiben sie, bis sich im Spätherbst die Zeit zum Dreschen findet.

Anna arbeitet gern auf den Feldern. Der ganze Hof, die Männer und die Frauen, sind eine Gruppe, die miteinander schaffen kann, ohne viele Worte zu machen. Jeder weiß, was er zu tun hat. Über Tag, bei der schweren Arbeit auf dem Feld, gerät es Anna fast aus dem Bewusstsein, was die Männer ihr immer wieder antun. Dann kann sie sie fast bewundern, weil sie so unermüdlich, so kräftig arbeiten, ohne über die Mühe ein Wort zu verlieren. Seite an Seite arbeitet Anna mit ihnen, bis sie plötzlich von Ekel und Abscheu gepackt wird und sich abwenden muss.

Begräbnis des Nachbarn

Der alte Bauer auf dem Nachbarhof ist gestorben. Seit einiger Zeit schon ist er bettlägerig gewesen. In der vergangenen Nacht nun ist es mit ihm zu Ende gegangen.

Lisa wusste zuerst davon. »Gestern Abend hat das Leichenhuhn, das Käuzchen, besonders früh und oft ›Komm mit!‹ gerufen«, lässt sie Anna wissen. »Und wie ich dir gesagt habe: Der alte Bauer hat gekämpft. Er konnte nicht sterben. Bis sie gemerkt haben, dass er auf Hühnerfedern liegt. Da haben sie schnell das Kissen gegen eins aus Gänsefedern eingetauscht. Und darum ist er ruhig eingeschlafen.«

Anna denkt unwillkürlich an den Tod ihres Vaters. So jung war er noch gewesen. Und was hatte er einen schweren Tod gehabt! Dabei hatte er schon vorher so gelitten. Er hatte die galoppierende Schwindsucht. Sein Körper hatte gegen den Tod gekämpft, sein Schicksal nicht annehmen wollen. Es war so schrecklich gewesen, dass die Mutter oft fortgelaufen war, während Anna den Vater nicht im Stich hatte lassen wollen. Bis zuletzt hatte sie seine Hand gehalten.

Lisas Stimme unterbricht Annas Erinnerungen. »Der Karl ist dann in den Stall zu den Tieren gegangen und hat ihnen den Tod des Altbauern mitgeteilt. Er darf auch die Hühner und die Gänse nicht vergessen. Sogar den Bienen muss er es sagen. Und dann musste er als der älteste Sohn dem Vater die Augen zudrücken. Sie haben den Vater dann aus dem Bett in die Waschküche getragen und dort auf Stroh gelegt. Der Schreiner macht ihm heute die Totenlade. Und dann kommt die Grete, die Leichenwäscherin, wäscht ihn und kleidet ihn an.«

Im Nachbarhaus sind den ganzen Tag über – als Zeichen der Trauer – die Fensterläden geschlossen. Am nächsten Tag machen Lisa und Anna ihren Trauerbesuch. Sie haben dazu schwarze Kleider angezogen. Der Verstorbene liegt im offenen Sarg im Hausflur. Grete hat ihm seinen Anzug angezogen. In diesem Anzug ist er konfirmiert worden; er hat ihn bei seiner Hochzeit getragen, ihn später bei freudigen und traurigen Anlässen angehabt. Er wird ihn nun bei dem letzten Weg hinter die Kirche und ins Grab mitnehmen.

Der alte Bauer hat die abgearbeiteten Hände über der Brust gefaltet. Rosmarinzweige sind in der Totenlade rings um ihn gesteckt. Eine Kerze brennt. Still betrachten die beiden den toten Mann, murmeln ein Vaterunser und gehen dann in die Stube, wo ihnen ein Schälchen Kaffee gereicht wird.

Am Abend zuvor ist der Leichenbitter schon da gewesen, um die Nachbarn zur Beerdigung zu bestellen. Außerdem soll der Schulze Sargträger sein.

Am Beerdigungstag um halb drei treffen sich alle Trauergäste im Hof des Trauerhauses. Alle nehmen Abschied von dem Verstorbenen, werfen einen letzten Blick auf ihn. Dann wird der Sarg geschlossen. Der Pfarrer segnet ihn aus für seinen letzten Gang.

Vorsichtig heben die vier Träger, allesamt Nachbarn, die das Recht, aber auch die Pflicht haben, den Toten zu tragen, die Totenlade auf und bringen sie zur Trauerkutsche, die bereits vor dem Haus wartet. Ein schwarzes Pferd, welches selbst einen Trauerflor trägt, ist vor einen flachen, schwarz ausgeschlagenen Wagen geschirrt. Auf den Wagen stellen die Träger den Sarg. Die Trauergemeinde wartet schweigend auf das Gebimmel des Totenglöckchens. Erst als die kleine Glocke ihre heisere Stimme ertönen lässt, setzt sich der Trauerzug in Bewegung. Vor dem Gefährt laufen einige alte Leute, das sind die Schulkameraden des Verstorbenen. Gleich hinter dem Sarg geht der Pfarrer. Dann folgt die tiefschwarz gekleidete Witwe. Sie hat sich ein Trauermäntelchen über den Kopf gezogen – ein großes schwarzes Tuch, das sie den Blicken der Nachbarn entzieht. Sie will allein sein in ihrer Trauer um den Gatten. Ihr folgen die Kinder, Schwiegerkinder und Enkel des Verstorbenen, dann die Verwandten, die Nachbarn und die Dorfbewohner.

Auf dem Weg zum Friedhof flüstert Lisa in Annas Ohr: »Und dass du ja drei Schippen Erde in das Grab wirfst!

Wenn du das nicht tust, hast du dem Toten die letzte Ehre versagt. Dann holt er dich bald nach.«

Vor dem offenen Grab kommt die Trauerkutsche zum Stehen. Vorsichtig heben die Träger den Sarg auf zwei Balken, die quer über der Grabstelle liegen. Der Pfarrer verliest die Lebensdaten des Verstorbenen, hält eine kurze Leichenpredigt und betet mit der Trauergemeinde ein Vaterunser. Dabei läutet die Gebetsglocke. Zuletzt singen alle das Begräbnislied: Jesus, meine Zuversicht und mein Heiland ist im Leben ...

Während erneut die Totenglocke läutet, lassen die vier Träger den Sarg in die Tiefe. Nach und nach gehen die Dorfbewohner und Nachbarn, dann die Verwandten und zuletzt die Familienmitglieder mit der Witwe an das offene Grab, um Abschied zu nehmen. Dabei wirft jeder drei Schippen Erde in das Grab. Allmählich finden sich die Trauergäste im Trauerhaus ein. Dort halten einige Frauen aus dem Dorf Kaffee und Kuchen bereit, um die Zurückkehrenden zu bewirten.

»Früher wurde oft noch getanzt«, raunt Lisa Anna zu, »aber jetzt ist das verboten.«

Die auswärtigen Trauergäste bleiben bis zum Abend. Anna wundert sich, dass die Stimmung immer ausgelassener wird. »Die sind froh, dass sie leben dürfen«, denkt sie. Doch auf einmal sieht sie, dass versteckt Schnaps herumgereicht wird.

Lisa nimmt einige kräftige Schlucke aus der Flasche. Am Nachbartisch sitzt der Schulze.

»Wenn wir ihn doch heute begraben hätten«, denkt Anna. Ohnmächtige Wut auf diesen Mann erfüllt sie. Sie starrt ihn hasserfüllt an. Kaum einmal richtet er das Wort an sie, ohnehin sieht sie ihn tagsüber nur beim Essen. Er behandelt sie wie Luft. Und auch in der Nacht, wenn er zu ihr kommt, redet er kein Wort mit ihr.

»Was schaust du unseren Schulzen so an?«, fragt Lisa. Der Alkohol macht sie noch redseliger als sonst. »Nicht wahr, er sieht stattlich aus, unser Herr! Wenn er seinen guten Anzug anhat, dann kann man richtig stolz auf ihn sein. Meinst du nicht auch, Anna?« Lisa stößt Anna in die Rippen, weil Anna nicht antwortet. Dabei hat Lisa Recht. Er ist ein stattlicher Mann – das ist nicht zu bestreiten. Aber Anna kennt ihn eben auch anders, kennt ihn in seiner widerwärtigen, abstoßend gierigen Wildheit. Und die ist nicht stattlich.

»Nun sag schon, dass er von allen hier am besten aussieht!«, fordert Lisa. Anna macht eine zustimmende Kopfbewegung. Da gibt Lisa sich zufrieden.

Zwetschenmus

Die Zwetschen sind geschüttelt. Mehrere Körbe voll stehen in der Waschküche und wollen verarbeitet sein. Lisa hat beschlossen, Zwetschenmus zu kochen. Deshalb hat sie für heute Abend die Nachbarinnen zum Entkernen eingeladen. Sie hat dafür auch einen Zwetschenkuchen gebacken.

Abends – nach dem Füttern und dem Abendessen – kommen die Frauen und Mädchen von den Nachbarhöfen zu ihnen in die Waschküche. Jede hat ein Küchenmesser mitgebracht. Drei Gruppen sitzen in der Waschküche. Die Frauen erzählen sich Neuigkeiten aus dem Dorf, singen auch alte Spinnstubenlieder. Anna, die früher gern gesungen hat, mag nicht mehr mitsingen. Sie lauscht auf die Texte der Lieder, die immer damit enden, dass der Sänger sich den Tod wünscht oder ein besseres Leben. Ein besseres Leben wünscht sie sich auch. Dabei muss doch jeder denken, dass es ihr auf dem Hof des Schulzen sehr gut geht. Den Tod ... nein, den wünscht sie sich nicht. Sie will leben. Trotz allem!

Alle Zwetschen sind entkernt. Jetzt servieren Anna und Lisa Kaffee und Kuchen. Danach, so haben die Frauen lachend überlegt, werden sie ein Pfädchen streuen. Es soll eine heimliche Beziehung geben zwischen einem Knecht und einer Magd. Vom Kammerfenster der Magd bis zum Fenster des Knechts werden die Frauen heimlich mit den Kernen ein Pfädchen, einen Weg, streuen, sodass die Heimlichkeit zwischen beiden morgen bei Tag an die Öffentlichkeit kommen wird. Die Frauen und Mädchen kichern, während sie mit dem Eimer voller Kerne in der Dunkelheit verschwinden.

Am nächsten Morgen beginnen Lisa und Anna, im sauber ausgescheuerten Waschkessel die Zwetschen zu kochen. Bei schwachem Feuer werden die Früchte einen ganzen Tag lang gegart, manchmal sogar noch länger. Dabei muss immer gerührt werden, denn sobald die Masse nicht bewegt wird, setzt sie unten an. Nach einem Tag und einer Nacht – alle waren stundenweise mit Rühren dran – ist das Zwetschenmus gut. Jetzt kann es in irdene Töpfe gefüllt und aufbewahrt werden. Anna weiß es genau: Nichts schmeckt besser als frisches Zwetschenmus auf frischem Brot und Quark.

Weihnachten

Die Kartoffeln sind längst gelesen. Auch das Korn ist gedroschen. Es ist Weihnachten geworden. Anna hat Stoff für ein Kleid bekommen; blaugrau ist er, mit feinen Streifen. Sie bedankt sich beim Schulzen. Lisa hat auch Stoff gekriegt. Onkel Frieder wurde mit Pfeifentabak bedacht. Zum Festessen haben sie eine Gans gebraten, die Lisa bis kurz vor Weihnachten eifrig gefüttert hat.

Anna geht in ihre Kammer und legt den Stoff in ihre Truhe. Sie hat inzwischen viele Silbermünzen zu dem Goldstück gelegt. Müde legt sie sich auf ihren Strohsack und schließt die Augen. Sie kommt ins Grübeln. Am Nachmittag war sie bei ihrer Mutter gewesen. Sie hat ihr einen Korb gebracht, den Lisa gepackt hat. Eine Wurst war darin gewesen, ein Stück eingesalzenes Fleisch, ein runder Käse, ein halber Laib Brot und eine Flasche Weißwein.

»Das bringst du deiner Mutter zum Christfest«, hatte Lisa gesagt, »und grüße sie herzlich von mir.«

Anna hatte sich bedankt, den Korb an den Arm gehängt und sich auf den Weg gemacht. Zuerst allerdings war sie zu ihrer Godel gelaufen und hatte ihr aus dem Korb die Wurst und den Käse herausgeholt.

»Das ist von mir für Euch, Godel! Zum Christfest«, hatte Anna gesagt und Wurst und Käse auf den Tisch gelegt.

»Ich danke dir, mein Kind!« Wie freundlich die alte Frau sie angesehen hatte!

»Nein, Godel, ich habe Euch zu danken«, hatte Anna abgewehrt. »Ihr habt mir den Sud gegeben.«

»Das tue ich doch gerne für dich. Hole dir nur, wenn du nichts mehr davon hast.«

»Lasst es Euch gut schmecken, heute zum Heiligen Abend, Godel.«

»Das will ich tun, Anna. Es könnte mein letzter Heiliger Abend sein.«

»Was redet Ihr für Zeug?«

»Ach Kind, das Leben ist beschwerlich geworden für mich. Oft wünsche ich mir, es könnte bald zu Ende gehen. Das Alter ist sehr bitter.«

»Godel, sagt so etwas nicht. Was soll ich denn tun, wenn Ihr nicht mehr seid?«

»Es gibt immer wieder einen Weg. Auch für dich. Und nun mache dich auf zu deiner Mutter, und grüße sie von mir.«

Anna war dann zu ihrer Mutter gegangen und hatte ihr den Korb abgeliefert. Seit jenem grauenvollen Morgen besteht kaum noch eine Verbindung zwischen Mutter und Tochter. Anna hat die Geschenke für die Mutter auf den Tisch gestellt und ist dann wieder gegangen. Die Mutter schien eine engere Bindung zur Tochter nicht zu suchen.

Jetzt liegt Anna auf ihrem Lager und sinnt nach. Vor einem Jahr war sie zum Christfest noch zu Hause bei der Mutter gewesen. Damals – Jahre scheinen vergangen zu sein – war die Welt anders, heller. Nun ist sie die Magd des Schulzen; sie verdient gut bei ihm, er hat ihr ein großzügiges Geschenk gemacht. Wenn nur …

Ja, wenn das nicht wäre, was dazugehört, wenn man als Magd gedingt ist. Immer wieder ist der Schulze in ihre Kammer gekommen. Er hat sich geholt, was er wollte. Auch der Jost hat Anna häufig besucht. Irgendwie ist es bei ihm anders gewesen, so … so … kameradschaftlich. Er hat ihr auch immer vorher gesagt, wann er kommen würde. Ganz anders Konrad. Der ist immer über sie hergefallen. Freilich hat sie auch jedes Mal eine Silbermünze von ihm bekommen. Ihren Sud hat sie regelmäßig getrunken. Sie weiß, dass sie das nicht vergessen darf. Denn der Keimsaft der Männer ist sehr gefährlich. Das hat ihr die Godel eingeschärft.

Anna ist nun sechzehn Jahre alt. »Einige Jahre werde ich noch hier aushalten, dann gehe ich weit fort, am besten nach Amerika. Morgen werde ich Klara besuchen«, freut sie sich beim Einschlafen. »Sie ist daheim zu Besuch.«

Feiertag

Gemeinsam steigen Anna und Klara den steilen Berg zur Burgruine hinauf. Es ist kalt. Harter Frost liegt über dem Land. Die Bauern klagen, weil kein Schnee gefallen ist. Die Saat wird erfrieren, wenn sich nicht bald die schützende weiße Decke über die Felder breitet. Die beiden Mädchen stoßen weiße Atemwölkchen in den sonnigen Winterhimmel. Sie haben sich viel zu erzählen.

Klara ist Stallmagd wie Anna. Allerdings gibt es noch zwei andere Mägde auf dem Hof, auf dem Klara arbeitet. Klara teilt ihre Kammer mit einer anderen Magd, die sie ganz gut leiden kann. Beiläufig fragt Anna, ob die Mägdekammer einen Riegel hat. »Natürlich! Weshalb fragst du?«, wundert sich Klara. Was Anna bloß für merkwürdige Ideen hat! Ach ja, das wichtigste, was Klara zu berichten hat: Johannes hat ihr geschrieben. Im kommenden Sommer ist seine Militärzeit in Berlin beim Ersten Garderegiment zu Ende. Dann kommt er zurück. Und dann will er heiraten. Wen wohl? Dreimal darfst du raten.

Klara ist wirklich glücklich. Johannes hat einen Bauernhof und auch noch ein Anstreichergeschäft. Einem solchen Mann kann der Förster die Hand seiner Tochter doch nicht verweigern. Klara ist zwar noch sehr jung. Aber jung gefreit hat noch nie gereut, sagen alle. Im Sommer, wenn Johannes von Berlin zurückgekommen ist, dann werden Klaras Hochzeitsglocken läuten. Was sagst du nun, Anna?

Eigentlich freut sich Anna für Klara, aber irgendwie freut sie sich auch nicht. Der Johannes, ja, der hätte Anna auch gefallen. Aber Klara braucht das nicht zu wissen. Deswegen beeilt sich Anna, ihrer Freundin zu versichern, wie sehr sie sich freut.

Die beiden Mädchen gehen schließlich in Klaras Elternhaus. Und dort hat die Försterin, inzwischen noch einmal Mutter einer Tochter geworden, Kaffee gebrüht, um die beiden Freundinnen zu bewirten.

Das Orakel

Eine lange Winternacht hat sich herniedergesenkt. Es gibt einen alten Brauch im Dorf: Die im vergangenen Jahr konfirmierten Mädchen schleichen sich in der Neujahrsnacht zu einem Schafstall. Hier können sie erfahren, ob sie einen Ehemann bekommen oder ob sie ledig bleiben werden … Klara und Anna sind selbstverständlich ebenso neugierig, wie es die Mädchen der vergangenen Jahre gewesen sind.

Klara hat es möglich gemacht, über die Neujahrsnacht wieder »auf Urlaub« im Heimatdorf zu sein. Anna hat sich nach dem Feierabend fortgeschlichen. Sie hat Strickzeug eingepackt und Lisa gesagt, sie ginge in eine Spinnstube.

Mit Klara hat sie sich verabredet, erst einmal in das Försterhaus zu kommen. Dann wollen die beiden zum Schafstall gehen. Der ist ganz dicht beim Försterhaus. Und ... ja ... dann wollen sie herausbekommen, wie es ihnen im Leben ergehen wird.

»Man muss an das Tor gehen! Jede alleine! Dann muss man ganz deutlich dreimal anklopfen«, weiß Klara.

»Und dann muss man gut lauschen«, ergänzt Anna. »Blökt zuerst ein altes Schaf, dann bekommt man einen Witwer zum Mann. Blökt zuerst ein junges Schaf, kriegst du einen jungen Mann.«

»Und wenn zuerst ein Lamm blökt, kriegt man ein lediges Kind oder überhaupt keinen Mann.«

Die Mädchen sind in andächtiger Entfernung vor dem Schafstall stehen geblieben. Wie gut, dass der Schäfer seinen Hund nicht immer bei den Schafen lässt! Ob der Schäfer ihn wohlweislich in der Neujahrsnacht immer mit nach Hause nimmt, damit die um ihr Lebensschicksal Besorgten ungehindert zum Schafstall können?

»Geh du zuerst!«, flüstert Klara.

»Nein, du!«, wehrt Anna ab. »Du bist etwas älter als ich.«

Klara schleicht an das hölzerne Tor des Stalles. Es dauert einige Augenblicke, bis sie sich ein Herz fasst und dreimal klopft.

Da blökt ein junger Hammel, und auch die anderen Schafe beginnen, sich erschrocken zu melden.

»Du kriegst einen jungen Mann, Klara«, freut sich Anna. »Das war ganz deutlich zu hören.«

»Jetzt bist du an der Reihe!«

Klara gibt Anna einen leichten Schubs. Annas Füße wollen nicht gehorchen. Zitternd wartet sie vor dem Tor, bis sich die Schafe beruhigt haben. Dann klopft sie dreimal. Die aufgestörten Schafe antworten alle fast gleichzeitig. Junge, alte und Lämmer blöken durcheinander.

»Es klappt bei mir nicht«, meint Anna mit hängendem Kopf.

»Zuerst habe ich einen alten Schafbock gehört. Dann haben junge Schafe geblökt und sofort ein Lamm dazu. Oder war das Lamm eher?« Klara ist sich nicht sicher.

»Lass uns gehen«, bittet Anna. »Mir gefällt das nicht. Und außerdem – ich glaube sowieso nicht daran.«

»Ich finde es schön, dass zuerst ein junges Schaf geblökt hat. Ich kriege einen jungen Mann«, sagt Klara fröhlich.

»Natürlich!«, bestätigt Anna. »Du kriegst den Johannes.«

»Den Johannes, bestimmt. Wenn es bloß schon so weit wäre!«

Klara merkt nicht, dass Anna seufzt.

Schlachten

»Es ist höchste Zeit, dass ein Schwein geschlachtet wird«, murmelt Lisa. »Die Räucherkammer ist fast leer, und auch in den Pökelfleischfässern sind nur noch ein paar Brocken.«

Das Wetter ist frostig. Nicht schlecht fürs Schlachten.

»Der Willem kommt morgen, ich habe ihm schon Bescheid sagen lassen.«

Anna kennt das Hausschlachten von daheim. Nur dass die Schweine des Schulzen rund und fett sind, während das im Schweinekoben der Mutter gefütterte Tier ziemlich mager ist. Willem ist der Hausmetzger am Ort.

Er ist am nächsten Morgen früh zur Stelle, frühstückt ausgiebig und stärkt sich zusätzlich mit einem Schnaps. »Ist das Wasser heiß?«, fragt er, und dann geht's los. Im Hof vor der Waschküche zerren die Männer das sich heftig wehrende, laut quiekende Schwein herbei. Es hat seit zwei Tagen nichts mehr zu fressen bekommen, damit Magen und Darm möglichst leer sind. Um jedes Hinterbein des Tieres wird ein starkes Seil geschlungen, das je einer der Männer in der Hand hält. Willem greift nach dem Vorschlaghammer, mit dem er blitzschnell dem Schwein einen wuchtigen Schlag auf die Stirn versetzt. Das Schwein fällt zur Seite. Schnell öffnet der Hausmetzger die Halsschlagader. Das Blut läuft in den untergestellten Eimer. Anna steht bereit, um das Blut sofort kräftig zu rühren. Es darf nicht gerinnen. Anna muss ziemlich lange rühren. Das Schwein beginnt zu zittern, dann wird es still. Der Eimer, auf dem sich oben Schaum gebildet hat, ist bis zu drei Vierteln mit Blut gefüllt. Anna rührt noch immer.

»Du kannst jetzt aufhören«, sagt Willem. »Ich brauche jetzt heißes Wasser.«

Der Schulze und seine Söhne legen das tote Schwein in den Brühtrog – ein hölzernes, längliches Gefäß, das dem Tierkörper Raum bietet.

Jetzt gießen sie kochendes Wasser über das tote Schwein: Das Schwein wird gebrüht. Mit einem Schaber schabt nun Willem die dicken Schweineborsten ringsum ab. Das Schwein sieht nun rosig und glatt aus. In der Zwischenzeit haben Anna und Lisa den Kessel wieder mit Wasser gefüllt und ein gewaltiges Feuer darunter entfacht.

Nun kann das Tier zerlegt werden. Willem schält die Speckseiten am Bauch ab, schneidet die Hinterschinken aus, trennt die Kopfteile ab und zerlegt die Vorderschinken. Lisa sagt ihm, welche Teile sie einsalzen möchte. Willem muss sie in die gewünschten Portionen schneiden. Das Salzfleisch wird besonders aufbewahrt, um später in den Salzfässchen zu verschwinden. Dann werden die gesäuberten Innereien und die beiden Kopfhälften in das kochende Wasser im Kessel gegeben.

Nun ist es Zeit, die rote Wurst herzustellen. Das Fleisch dafür wird in Streifen geschnitten und durch den Fleischwolf gedreht. Die durchgelassene Fleisch- und Speckmasse würzt Willem mit einigen Händen voll Salz und Pfeffer. Auch etwas Salpeter kommt dazu. Dann werden die Würste »gestopft«. Die Wurst ist fertig und kann zum Trocknen auf ein Trockengestell gehängt werden. Nach ein paar Tagen können diese Würste dann in der Räucherkammer geräuchert werden.

Sind alle roten Würste, die jetzt noch recht blass aussehen, am Trockengestell befestigt, wird die Blut- und Leberwurst hergestellt. Dazu holen die Frauen mit langen Gabeln die inzwischen gar gekochten Innereien und die Schädelhälften aus dem Kessel.

Nachdem auch sie fertig sind, werden sie alle in den Kessel gegeben und mindestens zwei Stunden lang gebrüht. Mit einer kleinen Nadel sticht Willem dabei immer wieder in die einzelnen Würste, damit das Fett austreten kann. Schließlich fischt er die Würste aus der Brühe. Sie finden ebenfalls auf dem Trockengestell Platz, wo sie einige Tage bleiben müssen, bis sie in den Rauch gehängt werden können. Zurück bleibt die Wurstbrühe, von der das leckere Wurstfett abgeschöpft wird. Mit einer großen Kelle füllt Anna es in Steinguttöpfe. Das gibt Brotaufstrich für den ganzen Winter.

Abends lädt Lisa zum Wellfleisch- und Wurstsuppenessen ein. Was Lisa davon im Haushalt nicht verarbeiten kann, wird an die Nachbarn verteilt.

Am nächsten Morgen legen Anna und Lisa das Salzfleisch in die Holzbütten. Über jede Lage Fleisch streuen sie dick Salz. Zuletzt gießen sie abgekochte und wieder erkaltete Salzlake über das Fleisch, sodass es völlig bedeckt ist. Bevor sie das Fass mit einem Tuch zudecken, streut Lisa noch zur besseren Haltbarkeit Salpeter obendrauf.

Nun lassen die beiden das Fett aus. »Du musst immer darauf achten, dass das Fett beim Auslassen nicht zu heiß wird. Sonst sieht es hinterher grau aus. Hingegen ist schneeweißes Fett die Zierde einer jeden Köchin«, belehrt Lisa die junge Magd.

Strümpfe stricken

»Weißt du, was du machen könntest? Du hast doch noch gute Augen. Du könntest Strümpfe stricken«, schlägt Lisa vor.

»Aber Lisa, ich habe doch Strümpfe genug. Ich brauche keine mehr.«

»Du Dummes! Doch nicht für dich. Du sollst die Strümpfe stricken und dem Henner mit auf den Markt geben. Er verkauft sie in Kassel und bringt dir dann neue Strumpfwolle mit. Der Henner behält einen Groschen, aber fünfzig Pfennig bleiben für dich. Fünfzig Pfennig für ein Paar Strümpfe!«

Anna nickt. »Das ist viel Geld!«

»Warte mal, ich glaube, ich habe oben noch graue Strumpfwolle. Die habe ich nicht verbraucht, weil meine Augen zu schwach geworden sind. Die kannst du haben.«

Lisa schlurft in ihre Kammer. Sie kommt mit fünf Stricknadeln und einem Strang Wolle zurück. »Schau mal, was ich hier habe!«

Lisa lässt Anna sofort anfangen.

Anna kann Strümpfe stricken, ist aber darin nicht sehr geübt. »Wie kommt es denn, dass man in Kassel Strümpfe so leicht verkaufen kann? Können die Frauen dort ihren Männern keine stricken?«

»Das schon, aber viele haben keine Zeit. Oder sie haben Gicht in den Fingern oder etwas anderes ... Und dann ist da ja die Garnison. Das sind Männer, die meist keine Frauen haben. Die sind dann froh, wenn sie Strümpfe kaufen können.«

Anna strickt nun jede freie Minute. Die Strümpfe, die sie zustande bringt, können sich sehen lassen. Als Henner beim nächsten Mal Käse für den Markt abholt, vertraut Anna ihm das Paar Strümpfe an.

»Die bringe ich schon an den Mann«, lacht Henner. »Aber zehn Pfennige davon sind für mich.« Anna ist einverstanden.

»Wie ist das eigentlich, Henner«, fragt sie, »verkaufst du immer alles auf dem Markt in Kassel?«

»I wo«, lacht der. »Wenn ich den Käse auf dem Markt nicht loswerde, dann fahre ich zu den Gasthöfen. Die nehmen mir dann immer gern die Reste ab. Nur – mit dem Preis muss ich dann etwas nachlassen.«

»Viel Glück mit den Strümpfen«, wünscht ihm Anna.

»Und wenn du sie verkaufen kannst, dann bring mir doch gleich wieder neue Strumpfwolle mit. Die für eine Mark, wie du sie für Lisa immer gekauft hast.«

»Geht in Ordnung, Anna!«

Henner bringt am Abend tatsächlich fünfzig Pfennig für Anna und für eine Mark Strumpfwolle. Anna strahlt. »Sag mal, Henner, wie viel verdienst du eigentlich, wenn du zum Markt gehst?«

»Kind, ich wäre ein schlechter Geschäftsmann, wenn ich dir das verraten würde.«

»Na, sag schon! Du hast doch fast gar kein Land.«

»Anna, du bist auch armer Leute Kind. Deswegen werde ich es dir sagen. Wenn ich drei Mark für mich habe, dann war es ein lohnender Markttag.«

Spinnstube

Anna ist mit ihrem Strickstrumpf ins Nachbarhaus gegangen, weil dort Spinnstube gehalten wird. Zuerst treffen sich alle Frauen der Nachbarschaft in der guten Stube des Hauses, die bis auf die Bettstelle der Großeltern ausgeräumt wurde. Größere Räume gibt es nicht, so muss man sich begnügen. Alle Sitzgelegenheiten, die das Haus zu bieten hat, sind in die gute Stube gebracht worden. Der Ofen ist schon seit dem Nachmittag angeheizt. Es ist wohlig warm.

Anna bekommt einen Schemel zugewiesen. Vorerst sind die Frauen und Mädchen noch unter sich. Einige haben ihr Spinnrad dabei, andere stricken oder stopfen. Sie erzählen von den Krankheiten ihrer Kinder, ihres Viehs, von einem Huhn, das ein Ei mit drei Dottern gelegt hat, von

Beschwerden bei der Schwangerschaft, von Schwierigkeiten mit streitsüchtigen Nachbarn und vielem anderen mehr. Anna hört zu, beteiligt sich aber nicht am Gespräch; es sei denn, sie wird direkt angesprochen. Sie strickt eifrig, denn sie möchte jede Woche ein Paar Strümpfe fertig haben, die Henner dann auf den Markt mitnehmen kann. Gegen zehn Uhr abends kommen die jungen Burschen und Männer in die Stube. Die sind bis jetzt im Wirtshaus gewesen. Nun werden Volkslieder angestimmt und gesungen. Plötzlich taucht eine Schnapsflasche auf und macht die Runde. Die Burschen beginnen, die Mädchen zu necken.

Anna hält sich zurück, aber Albrecht, ein junger Knecht aus dem Waldeckischen, macht ihr schöne Augen. Ein Pfänderspiel ist an der Reihe, und Anna bekommt ihr Pfand – eine Haarnadel – erst zurück, nachdem sie Albrecht einen Kuss gegeben hat. Anna küsst ihn, aber das Spiel gefällt ihr nicht. Dabei hat sie nichts gegen den Knecht. Er ist ein gutgebauter, kräftiger Bursche, hat ein offenes Gesicht und eine wohltönende Stimme.

Inzwischen hat die kleine Glocke vom Kirchturm elf Mal geschlagen. Die Großeltern, die ältesten Bewohner des Hauses, möchten jetzt schlafen gehen. Anna denkt, nun sei es an der Zeit aufzubrechen, aber sie täuscht sich. Für kurze Zeit wird das Licht gelöscht, die beiden Alten gehen ins Bett. Als das Licht wieder angezündet wird, sind die Vorhänge der Bettstelle zugezogen. Die Großeltern werden jetzt hier schlafen. Als Einschlafhilfe bekommen Großvater und Großmutter ein Wasserglas mit Schnaps hinter den Vorhang gereicht, das sie sofort bis auf den letzten Tropfen leeren. Es dauert nur kurze Zeit, da sind beide fest eingeschlafen.

Nun kann getanzt werden. Spinnräder werden nach draußen gebracht, Strickstrümpfe weggepackt. Die Schemel stehen rings an den Wänden, sodass in der Zimmermitte eine kleine Tanzfläche entstanden ist. Höchstens ein Paar kann hier tanzen, während die anderen singen und im Takt klatschen. Sich zu weigern, wäre unmöglich. Als Albrecht an der Reihe ist, wählt er sofort Anna zu seiner Tanzpartnerin. Er hat, wie alle jungen Burschen, Schnaps getrunken und ist etwas wagemutiger geworden. Die einfachen Tanzschritte machen Anna keine Schwierigkeiten. Er presst das junge Mädchen fest an sich.

»Du gefällst mir, Anna!«, flüstert er ihr zu. »Kannst du mich auch ein bisschen leiden?« Anna nickt. »Vielleicht! Ich … du …«

Ihr stockt der Atem. Abscheu steigt in ihr hoch. Albrecht drückt sie und versucht sie zu küssen. Die Zuschauer klatschen Beifall und spornen Albrecht an. Er umschlingt Anna fester. Sie spürt durch ihre Kleidung hindurch seinen Körper. Da verliert sie die Kontrolle über sich. »Lass mich los, du elendes Schwein!«, kreischt sie.

Und nun platzt es aus ihr heraus. Alles, was sich in ihr aufgestaut hat, das trifft den jungen Burschen, der verdutzt vor ihr steht. Er kann Annas bodenlosen Zorn ebenso wenig begreifen wie sonst jemand im Raum. Doch Anna ist nicht aufzuhalten. Alle Schimpfwörter, die ihr einfallen, schleudert sie ihm entgegen. Schließlich schlägt sie mit Fäusten auf ihn ein. Die Zuschauer schreien entsetzt auf.

Albrecht dreht sich langsam um. »Du«, presst er mit bleichem Gesicht heraus, »tu so etwas nie wieder. Sonst könnte ich mich vergessen. Was glaubst du eigentlich, wer du bist? Was habe ich dir denn getan? Warum beschimpfst du mich so?«

Anna kommt langsam zur Besinnung. Wie aus einem Nebel kehrt sie zurück in die Wirklichkeit. Was hat sie getan? Schamesröte steigt ihr ins Gesicht. Sie reißt ihren Strickstrumpf an sich und stürzt aus der Stube.

Daheim in ihrem Bett fängt sie an zu schluchzen. Sie kann sich nicht beruhigen. Eines weiß sie: Nie wieder wird sie zu einer Spinnstube gehen.

Osterwasser

Am Abend vor Ostersonntag raunt Lisa Anna zu: »Morgen früh gehst du mit mir zur Schafbachquelle in den Wald. Wir müssen Osterwasser holen.«

Anna schluckt: »Osterwasser? Aber Lisa, das ist doch Unsinn.«

»Unsinn? Was sagst du da, du Küken? Jeder weiß, dass Osterwasser Heilkraft hat. Es hilft bei Fieber, bei Husten, bei Zahnweh, bei Verstauchungen und bei allen offenen Wunden.«

»Aber das ist doch Aberglaube, Lisa!«

»Ja, rede du nur! Was weißt du schon? Das Kalb will wieder klüger sein als die Kuh. Alle alten Leute aus dem Dorf haben noch immer Osterwasser geholt, und es hat noch immer geholfen.«

»Der Lehrer hat gesagt, dass es alles nur Schwindel ist.«

»Was weiß denn der Lehrer? In der heiligen Osternacht, wenn unser Herr Christus von den Toten auferweckt wird, sind alle Quellen besonders gesegnet. Deswegen hat das am Ostermorgen geschöpfte Wasser eine besondere Kraft. Du darfst nur kein Wort reden, nicht auf dem Hinweg und auch nicht auf dem Heimweg.«

»Ich weiß nicht, Lisa!«

»Dafür weiß ich umso mehr. Ich klopfe morgen früh vor Sonnenaufgang an deine Tür. Du darfst aber nicht antworten. Schnell aufstehen und kommen!«

»Meinst du wirklich?«

»Jetzt rede nicht dauernd dagegen! Leg dich zeitig schlafen, damit du morgen früh ausgeruht bist.«

Es ist stockdunkel, als Lisa an die Tür von Annas Kammer klopft. Verschlafen zieht Anna Rock und Jacke an. Sie stolpert hinter Lisa her, die ihr vor dem Haus einen irdenen Krug reicht. Beide laufen die Dorfstraße entlang, dem Wald zu. Es ist dunkel und neblig. Unterwegs werden die beiden von einigen Frauen eingeholt, die offenbar dasselbe Ziel haben wie sie. Tiefe Stille liegt über dem Dorf. Die Schar der Frauen wird immer größer. Fast aus jedem Haus ist jemand dabei.

Als sie die Quelle des Schafbaches erreicht haben, beginnt der Tag zu dämmern. Die Frauen füllen ihre Krüge und treten den Heimweg an.

Anna wundert sich über die geheimnisvolle Stille, die nur von leisen Tritten und dem Murmeln des Baches durchbrochen ist. Gespenstisch mutet es an, dass die Frauen des Dorfes, die sonst so gerne miteinander reden und keine Gelegenheit zu einem Schwatz auslassen, vollkommen schweigsam aneinander vorbeigehen. Als Anna und Lisa den Saum des Waldes erreicht haben und auf die freie Flur gelangen, hat der Nebel sich etwas gesenkt. Vom Dorf im Tal ist nur die Kirchturmspitze zu sehen. Rechts ragt der Burgberg mit der Ruine auf. »Da unten im Nebel liegt mein Dorf«, denkt Anna. »Ich kann es mir nicht vorstellen, irgendwo anders zu leben. Trotzdem wäre ich gern ganz weit weg ...«

Daheim nimmt Lisa, immer noch schweigend, beide Krüge an sich. Sie gießt das Osterwasser in ein paar vorbereitete Flaschen, die sie sorgsam verkorkt und in den Vorratskeller bringt. Erst als alle Flaschen an ihrem Platz stehen und beide oben in der Küche sind, bricht Lisa das unheimliche Schweigen. »Lass uns Feuer machen und frühstücken. Und dann ist es ja auch bald Zeit für den Stall.«

Ganz allein

Anna hat Trauerkleidung anlegen müssen. Die Bäume tragen inzwischen ihr erstes Grün. Zwar nicht ganz unerwartet, aber für Anna allzu plötzlich ist ihre Godel gestorben. Anna hat aufrichtig um sie getrauert und trauert noch immer.

Bei der Beerdigung ist Anna die Einzige, die bittere Tränen vergießt. In den letzten Wochen, als es mit der Godel allmählich schlechter wurde, hat Anna sie häufig besucht und oft still neben ihrer Bettstatt gesessen. Manchmal haben die beiden auch miteinander geredet, obwohl die Godel alles andere als schwatzhaft ist und auch Anna keinen Grund sieht, viel zu sprechen.

Irgendwann auf ihrem letzten Lager hat die Godel Anna angeschaut und gesagt: »Du wirst es noch merken, Kind, wir Menschen müssen alle in unserer eigenen Einsamkeit leben. Und glaub mir, diese Einsamkeit ist manchmal furchtbar.«

Anna hat ihre Hand gestreichelt. »Aber Godel«, hat sie gesagt, »ich bin doch bei Euch, Ihr seid doch gar nicht einsam.« Und die Godel hat geflüstert: »Schon gut, mein Kind! Ich wünsche dir, dass du sie nicht kennen lernen musst. Aber du wirst sie kennen lernen, die Einsamkeit.«

Am offenen Grab denkt Anna an die Worte der alten Frau. Sie hat Recht gehabt. Anna spürt zum ersten Mal ganz deutlich, wie allein sie ist.

Mit ihrer Mutter verbindet sie kaum etwas. Die Godel war ihre enge Vertraute gewesen, hatte diese doch mit ihr das furchtbare Geheimnis geteilt. Anna wird die alte Frau sehr vermissen. Zu wem soll sie gehen, wenn sie es nicht mehr aushalten kann? Wer soll ihr Mut zusprechen, wenn sie sich zerschlagen und schmutzig fühlt? Und schließlich: Wer soll ihr den Sud geben, der dem Keimsaft der Männer die Kraft nimmt, den Sud, den sie bisher jede Woche getrunken hat? Für einige Zeit wird er noch reichen, aber dann?

Anna fühlt sich richtig allein und verlassen. Mit Klara kann sie nicht reden. Die weiß nicht, was sie erlebt hat. Die denkt, dass alle Mägdekammern Riegel an der Türe haben. Die ist außerdem so glücklich, weil sie bald heiraten wird.

Johannes

Nun ist der angehende Bräutigam endlich aus Berlin zurück. Bis nach Kassel ist er mit der Eisenbahn gefahren. Die restliche Strecke muss er zu Fuß kommen. Anna kann ihn eher begrüßen als Klara, denn Klara ist noch immer in Stellung. Sie soll erst eine Woche vor der Hochzeit wieder heimkommen.

Johannes sieht aus wie ein Märchenprinz, findet Anna. In der Uniform, die er jetzt noch trägt, erkennt man seinen schönen Körperbau. Und der Helm macht ihn so richtig männlich. Das ist ein Mann, wie ihn sich Anna nur erträumen kann.

»Guten Tag! Das ist doch nicht möglich. Bist du das, Anna?«, so begrüßt Johannes sie auf der Straße. Anna kann nur »Guten Tag, Johannes« stammeln. Dann wird sie rot, ohne es zu merken.

»Du bist eine richtige Frau geworden, Anna«, sagt Johannes zu ihr und schaut sie von Kopf bis Fuß an. Aber, das merkt Anna gleich, er schaut sie nicht an wie der Schulze. Der Blick von Johannes ist ehrlich und offen. Er lacht. »Du kommst doch zu unserer Hochzeitsfeier? Jedenfalls bist du herzlich eingeladen.«

Anna nickt und dankt.

»Es wird mir nicht leicht fallen, wenn ich sehen muss, dass Klara den Johannes heiratet. Aber das werde ich schon durchstehen«, denkt sie, als sie weitergeht. »Die Klara wird es guthaben bei ihrer Schwiegermutter. Die ist alt und gichtbrüchig. Die wird froh sein, wenn endlich eine junge Frau mit auf dem Hof ist. Und der Schwiegervater ... den habe ich auch noch niemals böse gesehen. Mit dem wird Klara auch leben können. Und überhaupt, wenn sie heiratet, dann bringt ihr Großvater, der Baron, ihr bestimmt ein schönes Geschenk.«

Anna seufzt. Sie muss stehen bleiben, weil ihr schwindelig ist. Seit ein paar Tagen ist ihr immer übel. Anscheinend hat sie sich den Magen verdorben.

Jost

Jost ist in ihrer Kammer gewesen. Er muss zuvor im Dorfkrug reichlich getrunken haben. Noch nie hat sie ihn so betrunken erlebt. Eben erst ist er gegangen.

Anna weiß nun, dass sie guter Hoffnung ist. Anfangs hat sie sich schlecht gefühlt, hat sich übergeben müssen. Aber es war keine verdorbene Speise. Allmählich beginnt sich ihr Leib zu runden. Sie ist ratlos. Was soll sie tun? An wen soll sie sich wenden?

Als Jost in ihre Kammer kam, hat sie ihn angeschrien: »Lass mich in Ruhe! Ich weiß, dass ich schwanger bin. Ich werde ein uneheliches Kind haben. Von deinem Vater, deinem Bruder oder von dir.«

Jost hatte gelacht und gelallt: »Du bist nicht die Erste, die ein lediges Kind kriegt. Wir werden es schon großziehen.«

»Großziehen?«, hat Anna ratlos gefragt. »Ich will kein lediges Kind haben. Ich will kein unehrliches Kind bekommen.«

Da hatte Jost gegrinst und dann mit schwerer Zunge geantwortet: »Was hast du bloß? Ich bin auch unehrlich. Der Schulze ist nämlich nicht mein Vater. Er weiß es aber nicht. Die Mutter hat es mir auf dem Totenbett gesagt. Mein Vater ist ein auswärtiger Tagelöhner gewesen. Er lebt nicht mehr. Ich kenne nicht einmal seinen Namen. Meine Mutter hat ihn gerne gehabt. Macht es was aus, ehrlich oder unehrlich zu sein?«

In Annas Kopf hatte sich alles gedreht. Sie war so erschrocken, dass sie nicht die Kraft hatte, ihn abzuwehren. Sie ließ ihm den Willen und hoffte nur, dass er bald gehen würde.

Nun liegt sie auf dem Strohsack, versucht, ihre Gedanken zu ordnen. Was hatte die Mutter gesagt, als der Schulze sie in seine Dienste nehmen wollte? Die Schulzin hätte den Vater gerne gesehen und ihm immer wieder einmal etwas zugesteckt? Und ... der Vater von Jost sei ein auswärtiger Tagelöhner gewesen, der nicht mehr lebt? Ihr Vater hatte tatsächlich von auswärts in das Dorf geheiratet. Wenn das stimmte – dann – ja, dann war Jost ihr Bruder, ihr Halbbruder! Aber ... konnte das sein? Ihr Vater sollte mit der Schulzin ...?

Beide, ihr Vater und die Schulzin, sind gestorben. Da kann sie niemanden mehr fragen. Aber die Ähnlichkeit von Jost mit dem Vater, die war nicht zu leugnen. Jost – ihr Bruder? Anna hatte sich immer einen Bruder gewünscht. Aber so einen, der ihr Gewalt antat und sie erniedrigte und dabei einfach erklärte, das sei nun einmal so, weil die Männer einen Bedarf danach hätten ...?

Anna wird es schwindelig. Sie kann sich gerade noch zum Fenster schleppen und den Kopf über die Fensterbank halten. Dann würgt sie alles aus sich heraus.

Eine unerhörte Neuigkeit

Vor der Kirche treffen sich zwei Frauen des Ortes. Beide tragen dunkle Kleidung, haben Kopftücher umgebunden. Es gibt eine unglaubliche Neuigkeit im Dorf. Einen echten Skandal. Das muss man genießen. Die unmittelbar bevorstehende Hochzeit von Klara und Johannes ist gar nichts gegen das, was hier geschehen ist.

»Sie hat den Schulzen bestohlen! Dreiundachtzig alte Silbertaler.«

»Dreiundachtzig Silbertaler? Wie kommt sie denn an das Geld?«

»Das sagt sie nicht. Und sie sagt auch nicht, wann sie es gestohlen hat.«

»Hat sie es unter dem Strohsack aufbewahrt?«

»Nein, sie hat es in ihrer Truhe gehabt. Dreiundachtzig Silbertaler! Genau die Summe, die der Schulze vermisst hat.«

»Das hätte ich der Anna niemals zugetraut.«

»Schönheit alleine ist eben keine Gewähr. Seit sie beim Schulzen in Stellung ist, hat sie harte Augen und einen schmalen Mund bekommen. Hast du das wirklich nicht bemerkt?«

»Wie ist es denn herausgekommen?«

»So wie es die Leute erzählen, hat der Schulze etwas bezahlen wollen. Er hat seinen Geldbeutel aufgemacht und nachgezählt. Er wusste genau, wie viel Geld im Beutel war. Da hat er gemerkt, dass Geld fehlte. Gleich hat er sich gedacht, dass nur die Anna das Geld genommen haben könnte. Heimlich hat er ihre Kammer durchsucht. Und dann fand er es in der Truhe im Seitenfach.«

»Warum hat Anna das Geld denn nicht versteckt?«

»Sie behauptet, sie hätte die Silbertaler nicht gestohlen. Aber sie sagt auch nicht, woher sie das Geld hat.«

»Wo ist das Mädchen denn jetzt?«

»Verschwunden. Aber sie wird schon wieder auftauchen.«

»Weiß ihre Mutter davon?«

»Freilich! Der Schulze ist heute früh sofort zu ihr gefahren und hat sie gefragt, ob Anna von ihr etwa dreiundachtzig Silbertaler bekommen hätte.«

»Wo sollen in dem Haus denn dreiundachtzig Silbertaler herkommen?«

»Siehst du! Es ist doch klar, dass Anna das Geld aus dem Geldbeutel des Schulzen geholt hat.«

»Und trotzdem behauptet sie, dass sie es nicht gestohlen hat?«

»Ja, was soll sie denn sonst sagen?«

»Aber wenn ich an die Mutter denke... Die wird schwer daran zu tragen haben, dass ihre Tochter eine Diebin ist.«

»Tagelöhnervolk! Ich verstehe nicht, warum der Schulze gerade die Anna gedingt hat. Es gibt doch Bauernmädchen genug, die ebenso gut bei ihm hätten arbeiten können ... wenn nicht noch besser.«

»Da siehst du es wieder! Nur Ärger hat man mit diesen Habenichtsen ...«

Nacht

Der Morgen graut. Anna ist die ganze Nacht im Wald herumgelaufen. Sie darf jetzt keinen Menschen sehen. Immer wieder muss sie daran denken, was gestern geschehen ist.

Sie war mit Onkel Frieder auf dem Feld gewesen. Als sie zurück auf den Hof gekommen waren, hatte der Schulze sie angeschrien, dass sie eine gemeine Diebin sei. Er werde sie mit Schimpf und Schande vom Hof jagen.

Anna hatte sich gewehrt, hatte gesagt, dass sie ihm kein Geld gestohlen hätte. Da hatte er gebrüllt, er hätte den Beweis. Denn genau die Summe, die in seinem Geldbeutel fehlte, die hätte er in ihrer Truhe gefunden. Dreiundachtzig alte Silbertaler!

Anna hatte zugegeben, dass in ihrer Truhe dreiundachtzig Silbertaler waren. Aber die gehörten ihr. Woher sie die hätte? Darüber wolle sie nicht reden. Er solle den Konrad fragen! Worauf der Schulze außer sich geraten war. Sie solle seinen Sohn nicht mit in ihre Lügen hineinziehen.

Trotzdem hatte er dann den Konrad gerufen und befragt. Anna hätte behauptet, er wüsste, wie sie an die dreiundachtzig Silbertaler gekommen sei. Ob dem so wäre?

Anna hatte gehofft, Konrad würde die Wahrheit sagen, würde zugeben, dass er sich damit Zugang zu ihr verschafft hatte. Sie hatte ihn erwartungsvoll angesehen. Aber Konrad hatte ihrem Blick nicht standhalten können. Kein Wort hatte er gesagt. Auf die drängenden Fragen seines Vaters hin hatte er schließlich bestritten, irgendetwas von dem Geld zu wissen.

Anna hatte ihn vor dem Schulzen zur Rede stellen wollen, war aber sofort barsch unterbrochen worden. Allmählich war ihr klar geworden, dass sich Konrad das Geld aus des Vaters Geldbeutel genommen hatte. Konrad war ein Dieb – nicht sie. Er hatte sie glauben gemacht, er beschenke sie mit seinem eigenen Geld.

Anna hatte schließlich nur noch beteuert, sie habe das Geld nicht gestohlen. Der Schulze war sogleich zu ihrer Mutter gefahren und hatte sie befragt, ob sie von dem Geld wüsste. Die Mutter wusste natürlich nichts davon, wollte auch nicht glauben, dass ihre Tochter einen solchen Diebstahl begangen haben sollte. Aber dann blieb ihr nichts anderes übrig.

Der Schulze war wieder auf den Hof gekommen, hatte Anna zu sich gerufen. »Du kannst deine Sachen packen und gehen«, hatte er gesagt. »Die Truhe bringe ich zu deiner Mutter ins Haus. Lege alles hinein. Dann komm noch einmal zu mir!«

Anna war in ihre Kammer gelaufen. Ihre Kleider lagen in ihrer Truhe. Einige Habseligkeiten legte sie noch dazu. Sie blickte in das Seitenfach und vermisste ihre Goldmünze. Die Goldmünze, die der Baron ihr zur Konfirmation geschenkt hatte. Wo war die geblieben?

Sie ging noch einmal zum Schulzen, wie er ihr befohlen hatte. »Schulze«, fragte sie, »wo ist die Goldmünze?«

»Die Goldmünze? Nun, die hast du mir doch sicherlich auch gestohlen. Wie kannst du so unverschämt sein und überhaupt noch danach fragen!«

»Ich habe Euch kein Geld gestohlen!«

»Schweige mit deinen Lügen! Ich will dir zum Abschied nur noch etwas sagen. – Ich habe dich hier auf den Hof geholt, weil da noch eine alte Rechnung zwischen deinem Vater und mir offen war … Meine Frau, die Schulzin, hatte ein Auge auf ihn geworfen – er vielleicht auch auf sie. Ob er auch in ihrem Bett gewesen ist, das weiß ich nicht. Dieser Tagelöhner hat mich, den Bauern, damit gedemütigt! Das habe ich ihm an dir wieder heimgezahlt. – Ich war zufrieden mit dir, im Stall und sonst auch. Du hättest hier gut leben können. Aber eine niederträchtige Diebin im Haus zu haben, das geht zu weit! Mit Schimpf und Schande wirst du aus dem Haus gehen. Zur Anzeige werde ich dich nicht bringen, ich habe mein Geld zurück. Aber du bekommst kein Gesindebuch von mir. Und deswegen wirst du auch keine neue Stelle finden. Und nun lass dich nicht mehr blicken. Ich will dich nie wieder sehen!«

Anna war aus dem Haus gegangen und hatte den Weg zur Kate ihrer Mutter eingeschlagen. Sie hatte geklopft, und die Mutter hatte von innen gefragt, wer da sei. Anna hatte ihren Namen genannt. Daraufhin hatte die Mutter gerufen, dass sie keine Tochter hätte, die Anna heißt und eine Diebin sei. Sie solle sich fortscheren!

Anna hatte versucht, der Mutter alles zu erklären ... Aber die Mutter hatte nicht auf sie gehört. So war Anna zur Burgruine hinaufgestiegen und dort herumgelaufen. Wie sehr hatte sie gegen die Versuchung ankämpfen müssen, auf den Turm zu steigen und sich hinabzustürzen. Aber sie wollte doch leben. Ja, leben! Aber wie leben? Plötzlich hatte sie daran denken müssen, dass sie ja auch Leben unter ihrem Herzen trug. Leben, das sie nicht haben wollte, das aber nicht danach gefragt hatte, ob es gewollt war oder nicht.

In der Morgendämmerung ist Anna noch immer im Wald.

Mit dem werdenden Licht des Tages wird es auch heller in ihr. Sie will leben. Sie wird das unehrliche Kind bekommen. Irgendwo muss sie sich verdingen, weil sie zu Hause keine Bleibe hat.

Wer nur könnte ihr helfen, ein neues Leben anzufangen?

Klara? Nein, Klara scheidet aus. Die heiratet übermorgen. – Ihre Mutter? Nein! – Johannes? Der heiratet Klara. Wie könnte der ihr helfen? – Der Pfarrer? Vielleicht.

Hilfe für Anna ist schon unterwegs. Auf dem Rückweg begegnet ihr der Förster, Klaras Vater. Anna senkt den Blick und will an ihm vorbeihuschen. Aber er verstellt ihr den Weg.

»Ist es wahr, Anna, was man sagt? Du sollst den Schulzen bestohlen haben?«

Anna schüttelt den Kopf und sieht ihn an. »Alles sieht

danach aus, als hätte ich das getan. Aber ich habe es nicht getan.«

»Ich glaube dir, Anna, aber das musst du nun beweisen. Du musst nachweisen, woher du das Geld hast.«

»Herr Förster, das geht nicht, das … ist unmöglich. Aber ich habe nicht gestohlen.«

»Kind, hast du am Ende das Geld auf andere Art unrechtmäßig erworben?«

»Ich kann darüber nicht reden, Herr Förster.«

»Gut, Anna, vielleicht klärt sich das ja später alles auf. Etwas anderes: Ich frage mich, wo du arbeiten willst.«

»Ich darf das Haus des Schulzen nicht mehr betreten, Herr Förster. Und meine Mutter will mich auch nicht wieder aufnehmen. Ich weiß nicht, wohin …«

»Vielleicht kann ich dir Arbeit verschaffen, Anna. Zuerst musst du aber zurück zu deiner Mutter gehen. Ich will mit ihr reden. Dann wird sie dich schon wieder aufnehmen.«

»Ich danke Euch, Herr Förster.«

»Und bis ich mit deiner Mutter geredet habe, bleibst du hier in der Waldhütte. In meinem Haus geht alles drunter und drüber wegen Klaras Hochzeit. Deshalb ist es wohl besser für dich, wenn du hier wartest, bis ich von deiner Mutter zurückkomme.«

»Ich danke Euch, Herr Förster.«

Der Förster

Wieder sitzt der Förster in der Waldhütte Anna gegenüber. Er ist soeben von Annas Mutter zurückgekehrt. Lange, sehr lange ist er weggeblieben. Doch dann hat er die Hütte betreten, und Anna hat es sofort gesehen, dass er tief erschüttert ist. Umständlich nimmt er Platz, räuspert sich, schweigt. Endlich schaut er Anna an und sagt: »Anna, es ist schlimmer, als du dir vorstellen kannst.«

»Ich habe es mir gedacht. Meine Mutter wird mich verstoßen.«

»Nein, Anna, deine Mutter kann dich nicht mehr verstoßen, denn sie ... sie lebt nicht mehr.«

»Sie ... lebt ... nicht mehr?«

»Deine Mutter hat sich das Leben genommen.«

»Das nicht!«, schreit Anna auf. »Alles, aber das nicht! Sie mag mich verstoßen, nie mehr mit mir reden, aber nicht das!«

Stotternd, zögernd beginnt der Förster zu berichten. »Anna, ich kam zum Haus deiner Mutter und klopfte und rief, aber niemand antwortete. Ich fand die Tür unverschlossen, da trat ich ein. Aber deine Mutter war nicht im Haus. Ich ging hinter das Haus, suchte im Holzschuppen. Und dort fand ich sie. Deine Mutter hatte sich erhängt. Alles habe ich versucht, um sie zu retten. Vergebens! Sie war schon tot. Dann bin ich zum Pfarrer und zum Schulzen gegangen. Beim Schreiner habe ich die Totenlade bestellt. Morgen wird sie fertig sein. Und morgen Abend beim Nachtläuten kann deine Mutter am Zaun des Gottesackers begraben werden.«

Der Förster schweigt.

Anna schluchzt, ist nicht zu beruhigen.

»Warum hat sie das getan? Warum hat sie mich nicht angehört? Ich hätte ihr doch sagen können, wie es wirklich gewesen ist. Ich habe keine Schande über sie gebracht.«

Der Förster sieht Anna ernst, aber mitfühlend an. »Willst

du mir nicht sagen, was sich wirklich zugetragen hat? Vielleicht kann ich doch etwas für dich tun.«

»Ihr seid so gut zu mir, Herr Förster. Aber warum soll ich jetzt noch darüber sprechen? Jetzt ist doch alles zu spät. Aber was ich Euch noch anvertrauen möchte: Ich bekomme ein Kind.«

Der Förster seufzt: »So kann ich gar nichts mehr für dich tun. Anna. Man wird dich als Diebin verurteilen, wird dir die Schuld am Tod deiner Mutter geben und dich obendrein Hure nennen. Ich sehe nur eine Möglichkeit für dich: Gehe zurück in das Haus deiner Mutter! Versuche, das Gütlein zu bewirtschaften. Vielleicht kannst du auch alles verkaufen und nach Amerika gehen.«

»Ich kann nicht in das Haus meiner Mutter zurück«, wehrt Anna erschrocken ab. »Dort, wo sie sich das Leben genommen hat!«

»Aber es gibt keine andere Möglichkeit für dich. Bleibe hier in dieser Hütte. Ich will dir ein paar Decken bringen und auch etwas zum Essen. Die Waldarbeiter werde ich auf die andere Seite des Berges schicken, sodass dich heute und morgen niemand hier findet. Bleibe hier – bis zum Begräbnis deiner Mutter. Dann bringe ich dich zurück in ihr Haus. Etwas anderes kann ich dir nicht vorschlagen. Könntest du dich damit abfinden?«

Anna stammelt nur: »Ja, Herr Förster, ich will alles so tun, wie Ihr es sagt.«

»Gut dann, Anna! Ich möchte dir aber den Pfarrer schicken. Vielleicht kannst du dich entschließen, ihm den wahren Hergang zu erzählen, wie du zu dem Geld gekommen bist.«

Anna nickt nur, als der Förster die Waldhütte verlässt.

Der Pfarrer

Gerade eben verlässt der Pfarrer die Waldhütte. Mehrere Stunden lang hat er mit Anna gesprochen. Niemand hat jemals erfahren, ob Anna ihm ihre Geschichte im Hause des Schulzen erzählt hat. Einiges deutet darauf hin, dass der Pfarrer die Wahrheit wusste. Denn im Gegensatz zu den übrigen Dorfbewohnern hat er Anna in den folgenden Jahren immer höflich und freundlich behandelt. Später hat er auch seine Frau zu Anna geschickt, um ihr in ihrer schweren Stunde zu helfen, als die Hebamme des Ortes sich weigerte, der Muttermörderin bei der Niederkunft Beistand zu leisten. Und doch: Er hat nichts getan, um Annas Schuldlosigkeit unter Beweis zu stellen. Hatte er Angst vor dem mächtigen Schulzen? Vielleicht betrachtete er dieses Geld als Hurengeld und alles, was aus dieser Hurensünde folgte, als die gerechte Strafe Gottes? Aber auch das ist ungewiss. Möglicherweise hatte Anna auch nicht alles gesagt, sodass der Pfarrer im Zweifel bleiben musste, ob Anna als schuldig anzusehen war oder nicht.

Die Beerdigung der Mutter

Anna hat schwarze Kleider angezogen und das Gesicht mit einem schwarzen Tuch verhängt. Heute beim Nachtläuten wird ihre Mutter begraben. Sie folgt als Einzige dem Sarg auf dem dunklen Wagen mit dem trauerflorbehangenen Pferd. Ein Mensch, der Hand an sich gelegt hat, ist von Gott verflucht. Ihm gibt niemand das letzte Geleit.

Anna merkt, dass sich die Gardinen bewegen, als sie

die Dorfstraße passieren. Versteckt beobachten die Dorfbewohner, was da geschieht. Einige schwarz gekleidete Frauen schließen sich dann Anna doch an. Jede hält gebührenden Abstand. Keine will mit ihr reden. Noch ahnt Anna nicht, was es bedeutet, ausgestoßen von der dörflichen Gemeinschaft zu leben. Sie ist wie betäubt.

Als sich der Zug dem Friedhof naht, fällt ihr ein, dass die Mutter kein Reihengrab erhalten wird, sondern an der Friedhofsmauer seitlich einen Platz zugewiesen bekommen hat. Der Pfarrer wird – wie bei Selbstmördern oder Selbstmörderinnen üblich – nur ein Vaterunser am offenen Grab beten lassen, während das Glöcklein zur Nacht läutet.

Tränenlos stolpert Anna hinter dem Sarg her auf den Friedhof. Sie nimmt kaum wahr, dass vier Männer den Sarg vom Wagen heben und an Stricken in die Erde lassen. Erst als eine Nachbarin ihr »du Muttermörderin!« ins Gesicht zischt, kommt Anna zur Besinnung. Weinen kann sie erst, als der Totengräber beginnt, das Grab zuzuschaufeln.

Lisa

»Ich muss mit Lisa sprechen. Sie kann mir vielleicht helfen. Lisa kennt mich und vertraut mir.«

Anna versucht, Lisa irgendwo allein zu treffen. Aber das ist schwierig, denn Lisa hat nun auf dem Hof viel mehr Arbeit, nachdem Anna dort nicht mehr arbeitet.

Es gelingt Anna nach einigen Tagen, Lisa auf einem Feldweg in den Weg zu treten. Lisa ist mit einer Hacke unterwegs und will offensichtlich Kartoffeln häckeln.

Lisa ist sehr erschrocken, als sie Anna plötzlich auf sich zukommen sieht.

»Lisa!«, bittet Anna.

Lisa macht ein abweisendes Gesicht. »Was willst du von mir?«, fragt sie.

»Ich muss mit dir sprechen. Ich will dir sagen, was wirklich geschehen ist«, schreit Anna.

»Das weiß ich«, gibt Lisa barsch zur Antwort. »Du hast deine Herrschaft bestohlen. Und damit deine Mutter in den Tod getrieben, die arme Katharina.«

»Das ist doch alles nicht wahr«, schluchzt Anna auf. »Kannst nicht wenigstens du mich einmal anhören?«

»Mit Geheule machst du nichts wieder gut. Wer seinen Dienstherrn bestiehlt, muss ins Gefängnis. Sei froh und dankbar, dass der Schulze nicht vor Gericht geht. Und nun lass mich an die Arbeit. Mit so einer wie dir will ich nichts zu tun haben.«

Anna schreit: »Warum glaubst du mir nicht? Ich habe das Geld nicht gestohlen.«

»Willst du mir weismachen, der Schulze hätte es am Ende selbst in deine Truhe gelegt?«, ruft Lisa aufgebracht.

»Nein, Lisa!«

»Dann lass mich in Ruhe! Was willst du denn noch? Du hättest vorher überlegen müssen, was du dir einbrockst. Nun sieh zu, wie du damit fertig wirst!«

»Aber Lisa, wir beide haben uns doch so gut verstanden. Willst du mich nicht wenigstens anhören?«

»Das ist es ja: Ich habe mich in dir schrecklich getäuscht. Ich habe dich für ordentlich und anständig gehalten, wie deine Mutter. Eigentlich kommst du aus einem guten Stall. Dein Vater, na ja …! Das verzeihe ich mir nicht. Ich bin so alt geworden und kann mich immer noch täuschen lassen.«

»Ich habe dich doch nicht getäuscht, Lisa.«

»Alles Reden nützt nichts. Spar dir deine Worte, Anna! Geh deiner Wege und lass mich zufrieden. Ein für alle Mal!«

Entschlossen geht Lisa an Anna vorbei, ohne sich noch einmal umzusehen.

Reglos bleibt Anna auf dem Weg stehen. Plötzlich fällt ihr ein, was die Godel zu ihr gesagt hat: »Du wirst die schreckliche Einsamkeit kennen lernen.«

Das ist sie wohl, die schreckliche Einsamkeit! Jetzt hat Anna keinen Menschen mehr, der ihr nahe ist. So muss das wohl sein, wenn man von aller Welt verlassen ist. Kann sie da noch weiterleben? Wäre es nicht das Beste, sich im Schuppen an derselben Stelle aufzuknüpfen, an der die Mutter sich das Leben genommen hat? Wieder einmal ist dieser Gedanke da. Doch jetzt – in diesem Augenblick zuckt das neue Leben in ihrem Leib, so als wollte es sich gegen diese bösen Überlegungen entschlossen zur Wehr setzen.

»Ich trage ein Kind«, sagt Anna leise vor sich hin. »Ein Kind von denen dort. Aber es ist auch mein Kind. Ich bin ja gar nicht ganz allein auf der Welt. Da ist das Kind, das ich haben werde.« Sie lächelt. »Godel, deine schreckliche Einsamkeit brauche ich nicht zu erleben. Ich habe einen Menschen: mein Kind!«

Stolz, fast feierlich, schreitet Anna zurück zu ihrer Kate.

Unverhoffter Besuch

Kirmes ist im Dorf. Anna hört den fröhlichen Lärm. Sie wird nicht hingehen. Ohne Gesindebuch, ohne Arbeit, als Muttermörderin und Diebin geächtet, gibt es keine Feste mehr für sie. Sie weiß, dass sie verstoßen ist, dass niemand im Dorf mit ihr reden wird.

Soll sie fortgehen, nach Amerika? So wie sie es schon öfter geplant hat? Aber jetzt ist sie guter Hoffnung. Vielleicht kann sie in diesem Zustand eine Schiffsreise nicht gut überstehen. Und dann … mittellos dort zu sein, die Sprache nicht zu kennen, und dazu noch einen Säugling? Nein, vorerst wird sie bleiben. Irgendwie fühlt sie auch Trotz in sich. Trotz und Stolz! Sie ist keine Hure, keine Diebin und keine Muttermörderin. Niemand hat das Recht, sie zu verurteilen.

Der Kirmeslärm wird lauter. Sie hört, dass Lieder gegrölt werden. Und dann hört sie, dass Burschen und Mädchen immer näher an ihre Kate kommen. Noch ehe sie begriffen hat, was geschieht, fliegen Steine durch die Fensterscheiben. »Diebin!« – »Muttermörderin!« – »Die Herrschaft hast du bestohlen!« – »Mach dich hier weg! Raus aus unserem Dorf!«

So rufen die jungen Leute. Das Schreien nimmt zu. Immer mehr Steine fliegen an ihr Haus. Anna verriegelt die Tür. Ein Bursche tritt mit aller Kraft dagegen. An der Stimme erkennt sie Albrecht, den Knecht aus dem Waldeckischen. Die Spinnstube …

Sie hört, was er ruft: »Du eingebildete Hure, du! Stolz und hochnäsig! Aber Hochmut kommt vor dem Fall! Wolltest von keinem was wissen. Wolltest was Besseres sein! Dabei bist du eine niederträchtige Verbrecherin! Pack dich, du Hurenmensch!«

Fenster klirren. Scheiben gehen zu Bruch. Anna weicht in den hinteren Teil der Stube zurück. Sie kann nicht klar denken. Soll sie ihnen entgegentreten, soll sie um ihr Haus kämpfen, soll sie fliehen?

Noch während sie zaudert, erscheint der alte Förster, Klaras Vater. Mit energischen Worten vertreibt er die angetrunkenen Burschen und Mädchen. Nachdem die randalierende Horde abgezogen ist, klopft er an Annas Tür. »Anna, sie sind fort!«

Anna öffnet ihm zögernd. »Sie wollen mich forthaben. Ich soll weg.«

»Das werden sie wohl nicht wieder tun. Wenn das bekannt wird, dürfen sie im nächsten Jahr keine Kirmes halten.«

»Ich gehe nicht weg«, sagt Anna fest. »Jetzt bleibe ich erst recht!« Die eingeschlagenen Scheiben verschließt sie mit Pappkartonstücken.

Schäbern

Gras für die Kuh ist immer knapp. Anna will so spät wie möglich anfangen, Heu zu verfüttern. Deswegen geht sie mit dem großen Korb und der Sichel »schäbern«.

Entlang der Feldwege sucht sie Grasbüschel und Feldunkräuter, die sie mit der Sichel abschneidet. Auch am Waldrand findet sie Kräuter, die sie der Kuh in die Krippe werfen kann. Außerdem streift sie Blätter von den niedrigen Zweigen der Bäume. Alles sammelt sie in ihrem Korb, den sie hinter sich herschleift.

Katharina, der sie inzwischen das Leben geschenkt hat, liegt dabei immer obenauf. Manchmal hat sie Glück, wenn ein Bauer etwas Grünfutter von seinem Wagen verliert. Anna holt auch die sauren Gräser, die am Bach wachsen, obwohl die Kuh solches Futter nur ungern frisst. Nichts, kein einziges »Unkraut« weit und breit, das Anna nicht für ihre Kuh holt.

Im Sommer sucht sie Walderdbeeren, später Himbeeren, Heidelbeeren, Brombeeren und Pilze. Sie liest dürres Holz auf und schleppt es heim oder zieht es auf dem Karren nach Hause. Immer wieder drückt der Förster ein Auge zu. Niemals hat er Anna Gebühren abgenommen. Im Winter wirft er ihr sogar einige Scheite Brennholz vor die Türe. Anna dankt ihm, aber er winkt ab. »Hast du eine Säge?«, fragt er. Als Anna nickt, meint er: »Dann ist es ja gut!«

Rückblick

Ein Jahr ist vergangen. Anna arbeitet in ihrem Garten. Neben ihr liegt ihre kleine Tochter auf einer Decke am Boden. Anna hat viel Zeit, sich Gedanken zu machen, denn nur ganz selten spricht jemand mit ihr. Abweisend und unfreundlich ist Anna geworden.

»Das ist das schlechte Gewissen«, sagen die Leute.

Anna ist klug genug zu wissen, dass sich daran niemals etwas ändern wird. Ausgestoßen ist und bleibt sie. Am schlimmsten aber ist, dass auch ihre Tochter niemals von den Leuten des Dorfes anerkannt werden wird. Alle haben sich von ihr zurückgezogen. Selbst Klara und Johannes gehen ihr aus dem Weg. Nur der Förster sieht nicht weg, wenn sie vorbeigeht. Er ist der Einzige, der sie anspricht. Auch der Pfarrer meidet sie nicht, er scheint aber etwas darüber verärgert zu sein, dass Anna niemals in die Kirche geht. Auch dass sie darauf bestanden hat, ihre Tochter ohne Taufpaten taufen zu lassen, hat den Pfarrer gekränkt. Die Kleine hat den Namen Katharina erhalten – so wie ihre Großmutter hieß.

Anna rackert sich ab auf dem winzigen, kargen Stück Ackerland, das ihr gehört. Zum Glück ist ihre Kuh kräftig und gibt etwas Milch, obwohl sie auf dem Feld arbeiten muss. Anna arbeitet als Tagelöhnerin in dem hugenottischen Nachbardorf, wo man sie zwar auch nicht anredet, ihr aber doch Arbeit gibt. Dort erwirbt sie auch ein Ferkel, und von dort kommt der Hausmetzger, der ihr Schwein schlachtet. Und dort darf sie auch ihre Brote mit in den Backofen schieben.

Geächtet und gemieden, lebt Anna am Rande des Dorfes. Dennoch! Irgendwie ist sie fast stolz darauf, so geächtet zu sein. Sie weiß vor sich selbst, dass sie ein Opfer dieser Gesellschaft ist, ein Opfer, das der mächtigste Mann des Dorfes und seine Söhne ihr auferlegt haben. Sie fühlt auch, dass jede Gruppe von Menschen solche Opfer wie sie braucht, um selbst bestehen zu können. Wer die Ausgestoßenen sieht, kann sich jedes Mal freuen, dass er nicht ausgestoßen ist, dass er zu der Gruppe gehört.

Anna pflanzt, häufelt und erntet ihre Kartoffeln alleine, sie hat einige handtuchgroße Äcker, auf denen sie Brotgetreide und Hühnerfutter anbaut. Sie hat einen großen Gemüsegarten. Sie richtet sich ein, möglichst wenig von anderen Menschen abhängig zu sein. Dabei singt sie mit ihrer kleinen Tochter, spricht und lacht viel mit ihr. Ihre Tochter, ein Grund ihres Unglücks, ist ihr ganzes Glück.

Markt

»Henner, kannst du für mich Strümpfe mit auf den Markt nehmen?« Anna pocht das Herz bis zum Halse, als sie Henner anspricht, dem sie auf der Straße nach Kassel aufgelauert hat.

Henner bleibt stumm, Anna muss ihre Frage wiederholen. Schließlich sagt er: »Ich würde es schon machen, Anna! Aber wenn ich für dich Strümpfe mitnehme und der Schulze das gewahr wird, dann bin ich erledigt. Dann kriege ich von ihm nichts mehr. Er hat mir eingeschärft, mit dir kein einziges Wort zu reden – und schon gar nichts von dir mit auf den Markt zu nehmen. Du sollst von hier fortgehen. Das will er erreichen. Und das wäre ja wohl auch das Beste für dich. Aber etwas auf den Markt für dich mitnehmen, das kann ich nicht. Tut mir Leid. Und überhaupt ... sprich mich nicht mehr an, Anna. Das macht mir nur Schwierigkeiten.«

Henner geht seiner Wege, lässt sie stehen. Anna blickt ihm nach, die Strümpfe in der Hand. »Der Schulze will, dass ich fortgehe«, denkt sie, »aber das werde ich nicht tun. Wo soll ich hin? So einfach soll er es nicht haben. Er will mich doch nur forthaben, weil ich ihn an sein Unrecht erinnere, ich und Katharina!«

Während sie zu ihrer Kate zurückgeht, fasst sie einen Entschluss: Sie wird selbst nach Kassel auf den Markt gehen und ihre Strümpfe verkaufen. Vielleicht kann sie auch sonst noch etwas anbieten: Beeren, Pilze oder vielleicht ... vielleicht sollte sie selbst Käse machen, den sie dort verkaufen könnte. Sie könnte ihren Bollerwagen nehmen, Katharina daraufsetzen und sie ziehen. Dann müsste sie allerdings einen Tag früher losgehen und irgendwo übernachten. Das macht ihr Angst. Aber sie wird Decken mitnehmen und abends in irgendeiner Scheune unterkriechen. Brot lässt sich mitnehmen, und Wasser zum Trinken findet sich überall.

Anna beißt die Zähne zusammen. Sie wird sich nicht unterkriegen lassen, sie wird kämpfen. Sie ist jung und will leben. Und sie wird es schaffen.

Anna bereitet sich gut vor auf ihren Gang zum Markt nach Kassel. Obwohl sie noch nie in Kassel gewesen ist, kennt sie den Weg dorthin. »Ich muss die Kuh melken und versorgen, das Schwein füttern, den Hühnern Körner hinstellen, dass es bis morgen Abend reicht«, denkt sie. »Eher bin ich bestimmt nicht zurück.«

Sie bindet ein Kissen auf den Bollerwagen, damit Katharina weich sitzen kann. Außerdem bindet sie einen großen Korb auf dem Wagen fest. Darin verstaut sie einige Krautköpfe aus dem Garten, mehrere Näpfchen mit frischen Waldbeeren, einige selbst gemachte Handkäse, ihre Strümpfe und schließlich in einem besonderen Korb zwei junge Hähne, die sie aufgezogen hat und bei ihren Hühnern nicht mehr brauchen kann. Außerdem hat sie Brot dabei und Decken.

Am späten Nachmittag macht sie sich auf den Weg nach Kassel. Zuerst muss Katharina noch ein Stück laufen. Dann beginnt die Kleine zu klagen: »Meine Füße tun weh!« Anna setzt sie auf das Kissen auf dem Wagen. Mit dem Rücken lehnt sie sich an den Korb. »Halte dich gut fest!« Und so geht Anna zum ersten Mal den Weg in die Stadt.

Im letzten Dorf, fast an der Stadtgrenze, macht sie halt. Es ist inzwischen fast dunkel. »Hier müsste ich irgendwo über Nacht bleiben«, denkt sie. Ein Mann auf der Straße könnte ihr vielleicht weiterhelfen. Katharina kann sich kaum noch wach halten, quengelt müde vor sich hin. Das jammernde Kind lässt Anna alle Scheu vergessen.

»Wo kann ich hier übernachten? Es braucht nur eine Scheune zu sein?«, fragt sie.

»Na, kommt meinetwegen mit zu uns. Mein Herr wird nichts dagegen haben, wenn Ihr in der Scheune übernachtet. Habt Ihr Essen mit?«

»Ja«, beeilt sich Anna zu sagen, »und Decken auch.«

»Dann macht, dass Ihr in die Scheune kommt, bevor es vollkommen Nacht ist. Ihr dürft auf keinen Fall ein Feuer anzünden.«

»Danke«, stammelt Anna, »ich gehe morgen früh beizeiten weiter.«

»Das weiß ich«, sagt der Mann. »Dass Ihr nach Kassel zum Markt wollt, ist nicht schwer zu erkennen. Da will ich Euch einen guten Rat geben: Was Ihr auf dem Markt nicht verkaufen könnt, das bringt in die Garnisonsküche. Dort wird fast alles abgenommen. Seit in Kassel die große Garnison ist, brauchen sie dort viele Lebensmittel.«

»Danke, danke ...« Anna kann die Freundlichkeit kaum fassen. »Ich ... ich ... wie finde ich dort die Garnisonsküche?«

»Fragt einfach danach! Jedes Kind kann Euch den Weg zeigen.«

Der Mann öffnet Anna einen Flügel des Scheunentors, nachdem er den kläffenden Hofhund zurechtgewiesen hat. Anna schlüpft hinein und macht für Katharina und sich ein Lager aus Stroh. Den Bollerwagen stellt sie dicht neben sich. Es dauert einige Zeit, bis sie einschlafen kann. Die ruhigen Atemzüge ihres Kindes neben ihr geben ihr Mut. »Wir zwei schaffen das schon, mein Trinchen«, flüstert sie ihrer Tochter ins Ohr.

Vor Tau und Tag ist Anna auf. Sie weckt die Kleine, gibt ihr ein Stück Brot in die Hand. Sie traut sich nicht, Wasser aus dem Ziehbrunnen im Hof zu holen, weil der Kettenhund wie wild anschlägt. So schnell sie kann, strebt sie auf die Stadt zu, die im dämmrigen Morgennebel vor ihr liegt. Den Weg zum Marktplatz braucht sie nicht zu erfragen. Sie ist wirklich nicht die Einzige, die dorthin unterwegs ist. Viele mit Körben und Säcken beladene Frauen, aber auch Männer mit Handkörben und Handwagen haben offensichtlich dasselbe Ziel.

Einige Leute haben Hunde als Zugtiere vor kleine Karren gespannt.

Der Marktplatz in Kassel bietet Raum für alle. Hunderte von Anbietern, so erscheint es Anna, packen ihre Ware aus. Anna fügt sich in eine Reihe ein, stellt den Wagen ab und legt ihre Waren aus. Die Kohlköpfe legt sie hinter die appetitlich lachenden Käse, stellt die Näpfchen mit Waldbeeren so auf, dass sie die Leute zum Kaufen reizen, und postiert den Korb mit den beiden jungen Hähnen so, dass Kunden durch den locker geflochtenen Deckel einen Blick hineinwerfen können. Schade, dass sie keinen Schemel mitgenommen hat! So muss sie den ganzen Tag über stehen, während alle anderen Anbieter sich bequem setzen können.

Anna hat keine Ahnung, was sie für ihre Ware verlangen kann. Hilfe suchend wendet sie sich an eine Nachbarin. »Wie teuer verkauft Ihr Euren Käse, Nachbarin?«

Die guckt sie missbilligend an und knurrt: »Was geht

dich das an? Mach deine Preise selbst! Was willst du überhaupt hier? Ich habe dich noch nie hier gesehen.«

Anna hat so viel Unfreundlichkeit nicht erwartet, schluckt mehrmals. Schließlich nimmt sie die durstige und weinende Katharina auf den Arm, geht zur Nachbarin auf der anderen Seite hinüber, einer stämmigen Frau. »Ich weiß nicht, welche Preise ich hier nehmen kann. Könnt Ihr mir helfen?«

Die Nachbarin schaut sie aufmerksam an und fragt: »Mädchen, bist du zum ersten Mal hier?«

»Ja«, nickt Anna. »Ich weiß nicht, wie es auf dem Markt hier abläuft.«

»Man darf hier nichts vor sieben Uhr morgens verkaufen. Und mittags Schlag eins ist Schluss. Wenn du dich daran hältst, Mädchen, dann bekommst du keine Strafe. Und deine Preise? Lass mich mal sehen … Käse? Ganz ordentlich! Zwanzig Pfennig für das Stück, kannst dann auf fünfzehn nachlassen. Die Beeren? Kannst auch zwanzig Pfennig verlangen. Die Krautköpfe?« Sie wiegt sie in der Hand. »Zehn Pfennige für jeden. Ach, die zwei Gockel? Da kannst du für jeden zwei Mark nehmen. Die sind ja kräftige Tiere.«

»Danke Euch«, seufzt Anna. »Was meint Ihr, ist das alles zu verkaufen?«

»Ich denke schon, Mädchen. Die Fabriken haben viel Arbeit. Hier in Kassel wohnen jetzt sehr viele Leute. Die brauchen viel. Es kommt nicht oft vor, dass Marktleute ihr Zeug wieder mit nach Hause nehmen müssen.«

Katharina jammert.

»Was hat die Kleine?«, fragt die stämmige Marktfrau.

»Sie ist durstig. Wir haben heute Morgen noch kein Wasser getrunken.«

»Dann trinkt hier aus meinem Krug. Ich habe kalten Kaffee drin.«

Katharina trinkt gierig. Auch Anna nimmt ein paar Schlucke.

Um Viertel vor sieben füllt sich der Markt mit kauflustigen Leuten. Viele gehen durch die Reihen, um sich kundig zu machen, welche Waren zu welchem Preis angeboten werden. Anna muss ihre Preise häufig nennen – aber die Kunden gehen weiter. »Nichts verkaufen!«, raunt ihr die Nachbarin zu.

Als die Glocke sieben Uhr schlägt, kommen sofort interessierte Kunden und wollen kaufen. Anna merkt, dass jeder auch handeln will. Bei der Nachbarin lauscht sie ab, wie sie vorgehen muss: einen höheren Preis nennen und dann im Preis etwas nachlassen.

Die beiden Hähne verkauft sie zu einem guten Preis; der Käufer, ein Mann in mittleren Jahren, bittet sie darum, ihr den Transportkorb zu lassen, um darin die Tiere nach Hause zu bringen. Unerfahren, wie Anna ist, glaubt sie den Worten des Mannes, dass er ihr den Korb bald zurückbringen wird. Den Korb sieht sie nicht wieder.

»Das ist Lehrgeld«, sagt die stämmige Nachbarin, als Anna ihr Leid klagt. »Der Mann hat gleich gemerkt, dass du unerfahren bist, Kind. Das hat er ausgenutzt. In Zukunft lässt du dir ein Angeld geben. Dann bist du sicher, dass er wirklich wiederkommt. Er soll dann einen Korb holen. Auf irgendwelche Versprechungen darfst du nicht hören.«

Am Marktschluss hat Anna alles verkauft. Für fünf Pfennig kauft sie ihrer Tochter vorher noch einen süßen Wecken als Belohnung dafür, dass sie so brav durchgehalten hat. Auch das Paar Strümpfe konnte Anna an den Mann bringen. Schräg gegenüber vom Rathaus konnte sie sofort neue Strumpfwolle kaufen.

Auf dem Heimweg schläft Katharina ein. Anna setzt sie in den leeren Korb, der noch immer auf dem Wagen befestigt ist, und deckt sie zu. Die Kleine schläft fast während des gesamten Heimweges. Anna ist zufrieden, obwohl sie den Korb verloren hat. Doch nun werden ihr die Beine schwer. Sie muss immer wieder mal stehen bleiben und ausruhen. Aber sie lacht, wenn sie an den vergangenen Vormittag denkt. Als der Marktmeister vor ihr stand, wusste sie zuerst gar nicht, was er wollte. Er wartete, aber Anna schaute ihn nur fragend an. Da wurde die Nachbarin aufmerksam und raunte ihr zu: »Zahlen, Kind! Zehn Pfennig! Das ist die Marktgebühr für uns Bauersleute!« Da erst hatte Anna begriffen.

»Wie gut, dass der Marktmeister nicht gleich frühmorgens zu mir gekommen ist. Da hätte ich überhaupt nicht bezahlen können.«

Daheim brüllt die Kuh. Sie muss sofort gemolken werden. Das Schwein quiekt vor Hunger. Anna versorgt ihr Vieh, gibt Katharina zu essen und sinkt dann auf ihr Bett. Sie ist zu müde, um noch etwas zu essen. Aber noch beim Einschlafen murmelt sie: »Vier Mark und fünfundneunzig Pfennig!«

Am nächsten Morgen stellt sie fest, dass sie in ihren Kleidern geschlafen hat. Aber sie weiß auch: Sie wird so oft wie möglich zum Markt gehen, um dort alles zu verkaufen, was sie irgend anbieten kann. »Das ist der Weg, wie ich zurechtkommen kann! Wenn mich hier niemand als Tagelöhnerin haben will, dann gehe ich zum Markt und verkaufe Strümpfe.«

Der Tod des Schulzen

Das Kind im Garten ist inzwischen fünf Jahre alt. Anna scheint sich nicht verändert zu haben. Vor einigen Tagen hat die Totenglocke geläutet. Aber Anna wusste nicht, für wen die Glocke ihre traurige Stimme ertönen lassen musste. Auf Umwegen über das Dorf der Hugenotten hat sie es doch erfahren: Der Schulze ist im Faselstall vom Gemeindebullen getötet worden.

Als Anna die Nachricht verstanden hat, schlägt sie die Hände über dem Kopf zusammen. Was sie jahrelang schon in ihren Alpträumen gesehen hat, es hat sich erfüllt. Genau das wusste sie schon seit Jahren. Dutzende Male schon hat sie es mit angesehen, wie der wilde Stier dem Schulzen das Gehörn in den Bauch sticht.

Wirklich wie in ihrem bösen Traum ist es gewesen. Der Schulze hatte eine Kuh in den Faselstall gebracht. Der Bulle, der an sich schon sehr unruhig gewesen war, hatte den Schulzen angegriffen, nachdem der unvorsichtigerweise in seinen Stall gegangen war. Dick und unbeholfen, wie der Schulze war, hatte er sich nicht in Sicherheit bringen können, und das aufgeregte Tier hatte dem Schulzen die Hörner in den Leib gebohrt. Noch im Stall war der Schulze gestorben.

Jetzt ruft die Glocke die Menschen zum Gebet für den Verstorbenen, dessen Totenlade sich gerade in diesem Augenblick in die Erde senkt. Anna hört es. »Für ihn bete ich kein Vaterunser«, denkt sie. »Gott wird das verstehen. Für ihn nicht.«

Ekel steigt wieder in ihr auf, als sie an den Augenblick denken muss, in dem er voller Gier nach ihr greift. Dann aber fällt ihr ein, dass dieser Mann ja der Vater ihrer Tochter sein könnte, ihrer Tochter, die sie von Herzen liebt. Und sie betet das Vaterunser.

Zaungast

Die Sonne ist schon gesunken. Anna arbeitet noch in ihrem Gemüsebeet. Sie liest Raupen von den Kohlpflanzen. Viel hat sie angebaut, um viele Kohlköpfe auf dem Markt in Kassel verkaufen zu können.

Plötzlich hört sie ein leises Rufen. Erschrocken richtet sie sich auf. Das war eine bekannte Stimme. Sie hat sich nicht getäuscht: Jost steht am Zaun. Offensichtlich ist er aus dem Wald gekommen, damit man ihn vom Dorf aus nicht sehen kann.

»Anna!«, ruft Jost.

»Was willst du?«, fragt Anna.

Jost lacht und scharrt mit einem Fuß auf dem Boden herum.

»Was ich will? Dich! Dich will ich!« Er zeichnet mit dem Fuß wieder Bilder in den Staub am Zaun.

»Mich willst du?«, fragt Anna. »Hast du mich nicht oft genug gehabt? Geh und lass mich zufrieden. Mich ekelt vor dir.«

»Schau, Anna, ich kann mir denken, dass du jetzt nur wenig Geld hast. Und für das Kind brauchst du doch auch Geld. Es soll dich nicht gereuen.«

Das ist mein Bruder, denkt Anna. Aber er weiß es nicht. Und vielleicht ist er sogar der Vater von Katharina. Aber das werden beide nicht erfahren.

»Komm, es sieht uns niemand. Lass mich wieder zu dir ins Bett. Ich habe Geld.«

Er ist ein Schuft, denkt Anna. Er besitzt die Frechheit, hierher zu kommen und mir Geld anzubieten, um in mein Bett zu steigen. Davon will ich mein Leben lang nichts mehr wissen. Etwas Ekelhafteres kann ich mir nicht vorstellen.

Anna geht auf ihn zu. Nur der Zaun trennt beide voneinander. Jetzt merkt Anna, dass er Schnaps getrunken haben muss. »Merk dir das, Jost! Selbst wenn ich verhungern müsste, ich würde dich niemals um Geld in mein Bett lassen. Niemals!«

»Stell dich nicht so an. Das hast du doch früher schon getan. Meinem Bruder hast du doch ganz hübsch Geld abgeknöpft. Der hat dich dreiundachtzigmal gehabt.«

»Verschwinde!«, schreit Anna.

»Komm! Ich habe keine Lust, immer nach Kassel in das Freudenhaus zu laufen. Das Geld kannst du doch bekommen …«

Anna rennt zu dem nahen Misthaufen, packt die dreizinkige Gabel und richtet sie gegen den angetrunkenen Mann. »Wenn du jetzt nicht gehst, renne ich dir die Mistforke in den Bauch! Ich warne dich! Komm nie wieder her! Solltest du noch einmal an meinem Gartenzaun stehen und nur den Mund aufmachen, dann kriegst du meine Mistgabel zu spüren. Ich bin nicht deine billige Hure!«

»Schade! Vielleicht wirst du es noch mal gerne sein. Wenn du erst mal richtig gehungert hast, dann denkst du vielleicht anders darüber. Dann bist du vielleicht dankbar, wenn ich recht oft zu Besuch komme.«

Anna rennt auf Jost zu. Die Zinken der Gabel zittern. Da dreht sich Jost um und entfernt sich einige Schritte vom

Zaun. »Du bist eine Hure und Muttermörderin! Was kann man da schon erwarten?«

Anna wartet, bis er in der Dämmerung verschwunden ist. »Wenn dieser elende Schuft nur nicht der Vater von Katharina ist!

Der Fremde

Ein fremder Mann schreitet auf Annas Haus zu. Anna ist davon so überrascht, dass sie reglos stehen bleibt. Was will der Fremde? Er ist etwa vierzig Jahre alt, hat ein freundliches Gesicht und trägt einen Korb auf dem Rücken.

Der Mann grüßt Anna so freundlich, dass sie nicht anders kann, als auch freundlich zu sein.

»Ich habe Bücher in meinem Kiepekorb«, sagt er. »Möchtet Ihr sie anschauen, junge Frau?«

Noch niemals hat jemand Anna »Junge Frau« genannt. Die freundliche Art des Mannes macht sie neugierig.

»Ich habe kein Geld für ein Buch«, sagt Anna.

»Geld ist auch nicht notwendig«, antwortet da der Mann. »Ich kann auch ein Huhn als Bezahlung nehmen oder Gemüse.«

Jetzt ist Anna wirklich neugierig.

Der Mann nimmt den Kiepekorb vom Rücken und stellt ihn neben sich. Zunächst holt er eine Bibel heraus. Aber die ist zu teuer. Obwohl Anna schon gerne eine gehabt hätte. Der Mann zeigt ihr ein anderes Buch. Es heißt »Die Pilgerreise« und wurde von einem Engländer geschrieben. Das Buch hat schöne Bilder. Anna hätte es gerne. »Wieviel soll das Buch kosten?«, fragt Anna den Mann.

»Dieses Buch kostet zwei Mark.«

»So viel habe ich nicht. Ich habe nur eine Mark.«

»Dann gebt mir die Mark und noch ein junges Huhn dazu.«

Anna ist einverstanden. Sie schaut noch die anderen Bücher an, die der Mann im Korb hat. Er schenkt ihr ein paar kleine Schriften. Anna freut sich, dass sich jemand – einfach so – mit ihr unterhält. »Wenn der wüsste, was die Leute im Dorf von mir halten, dann wäre er niemals zu mir gekommen«, denkt sie.

Der Mann hat Zeit. Er erzählt, dass er aus dem Siegerland kommt. Dort hat er einen Hof. Aber jetzt sei er unterwegs, um den Menschen Gottes Wort nahe zu bringen. Gott habe ihn beauftragt, das Evangelium weiterzusagen.

Anna hat so etwas noch nie gehört. Ihrer Ansicht nach gehört Gottes Wort in die Kirche. Dort ist es gut aufgehoben, und dort soll es auch bleiben.

Alles, was der Pfarrer in seinen Predigten sagte, das hat sich in der Kirche gut angehört. Die anwesenden Dorfbewohner hatten auch immer andächtig und zustimmend genickt. Aber dass sie irgendetwas von dem, was sie sonntags gehört hatten, am Montag in die Tat umgesetzt hätten … Bewahre! Anna hatte nichts davon gemerkt.

»Gott möchte für Euch sorgen wie ein Vater für sein Kind. Er sehnt sich danach, auch Euch, junge Frau, seine Liebe zu zeigen.«

»Warum habe ich davon bisher noch nichts gemerkt? Er hätte doch längst für mich sorgen können, wenn er sich danach sehnt.«

»Habt Ihr ihm denn Euer ganzes Leben anvertraut? Habt Ihr zu ihm gebetet, wenn Ihr in Not wart? Habt Ihr

Euch zuallererst auf ihn verlassen, anstatt auf Euch selbst oder auf andere Menschen?«

Anna schluckt. Nein, gebetet hatte sie Gott bisher um nichts. Warum auch?

Sie könne Gott um alles bitten, was sie brauche und nötig habe. Wenn sie Buße tue – und das heiße nicht, irgendwelche körperlichen Strafen auf sich zu nehmen, sondern einfach Gott als ihren Versorger anzuerkennen –, dann könne sie ihn um alles bitten, was sie brauche. Sie würde dann erfahren, wie Gott, ihr himmlischer Vater, für sie sorgt.

Anna kann das nicht richtig begreifen.

»Wenn Ihr mehr davon erfahren wollt, junge Frau«, sagt der Mann, »dann kommt am Sonntagabend um acht Uhr in das Haus des Schulzen. Dort wird eine Evangelisationsversammlung sein.«

»Das Haus des Schulzen? Der Schulze ist doch vor kurzem tödlich verunglückt!«

»Davon weiß ich nichts. Ich weiß nur, dass der Schulze Johannes W. heißt und selbst angeboten hat, in der guten Stube seines Hauses eine Evangelisationsversammlung abzuhalten.«

Anna steht wie benommen. Johannes also ist Schulze geworden. Es dauert einige Zeit, bis sie entgegnen kann: »Ach … die Leute im Dorf haben etwas gegen mich. Ich kann mir nicht vorstellen, dass der Schulze und seine Frau mich in ihre gute Stube lassen werden.«

»Darüber macht Euch keine Sorgen, junge Frau. Ich selbst werde Euch abholen. Vor Gott sind alle Menschen gleich. Alle sind Sünder. Alle brauchen die Erlösung durch den Opfertod seines Sohnes. Jeder ist auf Gottes Gnade angewiesen. Wer hat da ein Recht, Euch zu verachten?«

Anna begreift schon wieder nicht richtig, was der fremde Mann will. Aber irgendwie ist ihr das, was er sagt, nicht gleichgültig. Keiner hat das Recht, sie zu verachten? Jeder ist vor Gott ein Sünder? Das ist eine Botschaft, die wie für sie gemacht ist. Sie will so schnell wie möglich das Buch lesen. Das Buch von der Pilgerreise.

Anna holt ihre Mark, greift dann das fetteste Huhn, das sie hat, und steckt es in einen kleinen Weidenkorb. »Da, nehmt mein bestes Huhn. Für ein solches Buch ist mir nichts zu schade.«

Gebet

Nun sitzt Anna neben der kleinen Kerze in ihrer Kate und liest. Ihre Tochter liegt schlafend auf der Ofenbank. Anna taucht ein in die Welt des Pilgers, der eines Tages merkt, dass er in einer verlorenen Stadt lebt und sich auf die Reise macht zum himmlischen Jerusalem.

Anna liest langsam, damit ihr nichts entgeht. Sie trägt mit ihm an der Sündenlast und wird sie mit ihm am Kreuz von Golgatha los, wo der Gottessohn stellvertretend die Todesstrafe für die Sünden der Menschen auf sich nahm. Mit dem Pilger erlebt sie die vielen Fährnisse des Lebens und gelangt schließlich mit ihm zu den Pforten der Goldenen Stadt, dem himmlischen Jerusalem. Anna möchte auch so eine Pilgerin zum himmlischen Jerusalem werden. Zum ersten Mal in ihrem Leben betet sie mit ihren eigenen Worten: »Gott, wenn du mich wirklich lieb hast und für mich sorgen willst, dann tue es. Amen.«

Wieder im Dorf

Anna sitzt in der guten Stube beim neuen Schulzen Johannes und seiner Frau Klara. Der freundliche Mann, der heute Abend in der Stube eine Evangelisationsversammlung abhalten wird, hat Anna daheim abgeholt. Anna hat ihre kleine Tochter Katharina mitgebracht und hält sie auf dem Schoß. Katharina ist eingeschlafen. Als sie das Haus betrat, hat Johannes erstaunt aufgeschaut. Offensichtlich hat er nicht damit gerechnet, dass Anna, die Diebin, Hure und Muttermörderin, der Einladung folgen würde. Er weiß nicht, wie er sich verhalten soll. »Guten Abend, Anna«, sagt er verlegen.

Der freundliche Mann spricht Johannes an. »Diese junge Frau ist dem Evangelium gegenüber sehr aufgeschlossen. Ich habe sie abgeholt, weil sie nicht den Mut hatte, alleine herzukommen.«

Klara erschrickt ebenfalls, als sie Anna in ihrem Haus sieht. »Anna?«, ruft sie ungläubig. »Du kommst zu uns?«

Der Evangelist lächelt: »Die gute Nachricht Gottes gilt für alle.«

Klara weiß das. Sie geht auf Anna zu. »Wie alt ist deine Tochter jetzt?«

Anna sieht der Freundin von einst nach langer Zeit zum ersten Mal wieder ins Gesicht. »Katharina ist jetzt bald fünf Jahre alt, Klara.«

»Die Kleine sieht sehr dünn aus«, stellt Klara fest. »Hat sie wenig zu essen?«

Anna hat das noch gar nicht richtig bemerkt, ihr fehlt der Vergleich mit anderen Kindern. Klara schmiert der Kleinen ein Fettbrot und drückt es ihr in die Hand. Klara hat inzwischen drei Kinder: die beiden Töchter Toni und Klara, und einen Sohn Wilhelm, der gerade erst einige Monate alt ist. Anna gefallen Klaras Kinder.

Gleich darauf beginnt die Stubenversammlung. Noch ein paar Bewohner des Dorfes sind der Einladung gefolgt. Sie alle sind erstaunt, als sie Anna in der guten Stube mit dem inzwischen schlafenden Kind auf dem Schoß erblicken. Alle suchen sich einen Platz, aber der Stuhl neben Anna bleibt leer. Da setzt sich Klara neben sie.

Erweckung

Lisbeth, die Stallmagd, treibt die Kühe die Dorfstraße entlang. Die Tiere laufen zum Bach, den sie durchqueren müssen, um auf ihre Weide zu kommen. Am Bach halten sie sich gern auf, vor allem, um sich sattzutrinken. Dort ist bereits Lina mit ihren Kühen, die ebenfalls trinken. Lisbeth und Lina begrüßen sich durch Kopfnicken.

»Was ist denn bloß in unserem Dorf los?«, beginnt Lina das Gespräch. »Seit dieser Evangelisation in der Wohnstube vom Schulzen sind die Leute alle ein bisschen verrückt.«

Lisbeth entgegnet: »Aber glaub mir, da ist was dran.«

»Bist du am Ende auch erweckt?«, Lina fragt es staunend.

»Ja, ich denke schon«, antwortet Lisbeth. »Weißt du, ich hätte ja nie geglaubt, dass ich es selbst erleben kann, wie Gott zu mir spricht.«

»Aber Lisbeth, rede doch nicht solchen Unsinn! Wie soll Gott denn zu dir sprechen?«

»Ich lese in der Bibel. Da steht es drin, wie Gott mich liebt.«

»Was heißt denn das? Wie Gott mich liebt? Ist das nicht ein bisschen übertrieben?«

»Ach, Lina, ich kann dir gar nicht sagen, wie froh ich darüber bin. Stell dir vor, der allmächtige Gott, der Himmel und Erde geschaffen hat, der liebt mich! Mich, die Stallmagd Lisbeth! Mich hat er zu seinem Kind auserwählt.«

»Alle Menschen sind Gottes Kinder.«

»Nein, Lina, so ist das nicht. Du musst schon Gottes Kind sein wollen. Gott hat seinen Sohn zu uns Menschen geschickt und ihm die Strafe auferlegt, die wir verdient hatten. Jetzt sind wir frei. Das bietet Gott dir an. Wenn du das Angebot Gottes ausschlägst, dann gilt es nicht für dich. Dann bist du aber auch in Ewigkeit ohne Gott.«

»In der Wohnstube vom Schulzen, so sagen sie, sollt ihr auch beten. Einfach so. Wie ist denn das? Tust du das auch?«

»Freilich tue ich das auch. Ich sage Gott, wie es mir ums Herz ist. Alles, was mir Sorgen macht, das sage ich Gott und bitte ihn um Hilfe.«

»Und hört Gott dich?«

»Gott hört immer. Aber er erhört nicht immer. Er weiß besser, was gut für mich ist, und deshalb tut er nicht immer alles, was ich ihn bitte.«

»Ach, Lisbeth, ich weiß nicht, was ich davon halten soll.«

»Dann mach dir doch selbst ein Bild davon. Du kannst doch auch in die Versammlung gehen.«

»Ich soll zum Schulzen in die Versammlung gehen?«

»Ja, ich hole dich ab.«

»Was sollen denn die Leute von mir denken, wenn ich da hingehe?«

»Das halbe Dorf ist doch ohnehin da. Und wenn es um dich und deine Seele geht, dann darfst du nicht auf die Leute schauen.«

»Sag mal, die Anna soll dort auch hingehen? Macht es dem Schulzen nichts aus, diese Diebin in seinem Haus zu haben? Bald wird ihm Geld fehlen.«

»Sprich nicht so, Lina! Die Anna hat ihr Leben Gott anvertraut. Gottes Sohn hat für alle Schuld gebüßt. Auch für die von Anna. Wenn du keine Schuld auf dich geladen hast, dann ist das nicht dein Verdienst, sondern nur von Gott geschenkt. Es ist Gnade.«

»Gehst du da weg, du alte Reusche!« Lina schlägt mit ihrem Stecken nach einer Kuh, die sich selbständig machen will. »Ich verstehe das nicht richtig, Lisbeth. Es ist so … ich weiß nicht. Aber so viele im Dorf machen mit. Und Möllers Adam, der immer im Krug gesessen und seine Kinder geschlagen hat, wenn er wieder mal betrunken war, der ist jetzt auch dabei und hat mit der Sauferei aufgehört. Ich weiß nicht, irgendetwas muss doch an der Sache sein.«

»Du kannst dir kein Bild davon machen, wenn du es nicht selbst kennen lernst, Lina!«

Lisbeth ruft ihre Kühe, die inzwischen genug getrunken haben, und zieht weiter. Laut singt sie:

»Fröhlich zieh ich meine Straße
hier durch dieses Pilgertal.
Meinen Herrn ich nimmer lasse,
er beschirmt mich überall.

Mag manch wilder Sturm auch toben,
der mich zu verderben droht,
gläubig blicke ich nach oben,
bin getrost in Not und Tod.«

Lina blickt ihr nach. »Sie meint es wirklich so«, denkt sie. »Und irgendwie ist sie wirklich verändert. Richtig glücklich sieht sie aus. Fast könnte man neidisch werden.«

Gewitter

Der Himmel ist dunkel. Gleich wird eines dieser Gewitter losbrechen, wie man sie hier im Sommer öfter hat. Sie scheinen sich an dem Bergkegel mit der Burgruine festzusetzen.

Es ist schwül. Überall haben die Bauern Heu gemacht. Auch Anna hat ihre magere Wiese gemäht und das Heu mehrfach gewendet. Ihre Tochter, inzwischen etwa zehn Jahre alt, hat ihr geholfen, so gut sie konnte. Nun hat sich am Himmel das Gewitter zusammengebraut. Annas einzige Kuh, die sie vor den Wagen hätte spannen können, ist krank. Sie hat vor ein paar Tagen verkalbt und sich davon noch nicht erholt.

Anna ist sehr aufgeregt. Sie muss das Heu trocken in den Heuschober bekommen. Überall sieht sie die Leute in Windeseile auf die Wiesen fahren. Ob sie mit ihrem Handwagen losziehen soll? Aber das wäre ein Tropfen auf einem heißen Stein.

Sie betet. Dann läuft sie zu Johannes. Der ist gerade dabei, seine beiden Zugtiere einzuspannen. Er hat auch noch eine Wiese voller Heu draußen. »Bitte, Johannes, meine Kuh ist krank. Kannst du mein Heu heimholen?«

Johannes blickt zum Himmel. Dort sieht es nicht gut aus. Jeden Augenblick kann das Unwetter losbrechen. Er zögert noch einige Augenblicke. Dann sagt er: »Anna, ich will so handeln, wie es Gott mir in seinem Wort sagt.« Anna blickt ihn zuversichtlich an. Plötzlich kniet Johannes neben dem leeren Wagen nieder und beginnt laut zu beten: »Vater im Himmel, du hast in der Bibel befohlen, dass wir die Anliegen der Witwen und Waisen zu unseren eigenen Anliegen machen sollen. Anna steht ganz allein auf der Welt. Ich will zuerst ihr Heu heimholen. Halte du doch so lange das Unwetter zurück, dass ich nachher auch noch mein Heu heimholen kann. Ich verlasse mich auf dich. Amen.«

In Windeseile fährt nun Johannes mit Anna auf ihre Wiese. Der Himmel sieht immer bedrohlicher aus, aber das Unwetter bricht nicht los. Hastig laden Anna und Johannes den Heuschober hinter der Kate voll. Anschließend geht es, so schnell sie nur können, zu der Heuwiese von Johannes. Der Donner klingt immer bedrohlicher. Blitze zucken um den Burgberg. Aber noch regnet es nicht. Als Johannes mit seinem vollbeladenen Wagen in seinen Hof einfährt, entlädt sich der inzwischen fast schwarze Himmel mit Urgewalt. Aber alles Heu ist trocken unter Dach und Fach. »Danke, Vater im Himmel«, betet Johannes, »dass du meine Bitte erhört hast. Ich wusste, dass du mir helfen wirst.«

Feuer

Es ist ein grauenvolles, erschreckendes Bild. Vier Hofreithen brennen. Der Hof des ehemaligen Schulzen, bei dem Anna seinerzeit gedient hat, stand als Erster in Flammen.

Es ist Januar, der Feuerlöschteich ist fest zugefroren. Niemand kann Löschwasser holen. Die Flammen greifen auf ein Nachbargehöft über. Auch der Hof von Johannes, dem neuen Schulzen, bleibt nicht verschont. Und noch ein Hof fängt Feuer. Nur Scheune und Stallungen von Johannes bleiben vor dem Feuer bewahrt. Auch fast aller Hausrat kann von Johannes und Klara gerettet werden.

Anna läuft mit ihrer Tochter, so schnell sie kann, zum Hof von Johannes, als sie merkt, dass Flammen aus dem Dach seines Wohnhauses schlagen. Sie hastet ins Haus und hilft Klara, die verstörten Kinder vor dem Feuer zu retten. Sie schickt die Kinder mit Katharina in ihre Kate. Dann machen sich die Frauen daran, den Hausrat zu bergen.

Zum Glück weht kein Wind. Das Haus brennt langsam vom Dach bis zum Boden. Und so können sie noch vieles in Sicherheit bringen. Unterdessen sind die Männer damit beschäftigt, das Stallgebäude und die Scheune vor dem Funkenregen zu schützen. Brunnenwasser und Schnee müssen helfen, die Funken auszulöschen. Nicht gerettet werden können die Schlachtvorräte in der Räucherkammer unter dem Dach. Auch ein Teil des Fruchtbodens ist ein Raub der Flammen geworden.

Dieser Brand hat ein gerichtliches Nachspiel. Es handelt sich, wie sich bald herausstellt, um Brandstiftung. Der jüngere Sohn des früheren Schulzen, der auf dem Hof inzwischen alleine wirtschaftet, hat das Feuer absichtlich gelegt, weil er die Brandkasse betrügen wollte. Dreißig Jahre lang waren Versicherungsbeiträge in die Brandkasse geflossen. Nun sollte sich die Sache endlich für ihn auszahlen. Das Wohnhaus, in dem auch Anna einst gewohnt hatte, war in den oberen Stockwerken baufällig geworden. Da wäre ein Brand gerade recht gekommen. Mit Leichtigkeit hätte sich mit der inzwischen aufgelaufenen Versicherungssumme ein Neubau finanzieren lassen.

Da sich der ersehnte Brand von selbst nicht einstellen wollte, hatte Jost nachgeholfen. Er hatte ganz bewusst den tiefsten Winter abgewartet, um sicher sein zu können, dass man kein Löschwasser pumpen konnte. Aufgrund von Indizien – Jost hatte alle Wertsachen schon vor dem Brand aus dem Haus geschafft – und schließlich eines Geständnisses wurde Jost zu einer langjährigen Gefängnisstrafe verurteilt. Er musste zudem Schadensersatz in einer Höhe leisten, der sein gesamtes Vermögen aufbrauchte.

Johannes bekam zu seinem Neubau, der zügig vonstatten ging, einen Zuschuss aus der Brandkasse, außerdem einige gute Äcker von Jost als Entschädigung. Im neuen Haus, das Johannes nun an den Dorfrand baute, wurde ein Versammlungsraum gleich mit eingerichtet, denn allsonntäglich treffen sich einige Leute des Dorfes bei ihm zu Andacht und Gebet.

Konrad

Konrad, der Sohn des ehemaligen Schulzen, unterhält sich mit Johannes. Ernst, fast gequält sieht Konrad aus. Er hatte wie geplant in einen Hof des Nachbardorfes eingeheiratet und war seitdem nur noch selten im Heimatdorf zu Gast gewesen. Heute führt ihn ein ganz besonderer Anlass zu Johannes. Auch im Nachbarort sind einige Leute »erweckt« worden. Sie machen Ernst mit dem, was in der Bibel steht, und vertrauen ganz auf Gott. Vor einigen Monaten ist auch Konrad angesprochen worden von dem, was die Leute in der guten Stube sonntagnachmittags predigen. Alle gehen nach wie vor sonntags zur Kirche, halten nachmittags aber Stubenversammlungen ab, um darüber hinaus miteinander zu beten und über das Verständnis von Bibelstellen nachzusinnen.

Konrad ist unruhig geworden. Sein Gewissen hat ihn an seine alte Schuld erinnert. Jahrelang hatte er verdrängt, was in stillen Stunden immer wieder aufstieg: Er hatte das Geld, das er Anna gebracht hatte, seinem Vater zuvor gestohlen. Anna war keine Diebin. Und nur deswegen hatte doch ihre Mutter Hand an sich gelegt. Auch an ihrem Tod fühlt sich Konrad schuldig. Und er weiß: Wenn er sein Leben vor Gott und den Menschen in Ordnung bringen will, dann dürfen diese Ereignisse nicht unbereinigt bleiben.

»Wir sind Brüder durch Jesus Christus«, sagt Konrad zu Johannes. »Hilf mir, dass meine Vergangenheit in Ordnung kommt.«

Gemeinsam entwerfen Johannes und Konrad einen Brief. Dieser Brief soll am kommenden Sonntag nach dem Gottesdienst vorgelesen werden. Darin wird Konrad seine Schuld gegenüber Anna in aller Öffentlichkeit eingestehen. Er wird darstellen, wie Anna in den Ruf gekommen ist, eine Diebin, eine Hure und auch eine Muttermörderin zu sein. In diesem Brief wird er sie um Verzeihung bitten.

Johannes und Konrad brauchen viele Stunden, bis sie

alles zu Papier gebracht haben. Beide einigen sich noch, dass Johannes diesen Brief vorlesen wird. Konrad trägt schwer an seiner Schuld, aber er sagt: »Ich bin dankbar, dass die Sache nun endlich in Ordnung kommt.«

Ende der Ächtung

Anna ist umringt von vielen Leuten. Die Erklärung Konrads ist eben verlesen worden. Anna hatte keine Ahnung davon gehabt.

»Ich habe dich immer für schuldig gehalten, Anna!«, sagt eine Bewohnerin des Dorfes. »Bitte verzeih mir!« Sie reicht ihr die Hand. Viele schließen sich an.

»Wie schwer muss es für dich gewesen sein!«, meint eine Alte. »Warum hast du denn nicht gesagt, wie es wirklich gewesen ist? Was wird Lisa für Augen machen, wenn ich ihr das erzähle!«

Anna bittet: »Lasst es gut sein. Wir wollen nicht mehr davon reden. Und wir wollen auch niemandem mehr Vorwürfe machen. Vor allem auch Konrad nicht. Denn ›wer unter euch ohne Sünde ist, der werfe den ersten Stein‹. Niemand hat das Recht, einen Stein zu werfen, nicht den ersten und auch sonst keinen.«

Klara

Anna pflegt Klara. Seit der Geburt ihres jüngsten Sohnes Daniel ist Klara bettlägerig. Sie kommt einfach nicht wieder zu Kräften. Anna versorgt den Kleinen und auch die drei großen Kinder. Schließlich bekommt Klara Fieber. Es scheint eine Lungenentzündung zu sein. Der Doktor verordnet Medikamente, die aber nicht helfen. An drei Tagen muss sich alles entscheiden«, sagt er besorgt. »Wenn die Schulzin diese drei Tage übersteht, dann werden wir es schaffen. Sonst ist alle Hilfe vergeblich.«

Er gibt Anna den Auftrag, fleißig kalte Wadenwickel zu machen und verschiedene Tees für Klara zu kochen. Anna versorgt die Freundin, wie es eine gelernte Krankenschwester nicht besser könnte.

Doch als Anna an Klaras Bett sitzt, sagt die Kranke auf einmal mit klarer Stimme: »Ich werde heimgehen. Meine Zeit ist abgelaufen. Ich bitte dich, Anna, bleib du hier im Hause und versorge meine Kinder. Versprich mir, dass du Johannes heiratest, wenn ich nicht mehr bin.«

Anna wehrt entsetzt ab: »Sprich nicht solche Sachen! Gott wird dich wieder gesund werden lassen. Ich habe viel für dich gebetet. Du sollst alt werden und deine Kinder großziehen.«

»Ach, Anna, das würde ich gern. Aber ich spüre, dass meine Zeit zu Ende geht. Es würde mich ruhiger sein lassen, wenn ich wüsste, dass du meine Kinder versorgst. Dann weiß ich sie in guten Händen. Versprich mir, Johannes zu heiraten.«

»Aber Klara, das muss doch Johannes wollen.«

»Versprich es mir!«

Und endlich verspricht es Anna.

»Ich danke dir, Anna. Nun kann ich ruhig schlafen.«

»Ja, schlafe nur, Klara. Bald bist du wieder gesund. Und dann wirst du darüber lachen, was ich dir versprechen musste.«

Klara lächelt und schließt die Augen.

Einige Tage später läutet die Totenglocke. Klara hat den dritten Tag nicht überlebt.

Hochzeit

Anderthalb Jahre sind seitdem vergangen. Johannes und Anna treten heute vor den Traualtar. Insgesamt fünf Kinder ziehen vor ihnen her, die vier Kinder von Johannes mit Katharina.

Nach der feierlichen Handlung werden beide vor der Kirche von den Dorfbewohnern begrüßt. »Ganz früher warst du Schulzes Anna«, sagte der alte Förster, Klaras Vater, »und nun bist du es wieder. Du bist wieder Schulzes Anna.«

Ein Fremder überreicht Anna ein kleines Päckchen. »Das soll ich Euch geben, Schulzin«, sagt der Fremde und geht wieder. Anna lädt ihn ein, mit zum Hochzeitskaffee zu kommen, aber er will nicht. Sie öffnet das Päckchen. Darin liegt eine Goldmünze. Ihre Goldmünze, die sie vor der Konfirmation von Klaras Großvater, dem alten Baron, geschenkt bekommen hatte. Der Schulze hatte sie ihr weggenommen. Nun ist die Münze zu ihr zurückgekehrt. Anna weiß jetzt, dass der Fremde ein Bote von Konrad gewesen sein muss.

Brautnächte

Noch während einige Gäste im Hof sitzen und Blutwurst, Leberwurst und Rettich zum frisch gebackenen Brot verspeisen, zieht Anna sich zurück. Sie setzt sich auf den Rand des Ehebetts; und nun muss sie ihre Gedanken erst einmal ordnen. Nach der vielen Arbeit vor der Hochzeit und der schönen Feier fühlt sie sich leer.

Jetzt ist sie die Ehefrau von Johannes. Sie hat ihn immer noch gern – mit seiner immer noch schlanken Gestalt, seinen hellen Augen und die Art, wie er lächelt. Er ist immer noch ein gut aussehender Mann, obwohl die viele Arbeit ihre Spuren auch an ihm hinterlassen hat. Er ist ein gut aussehender Mann, aber ... er ist eben ein Mann. Anna würgt es in der Kehle, wenn sie an das im Haus des Schulzen Erlebte denkt. Wird er nachher sich ebenso wild auf sie stürzen ohne Rücksicht auf ihre Schmerzen und ihren Ekel? Johannes ist fast noch ein junger, gesunder Mann. Er wird hier in dieser Bettstatt Forderungen an sie stellen, Forderungen, die sie als seine Ehefrau erfüllen soll, aber ... Plötzlich ist es Anna Leid um das Versprechen, das sie der todkranken Klara gegeben hat, nämlich Johannes zu heiraten und den Kindern eine neue Mutter zu werden.

Anna geht zu den Gästen zurück. Klaras Mutter, die alte Försterin, hat bisher im Hause ihres Schwiegersohnes oft nach dem Rechten gesehen. Sie zupft Anna am Ärmel: »Ich bin ja so froh, Anna, dass du jetzt hier bist. Klaras Wunsch ist in Erfüllung gegangen. Johannes muss doch eine Frau haben. Und die Kinder brauchen eine Mutter. Platz genug ist da, und es gibt genug zu beißen. Johannes ist nicht arm. Ihr werdet euer gutes Auskommen haben.«

Anna nickt.

»Und dass du arbeiten kannst, das weiß ich. Ich brauche mir keine Sorgen zu machen, dass du diesem Hauswesen nicht vorstehen könntest.«

Anna nickt wieder.

»Es lässt mich ruhiger sein, weißt du. Ich bin nun auch älter und freue mich, wenn ich mich um die Kinder hier nicht mehr so sehr zu kümmern brauche. Du weißt ja, dass ich selbst noch die Kleine habe, und außerdem ist da das Reißen in den Knochen. Wenn man fünfzig ist ...«

Anna sagt: »Fünfzig Jahre, Försterin! Das seid Ihr doch noch nicht.«

»Noch nicht, aber bald.«

Johannes hat den kleinen Daniel auf dem Arm. Daniel lacht und streckt seine Arme Anna entgegen. Er hat seine leibliche Mutter nicht richtig gekannt. Anna hat Mutterstelle an ihm vertreten. »Ich denke, es ist Zeit, ihn in sein Bett zu bringen«, sagt Anna und nimmt das Kind auf ihren Arm.

»Das tue ich heute«, ruft die junge Klara. »An deinem Hochzeitstag, Mutter, sollst du nicht arbeiten.«

Anna freut sich, dass Klara sie Mutter nennt. Klara nimmt den Kleinen, der sich ein wenig sträubt, sich dann aber doch zufrieden gibt. »Sorg dafür, dass er noch ein Stück Streuselkuchen isst«, ruft Anna ihrer großen Stieftochter nach.

Johannes setzt sich neben Katharina, die mit großen Augen die vielen Menschen anschaut. Sie kennt kaum einen, denn es sind überwiegend Verwandte von Johannes oder seiner ersten Frau. Auch einige Bürgermeister aus der Umgebung sind zu Gast gekommen, ebenso Freunde aus

Nachbargemeinden, die dort wie Johannes eine Stubenversammlung abhalten.

Johannes nimmt die Hand des schüchternen Mädchens und streichelt sie. »Ab heute bin ich dein Vater, Katharina. Du sollst mich jetzt nicht mehr Onkel Johannes rufen, sondern einfach ›Vater‹.«

Katharina blickt ihn an. Wenn sie ihre Mutter nach ihrem Vater gefragt hatte, dann hatte Anna immer geantwortet, er sei weggelaufen und niemand wisse, wohin. Katharina hatte sich in der Schule immer geschämt, keinen Vater zu haben wie die anderen Kinder. Nun hat sie einen. Sie schluckt.

»Hörst du, du sollst mich jetzt immer ›Vater‹ nennen, Katharina. Willst du daran denken?«

Katharina sagt: »Ja, Onkel Johannes.«

Als Johannes lacht, merkt sie ihren Fehler und bekommt einen roten Kopf. Schnell springt sie auf und läuft ins Haus.

Nun ist die Hochzeit vorbei. Die Gäste haben längst den Heimweg angetreten, das Vieh ist versorgt, die Kinder sind im Bett. Anna und Johannes sitzen im Hemd auf der Bettstelle. Johannes legt den Arm um seine Frau. Anna fängt an zu zittern.

»Was ist mit dir?«, fragt er. »Ist dir kalt?«

Anna schüttelt den Kopf. »Ich habe Angst.«

Johannes fragt: »Angst vor … mir?«

Anna nickt. »Ich will nicht, dass du böse auf mich bist, Johannes, aber ich habe Angst davor.«

Johannes lächelt. »Dabei kann es so schön sein, Anna.«

»Schön? Was soll dabei schön sein?«

Johannes begreift, dass er mit seiner Frau sehr behutsam

umgehen muss. »Weißt du was, Anna? Wir lassen uns Zeit damit.«

Anna fragt: »Du tust mir heute nicht weh?«

»Nein, bestimmt nicht«, sagt Johannes. »Ich möchte dir niemals weh tun.«

»Dann ist es ja gut. Du bist so anders, Johannes«, sagt Anna.

Johannes blickt zur Decke. War er wirklich anders? Lange Monate ist er nun ohne Frau gewesen, eine lange Zeit für einen gesunden Mann. Er hatte sich auf seine Brautnacht gefreut, auch in der Weise, wie nur Männer sich freuen können. Aber seine Frau zu ängstigen, sie an böse Erfahrungen von einst zu erinnern ... um keinen Preis möchte er das.

»Weißt du, was wir tun werden?«, fragt er Anna. »Wir werden uns nebeneinander ins Bett legen. Und ich werde dir aus dem Märchenbuch der Kinder vorlesen. Schlafen können wir doch sowieso nicht nach so einem aufregenden Tag.«

Johannes holt das Märchenbuch der Kinder und liest seiner Frau daraus vor. Anna schmiegt sich an ihn, während er ihr Geschichten vorliest – von dem armen Mädchen, das von einem Königssohn auf sein Schloss geholt und geheiratet wird, und von dummen jüngsten Brüdern, die schließlich doch die Prinzessin erlösen können und dann König werden.

Anna spürt den Mann neben sich, und er macht ihr keine Angst. Die ruhige, tröstende Wärme seines Körpers, während er bedächtig in dem alten Buch blättert, macht sie froh und stark. Endlich schlägt Johannes das Buch zu und löscht die Kerze. Längst hat die Glocke Mitternacht angezeigt.

»Gute Nacht, Anna«, sagt Johannes.

»Gute Nacht, Johannes«, sagt Anna. »Ich danke dir.«

In den darauf folgenden Nächten liest Johannes seiner Frau weiter Märchen vor. Irgendwann kommen sie zu der Geschichte, in der ein Bärenbräutigam von einem jungen Mädchen erlöst wird. Zuvor muss sie aber am starken Arm des Bräutigams durch zwölf Säle schreiten, in denen Schlangen und schreckliche Fabeltiere sie bedrohen wollen. Gelehnt auf den Bräutigam besteht die Braut die Probe. Zur Belohnung darf sie mit dem inzwischen erlösten Bräutigam in einem schönen Schloss wohnen.

Anna muss an ihren Traum von der Schlangenkammer denken. Sie weiß es: An der Seite des Bräutigams wird sie die Kammer durchschreiten und bis zur gegenüberliegenden, rettenden Tür gelangen. An der Seite des schützenden Mannes kann sie das Vergangene wie einen bösen Traum hinter sich lassen. Nun will sie seine Frau sein, in jeder Beziehung. Sie hat keine Angst mehr vor dem Mann.

Lisas Rückkehr

Wenige Wochen nach der Hochzeit hält ein Pferdewagen auf dem Hof des Schulzen. Der Kutscher hilft einer alten Frau beim Heruntersteigen. Anna hat die Ankunft des Gefährts zunächst nicht bemerkt. Da ruft Johannes: »Anna, ich glaube, da ist Besuch für dich.«

»Wer sollte mich schon besuchen?«, fragt Anna erstaunt. Als sie auf den Hof tritt, erkennt sie Lisa, die inzwischen völlig weiß ist, ganz gebückt geht.

Anna läuft auf Lisa zu und will sie begrüßen. Da kommt Lisa ihr zuvor und schließt sie in die Arme. »Ich habe gehört, dass du mit Johannes verheiratet bist. Da wollte ich dir ein Geschenk bringen.«

Anna traut ihren Ohren nicht. Sie wehrt ab, aber Lisa sagt: »Ich habe seinerzeit ein Geschenk von meinem Bräutigam bekommen. Bisher habe ich es immer gehütet. Aber jetzt sollst du es haben.«

Lisa kramt in einer Stofftasche und holt einen in Zeitungspapier gewickelten Gegenstand heraus. »Sei vorsichtig damit, Anna, es ist zerbrechlich.«

Anna entfernt das Papier und hält eine Schale aus weißem Porzellan in der Hand. Es ist eine Obstschale mit kunstvoll durchbrochenem Rand. Auf den Boden sind wunderschöne Früchte gemalt.

»Mein Bräutigam hat sie mir geschenkt. Sie sollte auf dem Schrank in der guten Stube stehen, wenn wir erst einmal verheiratet wären. Jetzt soll sie dir gehören.«

Anna ist verwirrt. Wie kann ihr Lisa so ein Geschenk machen! Sie bedankt sich und bittet Lisa ins Haus. Sie brüht einen Kaffee für die alte Magd und lässt sie erzählen. Lisa packt aus einer zweiten Stofftasche in großes Hörrohr aus. In das muss Anna hineinsprechen. Dann kann Lisa alles verstehen. Es gibt viel zu erzählen.

»Ich habe gehört, du wohnst jetzt bei deinem Bruder in deinem Heimatdorf. Wie geht es dir?«

»Schlecht, Kind, schlecht. Mit meiner Schwägerin vertrage ich mich gar nicht.«

»Hat denn dein Bruder noch geheiratet? Er ist doch auch schon bei Jahren.«

»Das ist es ja! Eine Frau, die zwanzig Jahre jünger ist als er, hat er sich heimgetan. Sie könnte fast meine Enkelin sein. Und seitdem sie das Kind hat, ist sie nicht mehr zu ertragen. jeden Tag gibt es Zank im Haus. Sie will mich lossein.«

»Warum bist du denn von hier weggegangen, Lisa? Hättest du nicht beim Schulzen bleiben können. Da bist du doch fast dein ganzes Leben gewesen.«

»Ach, Anna, wenn du wüsstest! Mit dir, ja, da war es noch schön beim Schulzen. Aber als du weg warst, dann begann mein Elend.«

»Das musst du erzählen, Lisa.«

»So viel zu erzählen gibt es da nicht. Ich konnte die viele Arbeit nicht allein schaffen und habe den Schulzen gedrängt, eine andere Magd zu dingen. Da ist die Marie ins Haus gekommen. Das war keine Gute. Sie hat mich geärgert, wo sie nur konnte. Sie wollte wohl den Schulzen heiraten und dachte, ich wäre im Weg. Da bin ich dann zu meinem Bruder gezogen. Der Schulze hat ganz und gar auf die Marie gehört. Ich weiß es nicht, aber vielleicht hat sie ihm auch ihre Kammer offen gehalten … Ich will da nichts sagen.

Ich habe meinem Bruder die Wirtschaft geführt. Erst war ich willkommen, weil ich ein bisschen Geld gespart hatte. Das hat der Karl gut brauchen können, weil das Dach von meinem Elternhaus undicht war und neu gedeckt werden musste. Einige Jahre haben wir da zusammengelebt. Ach, Anna … es war nicht schön. Und jetzt ist es unerträglich. Die schönste Zeit in meinem Leben war, als du beim Schulzen gedient hast, Anna.«

»Sie hat von allem, was im Haus des Schulzen geschehen ist, nichts bemerkt«, denkt Anna.

»Mit dir konnte ich immer gut arbeiten, du warst anstellig und fleißig, hast nie Widerworte gegeben. Das war mit der Marie ganz anders«, hört sie Lisa sagen.

Lisa schaut nun das neue Haus des Schulzen an, geht in die Stallungen und lässt ihren prüfenden Blick über Küche und Keller gleiten. Sie scheint mit Anna sehr zufrieden zu sein.

»Schön hast du es hier, Kind«, sagt Lisa. »Du hast die Wirtschaft in Ordnung. Ich kann stolz sein auf dich! Das hast du ja alles bei mir gelernt.«

Anna widerspricht nicht, obwohl sie fast ein bisschen lachen muss. Sie nickt der alten Frau anerkennend zu, und Lisa streichelt Anna am Arm.

»Weißt du was, wir schicken den Kutscher wieder heim. Ich bleibe ein paar Tage bei dir. Eine Bettstelle hast du doch bestimmt für mich. Oder hat Johannes etwas dagegen?«

Johannes hat nichts dagegen. Anna stopft für Lisa einen Strohsack, legt ihn in die leere Bettstelle in der Dachkammer, in der Lisa schlafen soll.

Lisa macht sich gleich nützlich. Sie hilft in der Küche und im Garten, beaufsichtigt die beiden großen Mädchen Katharina und Klara bei den Arbeiten in Haus und Hof, flickt Hosen und Strümpfe, geht manchmal noch mit in den Stall, kurz: findet immer eine Beschäftigung. Mit der Heimkehr zur ungeliebten Schwägerin hat sie es nicht eilig.

»Ich bleibe noch hier, bis du die Obsternte hinter dir hast und der Garten abgeräumt ist«, sagt sie. »Du kannst ein bisschen Hilfe gut gebrauchen.«

Anna fühlt sich durch Lisa wirklich entlastet. Sie kann mit Johannes und den Tagelöhnern beruhigt im Feld arbeiten, wenn sie Lisa daheim bei den Kindern weiß. Dann bekommen die Kleinen ihr Essen, werden sie rechtzeitig zur Schule geschickt, herrscht in Küche und Keller eine strenge Aufsicht.

Vor den Feiertagen ist das Wetter schlecht, außerdem meint Lisa, sie müsse beim bevorstehenden Schlachten helfen. Nach dem Weihnachtsfest setzt strenger Frost ein, dann gibt es viel Schnee, sodass es nicht geraten ist, auf Reisen zu gehen.

Irgendwann im März schlägt Johannes ihr vor: »Lisa, weißt du was, du bleibst ganz bei uns.«

Lisa seufzt auf. Auf diesen erlösenden Satz hat sie schon lange gewartet.

Als die Straßen offen sind, fährt Johannes in Lisas Heimatdorf und holt ihre Truhe. Nun gibt es nichts mehr, was Lisa noch in das Haus des Bruders und seiner jungen Frau zurücklocken könnte.

Lisas Geschichte

Irgendwann um die Osterzeit sitzen Lisa und Anna auf der Bank vor dem Haus. Anna hat ihr Strickzeug ausgepackt, denn noch immer strickt sie Strümpfe, die sie jetzt aber dem Henner zum Verkauf mit auf den Markt nach Kassel gibt. Lisa kämpft gegen ein großes Loch im Strumpf eines der Jungen. Die warme Sonne hat die beiden nach draußen gelockt.

»Als du mir die schöne Schale gebracht hast, Lisa«, beginnt Anna zögernd das Gespräch, »da hast du eine Andeutung gemacht. Du hast gesagt, du hättest einen Bräutigam gehabt. Warum hast du ihn nicht geheiratet?«

Lisa sagt: »Ach, Anna, das war lange vor deiner Zeit. Damals hatte ich den ältesten Sohn des Schäfers kennen gelernt. Es war in der Spinnstube und dann zur Kirmeszeit.

Er wollte mich unbedingt heiraten. Und seine Eltern hatten nichts dagegen. Ich war zwar arm von daheim, aber ich konnte arbeiten. Und das war bei einer jungen Schäferin die Hauptsache.«

»Aber warum ... warum ist es dann nicht zur Hochzeit gekommen?«

»Weil er auf und davon ist. Er hat mich verlassen. Er ist nach Amerika gegangen.«

»Nach Amerika? Hat er dich verlassen, ohne dir etwas davon zu sagen?«

»Ja, Anna, er ist fort, ohne auch nur die leiseste Andeutung zu machen. Dabei wäre ich mit ihm gegangen. Bis ans Ende der Welt. Denn ich hatte ihn gern.«

»Woher weißt du denn, dass er nach Amerika gegangen ist?«

»Genau weiß ich es ja nicht. Es ist merkwürdig gewesen, wie er damals verschwunden ist.«

»Was weißt du denn davon?«

»Ach, Anna, es ist schon so lange her. Ich habe seitdem nie mehr darüber gesprochen. Es entsinnt sich wohl auch keiner mehr daran. Na ja, es sind ja auch schon mehr als fünfzig Jahre ins Land gegangen.«

»Gerade deswegen kannst du doch darüber reden, Lisa.«

»Na meinetwegen, Kind. So viel gibt es ja da nicht zu erzählen. Wir waren schon ein Jahr als Liebesleute miteinander gegangen. Im Jahr darauf wollten wir heiraten. Mein Bräutigam hatte sein gutes Auskommen. Mit der Schäferei konnte man zwar nicht reich werden, aber man konnte davon leben. Ich sollte ins Haus meiner Schwiegerleute ziehen. Ich verstand mich gut mit allen, auch mit dem jüngeren

Bruder meines Bräutigams. Der ist aber im Jahr vor unserer geplanten Hochzeit nach Amerika ausgewandert. Er hatte auf seiner Wanderschaft ein Mädchen aus Nieder-Wildungen kennen gelernt. Das Mädchen hatte Verwandte in Amerika. Die hatten ihnen geschrieben, sie sollten kommen. Da haben sie sich beide hier noch trauen lassen und sind dann nach Bremen gelaufen. Dort gehen die Schiffe nach Amerika ab. Mein Bräutigam und ich, wir hätten also im Haus der Schwiegereltern Platz genug gehabt.«

»Der Bruder meiner Mutter ist auch nach Amerika ausgewandert«, weiß Anna zu berichten. »Der ist auch zu Fuß nach Bremen zum Schiff.«

»Am Morgen des Tages, an dem er verschwunden ist«, erinnert sich nun Lisa, »hat er mir noch zugewinkt. Wenn er am Haus des Schulzen vorbeikam, du weißt, dass ich damals schon dort diente, dann hat er immer laut gepfiffen. Da bin ich schnell nach draußen und habe ihm gewinkt. Genauso auch an diesem Morgen. Da habe ich ihn zum letzten Mal gesehen. Er hatte den Pferch mit den Schafen auf halber Höhe des Burgberges. Dort ist ganz lichter Eichenwald, der reichte damals bis oben zur Burg. Da war so viel Grün, dass er die Schafe gut weiden lassen konnte.

Er muss die Schafe noch bis oben hingetrieben haben. Sogar seine Jacke und sein Hut hingen an einer von den alten Eichen. Er selbst aber war verschwunden. Als er am Abend nicht nach Hause kam, sind einige Leute ihn suchen gegangen. Die Schafe waren oben an der Burg, hatten sich ein bisschen zerstreut. Seinen Hut und seine Jacke haben sie dann auch gefunden, ihn selbst aber nicht.«

»Lisa, dann wäre er ja ohne Jacke und Hut nach Amerika ausgewandert.«

»Ja – und ohne Geld. Denn alles Ersparte hatte er im Haus gelassen. Er hatte nichts angerührt.«

»Ohne Jacke und Hut und ohne Geld? Wie will er denn da nach Amerika kommen? Das ist doch nicht gut möglich.«

»Das habe ich mir auch oft gesagt, Anna. Aber es muss wohl so gewesen sein. Denn er war und blieb verschwunden.«

»Hat ihn vielleicht jemand mitgenommen?«

»Er war ein kräftiger junger Mann. Der hätte sich gegen seinen Willen nicht mitnehmen lassen. Warum hätte ihn auch jemand mitnehmen sollen? Nein, nein! Er muss wohl schon selbst auf und davon sein.«

»Es hat dir doch bestimmt wehgetan – so einfach im Stich gelassen zu werden?«

»Was wollte ich machen, Anna? Ich war zornig auf ihn, das stimmt. Aber auch seine Eltern haben nicht verstanden, was er getan hat. Niemand im Dorf konnte das begreifen. Alle haben mich getröstet. Ich habe viel gearbeitet, da konnte ich dann irgendwie drüber wegkommen.«

»Und sonst war da keiner, der dich hätte heiraten können?«

»Es gab schon hier und da mal eine Gelegenheit, aber ich wollte eigentlich nicht mehr. So richtig vergessen konnte ich ihn nicht. Jetzt, wenn ich davon rede, dann wird mir wieder klar, dass ich ihn mein ganzes Leben lang nicht vergessen habe.«

Anna sieht, dass sich Lisa verstohlen eine Träne aus dem Auge wischt. »Ach, Lisa ...«, sagt Anna, wird aber sofort von ihr unterbrochen: »Lass gut sein, Kind! Jetzt kennst du meine Geschichte. Was vergangen ist, mag ruhen. Mir geht es doch gut hier bei dir.«

»Und das soll auch so bleiben!« Anna streicht ihr beruhigend über das Haar.

Lisa steht auf, um ins Haus zu gehen. »Am liebsten würde ich hier im Haus bleiben, bis ich die Augen zumache.«

»Das hat noch Zeit, Lisa. Und darüber brauchen wir kein Wort mehr zu verlieren. Du bleibst bei uns, solange du atmest.

Wie lange hat damals eigentlich Onkel Frieder noch gelebt?«

»Nicht mehr lange. Er hatte es mit der Marie genauso schlecht getroffen wie ich. Erst hat er das Essen verweigert, dann ist er nicht mehr aufgestanden. Nach ein paar Wochen, er war zuletzt gar nicht mehr bei sich, ist er eingeschlafen.«

Zurück aus dem Gefängnis

Mehrmals im Jahr kommen wenig Vertrauen erweckende Gestalten zum Schulzen. Es sind Menschen, die ohne Wohnsitz sind und von Dorf zu Dorf wandern, um sich mit Gelegenheitsarbeiten am Leben zu erhalten. Johannes lädt solche Männer immer zu Tisch, gibt ihnen Arbeit, solange sie mögen. Oftmals bleiben sie nur kurz, viele von ihnen sind nicht allzu wild aufs Arbeiten. Dennoch lädt Johannes alle zu Tisch, besteht darauf, dass sie an der Andacht teilnehmen, und redet mit ihnen über das große Angebot Gottes an die Menschen.

Anna wundert sich daher nicht, als Johannes einen Mann mittleren Alters mit in die große Küche bringt, in der die Familie mit den Tagelöhnern zum Mittagessen zusammenkommt.

Johannes sagt zu Anna: »Du kennst unseren heutigen Gast. Es ist Jost. Er ist wieder da.«

Anna rennt aus der Küche. Jost, ihr Bruder, ist wieder im Dorf. Ihr Bruder, der sie geschändet und gedemütigt hat. Sie will ihn nicht sehen. Kann denn die Vergangenheit nie vergangen sein?

Sie wartet, bis Johannes mit Jost und den Männern, die als Tagelöhner beim Schulzen arbeiten, die Küche verlassen haben. Lisa hat Jost nicht erkannt, weil er sehr schweigsam seine Suppe gelöffelt hat. Alt sieht er aus und vergrämt, hat nur noch wenig Haare auf dem Kopf.

Anna schickt die Kinder zu allen möglichen Arbeiten, lässt Lisa in der Küche allein und setzt sich in der Schlafkammer auf das Bett. Sie muss erst wieder ruhig werden. Niemals kann sie vergessen, was er ihr angetan hat. Sie denkt an die Schmach im Garten. Damals wollte er ihre erbarmungswürdige Lage ausnutzen. Ein Schuft war er. Aber er ist auch ihr Bruder. Doch das weiß nur sie allein.

»Lieber Gott«, sagt sie laut, »Johannes weiß nichts von den Demütigungen, nichts von Josts schäbigem Verhalten, nichts davon, dass er mich auf den Heuboden rief, um sich an mir zu vergehen. Ich kann das nicht vergessen. Und ich kann ihm nicht vergeben. Vielleicht will ich es auch gar nicht. Hilf mir doch, lieber Gott!«

Anna hat plötzlich Tränen in den Augen. Sie, die so selten weint. Sie muss laut schluchzen. Und dann weiß sie es: Sie kann ihm vergeben. Sie muss nicht ein Leben lang Hass gegen ihn im Herzen tragen. Hass tötet. Und Gott will nicht, dass der Hass gegen einen anderen Menschen sie auffrisst. Ihretwegen will Gott das nicht. Und Josts wegen will er das auch nicht.

Spät am Abend, als sie mit Johannes allein ist, erzählt sie ihm, dass Jost ihr Bruder ist und woher sie es weiß. Sonst sagt sie nichts. Sie will ihren Mann nicht damit belasten.

Anna hat schließlich eine Idee. Weil Jost vorerst im Dorf bleiben will, soll Johannes ihm ihre Kate anbieten, die seit ihrer Hochzeit nicht mehr bewohnt ist. Zwar hat Anna den Garten bearbeitet und das Häuschen vor dem Verfall bewahrt, aber es steht leer. Dort mag Jost einziehen, wenn er will. »Es ist schließlich das Haus seines Vaters«, sagt Anna, »auch wenn er es selbst nicht weiß.«

Jost zieht in die Kate. Er ist froh, eine Bleibe zu haben. Er arbeitet als Tagelöhner, aber er hat im Dorf einen schweren Stand, denn die Leute haben seine Brandstiftung nicht vergessen, vor allem diejenigen nicht, die durch sein Verbrechen damals Haus und Hof verloren hatten.

Lisas Bräutigam

Nach einer stürmischen Novembernacht kommt einer der Waldarbeiter aufgeregt auf den Hof. »Ist der Schulze da?« Anna überlegt. »Er ist heute früh nach Wolfhagen gefahren. Gegen Mittag könnte er zurück sein.« Der Mann macht ein nachdenkliches Gesicht.

»Was gibt es denn?«, fragt Anna.

»Ich weiß nicht, ob ich es Euch sagen soll, Schulzin. Es ist ganz schrecklich gruslig. Habt Ihr Angst davor?«

»Ich denke nicht. Ist irgendwo ein Unfall geschehen?«

»Ein Unfall gerade nicht. Aber heute Nacht bei dem Sturm ist oben neben der Burg eine von den alten Eichen umgegangen. Sie war hohl. Der Stamm ist der Länge nach in mehrere Teile zerborsten. Und stellt Euch vor: In dem hohlen Baum steckte ein Gerippe. Das Gerippe eines Menschen. Der muss vor vielen Jahren dort auf den Baum gestiegen sein. Dann ist er wohl in die Höhle im Innern des Baumes gerutscht und konnte dort nicht mehr heraus. Er muss in der Eiche umgekommen sein.«

Anna steht wie betäubt. Sie weiß, wer dieser Mensch gewesen ist. In diesem Baum steckte all die Jahre über der Schäfer, der Bräutigam von Lisa. Er war also wirklich nicht nach Amerika gegangen, sondern auf ungeklärte Weise in den Baum gerutscht und darin elendiglich umgekommen.

»Diese Nachricht macht Euch doch sehr zu schaffen, Schulzin, nicht wahr?«

»Ja«, gibt Anna zu.

»Ich wollte den Schulzen fragen, was wir mit dem Gerippe tun sollen.«

»Der Schreiner soll eine kleine Totenlade anfertigen. Vielleicht hat er ja auch eine in der Werkstatt stehen. Tragt sie hinauf zu dem umgestürzten Baum und legt die Gebeine dort hinein.«

»Was soll ich dem Schreiner sagen, wer die Totenlade bezahlt?«

»Sag ihm, dass er dem Schulzen die Rechnung bringen soll!«

»Und was soll dann mit der Totenlade geschehen?«

»Ihr bringt sie her in unsere Scheune. Ich werde in der Zwischenzeit mit dem Pfarrer sprechen. Denn der unglückliche Mensch, der dort den Tod gefunden hat, ist sicherlich ein Christ und sollte auf einem Gottesacker zur letzten Ruhe gebettet werden.«

»So ist es wohl das Allerbeste, Schulzin. Ihr seid eine

kluge Frau. Ich denke, der Schulze selbst hätte auch nichts anderes entschieden.«

»Dann macht es so! Und nicht viel Aufhebens von der Sache! Bevor wir nicht ganz genau wissen, was es mit diesem geheimnisvollen Gerippe auf sich hat, sollte davon nichts nach außen dringen.«

Als der Mann fortgegangen ist, macht sich Anna auf den Weg zum Pfarrer. Es besteht für sie kein Zweifel daran, dass es sich um Lisas verschwundenen Bräutigam handelt. Soll sie Lisa die schreckliche Wahrheit sagen? Dass der junge Mann seinerzeit wohl auf die große Astgabel im Kronenbereich der damals schon morschen Eiche gestiegen, dort eingebrochen und in den hohlen Stamm gerutscht ist, ohne sich je wieder befreien zu können? Würde Lisa die Wahrheit ertragen können? Anna muss das mit Johannes besprechen.

Sie erzählt dem Pfarrer alles, was sie über das Verschwinden des jungen Schäfers weiß. Dass er Lisas Bräutigam war, erwähnt sie nicht. Der Pfarrer beschließt, die Gebeine auf dem Gottesacker zu bestatten und dem Verunglückten am offenen Grab eine Leichenpredigt zu halten.

Johannes meldet den Fund an höherer Stelle. Eine kriminalistische Untersuchung kommt zu dem Schluss, dass es sich offensichtlich nicht um ein Verbrechen gehandelt hat, sondern dass es ein Unfall gewesen ist. Die Gebeine werden zur Bestattung freigegeben.

Johannes und Anna beschließen, Lisa nichts vom tragischen Tod des Bräutigams zu sagen. Lisa ist ohnehin in letzter Zeit vergesslicher, manchmal auch etwas wirr im Kopf. Sie verlässt das Haus überhaupt nicht mehr und muss sich über Tag öfter mal zurückziehen, um zu ruhen. Sie isst nur noch wenig, nimmt stattdessen lieber einen Schluck aus der Flasche. Es ist nicht sehr schwer, die Nachricht vom Auffinden des Gerippes, die schließlich doch in das Dorf gedrungen ist, von ihr fern zu halten.

Annas Traum

Anna hat einem gesunden Sohn das Leben geschenkt. Der kleine Christian entwickelt sich gut.

Für Lisa ist es das schönste Kind unter der Sonne. Aber so richtig ist sie nicht mehr dabei, ist ganz hinfällig geworden, sehr abgemagert. Nur ihre Energie hat sie behalten. Obwohl sie sich mehrmals täglich zu einer kleinen Ruhepause zurückzieht, steht sie immer wieder auf, um noch ein wenig zu arbeiten. Dabei hätte sie es doch gar nicht nötig, weil die großen Mädchen von Anna gut angelernt wurden.

Die Mädchen haben längst die kleine Kammer hinter der Küche geräumt und sind in die Dachstube gezogen. Lisa hat jetzt ihre Kammer hinter der Küche. Da braucht sie keine Treppen zu steigen.

Lisa wird immer seltsamer. So erzählt sie in letzter Zeit tatsächlich, Tante Emma, die schon vor einigen Jahren gestorben ist, habe ihr einen Besuch abgestattet, an ihrem Bett gesessen und wie in alten Tagen Geschichten erzählt.

»Aber Lisa«, hatte Anna anfangs gesagt, »Tante Emma lebt doch nicht mehr. Wie kann sie da an deinem Bett sitzen und dir Geschichten erzählen?«

»Aber sie war da«, hat Lisa steif und fest behauptet.

Inzwischen nickt Anna und sagt nichts mehr.

An einem Sonntagnachmittag während der Stubenversammlung sinkt Lisa vom Stuhl. Sie ist tot. Ihr Grab erhält sie nicht weit von dem ihres Bräutigams entfernt.

Manchmal träumt Anna noch immer ihren alten Traum von der Burg, in der sie gefangen ist. Aber es ist jetzt kein Alptraum mehr. Im Burghof laufen keine Bären mehr herum, mit denen sie kämpfen muss. Sie versucht auch nicht, über die Mauer zu klettern, die sich unter ihrer Berührung zu einem Wall aus Schlangenleibern verwandelt. Und niemand wird mehr von einem Stier getötet. Der Traum ist schön geworden. Sie muss einen schlanken Mann mit hellblauen Augen und braunen Haaren retten, muss ihn aus der Burg tragen, denn er ist ihr kostbarster Besitz. Sie darf aber nur das mitnehmen, was sie tragen kann. Sie lässt die schwere Schatztruhe stehen und nimmt den Mann auf den Rücken. Der strenge Landgraf am Tor trägt die Züge ihres Vaters und sagt: »So ist es recht! Ich wollte, überall im ganzen Land wären die Männer der kostbarste Besitz ihrer Frauen.«

In ihrem Traum verschmelzen dann der Mann, den sie getragen hat, und der Landgraf zu einer einzigen Person – zu einem richtigen Märchenprinzen. Sie, die prächtige Kleider trägt, wandert mit ihm einen sonnigen, mit Blumen bestandenen Weg entlang. Jedes Mal wenn sie wach wird, ist sie fast ein bisschen traurig, weil der Traum immer so schön ist.

Mutterliebe

Heute ist Anna mit Klara, ihrer Stieftochter, unterwegs. Die junge Klara soll demnächst konfirmiert werden und dann in Stellung gehen. In einem Nachbarort kann sie unterkommen. Sie soll Stallmagd werden wie seinerzeit Anna.

»Du bist immer gut zu mir gewesen. Ich konnte keinen Unterschied zwischen meiner Mutter und meiner Stiefmutter merken«, sagt das junge Mädchen zu Anna. »Ich danke dir.«

Anna lacht. »Ist schon gut. Ich habe Euch doch so lieb wie meine eigenen Kinder.«

Im Nachbarort angekommen, sucht Anna sofort den Hof, auf dem Klara in Stellung gehen soll. Bevor sie sich noch zu einer Tasse Kaffee einladen lässt, bittet sie darum, die Kammer ihrer Tochter sehen zu dürfen. Man ist erstaunt über den Wunsch, kann ihn aber der Schulzin des Nachbarortes nicht gut abschlagen.

Anna geht in die Kammer und schaut sich die Türe von innen an. Es gibt keinen Riegel. Da packt Anna ihre Tochter am Arm. »Hier wird Klara nicht arbeiten«, sagt sie entschieden und verlässt das Haus ohne Gruß, die Stieftochter hinter sich herziehend.

»Frage mich nichts, Kind«, beugt sie vor, als Klara sie verständnislos anblickt. »Wir werden einen anderen Hof für dich finden, auf dem du arbeiten kannst.«

Klara und Katharina

Tante Rickchens Brief

Das Mittagessen ist vorüber. Trotz der Sommerhitze musste im Herd ein kräftiges Feuer entfacht werden, um die Kartoffeln zu kochen. Im Sommer gibt es häufig Pellkartoffeln und Quark dazu. Das ist eine Mahlzeit, die irgendwie kühl erscheint.

»Mutter hat gesagt, wir sollen nachher noch Vaters Hemden bügeln«, meint Katharina zu Klara.

»Dann bügeln wir die Hemden der Jungen gleich mit«, schlägt Klara vor.

Katharina holt die beiden Bügeleisen aus der benachbarten Vorratskammer. Klara legt noch einmal Holz auf das Feuer, während Katharina die beiden Bügeleisen auf die Herdplatte stellt. Es sind tatsächlich flache, vorn angespitzte Eisenstücke mit einem glatten Boden, die oben einen Bügel zum Anfassen haben.

Katharina ist die uneheliche Tochter der Schulzin, Klara hingegen ist eine Tochter des Schulzen aus erster Ehe. Beide nun gut vierzehnjährigen Mädchen sind seit der Heirat ihrer Eltern nicht nur Ziehschwestern, sie sind auch unzertrennliche Freundinnen geworden. Wie froh war Katharina, dass Klara eine ihr angebotene Stelle als Magd nicht antreten durfte – die Mutter hatte es der Stieftochter streng untersagt, nachdem sie festgestellt hatte, dass die Mägdekammer dort keinen Riegel besaß.

»Die Jungen werden größer, Vater hat nebenher viel Arbeit als Schulze, und unsere gute Lisa ist auch nicht mehr da – es gibt daheim Arbeit genug für euch beide«, hatte Mutter Anna gesagt und sich um eine andere Stelle für Klara gar nicht bemüht. Katharina sollte sowieso noch zu Hause bleiben, bis die jüngeren Geschwister alt genug waren, um der Mutter bei der Arbeit in Haus, Garten und Feld zu helfen.

Die Bügeleisen sind nun heiß. Katharina hat zuerst eine Wolldecke, dann ein weißes Tuch über den Küchentisch gebreitet. Darauf legt sie ein Hemd des Vaters.

»Zuerst den Kragen«, sagt Klara mehr zu sich selbst als zu Katharina, die das natürlich weiß. Bevor sie aber den schmalen Stehkragen mit dem heißen Bügeleisen in Berührung bringt, muss erst die »Feuerprobe« gemacht werden. Wenn das Eisen nämlich zu heiß ist, sengt es das Gewebe an und verursacht hässliche braune Flecken. Klara bügelt probeweise ein Stück Papier. Aha, es verfärbt sich dunkel unter dem Eisen, außerdem riecht es angesengt. Das Eisen ist noch zu heiß.

Nach einigen Minuten verfärbt sich das Papier nicht mehr. Klara träufelt etwas aufgelöste Reisstärke auf den Hemdkragen. Katharina taucht ein dünnes, weißes Baumwolltuch in Wasser, wringt es aus und reicht es Klara. Eine Ecke des feuchten Tuches wird auf den Kragen gelegt, da, wo er flach auf der Bügeldecke aufliegt. Es zischt, als Klara das Bügeleisen auf das Tuch stellt. Nach einem kurzen Augenblick hebt Klara das Eisen hoch und entfernt das Tuch. An dieser Stelle ist der Kragen glatt und steif. Nun wird die Stelle ohne feuchtes Tuch überbügelt.

Stück für Stück bekommt Klara so den Hemdkragen glatt. Dann bügelt sie die Ärmel, Passe, Knopfleiste, die

Vorderteile und zuletzt das Rückenteil. Manschetten hat Vaters Hemd nicht, er streift zum Gottesdienstbesuch und an hohen Festtagen Papiermanschetten über die Handgelenke. Immer wieder müssen die Bügeleisen gewechselt werden, denn sie kühlen rasch ab. Eins steht daher immer auf dem Herd, um wieder heiß zu werden.

Die Mädchen sind gerade mit dem zweiten Hemd beschäftigt, als Daniel zur Tür hereinkommt.

»Schaut mal, was ich hier habe«, ruft er, »einen Brief von Tante Rickchen aus Altenvörde.« Katharina und Klara vergessen sofort das Bügeln.

»Zeig her«, ruft Katharina und nimmt dem jüngeren Bruder den Brief ab. »Er hat Recht. Es ist ein Brief von Tante Rickchen. Ob Karl wohl einen Brief für uns beigelegt hat?«

Die Mädchen legen den Brief auf den Schrank. Sie können ihre Neugierde kaum zügeln. Tante Rickchen hatte sicherlich manches mitzuteilen, aber Karls Brief an die Mädchen war bestimmt viel lustiger. Karl, der ältere Sohn von Tante Rickchen, war schon zweiundzwanzig. Im letzten Sommer hatte er ihnen einige Wochen bei der Ernte geholfen. Karl konnte auf der Mandoline spielen, dazu schöne Lieder singen – und sogar auf einem Kamm blasen. Er wusste viele lustige Geschichten zu erzählen, konnte auf den Händen laufen. Kurz und gut: wo Karl war, gab es etwas zu lachen.

Obwohl er schon über der Stirn keine Haare mehr hatte, hielt Katharina ihn für den schönsten jungen Mann weit und breit. Karl war gerade gewachsen, er hatte kluge graugrüne Augen und ein kräftiges, männlich wirkendes Kinn. Die scheue, etwas gehemmte Katharina schwärmte für ihn mit der ganzen Glut ihres Mädchenherzens. Der fröhliche

Karl verkörperte genau das, was sie selbst nicht hatte oder nicht zeigen konnte: Heiterkeit und Lebensfreude.

Katharina war sich darüber im Klaren, dass sie Karl heiraten würde – Karl oder gar keinen. Und sie glaubte, Anzeichen bemerkt zu haben, dass auch er sie mochte. Klara war seine echte Cousine, für die hatte er jederzeit verwandtschaftliche Neckereien übrig. Sie, Katharina jedoch, war mit ihm nicht blutsverwandt. Sie hatte ein Stück weit die Schönheit ihrer Mutter geerbt, wenn auch ihre Haare dunkler waren und ihre Augen nicht so leuchtend blau. Dennoch konnte sie als hübsches Mädchen bezeichnet werden.

Klara geht die Mutter suchen. Sie findet sie im Küchengarten hinter dem Haus beim Unkrautjäten.

»Mutter, Daniel hat einen Brief von Tante Rickchen gebracht. Kommst du zum Lesen?«

»Gleich, Kind! Lass mich erst noch dieses Beet durchhacken. Dann will ich den Brief öffnen.«

Klara läuft zurück in die Küche. »Mutter kommt gleich«, ruft sie Katharina zu. »Komm, lass uns weiter bügeln!« Es dauert den Mädchen viel zu lange, bis die Mutter in die Küche kommt. Sie lauschen andächtig, als diese ihnen den Brief vorliest:

»Lieber Bruder, liebe Schwägerin und Kinder! Schon längere Zeit habe ich nichts von uns hören lassen, aber das hat seinen besonderen Grund. Zunächst einmal: wir sind gesundheitlich alle wohlauf, was wir auch von Euch hoffen. Karl hat in Hagen eine Stelle als Straßenbahnschaffner bekommen. Er verdient gut und kann nun so langsam daran denken, sich zu verehelichen. Friedhelm musste zum

Militär einrücken. Er schreibt, dass er sich jetzt schon darauf freut, wenn die Dienstzeit vorüber ist.

Aber nun kommt unsere große Neuigkeit. Auch hier soll eine Talsperre gebaut werden, so wie sie bei euch ja auch geplant ist. Die Arbeiter, die dazu gebraucht werden, müssen irgendwo wohnen und verköstigt werden. Wir haben uns daher entschlossen, die eine Hälfte unseres Hauses in eine Pension umzuwandeln. Auch die Dachstuben wollen wir bewohnbar machen. Dann können fünfzehn Arbeiter bei uns wohnen. Morgens erhalten sie ein Frühstück, dann bekommen sie Vesperbrote für den Tag – und abends ein warmes Essen. In der Woche müssen wir auch für sie waschen.

Ich alleine kann das nicht schaffen. Deswegen frage ich bei Euch an, ob Ihr mir nicht Klara schicken könntet. Sie ist doch jetzt aus der Schule entlassen und könnte mir eine gute Stütze sein. Selbstverständlich werde ich sie wie jede andere auch bezahlen und für sie sorgen. Gebt mir bitte Nachricht, ob ich mit Klara rechnen kann.

Es grüßt Euch in Liebe Eure Schwester, Schwägerin und Tante Friederike.«

Mutter schweigt eine Weile. Auch Klara und Katharina sind erst einmal ganz still. Schließlich fragt die Mutter: »Würdest du denn bei Tante Rickchen in Altenvörde arbeiten wollen, Klara?«

»Eigentlich ist die Tante doch ganz nett«, antwortet Klara. »Und wenn sie jetzt Hilfe braucht ... Warum sollte ich nicht bei ihr arbeiten?«

»Ich würde das sofort tun«, meint Katharina.

»Wir wollen erst mit Vater darüber reden«, schlägt Mutter vor.

»Ist ... auch ein Brief von Karl dabei?«, fragt Katharina.

Mutter schaut in den Umschlag. »Ja, hier ist noch ein zusammengefalteter Zettel. ›An Katharina und Klara‹ steht darauf.« Mutter händigt den Zettel an die Mädchen aus, die sofort die Köpfe darüber beugen.

»Darf man erfahren, was euer Herr Vetter schreibt?« fragt Mutter.

»Meine lieben Bäschen«, liest Klara vor, und Katharina fährt fort: »Seit drei Wochen bin ich jetzt in Hagen Straßenbahnschaffner. Ihr glaubt ja nicht, was das für eine lustige Sache ist. Den ganzen Tag fahre ich durch die Stadt und sehe alles, was sich verändert. Und die Leute erst, mit denen ich zu tun habe. Das muss ich Euch genauer schreiben.

Neulich stieg eine Frau mit einem etwa vierzehnjährigen Jungen in die Straßenbahn ein. Ich ging zu ihr, um den Fahrpreis zu kassieren. Sie sagte: Einmal für Erwachsene, einmal für ein Kind.‹ Ich meinte: ›Der Junge ist aber kein Kind mehr. Schauen Sie, er hat ja schon lange Hosen an.‹ Daraufhin entgegnete die Frau schlagfertig: ›Wenn die Fahrpreise sich nach den Hosen richten, dann fahre ich aber umsonst!‹ Was soll man da noch sagen?

Leider kann ich nun nicht mehr zu Euch kommen, um bei Euch Ferien zu machen oder in der Ernte zu helfen. Dazu reichen meine wenigen Urlaubstage nicht aus. Aber vielleicht kommt Klara ja bald zu uns nach Altenvörde, und Katharina kann sie besuchen. Bis dahin grüßt Euch, liebe Bäschen, ganz herzlich

Euer Karl.

P. S. Grüßt bitte Eure Eltern und die Jungen von mir.«

Katharina schaut Klara an. »Das wäre schön, wenn du zu Tante Rickchen gingst.«

Gegen Abend kommt der Schulze nach Hause. Er liest den Brief seiner Schwester und runzelt die Stirn. »Du weißt, Klara, dass Tante Rickchen streng ist. Manchmal konnte sie richtig hart sein. Und seit ihr Mann tot ist, hat sich das bestimmt nicht gebessert. Willst du trotzdem zu ihr?«

Klara zuckt die Schultern.

»Aber Johannes«, wendet die Mutter ein, »zur eigenen Nichte wird sie doch nicht so hart sein!?«

»Du kennst sie doch, Anna«, entgegnet der Schulze. Aber schließlich meint er: »Nun ja, wenn unsere Klara will, dann mag sie nach Altenvörde fahren. Es kann ihr nichts schaden, wenn sie einmal von zu Hause fortkommt.«

Am Bahnhof

Die Eisenbahnlinie, die den Kurort Nieder-Wildungen, der heute Bad Wildungen heißt, mit den großen Städten im Ruhrgebiet verbindet, führt ganz in der Nähe vorbei. Da der Schulze sowieso in Sachsenhausen zu tun hat, kann er Klara im Pferdefuhrwerk mitnehmen und zur dortigen Bahnstation bringen.

Das Städtchen Sachsenhausen im Waldecker Land ist landschaftlich nicht besonders reizvoll. Eine Besonderheit in der Umgebung ist jedoch die »Klinger Kirche«, eine auf freiem Feld stehende Kirchenruine. Sie wurde nach einem Dorf namens Klinge benannt, das einmal dort gelegen haben soll. Diese Ruine vor der Stadt erinnert die Menschen eindrucksvoll an die Vergänglichkeit all ihres Tuns.

Viel zu früh fährt der Schulze am Bahnhof vor. »Der Zug kommt erst in einer Stunde«, meint er. »Ich lasse die Pferde hier stehen und gehe in die Schreinerei gegenüber.«

Er dreht die Bremsbacken des Wagens fest, bindet die Zügel an und hängt jedem Pferd einen Futtersack um. Nun können die Tiere sich mit Hafer stärken.

Katharina und der kleine Christian sind als Begleitung mitgekommen. Neugierig sehen sie sich auf dem Bahnhofsplatz um. Nach kurzer Zeit verlässt ein junger Mann mit einem gefüllten Wassereimer die Schreinerei und kommt auf das Gefährt und die Wartenden zu.

»Guten Tag«, sagt er. »Der Schulze schickt mich. Ich soll eure Pferde tränken.«

Der junge Mann gibt den Mädchen die Hand. »Ich heiße Christian.«

Erstaunt blicken alle auf. »Christian, so heiße ich auch«, ruft der kleine Bruder.

Klara blickt dem jungen Mann ins Gesicht und stellt fest, dass er hübsch aussieht. Ein schmales Oberlippenbärtchen ziert sein Gesicht, seine Haare sind blond und gewellt, die Augen stahlblau. »Der könnte mir gefallen«, denkt Klara. Als er neben ihr steht, bemerkt sie, dass er einen halben Kopf kleiner ist als sie selbst. »Mir gefällt er trotzdem«, denkt Klara.

Katharina unterhält sich mit dem jungen Mann. Er sei ein Sohn des Schreinermeisters, erzählt er, und helfe seinem Vater in der Werkstatt, in der fast ausschließlich Särge hergestellt würden. Oft müsse er zusammen mit dem älteren Bruder auf die Dörfer fahren und Särge dorthin liefern, wo jemand gestorben sei. Meistens müssten sie dann auch mithelfen, die Verstorbenen in die Särge zu legen. Das sei keine schöne Aufgabe, vor allem dann, wenn Kinder gestorben seien.

Klara lauscht seinen Worten. Die bedächtige Art, mit der er spricht, gefällt ihr, aber auch die Art, wie er sich bewegt, sein ganzes Auftreten. Sie schaut ihn an, bis Katharina ihr einen Rippenstoß gibt. »Du musst doch nicht trauern, Klara. Du fährst doch in die weite Welt hinaus.«

Klara hatte gar nicht getrauert, sie hatte nur den hübschen Burschen angeschaut. Nun reißt sie sich zusammen. »Auf welchem Gleis fährt der Zug in Richtung Korbach ab?«, fragt sie.

»Drüben auf dem zweiten«, antwortet Christian.

»Dann können wir meine beiden Koffer schon rüberbringen«, schlägt Klara vor.

»Darf ich helfen?« Ohne eine Antwort abzuwarten, steigt Christian auf den Pferdewagen, schiebt einen Koffer an den Rand, hebt ihn über das seitliche Brett und schleppt ihn zum Bahnsteig. Die Mädchen protestieren, aber Christian holt auch noch den nächsten Koffer vom Wagen und stellt ihn am Bahnsteig ab.

»Das tue ich doch gern«, wehrt er ab, als Klara sich herzlich bei ihm bedankt. Sie hat lediglich ihre Hutschachtel tragen müssen.

Christian bleibt bei ihnen stehen, bis der Zug abfährt. Zusammen mit dem Schulzen, Katharina und dem kleinen Namensvetter winkt er der davonreisenden Klara nach. Er ist froh, dass er ihren Namen in Erfahrung gebracht hat. Und dass sie die Tochter des Schulzen eines nahe gelegenen Ortes ist, weiß er nun auch.

August

Christians Vater August ist über vierzig Jahre älter als sein Sohn. Er galt schon in seiner Schulzeit als angeberisch. Kleiner Leute Kind hatte er sich, ehrgeizig wie er war, zum Schreinermeister hochgearbeitet und in Sachsenhausen eine Sargschreinerei eröffnet. Seine Ehefrau Luise, Tochter eines Ackerbürgers, übertraf ihn noch an Ehrgeiz. Die beiden hatten vier Kinder: Elise, Wilhelm, Georg und Ludwig.

Die Ehefrau nun konnte es nicht leiden, dass ihr Mann gelegentlich ins Wirtshaus ging; in ihren Augen war das reine Geldverschwendung. Eines Abends war er wieder ausgegangen, obwohl sie schon beim Weggehen gewettert hatte. Als er an die Haustür pochte, hatte die Kirchenglocke gerade Mitternacht geschlagen. Luise ließ ihn klopfen. Schließlich steckte sie das mit einem weißen Schlafhäubchen gezierte Haupt aus dem Fenster im ersten Stock des Hauses. »Du kannst sehen, wo du heute Nacht bleibst!« rief sie zornig herunter. »Wer nicht zur rechten Zeit heimkommt, der findet die Tür verschlossen.«

Luises Kopf verschwand, das Fenster flog zu.

»Luise«, bettelte August, »lass mich doch 'rein! Wenn du mir nicht öffnest, dann ... dann springe ich in den Brunnen!«

Das Fenster flog wieder auf. »Na, dann spring doch, du Herumtreiber! Dann bin ich dich wenigstens los.« Wumm – das Fenster knallte wieder zu.

Darauf hatte August gewartet. Er holte den Eimer aus dem vor dem Haus gelegenen Ziehbrunnen und schleppte auch noch einen großen Stein herbei. Listig legte er seinen Hut auf den Brunnenrand. Dann warf er den Stein mit aller Kraft in den Brunnen und huschte hinter die Hausecke.

Luise hörte das laute Platschen und riss das Fenster wieder auf. Auf dem Brunnenrand erblickte sie ihres Eheherrn Kopfbedeckung. »August!«, schrie sie entsetzt. »August! August!«

Nichts rührte sich. Grenzenloses Entsetzen stieg in ihr auf.

Blitzschnell war Luise auf dem Hof. Im Nachthemd, mit dem Häubchen auf dem Kopf, eilte sie zum Brunnen. »Hilfe! Ihr Leute, Hilfe!«, gellten ihre Schreie durch die mitternächtliche Stille. »Hilfe! Ein schreckliches Unglück! Hilfe!«

Hier und da öffneten sich Fenster, und verschlafene Gesichter blickten nach draußen. »Was ist denn, Luise?«

»Kommt schnell, der August hat sich in den Brunnen gestürzt! Hilfe! Hilfe! Rettet meinen Mann!«

Das Geschrei der aufgeregten Frau brachte die Nachbarn in Bewegung. Einer kam mit einem Seil, ein anderer brachte eine lange Leiter herbei. Sie leuchteten in den Brunnenschacht, aber da war nichts als eine friedliche Wasseroberfläche zu sehen.

»August! August! Ach, er ist schon ganz und gar untergegangen«, jammerte Luise.

Was in der Aufregung niemand bemerkt hatte: August war ins Haus gehuscht, hatte die offen stehende Haustür hinter sich verschlossen und war ins Schlafzimmer hinauf gestiegen. Dort öffnete er das Fenster und schaute von oben belustigt auf das Treiben am Brunnen hinunter: Die Männer der Nachbarschaft steckten die Leiter in den Brunnenschacht, einer stieg hinab, ein anderer leuchtete ihm.

»Hier unten ist der August nicht«, rief der Nachbar aus dem Brunnenloch herauf.

»Da unten ist er nicht?« Luise blickte verstört in die Runde. Fast gleichzeitig mit einer Nachbarin, die ihr den Ellbogen in die Rippen stieß und auf das Fenster im ersten Stock deutete, sah sie ihren lachenden Ehemann.

»August, wie kommst du …«

»Ja, wie komme ich …«

»August! Mein lieber Mann! Du bist ja nicht im Brunnen!«

»Nein, ich bin nicht im Brunnen. Ich bin im Haus. Und du bist jetzt draußen.«

Die Nachbarn staunten, schimpften oder lachten.

»August, was machst du für Sachen!«

»Ich mache keine Sachen! Meine Frau macht Sachen! Sie lässt mich nicht in mein eigenes Haus.«

Luise senkte den Kopf. »Ach August! So habe ich das doch nicht gemeint. Ich bin ja so froh, dass du nicht im Brunnen liegst.« Sie eilte zur Haustür, drückte die Klinke – verschlossen! »August, du hast ja die Tür verriegelt.«

»Ja, das habe ich. Du sollst doch auch einmal erfahren, wie das ist, wenn man nachts vor seinem Haus steht und nicht hinein kann!«

Die Nachbarn zogen sich zurück. »Da musst du selber zusehen, Luise«, sagten sie. Luise bettelte noch eine Weile, dann ließ August sich erweichen. »Nicht, dass du am Ende in den Brunnen springst …«, lachte er, als er den Riegel an der Haustür zurückstieß.

Luise starb an einem hitzigen Fieber, als August eben vierzig Jahre alt geworden war. Ein Geschäftshaushalt mit vier halbwüchsigen Kindern ohne Frau – das war undenkbar!

»August, mach dir keine Sorgen!«, trösteten ihn die Freunde im Wirtshaus. »Du weißt doch: ›Weibersterben – kein Verderben; Viehverrecken – großer Schrecken!‹ Bei deinem gut gehenden Geschäft kriegst du jederzeit eine Frau. Die ledigen Weiber werden sich die Finger nach dir lecken.«

August merkte das bald, aber er hatte seine eigenen Vorstellungen. Hatte ihn seine erste Frau immer wieder zu beherrschen versucht und ihn auch beherrschen dürfen – sie war immerhin die Tochter achtbarer Bürger gewesen, während er von einem Tagelöhner und Gelegenheitsarbeiter abstammte –, so wollte er das in seiner zweiten Ehe ausschließen. In Zukunft würde er Herr im Hause sein.

August war kein besonders attraktiver Freier. Im Alter von vierzig Jahren hatte er schon den größten Teil seiner mittelblonden Haare verloren. Er musste einen kleinen Kneifer tragen, um besser sehen zu können. Seine Züge waren nicht gerade hässlich, aber man hätte sie auch nicht schön oder interessant nennen können. Alles in allem: ein geschäftlich erfolgreicher, aber sonst mit keinerlei Vorzügen ausgestatteter Mann. Einige tüchtige Mägde in seinem Alter waren besonders freundlich zu ihm und den Kindern. Aber diese erschienen ihm allesamt zu alt.

Auf seinen Reisen zum Holzeinkauf für die Schreinerei kam August oft in das Waldeckische Upland, ein waldreiches Gebiet, das seine Bewohner der kargen Böden wegen mehr schlecht als recht ernährte. Im Wald bei Sudeck lernte er einen Waldarbeiter kennen, der eine schöne Tochter hatte. Das Mädchen war manchmal gekommen, um dem

Vater mittags eine warme Mahlzeit zu bringen. Es war still, zierlich, mit einem kleinen, fast kindlich zu nennenden Gesicht.

Er erkundigte sich bei dem Waldarbeiter nach der Tochter und erfuhr, dass sie Johannette hieß und eigentlich seine Stieftochter sei. Johannette stamme aus der ersten Ehe seiner Frau, sie könne arbeiten, sei still und gehorsam.

Das hörte August gern. Johannette ging ihm nicht mehr aus dem Kopf. Beim nächsten Besuch im Upland setzte er sich in den Dorfkrug und ließ Johannettes Stiefvater zu sich rufen. Er spendierte dem Mann einen Schoppen Bier. Ohne viel Umschweife tat er dem erstaunt aufblickenden Waldarbeiter seine Absicht kund, Johannette zu seiner zweiten Ehefrau zu machen. Er hätte, wie ihm ja bekannt sei, eine gut gehende Schreinerei und vier Kinder. Elise, seine älteste Tochter, sei nun vierzehn Jahre alt. Sie könne den Haushalt noch nicht richtig führen, deswegen müsse möglichst bald eine Frau ins Haus. Sobald das Trauerjahr herum sei, wolle er sich wieder verehelichen. Johannette gefalle ihm, wie alt sie denn dann wohl sei?

In einem halben Jahr werde sie neunzehn.

Nun, dann sei ja gegen eine Verheiratung nichts einzuwenden, das nötige Alter habe das Mädchen doch erreicht. »Von meiner Seite aus geht die Sache klar«, erklärte August dem Waldarbeiter. »Beredet euch daheim und lasst mich rufen! Dann kann der Verspruch stattfinden.«

August schien mit einer Ablehnung seiner Werbung nicht zu rechnen.

»Ich gebe Euch Bescheid«, sagte der Waldarbeiter zu dem fast gleichaltrigen Freier der Stieftochter. Hastig schlürfte er sein Bier aus und machte sich eilig auf den Heimweg.

Dass die Johannette, die ungeliebte Tochter eines anderen Mannes, eine solche Partie machen würde! Unglaublich! Schade, dass seine eigene Tochter erst fünfzehn Jahre alt war. Der Karline hätte er einen solch reichen Ehemann viel lieber gegönnt. Aber mit fünfzehn – da war sie einfach zu jung.

Daheim erzählte er seiner Frau von der Werbung des Schreinermeisters. Frau Helene war hellauf begeistert.

»Welch ein Glück! Welch ein Glück! Was unsere Nette für eine Partie machen wird! Nein, so etwas! Wie wird sie sich freuen!«

Aber Johannette freute sich nicht. Im Gegenteil! Sie wehrte sich mit Händen und Füßen. Sie wollte keinen Witwer mit so großen Kindern heiraten. Ihre älteste Stieftochter wäre ja nur wenige Jahre jünger als sie. Wie sollte sie denn so großen Kindern eine rechte Mutter sein?

Als die Mutter und der Stiefvater immer eindringlicher und dann immer zorniger auf sie einredeten, lief sie aus dem Haus.

»Lass sie laufen«, sagte Helene zu ihrem Mann. »Sie muss sich an den Gedanken gewöhnen. Die kommt schon zurück.«

Johannette kam auch zurück. Zuvor hatte sie aber die Schneise im Wald aufgesucht, wo die jungen Waldarbeiter beschäftigt waren. Sie lief zu Heinrich, einem Burschen, den sie gerne hatte und der sie mochte.

»Heinrich!« Sie fasste seine Hand. »Ich soll einen reichen Witwer heiraten. Ich soll fort.«

Heinrich sah ihr ins Gesicht. »Ich wusste, dass so etwas einmal kommen würde, Nettchen«, sagte er. »Ich bin arm.

Ob ich überhaupt jemals Geld genug verdienen werde, um heiraten zu können, das weiß ich nicht.«

»Ach Heinrich, irgendwie …«

»Ich habe nichts, und du hast auch nichts. Du weißt, dass die Liebe schnell verschwindet, wenn der Kochtopf leer ist.«

Plötzlich traten dem jungen Mann Tränen in die Augen. »Es war ein schöner Traum, Nettchen. Aber ich kann dir nur raten: Heirate den reichen Witwer! Dann bist du versorgt. Ich werde sowieso mein Leben lang ein Hungerleider sein. Und als meine Frau hättest du keine guten Jahre.«

»Dass du das so einfach sagen kannst, Heinrich! Hast du mich denn überhaupt nicht lieb?«

»Gerade weil ich dich lieb habe, Nettchen, deswegen rate ich dir: Heirate den Witwer!«

»Du weißt ja gar nicht, wer das ist. Der Sargschreiner aus Sachsenhausen!«

»Trotzdem, Nettchen, nimm ihn zum Mann. Dann kannst du dich unter die reichen Frauen rechnen.«

Am darauf folgenden Sonntag fuhr ein Pferdefuhrwerk vor dem ärmlichen Häuschen vor, in dem Johannette wohnte. Sie selbst hatte keine Ahnung gehabt, dass August zu Besuch kommen würde, und erschrak gewaltig, als sie ihn vom Bock des Fuhrwerks herabsteigen sah.

»Nette!«, rief die Mutter aufgeregt. »Komm, er ist da! Vater hat ihn eingeladen, heute bei uns zu Gast zu sein. Binde dir schnell eine reine Schürze um!«

Johannette tat, wie geheißen. Mit unbewegtem Gesicht musterte sie den Mann, dessen Ehefrau sie werden sollte. Er war hoch gewachsen, hatte eine Halbglatze; sein Haar war wohl früher weizenblond gewesen. Auffällig waren seine langen, gelblichen Zähne. Äußerlich war an diesem Mann nichts Schönes zu entdecken. Den also sollte sie heiraten. Das hatte ihr sogar der Heinrich geraten. Und der kannte ihn ja, er hatte im Wald öfter mit ihm zu tun gehabt.

Vater führte den Schreiner in die gute Stube, wo die Mutter ihm sofort auftrug. Es wurde eine lange Zeit geredet. Dann rief man Johannette herbei. Sie betrat die Stube und merkte, wie die Schamröte ihr Gesicht überzog. August musterte sie nicht unfreundlich, aber sachlich.

»Wie wenn er einen Eichenstamm ansieht, bevor er ihn kauft, genau so betrachtet er mich jetzt«, dachte Johannette. Das Herz hämmerte ihr plötzlich in der Brust. Dieser Fremde da sollte ihr Mann werden. Sie sollte ihm den Haushalt führen, für ihn kochen, waschen, seine Kinder versorgen und … ja, und auch das Bett mit ihm teilen und ihm weitere Kinder gebären.

Der Fremde richtete das Wort an sie. Johannette nahm nichts von dem wahr, was er sagte. Sie sollte ihn bedienen, sagte die Mutter. Und da bediente sie ihn. Und als er ihre Hand ergriff, zuckte Johannettes Hand nur ein ganz klein wenig.

Es wurde vereinbart, dass Johannette zusammen mit den Eltern August am übernächsten Sonntag in Sachsenhausen besuchen sollte. August würde sie alle drei mit dem Fuhrwerk abholen, dann sollten sie einmal seine Schreinerei sehen. Er nannte auch einige Äcker sein Eigen, konnte eine Milchkuh halten. Johannette würde Augen machen, wie reich er wäre. Und seine vier Kinder sollte sie kennen lernen, die doch schon so ungeduldig warteten und ihre neue Mutter sehen wollten. Ja, sie würde Augen machen, wie wohlhabend er wäre. Er könnte es sich leisten, ein Mädchen zu heiraten, das nichts in die Ehe mitbrächte, denn schließlich hätte er genug.

Zwei Wochen später war Johannette in der Schreinerei. Elise, ihre vierzehnjährige Stieftochter gefiel ihr auf Anhieb. Beide schlossen sofort Freundschaft. Und die drei Söhne drängten sich an sie, nachdem sie ihr selbstgesuchte Blümchen geschenkt und ihr versprochen hatten, nur brav zu sein und der neuen Mutter immer zu folgen und ihr niemals Ärger zu bereiten.

Die Kinder, deren Mutter sie werden sollte, gefielen ihr. Aber der Vater … Johannette mochte ihn nicht. Und doch wusste sie: Das war völlig unerheblich. Sie hatte mit den Eltern lange geredet, sich geweigert, geweint, gebettelt. Da hatte die Mutter sie daran erinnert, dass es in der Bibel stünde, dass die Kinder ihren Eltern gehorsam sein müssten, und dass es ihre Pflicht sei, ihre Eltern zu ehren. Und ihre Eltern ehren könne sie am ehesten dadurch, dass sie den Mann heirate, den die Eltern in ihrer Liebe und Fürsorge für sie ausgesucht hätten.

Am Abend wollte August seine angehende Frau und deren Eltern wieder nach Hause fahren. Zuvor sollte aber noch der Verspruch stattfinden. Dazu wurden die Kinder in die Stube gerufen; die Eltern erhoben sich. August nahm Johannettes Hand, drückte sie ein wenig und sagte: »Auf Treu und Glauben!« Johannettes Hand war kalt. Sie sah August ins Gesicht und sagte: »Auf Treu und Glauben!« Und dabei dachte sie:

»Heinrich! Ach, Heinrich!«

Nun war sie mit dem ungeliebten Mann verlobt.

Die Hochzeit erfolgte nach Ablauf des Trauerjahres. Johannette hatte in der Schreinerei als Hausfrau Einzug gehalten, sie, die kaum älter war als die älteste Tochter ihres Mannes. Sie erfüllte ihre Aufgaben, versorgte die Kinder, kochte, wusch und leistete ihrem Mann die eheliche Pflicht. Liebe für ihn empfinden konnte sie nicht. Liebe war auch das Letzte, was er von ihr verlangte. Sie hatte, das wusste sie bald, zu funktionieren. Liebe gehörte nicht unbedingt dazu. Die forderte er nicht, er gab sie ihr aber auch nicht.

August hatte sich vorgenommen, streng zu sein. Johannette sollte ihn fürchten, er wollte nicht wieder so beherrscht werden wie von der ersten Frau. Deswegen hatte er den Rat eines Alten befolgt und seine Frau gleich zu Beginn der Ehe verprügelt. Elise hatte dem Vater in den Arm fallen wollen, war dabei aber gleich mit geschlagen worden.

Johannette dürstete nach Liebe, nach Achtung und Anerkennung. Nach außen hin war sie die hübsche junge Frau eines wohlhabenden Handwerksmeisters, innerlich war sie jedoch so arm wie je. Im Hause des Stiefvaters war ihr keine Liebe zuteil geworden, im Hause ihres Mannes ging es ihr nicht besser. Bis auf die Anhänglichkeit der drei Söhne und die Freundschaft der Tochter, mit der sie bei Abwesenheit des Ehemannes manchmal ausgelassen herumtollen konnte, war ihr Leben öde und freudlos.

Trotzdem – und das war ihr heimlicher Triumph: Einmal hatte die fügsame Johannette sich gegen ihr Geschick aufgelehnt. Wenige Tage vor ihrer Hochzeit war es gewesen. Sie hatte es sich reiflich überlegt, was sie tun wollte. Ja – sie hatte sich dazu durchgerungen, den ungeliebten Bräutigam zu nehmen, ihn ein Leben lang zu ertragen. Sie würde sich von ihm ausnutzen, beherrschen, demütigen lassen. Alles würde sie geduldig tragen. Aber ihm ihre Jungfräulichkeit schenken, das würde sie nicht. Zuvor wollte sie mit Heinrich zusammen sein, mit dem Mann, dem ihre Liebe galt und der sie so sehr wiederliebte, dass er auf sie verzichtete, damit sie in gesicherten Verhältnissen leben konnte. Johannette hatte ihn darum gebeten, ihr zum Abschied ein Geschenk zu machen. Einmal im Leben wollte sie in seinen Armen liegen und liebende Frau sein, einmal nur den geliebten Mann ganz bei sich haben. Die beiden jungen Menschen hatten sich mit einer einzigen Stunde des Glücks begnügen müssen.

Johannette hatte ein dreiviertel Jahr nach der Hochzeit einem Sohn das Leben geschenkt, der Karl genannt wurde. Sie hoffte, Ähnlichkeiten mit Heinrich an ihm zu entdecken.

Insgesamt sieben Kinder gebar Johannette: Auf Karl folgte Christian, dann kamen Mariechen, Lina und Emma – sie wurde zu Ehren der waldeckischen Prinzessin, die Königin der Niederlande geworden war, so genannt. Zuletzt erblickten Friedrich und Herman das Licht der Welt.

Johannette

Einige Jahre sind inzwischen vergangen. Johannette führt ein recht eintöniges Leben. Trotz der wachsenden Kinderschar, die ihre Kräfte ganz fordert, fühlt sie sich einsam an der Seite des alternden, ungeliebten Ehemannes. Und immer häufiger fragt sie sich, wozu sie überhaupt lebt. Hat das Leben nur den Sinn, Kinder zu haben, deren Lebenssinn dann darin besteht, auch wieder Kinder zu bekommen? Johannette spürt: Das kann nicht alles sein. Es muss noch etwas geben, etwas, von dem sie bisher noch nichts weiß. Sie macht sich auf die Suche.

Irgendwann sieht sie ein Plakat in der Stadt. Ein Auswärtiger will im Wirtssaal Vorträge halten über die Frage, wozu der Mensch lebt. Jedermann ist herzlich eingeladen, der Eintritt ist frei. Eine Woche lang wird der Fremde jeden Abend um acht Uhr sprechen. Johannette beschließt, sich einen Vortrag anzuhören. August protestiert.

»Du da«, sagt er, »das ist irgendetwas Frommes. Fang bloß nicht damit an! Wenn du unbedingt fromm sein willst, dann geh meinetwegen am Sonntag in die Kirche. Das ist doch genug!«

Johannette widerspricht so energisch, wie sie ihrem Ehemann noch nie widersprochen hat. Sie vermutet, dass August sich die Frage nach dem Sinn des Daseins noch nicht gestellt hat. Oder er hat eine befriedigende Antwort gefunden, eine für ihn befriedigende Antwort, die besagt, dass der Zweck des Lebens darin besteht, viel Geld zu verdienen, das Vermögen der Familie zu mehren, den Kindern gute Existenzgrundlagen zu schaffen – oder etwas Ähnliches.

»Ich habe nie etwas dagegen gesagt, wenn du ins Wirtshaus gegangen bist, August«, macht sie ihm klar. »Das ist deine Angelegenheit! Aber das hier, das ist meine Sache. Ich will hören, was der Mann sagt.«

August knurrt, aber ihm fällt kein Gegenargument ein.

Am Abend geht Johannette zu dem Vortrag in den Wirtssaal. Sie wundert sich, dass so viele Leute der Einladung gefolgt sind. Der Redner ist ein mittelgroßer Mann mit schütterem Haar, an die fünfzig Jahre alt. Er rollt das R beim Sprechen.

Er sei kein berufsmäßiger Redner, erklärt er, und schon gar kein ausgebildeter Geistlicher. Trotzdem wolle er jetzt über Gott, die Menschen und die Bibel reden und berichten, wie Gott mit ihm, dem einfachen Mann aus Elberfeld, gesprochen habe und wie sein Leben danach anders geworden sei.

Johannette gefällt die frische Art, wie der Mann spricht. Er hat nichts auswendig gelernt, nicht einmal Stichworte für seinen Vortrag aufgeschrieben. Was er sagt, das meint er, das hat er erlebt. Er erzählt, dass er sich die Frage gestellt habe, warum der Mensch eigentlich auf der Welt sei. Er sei darüber unruhig geworden, und da habe er angefangen, die Bibel zu studieren.

Und nun führt er ganz viele Bibelstellen an, so viele, dass es Johannette fast schwindlig wird. Aber sie versteht, was der Redner als wichtigste Nachricht vermitteln möchte: Gott will für jeden Mann, jede Frau, jedes Kind wie ein Vater sorgen. Und er hat für jeden Menschen einen Plan und eine Aufgabe. Es ist wichtig, sich vertrauensvoll an Gott zu wenden und sich von ihm diese Aufgabe zeigen zu lassen. Wer sich Gott nicht anvertraut, so weist der Redner anhand von Bibelstellen nach, der muss sehen, wie er alleine zurechtkommt – auch im Jenseits, wenn jeder sich für seine Taten verantworten muss.

Er selbst, der Redner habe sein Leben Gott anvertraut und sei sehr glücklich dabei geworden. Und nun möchte er alle Zuhörer ermuntern, sich auch in Gottes Hand zu geben. Das sei der Sinn des Lebens.

Johannette beschließt, am nächsten Abend wieder in den Wirtssaal zu gehen und auch ihre älteren Kinder mitzunehmen. Als sie fortgehen will, schreitet August energisch ein.

»Du da, was soll diese dauernde Wirtshausrennerei?«, wettert er. »Du versäumst darüber noch deine Pflichten als Hausfrau!«

Johannette hat geahnt, dass dies sein erstes Argument sein würde. Deshalb hat sie den Haushalt völlig in Ordnung gebracht. »Wo ist etwas auszusetzen?«, fragt sie. August findet nichts.

»Trotzdem dulde ich nicht, dass du dort wieder hingehst!«

»Gebe ich etwa Geld aus wie du in der Wirtsstube nebenan? Werde ich aufgehetzt gegen den Kaiser oder den Ehemann? Nichts von alledem! Du kannst doch nichts dagegen haben, dass ich die Bibel besser kennen lerne. Der Pfarrer ist auch dabei.«

»Der Pfarrer auch?«

»Der kann von dem Mann aus Elberfeld noch viel lernen. Jetzt habe ich wenigstens begriffen, warum Gott seinen Sohn schicken musste.«

»Ach, und vorher wusstest du das nicht?«

»Nein, das ist mir erst jetzt klar geworden.«

»Was denn?«

»Alle Menschen sind Sünder. Auch wenn sie noch so gut und rechtschaffen leben. Und deswegen müsste Gott eigentlich jeden Menschen bestrafen.«

»So etwas steht in der Bibel?«

»Ja, aber Gott hat die Menschen lieb. Und deswegen schickte er seinen Sohn auf die Erde: Den bestraft er – und die Menschen gehen straffrei aus.«

»Na also! Dann ist ja alles in Ordnung.«

»Eben nicht, August! Wenn du von Jesus nichts wissen willst, dann gilt es nicht für dich. Dann trifft dich Gottes Strafe!«

»Das alles hat der Mann erzählt? Und der Pfarrer war dabei?«

»Ja, und ich bin neugierig, über was er heute Abend sprechen wird.«

»Na, dann geh meinetwegen hin!«

»August, willst du nicht auch mitkommen und dem Redner zuhören?«

»Ich? Um keinen Preis! Ich sitze lieber nebenan in der Wirtsstube.«

August ist froh, dass die Vorträge nur eine Woche lang dauern. Der religiöse Spuk in seinem Haus würde dann bald ein Ende haben. Doch er hat sich getäuscht.

Im Anschluss an die Vortragsreihe entsteht eine Bibelgruppe. Interessierte treffen sich mit dem Pfarrer, um zusammen die Bibel zu lesen und über das Gelesene zu sprechen. Johannette und ihre Kinder lassen diese »Bibelstunde« nur selten aus. Ihren jüngeren Kindern erzählt sie nachmittags nach und nach die biblischen Geschichten. Als der Pfarrer einmal zufällig ins Haus kommt, ist er sehr erstaunt über Johannettes Talent. Er bittet sie, sonntags im Anschluss an den Gottesdienst eine Sonntagsschule abzuhalten, damit auch die anderen Kinder die biblischen Geschichten kennen lernen. Johannette sagt zu.

August fühlt sich einerseits geschmeichelt, weil seine Frau eine wichtige Aufgabe übertragen bekommen hat, andererseits missfällt ihm die begeisterte Frömmigkeit seiner Familie. Johannette hat ganz selbstverständlich das bis dahin unübliche Tischgebet eingeführt und betet zur Nacht mit den Kindern. In der Familie herrscht nun ein neuer Geist, auch wenn die Ehe mit August nach wie vor schwierig ist.

Später erzählt Johannette immer wieder, ihr Leben sei erst schön geworden, nachdem sie angefangen habe, mit Gott zu leben.

Bahnfahrt

Klara hat eine Fahrkarte dritter Klasse. Gleich nach dem Einsteigen in den Zug kommt der Kondukteur und kontrolliert die Karte. Eine Fahrt in der vierten Klasse wäre noch billiger gewesen, aber dann hätte Klara während der gesamten Fahrt stehen müssen. In der dritten Klasse gibt es wenigstens Holzbänke zum Sitzen.

Schon nach wenigen Minuten weiß Klara, warum manche Fahrgäste sich ein Sitzkissen mitgebracht haben. Jede Verbindungsstelle der Schienen bekommen die Reisenden unmittelbar zu spüren. Klara steht manchmal auf, um sich ein wenig auszuruhen. Dies ist ihre erste Bahnfahrt. Eisenbahnzüge gesehen hat sie schon öfter, wenn sie mit dem Vater in Kassel war. In einem dringesessen hat sie bisher noch nie. Und was gibt es auf der Fahrt nicht alles zu sehen!

Plötzlich wird es dunkel. Obwohl der Vater ihr davon erzählt hat, dass der Zug manchmal mitten durch einen Berg fährt, erschrickt sie doch beim ersten Mal. So ein Tunnel ist ja richtig unheimlich: Der Dampf der Lokomotive ist bis in den Wagen zu riechen. Außerdem pfeift sie manchmal schrill. Und auch die Geräusche der Räder sind im Tunnel besonders laut.

Von der langen Fahrt wird Klara hungrig. Sie packt ein Stück Brot mit Wurst aus und beginnt zu essen. Die Mutter hat ihr eine gute Mahlzeit eingepackt. Hätte Klara gewusst, was ihr in Altenvörde bevorstand, sie wäre wahrscheinlich schon am nächsten Tag wieder heimgekehrt. Aber das Zukünftige hat Gott den Menschen verhüllt, und das ist gut so.

Ankunft

Es ist später Nachmittag, als der Zug in Hagen hält. Karl steht auf dem Bahnsteig und winkt mit dem Hut. Klara schiebt ihr Gepäck bis zur Tür des Eisenbahnwagens. Karl nimmt ihr die Koffer ab, stellt sie auf das Perron. Dann hebt er sie übermütig herunter und drückt sie herzlich an sich.

»Willkommen in Westfalen, du Hessenmädchen!«, ruft er. »Hattest du eine gute Reise?«

Klara reibt verstohlen ihre Kehrseite: »Ich habe viel gesehen. Die Reise war aufregend.«

»Ich hatte dich schon einen Zug eher erwartet. Ich bin schon vor zwei Stunden hier gewesen.«

»Das tut mir Leid, Karl. Ich wusste doch nicht ...«

»Macht nichts, Bäschen! Ich habe mir sowieso heute Nachmittag freigenommen, um dich abzuholen. Komm, die Pferde warten schon.«

Tante Rickchen stürzt aus der Küche, als das Fuhrwerk auf dem holprigen Pflaster vor dem Haus vorfährt. »Kind,

Kind, ich habe gar keine Zeit, dich jetzt zu begrüßen. Um sieben kommen die Männer heim und wollen essen. Und ich habe noch Bohnen gebrochen! Wärst du nur zwei Stunden eher hier gewesen, dann hättest du mir helfen können.«

»Ach, Tante Rickchen, ich wasche mir nur schnell die Hände und helfe dir dann«, sagt Klara.

»Nun aber mal langsam«, lacht Karl. »Willst du nicht erst einmal wissen, wo du überhaupt schlafen wirst?« Karl drückt dem Nachbarn etwas in die Hand und ergreift die Koffer.

»Vorerst, Kind, schläfst du unter dem Dach«, sagt Tante Rickchen. »Die Dachschräge ist noch roh. Im Herbst lassen wir dann eine Wand vor die Balken machen. Dann hast du ein hübsches Zimmerchen.«

Karl schreitet auf das große Doppelhaus zu, das nur auf einer Seite von der Familie bewohnt wird. Rechts der Einfahrt fällt das Gelände stark ab bis zum Bach, dessen leises Plätschern man bis oben hört. Hier ist ein großer Küchengarten terrassenförmig angelegt, wobei Treppenstufen von einer Terrasse bis zur anderen führen.

Im Haus riecht es nach Gemüsesuppe. Tante Rickchen bereitet offensichtlich das Essen für die Bauarbeiter zu, die bei ihr wohnen. Klara folgt Karl bis unter das Dach. Er öffnet die Tür zu einem Stübchen, dessen Dachschräge die rohen Dachziegel zeigt. Unter der Schräge steht das Bett, in dem sie schlafen wird. An der geraden Wand befindet sich ein alter Kleiderschrank, daneben stehen ein Tischchen und ein Stuhl. Den Tisch ziert eine hübsche Tischdecke mit einer Blumenvase.

»Unsere Pension ist erst im Aufbau, Klärchen«, erläutert Karl. »Und da ich wegen meiner Stelle wenig Zeit habe und mein Bruder beim Militär ist, geht alles langsam voran. Aber nach und nach wird es schon werden.«

Klara hat sich ihr Zimmer etwas anders vorgestellt, aber das lässt sie sich nicht anmerken.

»Wie schön«, sagt sie. »Tante Rickchen hat mir Blumen auf den Tisch gestellt.«

Karl lacht. »Da irrst du dich. Die Blumen habe ich gepflückt. «

»Ich soll dich auch herzlich von Katharina grüßen«, fällt es Klara nun ein. »Und von den Jungen – und natürlich von meinen Eltern.«

Karl bedankt sich. »Na, vielleicht sehen wir uns ja bald wieder.«

Klara holt eine Schürze aus ihrem Koffer und bindet sie um. Dann lässt sie sich von Karl in die Küche führen.

»Gut, dass du da bist«, begrüßt Tante Rickchen sie dort. »Der Eimer Bohnen hier soll noch geschnippelt und eingelegt werden.«

Klara setzt sich an den großen Tisch und beginnt, bei jeder grünen Bohne den Stiel und den kleinen Schotenfortsatz abzuschneiden und den Faden an der Längsseite abzuziehen. Tante Rickchen, die im Nebenzimmer – dem Essraum für die Männer – den Tisch deckt und nur hin und wieder in die Küche kommt, lobt sie, weil sie flink arbeitet.

Als Klara mit allen Bohnen fertig ist, gibt ihr Tante Rickchen die Bohnenmaschine. Das ist ein Gerät, bei dem man mithilfe einer Kurbel zwei Messerchen auf einer Scheibe in Bewegung setzt. Die zu schnippelnden Bohnen werden durch eine kleine Röhre gegen die rotierenden Messerchen gedrückt und dabei in lauter hauchdünne Scheibchen zerschnitten.

Als Klara beginnt, die Kurbel zu drehen, hört sie die Männer heimkommen. Sie scheinen hungrig zu sein, denn sie gehen sofort in den Speiseraum. Tante Rickchen holt Terrinen voller Suppe aus der Küche und geschnittenes Brot. Bald darauf hört sie leises Löffelklappern und zwischendurch auch gedämpftes Reden. Mehrmals muss Tante Rickchen die Suppenschüsseln nachfüllen und Brot holen.

»Die haben heute aber wieder einen Hunger«, sagt sie zu Klara. Die arbeitet unverdrossen weiter, obwohl auch sie hungrig ist.

Tante Rickchen hat die Teller abgeräumt; zwei Wasserkessel summen auf dem Herd.

»Lass die Bohnen stehen, und hilf mir beim Abwaschen«, nickt Tante Rickchen Klara zu. »Ich rufe jetzt erst Karl. Der soll auch zum Essen kommen.«

Da fällt Klara ein, dass sie in einem Koffer eine große rote Hausmacherwurst und ein von Mutter selbst gebackenes Brot mitgebracht hat. Flink holt sie es in die Küche. »Einen lieben Gruß von Vater und Mutter«, richtet Klara aus, »einen Gruß aus dem Hessenland!«

Karl isst nur wenig von der Suppe. Er greift lieber nach dem würzigen Brot und der leckeren Wurst. Tante Rickchen schließt Brot und Wurst schnell in die Speisekammer ein, deren Schlüssel sie am Gürtel trägt. »Die Leute werden sich freuen, wenn sie mal hessisches Bauernbrot und hessische Wurst bekommen. Iss nicht zu viel davon weg, Karl!«

Nach dem Abwaschen holt Tante Rickchen einen Steinguttopf. Klara schnippelt die restlichen Bohnen. In den Topf wird eine wenige Zentimeter dicke Schicht von Schnippelbohnen eingelegt und mit einem Holzstampfer festgedrückt, fast ein wenig gequetscht. Darüber streut die Tante dick Salz. Nun füllt Klara wieder eine Bohnenschicht ein und stampft sie fest. Wieder wird Salz über die Bohnen gestreut. So wird der Steinguttopf Schicht um Schicht gefüllt. Obendrauf legt Tante Rickchen ein sauberes Tuch, ein passend geschnittenes Brett, das sie mit einem sauber gewaschenen Stein beschwert. Der Topf wandert in den Keller an einen kühlen Ort.

»Das gibt Bohnengemüse für den Winter«, lacht Tante Rickchen. Nun waschen die beiden noch die Messer und die Bohnenmaschine ab. »Puh«, seufzt Tante Rickchen, »jetzt bin ich aber froh, dass es Abend ist. Lass uns schlafen gehen!«

Klara wundert sich. Hat die Tante vergessen, dass sie, Klara, noch nicht zu Abend gegessen hat? Sie scheut sich, die Tante auf die Selbstverständlichkeit hinzuweisen, dass auch sie essen muss.

Tante Rickchen hat sie offensichtlich vergessen. Sie sagt:

»Gute Nacht, Klärchen! Du weißt ja, wo dein Zimmer ist. Träume etwas Gutes. Und denk dran: Was man in der ersten Nacht in einem fremden Bett träumt, das geht in Erfüllung.«

Klara steigt in ihre Dachkammer hinauf und schlüpft ins Bett. Sie hat Hunger. Hätte sie bei der Abreise geahnt, dass sie heute kein Abendessen erhalten würde, sie hätte die Mutter gebeten, ihr etwas mehr Verpflegung mit auf die Fahrt zu geben. Klara zieht die Decke bis zum Kinn hoch. Trotz des knurrenden Magens schläft sie schließlich ein.

Sie träumt wilde, bewegte Bilder: Da ist Karl, der sich

plötzlich in einen Kondukteur in der Eisenbahn verwandelt und sie aus dem Zug weist. »Komm mit, Bäschen«, sagt er, »wir beide dürfen nicht lange mitfahren. Wir steigen zeitig aus.« Aber Klara will nicht aussteigen. Da wandelt sich das Traumbild. Sie sieht plötzlich die Ruine der Klinger Kirche. In einem Fenster erkennt sie den hübschen Burschen aus der Schreinerei. Der winkt ihr freundlich zu und sagt: »Ich habe Kindersärge mitgebracht.«

Der erste Arbeitstag

»Klärchen, bist du wach?« fragt Tante Rickchen, nachdem sie von draußen an Klaras Kammertür geklopft hat. »Steh auf, wir müssen das Frühstück vorbereiten.« Die Tante kommt ins Zimmer. Sie trägt einen Waschkrug mit Wasser, eine Waschschüssel, ein Handtuch, ein Stück Seife und eine Kerze bei sich. »Wasch dich schnell, Kind! Ich gehe schon in die Küche.«

Klara wäscht sich über das Gesicht, schlüpft in ihre Kleider und streicht die Haare glatt. Sie bindet eine karierte Schürze um und läuft die Treppe hinunter in die Küche. Tante Rickchen hat Brot in Scheiben geschnitten. Auf dem Küchentisch liegen viele Brotdosen aus Blech, in jeder ist ein Name eingestanzt.

»Wir müssen den Männern die Vesperbrote streichen«, erklärt Tante Rickchen. »Ich zeige dir, wie das geht.«

»Brote streichen, das kann ich«, meint Klara. »Das habe ich daheim ganz oft machen müssen.«

»Bei uns hier ist das etwas anders. Schau, die Butter streichst du nur am Rand der Brotschnitte auf. In der Mitte kannst du sie sparen. Wir dürfen nicht zu viel davon verbrauchen, Butter ist teuer.« Und Tante Rickchen macht vor, wie Klara eine Scheibe Brot nur nahe der Rinde ringsum mit Butter bestreichen soll. Sie legt eine Scheibe Wurst auf und stülpt eine ebenfalls nur am Rand bestrichene Brotscheibe oben drauf.

»Siehst du«, schmunzelt Tante Rickchen, »nun kleben die Brotscheiben aneinander, und wir haben trotzdem Butter gespart.«

Klara macht die Frühstücksbrote so, wie Tante Rickchen es haben will. Beim Geruch des Brotes und der Wurst läuft ihr das Wasser im Mund zusammen. Sie spürt, wie hungrig sie ist. Trotzdem traut sie sich nicht, etwas zu sagen. In jede Dose legt Klara drei Doppelscheiben – die Ration für den Tag.

Kurz nach halb sechs Uhr erscheinen die Arbeiter am Frühstückstisch. Es gibt Brot, Marmelade und Malzkaffee für sie. Jeder füllt sich noch etwas Kaffee in eine Feldflasche. Gegen sechs Uhr verlassen die Arbeiter das Haus. Sie müssen ein Stück weit laufen und dann mit der Bahn fahren; die Strecke wurde extra für den Transport von Arbeitern und Baumaterial zur Talsperre angelegt.

Etwas früher schon hat Karl das Haus verlassen. Sein Vesperbrot hat Tante Rickchen selbst gestrichen. Klara konnte sehen, dass bei ihm das Brot auch in der Mitte mit Butter bestrichen war.

»Hast du denn schon etwas gegessen, Klärchen?«, fragt Tante Rickchen, als sie das Geschirr aus dem Speisesaal in die Küche tragen.

»Nein, Tante Rickchen«, antwortet Klara.

»Schmier dir ein Stück Brot, gieß dir Kaffee ein, und stell

alles auf die Fensterbank! Dann kannst du zwischendurch mal beißen und trinken. Weißt du, Zeit für ein ausgiebiges Frühstück haben wir nicht.«

Klara macht sich ein Frühstück zurecht und beißt heißhungrig hinein. Während sie den Bissen kaut, trocknet sie einige Teller ab. Dann beißt sie den nächsten Bissen ab, schlürft einen Schluck Kaffee und wendet sich wieder dem Geschirr zu. Tante Rickchen macht das genauso. Als das Geschirr abgewaschen und weggeräumt ist, hat Klara ihre Brotscheibe aufgegessen.

»Mach dir noch ein Stückchen Brot«, fordert die Tante sie auf. Klara lehnt ab. Sie hat das Gefühl, keinen Bissen mehr herunterkriegen zu können. Klara wischt die Esstische ab und fegt die Dielen. Anschließend geht sie mit der Tante in die Schlafräume der Männer, um die Betten zu machen. Die Eimer mit dem verbrauchten Waschwasser bringt sie nach unten in den Ausguss und wischt die Waschschüsseln aus. Dann fegt sie die Schlafzimmer.

»Jeder Arbeiter hat einen Spind für seine Kleider und seine Wertsachen«, erklärt Tante Rickchen. »Hier in den drei großen Zimmern schlafen jeweils vier Männer; in dem kleineren Zimmer oben schlafen noch einmal drei. Das sind fünfzehn Pensionsgäste. Arbeit genug!«

»Hast du das bisher alleine geschafft, Tante Rickchen?«

»Ja, Kind, ich weiß selbst nicht, wie das gegangen ist. Ich bin jetzt auch wirklich erschöpft. Und ich bin heilfroh, dass du da bist und mich unterstützen willst.« Die Tante umarmt Klara. Klara drückt die Tante ebenfalls. »Wir beide schaffen das schon, Tante Rickchen.«

»Nachher kommt der Gemüsehändler«, sagt Tante Rickchen, als beide wieder in der Küche sind. »Mit dem muss ich immer verhandeln, damit ich einen guten Preis kriege. Du könntest in der Zwischenzeit in den Garten gehen, Klärchen.«

Klara nickt.

»Wir haben die untere Terrasse am Bach jetzt erst angelegt. Die Erde dort ist schrecklich steinig. Du könntest einen Eimer nehmen und Steine auflesen.«

»Ich habe schon gesehen, dass euer Land hier so steinig ist. Das bin ich von daheim nicht gewöhnt. In unserem Garten ist die Erde dunkelbraun und ganz ohne Steine.«

»Siehst du, unsere hier ist rötlich. Und wir sind steinreich! Trotzdem wächst auch hier alles, wenn man die Steine von den Beeten liest und Mist einarbeitet.«

Klara steigt zur unteren Terrasse hinab und macht sich an die Arbeit. Es gibt viele kantige Steine, die manchmal faustgroß sind. Klara füllt ihren Eimer und schleppt ihn nach oben. Dabei zählt sie zweiundneunzig Stufen bis zum Haus. Als sie oben ist, bleibt ihr der Atem fast weg. Nun füllt sie den Eimer nur noch halb voll.

Gegen Mittag ruft Tante Rickchen. Klara hat einige Quadratmeter Boden von Steinen befreit. Aber viele weitere Steine warten noch auf sie. »Ich habe dir zugeschaut«, sagt Tante Rickchen, als Klara den letzten Eimer nach oben schleppt. »Wenn du dich mehr gebückt hättest, dann hättest du auch mehr Steine lesen können.«

Klara schluckt. Sie hat doch so gut gearbeitet, wie sie nur konnte.

In der Küche schiebt Tante Rickchen ihr einen Brotteller und Marmelade hin. Sie hat auch wieder Malzkaffee gekocht. »Da, Kind, iss«, fordert sie Klara auf. Klara streicht sich gehorsam eine Scheibe Brot, aber sie ist so erschöpft vom Schleppen der schweren Steine, dass sie kaum essen kann. Mühsam würgt sie an ihrem Mittagsbrot und spült mit Malzkaffee nach.

»Ich lege mich jetzt ein Stündchen hin, um zu ruhen«, erklärt Tante Rickchen. »Du kannst dich auch ein wenig ausruhen, Kind. Setz dich dort auf den Sessel und lege die Beine auf den Schemel. Dabei kann man sich gut erholen. Ich habe dir den Flickkorb hingestellt. Während du ruhst, kannst du Strümpfe stopfen. Die Männer machen sich ja dauernd Löcher in die Socken!«

Klara setzt sich in den Sessel, der in der Ecke der Küche steht, zieht das Nähkästchen herbei, sucht ein Stopfei heraus und steckt es in einen Strumpf. Sie sucht passendes Stopfgarn und beginnt, das Loch an der Ferse zu schließen. Beim nächsten Strumpf flickt sie die Stelle über der großen Zehe. Beim dritten Strumpf nickt sie ein. Sie muss wohl zwanzig Minuten geschlafen haben, als sie plötzlich aufschreckt. Schnell macht sie sich an die Arbeit, denn sie will doch möglichst viele Strümpfe gestopft haben, bis Tante Rickchen nach Beendigung ihres Mittagsschlafes wieder in die Küche kommt. Klara hält den Kopf über die vierte Socke gebeugt, als die Tante eintritt.

»Drei Stück hast du geschafft? Das ist nicht gerade viel, Kind, aber ich sehe, du hast sehr sorgfältig gearbeitet.«

Es ist Zeit zum Kaffeetrinken. Tante Rickchen schenkt sich selbst und Klara wieder Malzkaffee ein. Eine Beilage dazu gibt es nicht. Klara ist das nicht gewöhnt. Harte Arbeit macht ihr nichts aus, die gab es daheim oft. Aber daheim gab es immer auch gut zu essen. Die Mutter hatte immer darauf geachtet, dass jeder auf ihrem Hof ausreichend zu essen bekam. Und dabei machte sie keinen Unterschied zwischen einem Tagelöhner und dem Hausherrn. Klara wundert sich, dass Tante Rickchen mit so wenig Essen auskommt. Sie selbst lernt jetzt das Gefühl kennen, das sie in Altenvörde nie mehr verlassen wird: das ständig leichte Hungrig-Sein.

Es wird Zeit, die Kartoffeln zu schälen. Fünfzehn hungrige Männer brauchen eine ganze Menge der gelben Knollen. Tante Rickchen zeigt Klara, wo die Kartoffeln im Keller aufbewahrt werden und welche Menge sie für eine Mahlzeit braucht. Klara schleppt anderthalb Eimer voll nach oben, wäscht und schält sie. Danach gibt es einen großen Topf voll Kohlrabi zu schälen und in Würfelchen zu schneiden. Alles muss gut vorbereitet sein. Im Herd wird nun kräftig Feuer entfacht, denn es dauert seine Zeit, bis die großen Töpfe erhitzt sind. Als das Gemüse auf dem Feuer steht, deckt Klara die Tische. Danach muss sie für jeden ein Würstchen braten.

Bei der Mahlzeit später loben die Männer das gute Essen. Während Tante Rickchen die Essensausgabe überwacht – sie selbst schenkt aus den Schüsseln aus, damit niemand zu viel nimmt – holt Klara Holz in die Küche und verstaut es in der Holzkiste, denn zum Frühstück muss ja wieder Malzkaffee auf dem Herd gekocht werden. Dann bringt sie die gefüllten Waschkrüge für die Männer nach oben, damit die sich am nächsten Morgen gleich waschen können. Klara senkt die Augen, als sie die neugierigen Blicke der Männer spürt.

Nach dem Essen werden Teller und Töpfe gespült. Heute Abend fordert Tante Rickchen ihre Nichte auf, etwas zu essen. Klara schaufelt einen Berg Kartoffeln in sich hinein.

Merkwürdigerweise will sich das Gefühl, satt zu sein, nicht einstellen. Sie hat nachher Leibschmerzen.

Solange man draußen noch etwas erkennen kann, gehen Tante Rickchen und Klara noch in den Garten zu dem Beet mit den Stangenbohnen und ernten die grünen Schoten, die morgen den Männern als Bohnengemüse gereicht werden sollen.

Als es ganz dunkel ist, gehen sie schließlich ins Haus zurück; Klara fällt todmüde ins Bett.

So oder ähnlich verlaufen in nächster Zeit alle ihre Arbeitstage in Tante Rickchens Haus.

Sonntag

Der Sonntag verläuft ruhig. Die Pension ist leer, weil die Männer übers Wochenende zu ihren Familien fahren.

Vormittags besucht Klara mit Tante Rickchen einen Gottesdienst. Am Nachmittag geht Tante Rickchen mit Karl aus. Klara ist eingeladen mitzukommen, aber sie möchte einen Brief nach Hause schreiben, auf den Vater und Mutter bestimmt schon warten. So erbittet sie sich Papier, Feder und Tinte und schreibt:

»Liebe Eltern, liebe Geschwister!
Aus Altenvörde sende ich Euch heute ein Lebenszeichen. Ich bin gut hier angekommen. Die Bahnfahrt war schön. Karl hat mich am Bahnhof abgeholt. Tante Rickchen ist sehr froh, dass ich da bin, denn es gibt hier viel Arbeit. In der einen Hälfte des Hauses wohnen fünfzehn jüngere Bauarbeiter. Ich bin in dem von Tante Rickchen bewohn-

ten Teil des Hauses untergebracht und schlafe in einem Dachzimmer. Die Arbeiter, die hier wohnen, kommen am Sonntagabend und bleiben bis Samstagabend. Am Samstagabend, wenn sie ihren Lohn erhalten haben, bezahlen sie Tante Rickchen gleich für die Unterkunft und die Kost in der kommenden Woche. Liebe Eltern und Geschwister, demnächst schreibe ich mehr. Von der Stadt und der Gegend hier habe ich noch nicht viel sehen können.

Seid alle innigst gegrüßt und geküsst von Eurer Tochter und Schwester
Klara.«

An Katharina schreibt sie:

»Liebes Schwesterlein,
wie es mir hier gefällt, das weiß ich nicht, denn ich habe gar keine Zeit, darüber nachzudenken. Ich weiß nur, dass ich manchmal Heimweh nach Dir und den anderen habe. Aber das dauert nie lange. Karl sehe ich jeden Tag. Ich weiß, dass Du ihn gerne magst, deswegen schreibe ich Dir von ihm. Er muss morgens frühzeitig zur Arbeit. Den ganzen Tag fährt er mit der Straßenbahn herum und kassiert das Fahrgeld von den Fahrgästen. Abends ist er deshalb sehr müde und gar nicht mehr so lustig wie sonst immer. Tante Rickchen möchte, dass er bald heiratet. Denn hier ist so viel Arbeit, dass wir noch eine Frau als Hilfe gebrauchen könnten. Schade, dass Du noch so jung bist, liebes Trinchen, sonst könnte ich ihm vorschlagen, dass er Dich nehmen soll. Hier gibt es immer viel zu tun. Freizeit habe ich eigentlich gar nicht. An das andere Essen muss ich mich erst gewöhnen. Aber das wird schon werden.

Es grüßt dich ganz herzlich Dein Schwesterchen
Klara. «

Als Klara den Brief beendet hat, legt sie sich auf ihr Bett und ist im Handumdrehen eingeschlafen. Sie wird erst wach, als abends die Männer kommen.

Ein Pensionsgast ist krank

An einem Morgen kann ein junger Arbeiter nicht aufstehen. Er fühlt sich schwach und muss viel husten. Tante Rickchen schickt Klara zu ihm. »Sag ihm, er soll sich ein wenig gedulden. Wenn die anderen Männer aus dem Haus sind, kannst du ihm sein Frühstück bringen.«

Nach dem Abwaschen geht Klara mit einem Marmeladenbrot und mit einer Tasse Malzkaffee zu dem Kranken. Der junge Mann hat glänzende Augen, aber dennoch kein hohes Fieber. Er mag nichts essen, trinkt aber viel.

»Bitte öffnen Sie doch einmal meinen Spind«, bittet er Klara. »Da muss irgendwo eine Flasche mit Branntwein stehen. Die möchte ich gern haben.«

»Sie trinken Branntwein?«, fragt Klara erstaunt. »Das ist aber ein sehr gefährliches Zeug.«

»So etwas hat meine Mutter auch immer gesagt. Sie hat gesagt: ›Mein Sohn, hüte dich vor starkem Getränk.‹«

»Aber Sie trinken ja doch Branntwein!«, entgegnet Klara.

»Naja, das stärkste Getränk ist doch das Wasser.«

»Das Wasser … «

»Das Wasser trägt Schiffe und treibt Mühlräder an. Da

muss es doch stark sein. Und deswegen hüte ich mich davor, wie meine Mutter es gesagt hat. Branntwein treibt kein Mühlrad und trägt auch keine Schiffe. Das ist also ein schwaches Getränk!«

»Ach Sie ...«, lächelt Klara. »Aber ich möchte Ihnen nicht so gerne Branntwein bringen. Meinen Sie nicht, wir sollten erst den Arzt fragen?«

Der junge Mann hustet. Klara wendet sich zum Gehen.

»Bleiben Sie, Fräuleinchen ...«, bittet der junge Mann mit östlichem Akzent. »Ich möchte nicht gerne allein sein.«

Klara zieht einen Stuhl an sein Bett und nimmt Platz.

»Dann müssen Sie mir aber versprechen, ihr Frühstücksbrot zu essen. Sonst bleibe ich nicht.«

Der junge Mann nickt. Klara schneidet das Brot in kleine Bröckchen und füttert ihn damit wie ein Kind. Das gefällt ihm.

»Sie sind aber kein Einheimischer«, beginnt Klara das Gespräch, als er gegessen hat.

»Nein, ich bin geboren in Oberschlesien. Meine Eltern kamen hierher, als ich ein kleiner Junge war. Mein Vater arbeitet in einer Grube. Ich arbeite hier auf der Baustelle, ich verdiene gutes Geld.«

Klara nickt. »Sie sprechen mit einem anderen Tonfall.«

Der Kranke lächelt. »Zu Hause mit meinen Eltern spreche ich polnisch. Nur an der Arbeit spreche ich deutsch. Und in der Kirche sprechen auch alle polnisch. Ich bin katholisch.«

Der junge Mann holt eine Kette mit einem Kreuz unter der Bettdecke hervor.

»Was haben Sie denn da?«

»Fräuleinchen, Sie sind nicht katholisch, da wissen Sie's

nicht. Das ist ein Rosenkranz. Jede Perle bedeutet einmal beten.«

Klara staunt. Das hat sie nicht gewusst. »Ja«, sagt sie, »wir wollen dafür beten, dass Sie bald wieder gesund werden. Aber jetzt sollten Sie erst einmal schlafen. Das hilft.«

Der junge Arbeiter nickt. Aber mit dem Schlafen, das klappt nicht so recht, weil er ständig husten muss. Tante Rickchen kocht ihm einen Brusttee aus Lindenblüten. Mittags macht sie ihm eine Rindfleischbrühe, die er trinken soll, damit er wieder zu Kräften kommt.

Als sich am nächsten Tag nichts bessert, schlägt sie vor, den Arzt kommen zu lassen. Aber davon will der junge Mann aus Oberschlesien nichts wissen. Am nächsten Tag hustet er blutigen Schleim. Nun setzt Tante Rickchen sich durch und schickt nach dem Arzt.

Der Doktor macht ein ernstes Gesicht. »Der junge Mann muss sofort zur gründlichen Untersuchung in eine Lungenheilstätte. Es besteht Verdacht auf Schwindsucht.«

Klara weiß nichts Genaues über diese Krankheit. »Was ist denn das, Tante Rickchen?«

»Ach, Klärchen«, meint die Tante und zuckt die Schultern; »das ist eine Lungenkrankheit. Die bekommen fast nur arme Leute. In der Lungenheilstätte versuchen sie, die Lunge zu kurieren. Wenn die Schwindsucht aber schon zu weit fortgeschritten ist, dann gibt es keine Hoffnung mehr.«

Klara schluckt. »Keine Hoffnung mehr, Tante Rickchen? Und wie ist das hier bei dem jungen Mann? Ist die Krankheit da schon zu weit fortgeschritten?«

Tante Rickchen seufzt. »Klärchen, woher soll ich das wissen? Das ist Sache der Ärzte.«

Noch am selben Tag wird der junge Arbeiter abgeholt. Tränen laufen ihm über das Gesicht, als er Klara ein letztes Mal zuwinkt. Klara kommen ebenfalls die Tränen. Ob er wohl bald sterben muss?

Jahrmarkt

Eines Tages sagt Karl zu Klara: »Bäschen, am Sonntag habe ich dienstfrei. Dann besuche ich den Jahrmarkt. Und dich nehme ich mit.«

Klara freut sich auf die Abwechslung. Tante Rickchen scheint damit nicht einverstanden zu sein, mag aber ihrem Sohn gegenüber kein direktes Verbot aussprechen.

»Gib nur nicht so viel Geld aus!« mahnt sie ihren Sohn.

»Du weißt, dass wir jeden Pfennig gebrauchen können.«

»Ich werde das gesamte Familienvermögen auf dem Jahrmarkt verschleudern, Mutter«, lacht er. »Anschließend müssen wir von Haus zu Haus gehen und singen.« Tante Rickchen droht dem Sohn scherzhaft mit dem Finger.

Am Sonntagnachmittag macht sich Karl mit Klara auf den Weg zum Festplatz. Schon von weitem steigt ihnen der Geruch von allerlei Köstlichkeiten in die Nase. Karl sagt:

»Wer viel arbeiten muss, der darf sich hin und wieder auch einmal vergnügen!«

Klara staunt, was es dort alles zu sehen gibt. In einer Bude ist ein Mensch mit zwei Köpfen zu besichtigen, aber dort gehen sie nicht hinein, weil der Eintritt fünf Pfennige kostet. Auch die Bude mit der starken Frau betreten sie nicht, obwohl darin eine Frau zu sehen sein soll, die jeden Mann im Faustkampf besiegen kann. Karl geht lieber zur Schießbude und schießt für Klara eine Pfauenfeder herunter. Sodann haut er den Lukas und lacht, als Klara ihn bewundert.

In die Schiffschaukel will sie lieber nicht gehen, weil sie befürchtet, dass es ihr darin schlecht wird. Sie gehen aber dann in eine Bude, in der verschiedene wilde Tiere zu sehen sind: ein Tiger, ein Krokodil, ein Wolf und ein Vielfraß, ein Tier, das fast aussieht wie ein Hund und angeblich jede Woche ein Spanferkel verschlingen muss, um nicht zu verhungern.

Und dann gibt es eine Bude mit einer Sensation. Darin, so ruft der Mann, dem die Bude gehört, sei eine Katze zu sehen, die Schlangen fräße. Als Karl das hört, meint er, das müsse er sehen, denn so etwas könne er sich nicht vorstellen. Klara will lieber draußen auf ihn warten. Karl bezahlt seinen Eintritt und verschwindet in der Bude. Nach wenigen Minuten kommen die Leute, die eine schlangenfressende Katze sehen wollten, teils lachend, teils schimpfend wieder heraus.

Klara schaut Karl an, der belustigt scheint. »Nun«, meint sie, »das ging aber schnell. Hat die Katze die Schlange so rasch verschluckt?«

»Von wegen Katze, die Schlangen frisst«, knurrt Karl. »Weißt du, was da geschehen ist? Als alle hereingekommen waren, trat ein Mann in die Bude, der eine Katze auf dem Arm trug. Er sagte laut: ›Hier ist die Katze, die Schlangen frisst. Das möchte ich gerne vorführen. Hat jemand von Ihnen eine Schlange mitgebracht?‹ Natürlich hatte das keiner. Da winkte der Mann ab: ›Tja, dann kann ich Ihnen auch nicht zeigen, wie die Katze eine Schlange frisst.‹ Das war alles!«

Klara meint: »Da hat der Mann die Leute eigentlich betrogen.«

Karl lacht: »Jahrmarkt! Da muss man aufpassen. Viele versuchen, einem das Geld aus der Tasche zu ziehen.«

Klara kauft sich Zuckerwatte. Karl nimmt für seine Mutter ein Lebkuchenherz mit, auf dem mit Zuckerguss »Zur Erinnerung« steht. Als sie an einer Losbude vorbeikommen, ruft der Losverkäufer: »Zugreifen, das junge Paar! Gewinnen Sie etwas für die Aussteuer! Viele herrliche Gewinne!«

Klara schaut die ausgestellten Gewinne an. Es gibt herrliche Blumenvasen, silberne Schalen, aber auch Puppen oder Spielzeugpferdchen. Klara zieht ein Los: Niete! Karl zieht ein Los: ebenfalls Niete!

»Wer kein Glück im Spiel hat, der hat jedenfalls Glück in der Liebe«, lacht Karl und fährt dann fort: »Na, Bäschen, gibt es denn jemanden, der dir gut gefällt? Ich meine, wo du doch Glück in der Liebe hast …«

Klara lächelt verlegen.

»Aha, es gibt also jemanden«, stellt Karl fest.

»Und du, du hast doch auch Glück in der Liebe oder …«

»Das könnte schon sein. Da du es ja doch bald erfahren wirst, will ich es dir verraten: Ich habe eine junge Frau kennen gelernt, die ich gern heiraten würde. Sie ist Erzieherin in einem Kinderheim hier ganz in der Nähe … Was ist denn?«

Klara hat einen kleinen Schrei nicht ganz unterdrücken können.

»Was ist denn, Klara?« Karl sieht sie besorgt an.

»Ach, nichts«, stammelt Klara.

»Unsinn! Was hat dich so erschreckt? Ich habe dir doch nur gesagt, dass ich bald heiraten werde.«

Klara kommen die Tränen. Sie muss an Katharina denken, ihre Schwester, die sich immer gewünscht hatte, Karl zu heiraten.

»Das ist doch kein Grund zum Heulen, Klara. Trifft dich das so hart, dass ich heiraten will?«

»Nein«, beteuert Klara, unter Tränen lächelnd. »Es ist nur … nur … wegen Katharina.«

»Wegen Katharina?«

»Ja, Karl. Katharina mag dich doch so sehr. Weißt du, sie hat sich immer gewünscht, dich zu heiraten.«

Karl versucht zu lachen. »Aber … Ich habe ihr doch nie … Wie kommt sie denn darauf?«

»Ich weiß es auch nicht. Aber sie hat mir immer wieder gesagt, sie würde niemanden heiraten außer Karl.«

Karl seufzt. »Das liebe Dummerchen! Ich habe Katharina auch wirklich gern, aber weißt du … einfach so! Weil wir halt verwandt sind. Dass sie meine Späße missverstehen könnte, das habe ich nicht ahnen können.«

»Mein liebes Trinchen …« Klara kommen erneut die Tränen.

»Ich bin sicher, dass Katharina einen netten Mann finden wird«, versichert ihr Karl. »Sie ist noch so jung. Da hat sie sich in den Gedanken verrannt, dass es nur mich gibt.«

»Ich werde ihr schreiben«, schlägt Klara vor.

»Ja, tu das! Und sag ihr, dass ich sie zur Verlobungsfeier einlade.«

Karls Verlobung

Es ist Sonntagabend, die Verlobungsfeier ist vorüber. Sie hat im Haus des Bräutigams stattgefunden – die Hochzeitsfeier wird dann von den Eltern der Braut ausgerichtet werden. Tante Rickchen hatte die Eltern und die fünf Geschwister der Braut nach Altenvörde eingeladen. Die Braut, Wilhelmine mit Namen, wird von allen Mimmi gerufen. Ihr Vater ist Lebensmittelkaufmann in Mülheim an der Ruhr.

Klara und Tante Rickchen haben verschiedene Sorten Kuchen gebacken, den Speiseraum mit vielen Blumen geschmückt und die Tafel sorgfältig gedeckt. Tante Rickchen hat ihr Tafelsilber hervorgeholt, das erst gründlich geputzt werden musste, weil es schwarz geworden war. Außerdem hat es echten Bohnenkaffee gegeben.

Die Braut sah wunderschön aus. Mimmi hat dicke, hellblonde Haare und blaue Augen. Sie ist schlank und etwas kleiner als Karl. Ihre Schwestern Elisabeth, Gertrud, Maria und die kleine Martha hatten ihr einen bunten Brautkranz aus Gartenblumen gewunden, den sie ihr zu Beginn des Nachmittags aufsetzten. Alle vier Schwestern haben Gedichte vorgetragen, und der kleine Bruder sang mit heller Stimme einen Glückwunsch. Der Vater der Braut richtete das Wort an die Brautleute, und stellvertretend für den verstorbenen Vater des Bräutigams hielt der vom Militärdienst beurlaubte Friedhelm eine kleine Rede. Alles ist sehr feierlich gewesen.

Mimmi ist einige Jahre älter als Klara. Die beiden mochten sich von Anfang an gut leiden. Bereits vor der Verlobung ist Mimmi öfter zu Gast bei Karl gewesen und hat mit Klara Freundschaft geschlossen. Sie ist still und freundlich, dabei aber eher zurückgezogen – ganz anders als der lebhafte und manchmal laute Karl.

Klara hatte einen Brief an Katharina abgeschickt. Mehrmals hatte sie neu angefangen zu schreiben, weil sie Katharina das, was ihr wehtun würde, möglichst schonend mitteilen wollte. Katharina hat Karl daraufhin einen herzlichen Glückwunsch gesandt, zugleich aber mitgeteilt, dass sie zur Verlobungsfeier nicht kommen könne, da sie zu Hause unabkömmlich sei. Klara weiß, dass das nicht der wahre Grund war. Sie hat es vorgezogen, zu Hause zu bleiben, weil sie Karl mit der glücklichen Braut an seiner Seite nicht sehen konnte, ohne selbst traurig zu werden.

Der Brief, den Katharina dann an Klara geschrieben hat, ist merkwürdig gewesen. Katharina hat Klara versichert, dass sie keinesfalls heiraten werde. Und überhaupt – sie, die beiden Schwestern Klara und Katharina, dürften sich niemals gegenseitig im Stich lassen, denn sie gehörten doch nun mal zusammen.

Obwohl Karls und Mimmis Verlobungsfeier ein schönes Fest war, ist Klara froh, dass die Feier vorbei ist. Mimmis Schwestern haben nach dem Kaffeetrinken die mitgebrachten Schürzen vorgebunden und beim Abwaschen des Geschirrs geholfen. Das hat Klara sehr gut gefallen, denn sonst hätte sie alles alleine erledigen müssen. Tante Rickchen als Mutter des Bräutigams hätte die Gäste doch nicht im Stich lassen können, um in der Küche zu helfen.

Besuch bei Mimmi

Ein paar Wochen sind seitdem ins Land gegangen. Mimmi ist oftmals im Haus zu Gast gewesen und hat tüchtig mitgeholfen, als es darum ging, den Garten abzuräumen, das Kraut einzustampfen und die vielen Beete umzugraben.

Klara hat die untere Terrasse des Gartens nun von allen Steinen befreit. Jetzt soll sie eine ganze Fuhre Mist, die oben neben dem Haus abgeladen worden ist, in den noch unbearbeiteten Boden eingraben. Zunächst hat sie versucht, den Mist in Eimer zu schaufeln und diese dann die zweiundneunzig Stufen bis zur untersten Gartenterrasse hinunterzuschleppen. Aber dabei hat sie gemerkt, wie schwer Mist ist! Deswegen hat sie sich vorgenommen, jeden Tag nur ein wenig Mist in den Garten hinunterzutragen.

Zum Glück beklagen sich eines Tages die Arbeiter über die Geruchsbelästigung vor ihren Fenstern. Als Klara ihnen erklärt, dass sie die schwere Arbeit nicht auf einmal bewältigen könne, greifen die Männer zur Selbsthilfe. Eines Abends nach dem Abendessen packen alle an und befördern den Mist hinunter in den Garten. Anschließend verschwinden die Männer in der Waschküche, wo sie sich ihrer stinkenden Arbeitsanzüge entledigen und sich selbst waschen. Klara ist froh, dass der Mist vom Hof verschwunden ist. Nun braucht sie ihn nur noch einzugraben.

Mimmi hat sie beobachtet. »Was du arbeiten kannst«, sagt sie bewundernd zu Klara. »Und dabei bist du ganz dünn. Du siehst richtig schlecht aus.«

In der Tat: Klara hat ein abgehärmtes Gesicht bekommen. Sie kann immer noch nicht gut essen, dazu fehlt ihr die Ruhe. Außerdem hat Tante Rickchen oft nur knapp eingekauft und gekocht, sodass für sie nicht viel übrig bleibt. Mimmi merkt das auch und schenkt Klara bei ihren Besuchen immer eine Leckerei, meistens sogar teure Pralinen. Einmal bringt Mimmi auch zur Sprache, dass Klara noch immer unter den rohen Dachziegeln schlafen muss.

»Der Winter steht vor der Tür«, sagt sie zu ihrer angehenden Schwiegermutter. »Da müsste doch das Dach innen verschalt werde. Klara kann sich da oben den Tod holen.«

Tante Rickchen pflichtet ihr bei. »Ja, weißt du«, erklärt sie ihr, »das Geld dafür kann ich noch nicht aufbringen. Vor dem Winter muss doch unbedingt noch der Hof gepflastert werden. Sonst versinken wir dort im Schlamm. Und dann können wir das Haus überhaupt nicht sauber halten, weil die Männer so viel Dreck hereinschleppen werden.«

Schließlich hat Tante Rickchen eine Idee: Sie besitzt einige alte wattierte Decken, die soll Karl unter die Dachbalken nageln. Klara hat nun nicht mehr die ziegelroten Dachpfannen über sich, sondern grüne Wattedecken.

An einem Wochenende soll Klara bei Mimmis Eltern zu Gast sein; Mimmi hat bei Tante Rickchen diesen Besuch durchgesetzt. Schon früh am Morgen wird Klara von Mimmi abgeholt. Die Reise geht mit der Eisenbahn bis nach Mülheim, wo die beiden noch ein Stück weit mit der Straßenbahn fahren müssen. Klara ist noch nie in einer größeren Stadt und in einem solchen Geschäftshaus gewesen.

Mimmis Eltern betreiben einen Lebensmittelladen. Im unteren Stockwerk des schmalen Hauses liegt der Geschäftsraum. Im Schaufenster sind Plakate mit Werbung für Waschmittel zu sehen, aber auch Ankündigungen von

Sonderangeboten. Außerdem steht im Fenster eine Heringstonne. Dahinter kann man den Ladentisch erkennen, auf dem eine Registrierkasse mit einer Drehkurbel thront, daneben steht eine Balkenwaage mit einem Satz Gewichtssteine.

Hinter dem Tresen befinden sich Schubladen in einem Wandregal, in denen Mehl, Zucker, Linsen, Erbsen, Bohnen, Grieß, Haferflocken, Salz und noch vieles andere untergebracht ist. An der Seite hängen Papiertüten. Die werden gebraucht, um die verlangte Ware abzufüllen. In einer Ecke steht das große Ölfass, aus dem man sich Speiseöl in eine mitgebrachte Flasche einfüllen lassen kann. Eine hölzerne Tonne enthält Latwerge, einen Brotaufstrich aus Zwetschen und Zuckerrübensirup.

Außerdem liegt ein dickes Buch auf dem Ladentisch. Hier hinein schreibt der Kaufmann, was die Kunden die Woche über geholt haben, ohne es zu bezahlen. Denn erst am Samstag bekommen viele Arbeiter ihren Lohn. Dann kommen die Frauen mit Geld in den Laden und bezahlen, was sie die Woche über haben anschreiben lassen.

Klara atmet den Geruch von Kernseife, Hering, geräuchertem Speck und Bohnerwachs ein, der bis in die Wohnung der Familie in den oberen Räumen dringt. Mimmis Eltern und Schwestern bereiten der Cousine des angehenden Schwiegersohnes beziehungsweise des Schwagers einen freundlichen Empfang und bedauern lebhaft, dass Karl selbst nicht mitkommen konnte, da er Wochenenddienst hat.

Nach dem Kaffeetrinken besuchen alle den Tierpark in Duisburg. Klara kennt Elefanten bisher nur aus ihrem Schulbuch und freut sich darauf, einmal richtige lebendige Exemplare zu sehen.

Am nächsten Tag promenieren Klara, Mimmi und ihre Schwestern am Duisburger Rheinufer. Nachmittags bringt die Familie Klara zum Bahnhof. Sie wird eingeladen, bald wiederzukommen.

Weihnachten

Das Weihnachtsfest steht vor der Tür. Klara wird über die Feiertage nicht nach Hause fahren. Sie wird bis Ostern warten, um ihre Lieben daheim wiederzusehen. Katharina schreibt ihr fast jede Woche einen langen Brief, in dem sie ausführlich über alles berichtet, was daheim geschieht. Klara wiederum teilt ihrer Schwester alles mit, was sich in Altenvörde ereignet.

Tante Rickchen hat beschlossen, dass die Bescherung nicht mehr wie früher am 25. Dezember morgens stattfinden soll, sondern bereits am 24. Dezember am späten Abend, wenn Karl vom Dienst zurückgekehrt ist. Friedhelm kommt an diesem Tag ebenfalls zu einem kurzen Weihnachtsurlaub nach Hause. Die vorgezogene Bescherung hat den Vorteil, dass am nächsten Morgen Zeit ist für den Gottesdienstbesuch. Außerdem möchte Karl am ersten Weihnachtsfeiertag mit Mimmi zusammen sein.

Tante Rickchen hat sich in den Wochen vorher manchmal schon vormittags verabschiedet, um nach Hagen zu fahren. Was sie dort wollte, das hat Klara nur ahnen können.

Die Arbeiter haben am 24. Dezember schon mittags Feierabend gemacht und sind nach Hause abgereist. Zum Glück ist die Witterung bis Weihnachten mild geblieben, sodass die Arbeit nicht durch Frost und Schnee behindert wurde.

Tante Rickchen ist seit dem frühen Vormittag damit beschäftigt, ein üppiges Weihnachtsmahl herzurichten. Am Abend soll es Heringssalat geben. Die Heringe hat sie schon einige Tage zuvor gewässert. Jetzt werden sie geputzt, in kleine Stücke geschnitten und in Schlagsahne eingelegt. Klara schneidet Zwiebeln in Ringe, saure Gurken in kleine Würfel und raspelt Äpfel. Alles wird in einer großen irdenen Schüssel gut gemischt, mit einem Tuch abgedeckt und kühl gestellt. Dazu gibt es Salzkartoffeln. Zum Essen soll ein Punsch gereicht werden. Auch an den Nachtisch hat Tante Rickchen gedacht. Sie hat einen Vanillepudding zubereitet, der in der Form eines Fischs erkalten muss und dann – auf einen ovalen Teller gestürzt und mit Himbeersoße übergossen – aufgetragen werden soll.

Für den Festschmaus am ersten Weihnachtsfeiertag ist ein gespickter Rinderbraten vorgesehen. Tante Rickchen hat sich abgemüht, den Braten mit Speckstreifen zu durchziehen, die das oftmals trockene Rindfleisch zugleich würzen und mit Fett durchtränken sollen. Das ganze Haus riecht nach gebratenem Fleisch.

Klara muss das Anbraten vornehmen, weil Tante Rickchens Hände noch nach den Salzheringen riechen und sie verhindern möchte, dass am Ende der Rinderbraten nach Hering schmeckt. Zu diesem Braten wird es eine mit Rotwein verfeinerte Tunke geben, dazu Bohnengemüse und Reis.

Am Nachmittag schließt Tante Rickchen sich in der Wohnstube ein. Sie will den Weihnachtsbaum schmücken, und dabei braucht sie Ruhe. Selbst als ihr Sohn Friedhelm, den sie ja einige Monate nicht hat sehen können, das Haus betritt, kommt sie nicht gleich aus dem geheimnisumwitterten Weihnachtszimmer heraus. Friedhelm muss sich gedulden. Klara kocht ihm Kaffee und gibt ihm ein Stück Kuchen. Gegen Abend verlässt die Tante das Weihnachtszimmer, nicht ohne es sorgfältig zu versperren und den Schlüssel in Gewahrsam zu nehmen.

Klara hat inzwischen den Speiseraum festlich geschmückt und den Tisch gedeckt. Als dann auch Karl von seinem Dienst heimkehrt, ziehen sich alle noch einmal kurz zurück, um sich festlich zu kleiden. Dann kann das Festessen beginnen.

Tante Rickchen entzündet einige Kerzen und bittet zu Tisch. Sie spricht ein Tischgebet und legt dann das Essen vor, wie sie es gewöhnt ist, weil sie das ja jeden Tag bei den Arbeitern auch tut. Sie serviert die Salzkartoffeln und den Heringssalat und schenkt Punsch aus.

Zunächst genießen alle schweigend das Essen, dann jedoch erzählt Friedhelm von seinen Erlebnissen bei den Soldaten, und Karl gibt einige lustige Begebenheiten aus seinem Alltag als Straßenbahnschaffner zum Besten. Alle müssen mehrfach zulangen. Es schmeckt vorzüglich, aber Klara kann auch heute nur wenig essen.

»Du isst wie ein Spatz«, sagt Karl zu ihr.

»Was soll ich denn machen?«, entgegnet Klara. »Ich kann doch auch nichts dafür, wenn ich immer gleich satt bin.«

Dann hebt Tante Rickchen die Tafel auf und bittet alle, in etwa einer halben Stunde vor dem Weihnachtszimmer zu erscheinen. In der Zwischenzeit wäscht Klara das Geschirr ab und deckt bereits den Frühstückstisch für den nächsten

Morgen. Karl hilft ihr beim Abtrocknen, was Klara gar nicht gewöhnt ist, denn das Geschirrspülen gilt bei den Männern als typische Frauenarbeit.

»Morgen besuche ich Mimmi«, sagt Karl, und Klara merkt am Leuchten seiner Augen, dass er sich darauf freut, seine Braut zu sehen.

Nach dem Abwaschen ist Klara so müde, dass sie sich am liebsten in ihr Bett gelegt hätte. Aber nun kommt ja die von Tante Rickchen vorbereitete Bescherung. Ein leises Glöckchen klingelt, und die Tante öffnet die Tür zum Weihnachtszimmer.

Der Baum erstrahlt in festlichem Putz. Er ist mit brennenden Wachskerzen geschmückt. Silberne Streifen hängen an jedem Ast, sie sollen wohl Eiszapfen darstellen. Außerdem hängen viele silberne Kugeln am Baum. Bunte Ketten aus Glasperlen reichen von Ast zu Ast, und silberne Vögel mit langen Schweifen verstecken sich in den Zweigen. Auf dem Tisch im Wohnzimmer liegen Gegenstände, die aber mit einem großen weißen Tuch abgedeckt sind. Alle nehmen um den Tisch herum Platz.

Karl setzt sich an das Harmonium. Er spielt Weihnachtslieder und singt dazu, alle anderen singen mit. Außer »Stille Nacht« und »O du fröhliche« singen sie die beliebten Weihnachtslieder »Mit den Hirten will ich gehen«, »Am Weihnachtsbaume die Lichter brennen«, »Der Christbaum ist der schönste Baum«, »Fröhliche Weihnacht überall«, »Der Heiland ist geboren« und viele andere. Klara wundert sich, dass Tante Rickchen und ihre Söhne diese Lieder fast alle auswendig singen können.

Tante Rickchen schlägt die Bibel auf und liest die Weihnachtsgeschichte aus dem Lukasevangelium vor: »Es begab sich aber zu der Zeit …« Anschließend spricht Karl ein Gebet. Er dankt dem Gottessohn, dass er sich nicht zu schade war, Mensch zu werden, dass er Armut, Verfolgung und schließlich den Tod eines Verbrechers auf sich nehmen wollte, um das Verhältnis zwischen Gott und Menschen wieder in Ordnung zu bringen. Dann rollt Tante Rickchen das weiße Tuch nach und nach auf, sodass die darunter liegenden Geschenke zum Vorschein kommen.

Zunächst muss Friedhelm seine Geschenke auspacken. Wer so lange von zu Hause fort war, hat das Recht, seine Geschenke zuerst zu bekommen. Tante Rickchen hat ihm ein Paar Socken gestrickt. Außerdem liegt dort ein wunderschönes weißes Oberhemd und ein silbernes Taschenmesser. Friedhelm ist überwältigt. Ein silbernes Taschenmesser, das ist ja eigentlich viel zu kostbar, als dass er es bei sich tragen dürfte.

Dann soll Klara ihre Geschenke auspacken. Tante Rickchen hat ein Buch für sie ausgesucht. Es heißt »Deutsches Mädchenbuch« und enthält viele schöne Geschichten und Ratschläge für Haus und Garten. Und dann ist da noch ein ganz dickes Päckchen für Klara. Es enthält karierten Baumwollstoff für ihre Aussteuerwäsche. Klara freut sich darüber. So etwas kann sie gut gebrauchen. Sie wird sich Bettbezüge daraus nähen lassen. Und dann, das nächste Päckchen – gehört das auch noch zu ihren Geschenken? Eine bauchige Wärmflasche aus Zink ist unter dem Geschenkpapier verborgen. Ja, die ist auch noch für Klara. Eine Wärmflasche wird sie im Winter gut gebrauchen können. Diese Wärmflasche sieht aus wie ein überdimensionales, etwas plattgedrücktes Ei mit einem Schraubverschluss. Dreht man den Deckel ab, dann kann man heißes Wasser einfüllen und die Flasche gut verschraubt eine Stunde vor dem Schlafengehen ins kalte Bett stellen.

»Du bist zu beneiden, Klara«, sagt Karl. »Wir haben von Mutter immer nur einen heißen Ziegelstein ins Bett bekommen. Der wurde im Ofen angewärmt.«

»Na und«, ereifert sich Tante Rickchen. »Sind eure Betten nicht immer schön warm gewesen?«

Für Karl liegen ebenfalls ein Paar Socken und ein wunderschönes weißes Oberhemd auf dem Gabentisch. Aber da ist auch noch ein kleines Päckchen. Das soll er öffnen. Was wohl darin ist? Vorsichtig packt er es aus. Er hält eine vergoldete Krawattennadel in der Hand. »Die sollst du bei deiner Hochzeit tragen«, sagt Tante Rickchen. »Die Krawattennadel, die noch von eurem Vater stammt, kann Friedhelm nehmen.«

Alle drei bedanken sich herzlich und umarmen und küssen Tante Rickchen.

Klara zieht ein Päckchen aus der Rocktasche. Sie hat für Tante Rickchen heimlich ein neues Nadelkissen gestickt, denn das Alte aus dem Nähkästchen ist durch häufigen Gebrauch ziemlich zerstochen und hässlich geworden.

»Wann hast du das denn gemacht, Kind?«, fragt Tante Rickchen erstaunt. »Davon habe ich ja gar nichts mitgekriegt.« Klara zuckt die Schultern. Wann sie das Nadelkissen gestickt hat, das weiß sie selbst nicht mehr zu sagen, denn freie Zeit ist immer rar gewesen. Die Tante freut sich.

Friedhelm holt eine Flasche Rotwein für die Mutter herbei. »Die ist nur für dich, Mutter«, sagt er. »Wenn du mal eine Stärkung brauchst.«

»Wie kannst du denn so viel Geld ausgeben«, schimpft

Tante Rickchen scherzhaft. »Wo du doch beim Militär so wenig bekommst.«

»Ich habe es mir vom Munde abgespart, Mutter«, lacht Friedhelm. »Ich habe deswegen wochenlang Hunger leiden müssen.«

»Na, so siehst du ja nicht gerade aus«, meint Tante Rickchen.

Karl hat eine Schachtel mit teurem Konfekt für die Mutter gekauft. »Davon essen wir nachher gleich jeder eins«, schlägt die Tante vor. »Die anderen Pralinen hebe ich bis Ostern auf – oder vielleicht sogar bis zu Karls Hochzeit.«

Plötzlich läutet die Glocke an der Haustür. Alle horchen erstaunt auf.

»Wer wird denn jetzt noch zu uns wollen? Es ist doch schon spät«, wundert sich Karl. Er erhebt sich und geht zur Tür. Draußen steht einer der jungen Arbeiter, der sonst bei ihnen wohnt. Er scheint nicht ganz nüchtern zu sein.

»Tschuldigung«, murmelt er. »Meine Schwester wollte mich nicht haben. Seit meine Mutter nicht mehr lebt, weiß ich nicht, wo ich hin soll. Ich war in der Wirtschaft. Aber da machen sie jetzt zu. Da bin ich wieder hergekommen.«

Tante Rickchen hat gehört, was der junge Mann gesagt hat, und holt ihn ins Weihnachtszimmer. Es werden noch einmal Kerzen aufgesteckt, weil die ersten längst heruntergebrannt sind. Tante Rickchen schenkt dem jungen Mann ein Hemd ihres verstorbenen Mannes. Und als nachher die Schachtel mit dem Konfekt die Runde macht, darf der heimatlose junge Arbeiter selbstverständlich auch zugreifen. Zuletzt bereitet die Tante ihm noch ein Abendbrot, als sie erfährt, dass er noch nichts gegessen hat.

Klara ist todmüde. »Ich weihe meine neue Wärmflasche gleich ein«, sagt sie. »Und morgen lese ich in meinem Buch.«

Klara wird krank

Es ist Vorfrühling geworden. Klara freut sich, dass die Winterkälte vorbei ist. Im Januar hat es noch strengen Frost gegeben. Zwar sind die Arbeiter wegen der kalten Witterung zur Untätigkeit verurteilt, und die Pension bleibt deshalb fast leer – dennoch spürt Klara die Entlastung kaum, denn sie ist häufig müde. Schon morgens, wenn sie aufwacht und der Raureif ihres gefrorenen Atems über der Bettdecke liegt, fühlt sie sich wie gerädert. Dabei ist sie innerlich unruhig, hat ein schlechtes Gewissen, weil sie müde ist.

Dann bekommt sie eine Erkältung. Der sich anschließende kurze und trockene Husten will nicht weichen. Fieber stellt sich ein, was aber keinen Anlass zur Besorgnis gibt, denn es ist nicht hoch.

»Du musst jetzt einmal tüchtig schwitzen, Kind«, sagt Tante Rickchen, »dann bist du bald wieder auf dem Damm.« Die Tante gibt sich alle Mühe, Klaras Gesundheit wiederherzustellen. Sie kocht verschiedene Brusttees, macht heiße Brust- und Wadenwickel, flößt ihr Rotwein mit verquirltem Ei ein, was sonst jeden Kranken stärkt – aber alles ist vergebens. Klaras Zustand bessert sich nicht.

Auch der herbeigerufene Arzt weiß zunächst keinen Rat. Er verlangt schließlich, dass Klara ins Krankenhaus gebracht wird, um sich die Lunge durchleuchten zu lassen. Das Röntgenbild lässt den Verdacht auf eine Lungentuberkulose zu.

Der Arzt spricht mit Tante Rickchen. »Fräulein Klara muss sofort in eine Lungenheilstätte eingewiesen werden«, ordnet er an. »Ich werde alles Nötige in die Wege leiten. Sie sagten, das Fräulein stamme aus Hessen? Nun, dann wird ihr das heimatliche Klima am ehesten zuträglich sein. Ich werde Kontakt mit einer Heilstätte in Hessen aufnehmen.«

Klara ist wie betäubt. Tuberkulose, das ist doch dasselbe wie Schwindsucht! Hatte der junge Mann aus Oberschlesien nicht auch Schwindsucht gehabt? Und war das nicht eine sehr gefährliche Krankheit, eine, an der man sterben konnte, wenn man sie nicht früh genug erkannte? Der junge Mann hatte damals Blut gehustet. So etwas war bei ihr bisher nicht aufgetreten. Und trotzdem sollte sie die gefährliche Krankheit in sich tragen?

Einige Tage später bringt Karl seine Cousine nach Gießen in Oberhessen. Dort gibt es eine Heilstätte, die Seltersberg heißt. Klara soll dort vorstellig werden.

In der Lungenheilstätte

Klara wohnt nun mit fünf Frauen in einem Zimmer. Alle leiden sie an der Schwindsucht, der heimtückischen Krankheit, an der früher viele Menschen zugrunde gegangen sind. Heute, so hat der Arzt ihnen versichert, ist die Tuberkulose in den meisten Fällen heilbar. Wichtig ist allerdings, dass die Patienten der Krankheit gemäß leben. Und das sollen die Frauen hier lernen.

Als Erstes bekommen sie eingeschärft, dass alle schädigenden Einflüsse ausgeschaltet werden müssen. Nikotin, so heißt der Stoff, der in Zigarren, Zigarillos und den neumodischen Zigaretten steckt, belastet die Lunge stark. Deswegen sind diese Dinge zu meiden. Aber damit haben die Frauen keine Probleme, denn das Rauchen ist ausschließlich Männersache. Anders ist es schon mit dem Alkoholgenuss. Es soll tatsächlich Frauen geben, die heimlich Schnaps trinken. Klara kann sich so etwas nicht vorstellen, aber es muss wohl so sein. Alkohol, so heißt der schädigende Stoff im Schnaps, aber auch im Wein, Bier oder Likör, sollten Lungenkranke ebenfalls nicht zu sich nehmen. Klara kann darauf gut verzichten, denn Bier und Schnaps mag sie sowieso nicht.

Morgens dürfen die Patienten lange schlafen. Nachts bleiben die Fenster geöffnet, denn frische Luft ist für die Heilung unbedingt erforderlich. Es gibt sehr gutes Essen, und alle werden genötigt, möglichst viel zu essen, damit sie zunehmen. Nach dem Frühstück sollen sie sich gleich wieder hinlegen. Wenn das Wetter es erlaubt, dürfen sie es sich auf einer Terrasse im Liegestuhl bequem machen. Ist es draußen zu kühl, müssen sie in der hellen, gut belüfteten Halle ruhen. Vor der Liegehalle gibt es eine Bibliothek, hier dürfen die Patienten Bücher ausleihen, denn schließlich können sie ja nicht dauernd schlafen.

Das Mittagessen ist wieder üppig, danach halten alle Mittagsruhe. Anschließend gibt es Malzkaffee und Kuchen oder Plätzchen – und dann wieder eine Ruhezeit. Manche Patienten dürfen auch im Park spazieren gehen, allerdings soll sich niemand anstrengen, auf keinen Fall dabei außer Atem kommen. Nach dem Abendessen, bei dem sie wieder tüchtig zulangen sollen, halten sich die Patienten in verschiedenen Gesellschafts- oder Gruppenräumen auf, bis sie recht früh schlafen gehen.

Klara schläft anfangs fast ununterbrochen. Nach dem Frühstück sucht sie ihren Liegestuhl auf und legt sich dort nieder. Eine Pflegerin packt sie in eine kuschelige Wolldecke ein. Kaum liegt sie, da ist sie bereits eingeschlafen. Manchmal muss sie zum Mittagessen geweckt werden. Ach ja, mit dem Essen, das ist ein ständiger Kampf. Klara möchte gerne viel essen, bringt aber nicht viel herunter.

»Ihr Magen hat sich ganz zusammengezogen, Fräulein Klara«, scherzt eine Pflegerin. »Sie haben sich das Wenig-Essen angewöhnt. Jetzt muss Ihr Magen wieder gedehnt werden. Aber er wird sich an das Mehr-Essen auch gewöhnen.«

Klara gibt sich alle Mühe. Sie zwingt sich zum Essen, auch wenn sie das Gefühl hat, ihr käme gleich alles wieder hoch. Nach dem Essen sinkt sie todmüde ins Bett, und oft schläft sie nachmittags noch einmal. Nach einigen Wochen lässt die bleierne Müdigkeit nach. Klara fühlt sich munterer. Vielleicht haben die Tabletten, die sie jeden Tag schlucken muss, ihre Wirkung gezeigt? Sie fühlt sich erholt, und ihre Wangen sind richtig rund geworden.

»So ist es recht, Fräulein Klara«, sagt der Arzt jedes Mal, wenn er sie sieht. »Sie können erst entlassen werden, wenn Sie dick und rund geworden sind.«

Nun wendet sich Klara auch den Zimmergenossinnen zu, die sie anfangs wegen ihrer Erschöpfung kaum beachtet hat. Die Frauen sind alle schon länger in der Heilstätte als Klara und sitzen viel zusammen, lesen sich gegenseitig vor, erzählen sich, was sie gelesen haben, handarbeiten. Einige Frauen stricken Jäckchen für ihre Kinder oder Westen für ihren Ehemann, andere arbeiten an einer großen Tischdecke. Einige haben sogar eine Gobelinstickerei angefangen, die sehr viel Zeit braucht – aber die Zeit haben sie ja. Klara hat sich eine Tischdecke gekauft, auf der ein Kreuzstichmuster aufgedruckt ist. Sie stickt es in blauen Farbtönen nach.

Eine Frau in mittleren Jahren wird ihre Freundin. Sie stammt aus dem Waldecker Land und spricht einen ähnlichen Dialekt, wie Klara ihn mit ihren Leuten gesprochen hat. Das verbindet die beiden irgendwie miteinander.

Sophie, so heißt diese Frau, strickt und häkelt fast ununterbrochen für ihre Familie. »Wenn ich schon nicht zu Hause sein kann, dann will ich doch wenigstens hier etwas Nützliches für meine Leute herstellen«, sagt sie und seufzt: »Sei froh, Klara, dass du keine Familie hast. In der Heilstätte zu sein und die Kinder daheim zu wissen, das ist bitter.«

»Du bist doch schon über vierzig Jahre alt, Sophie«, wundert sich Klara. »Wie kommt es denn, dass du noch drei kleine Kinder hast?«

»Wie kommt das wohl? Ich habe spät geheiratet. Mit meinem Anton war ich zwölf Jahre lang versprochen.«

»Zwölf Jahre lang verlobt?« Klara kann das nicht glauben.

»Na, weißt du, er hatte nichts, und ich hatte nichts. Als Magd hatte ich ja mein gutes Auskommen. Anton wollte schon eher heiraten, aber ich habe immer abgewehrt. ›Ich kann noch früh genug eine arme Frau sein‹, habe ich ihm geantwortet und die Hochzeit lange hinausgeschoben. Du siehst ja, Klara, wenn man erst in den Dreißigern heiratet, dann hat man in den Vierzigern noch kleine Kinder.«

Klara mag die einfache Frau, die einen unerschöpflichen Vorrat an Geschichten aus ihrer Region kennt und sie gerne zum Besten gibt. Besonders angetan hat es Klara die Erzählung von den beiden Geschwistern und dem Geheimnis der Neujahrsnacht.

»Ich weiß diese Geschichte von meiner Urgroßmutter«, beginnt Sophie. »Sie hat mir von diesem merkwürdigen Geschwisterpaar erzählt, das da irgendwo im Nordwaldeckischen einen kleinen Hof bewirtschaftete. Er hatte nicht geheiratet, weil der Hof weitere Esser nicht hätte ernähren können – und eine Braut mit etwas Landbesitz hatte sich nicht gefunden. Sie war ledig geblieben, weil ihre Mitgift nur aus ein paar ärmlichen Fetzen Land bestanden hätte und sie zudem nicht die Schönheit aufwies, die einen reicheren Bauernsohn über den Makel der Armut hätte hinwegsehen lassen.

So waren also die beiden Geschwister einträchtig auf dem elterlichen Hof zusammengeblieben und hatten gemeinsam gewirtschaftet. Die Eintracht allerdings bestand nur nach außen hin. Die Freude ihres Daseins bestand hauptsächlich darin, sich gegenseitig das Leben schwer zu machen, denn insgeheim gab jeder dem Anderen die Schuld, dass er keinen Ehepartner gefunden hatte. Sie glaubte, dass der Hannes sie genommen hätte, wenn sie alleinige Besitzerin des elterlichen Hofes gewesen wäre – er wiederum meinte, die Lisbeth aus dem Nachbarort hätte ihn zweifellos zu ihrem Eheherrn erkoren, wenn da nicht noch eine ledige Schwägerin, die vielleicht irgendwann zur Aussteuerung anstand, gewesen wäre.

Sie waren auch zu verschieden, die beiden. Die Schwester war eine treue Kirchgängerin, der Bruder machte sich nichts daraus und las stattdessen in den Werken eines Mannes namens Karl Marx. Die Schwester ging unter die Menschen, sie freute sich über Besuch und bewirtete ihn gerne, während der Bruder mit zunehmendem Alter die Menschen mied und den Besuchern jede Tasse Blümchenkaffee missgönnte, die seine Schwester bereitwillig aufbrühte.

Je älter sie wurden, umso schlechter wurde das Verhältnis der beiden zueinander. Auf ihrem Hof ging alles seinen gewohnten Gang. Ihr Leben kannte keine Höhepunkte außer dem jährlichen großen Viehmarkt; ansonsten spielte es sich ab zwischen Feldarbeit, Stall, Kirchenbesuchen und Kasseler Sonntagsblatt für die Schwester und Feldarbeit, Stall und Karl Marx für den Bruder. Anfangs hatten sie sich noch oft gestritten: über die Bibel und das, was der Bruder da in dem Buch gelesen hatte. Dann hatten sie sich manchmal sogar angeschrien und waren sich einige Tage böse.

Später kam so etwas nicht mehr vor. Lediglich die kleinen Schikanen, die dem Leben etwas Abwechslung verliehen, die behielten sie bei, ja sie verstärkten sie noch. Die Schwester ließ dem Bruder absichtlich das Essen anbrennen und sie versteckte seinen Schnaps, während er ihr vorsätzlich Dreck in die Kammer brachte, ihr manchmal sogar die Waschbrühe verdarb und dergleichen mehr.

Von der Nachbarin hatte die abergläubische Schwester eines Tages gehört, dass in der Neujahrsnacht die Tiere reden könnten, ja sie seien sogar in der Lage, die Zukunft vorauszusagen – man müsse sie nur fragen. Die Schwester hatte zwar so etwas früher schon gehört, es jedoch nicht so recht glauben wollen. Aber die Nachbarin behauptete allen Ernstes, ihr Mann, der August, habe in der vergangenen Neujahrsnacht sich ein Herz genommen und sei in den Stall geschlichen. Und tatsächlich – die Kühe hätten miteinander gesprochen. Und er habe sie über die Zukunft ausfragen wollen, aber da hätte die Lise, die ältere der beiden Kühe, zu ihm gesagt, es habe gerade eins geschlagen, sie dürften jetzt nicht mehr sprechen, er solle aber im nächsten Jahr rechtzeitig nach Mitternacht zu ihnen kommen, da wollten sie ihm seine Fragen beantworten.

Die Schwester sah keinen Grund, an den Worten der Nachbarin zu zweifeln. Im Laufe des Jahres keimte in ihrem Herzen der Gedanke, in der kommenden Neujahrsnacht ebenfalls die Kühe über die Zukunft auszufragen. Das Jahr verging, wie jedes Jahr vergangen war; diesmal erschien es ihr aber ganz besonders schnell zu verfliegen.

In der Neujahrsnacht ging die Schwester wie gewohnt abends zur Ruhe. Sie schlief unruhig, denn sie hatte Angst, das mitternächtliche Einläuten des neuen Jahres zu überhören. Als die beiden Glocken erklangen, stand sie eilig auf, kleidete sich an, schlich die Treppe hinunter. Das konnte sie auch im Dunkeln, denn sie hatte niemals auf der Treppe eine Kerze benutzt, weil Kerzen nur unnötig Geld verschlangen.

Leise betrat sie den Kuhstall. Ihre beiden Tiere lagen still da, offensichtlich hatten sie noch nicht mit ihrem Zwiegespräch begonnen. Behutsam kraulte sie erst die eine, dann die andere Kuh. Sie schluckte. Dann nahm sie allen Mut zusammen.

›Darf ich euch etwas fragen?‹, stieß sie aufgeregt hervor. ›Frag nur‹, antwortete die eine Kuh gedehnt, aber dennoch in einer Stimmlage, die ihr irgendwie bekannt vorkam.

›Was wird das neue Jahr bringen?‹, fragte sie etwas ruhiger. Es entstand eine kleine Pause, bis die Kuh antwortete. ›Ja ... das neue Jahr ... bringt Trauer in dieses Haus.‹

›Trauer? Wird jemand ... sterben?‹

›Dein Bruder wird den nächsten Neujahrstag nicht mehr erleben.‹

›Mein Bruder ...‹

Sie war wie vor den Kopf geschlagen, wandte sich um und wankte aus dem Stall. Auf der Treppe musste sie sich erst einmal setzen. Welch eine schreckliche Wahrheit hatte sie in dieser Nacht vernommen! Ihr Bruder würde binnen Jahresfrist sterben, und er selbst hatte keine Ahnung davon. Sie musste es ihm sagen. Aber jetzt noch nicht. Sie würde ihn ruhig schlafen lassen, diese Nacht. Morgen würde sie ihm berichten, was die Kühe ihr enthüllt hatten.

In dieser Nacht fand sie wenig Schlaf, schon früh war sie wieder auf den Beinen. Sie beschloss, ihrem Bruder ein schönes Frühstück zu machen, es konnte immerhin sein letztes sein. Zu dumm, dass sie die Kühe nicht gefragt hatte, wann genau ... Weiter mochte sie nicht denken. Er war ein Ekel gewesen, zweifellos. Aber so früh, nein, das hatte er nicht verdient, oder doch? Auf jeden Fall würde sie ihm seine letzten Tage so angenehm wie möglich machen.

Als der Bruder den beinahe festlich gedeckten Tisch erblickte, wunderte er sich. Er sagte aber nichts. Sie hatte sogar Butter hingestellt, was sie sonst immer als Verschwendung betrachtet hatte. Und sie sagte gar nichts, als er kräftig hinlangte, die Gunst der Stunde nutzend. Er wunderte sich über ihren Blick, der so mild, so gar nicht wie früher, auf ihm ruhte. Was war los?

Er bedankte sich bei ihr, als er den Frühstückstisch verließ. Das machte sie erst recht wehmütig. Sie konnte einige Tränen nicht zurückhalten.

›Bist du krank?‹ fragte er. ›Ist irgendetwas mit dir?‹

Sie aber seufzte: ›Ach, es ist nichts‹, und lief rasch aus der Küche.

›Ich kann es ihm heute noch nicht sagen‹, überlegte sie. ›Ich werde ihm mit der Nachricht noch ein paar Tage Zeit lassen.‹

Und sie ließ sich wirklich Zeit. Nein, dass er bald sterben würde, das konnte man ihm beim besten Willen nicht anmerken. Er ging in den Wald, um Holz zu holen, wie das seit alten Zeiten üblich war, und er arbeitete wie immer. Wenn er jetzt kränklich gewesen wäre, dann hätte sie eher den Mut gehabt, ihm reinen Wein einzuschenken über das, was sie wusste. Aber so stark und gesund, wie er vor ihr stand?

Immer wieder musste sie daran denken, dass seine Uhr bald abgelaufen sein würde. Und das veranlasste sie, besonders freundlich zu ihm zu sein. Und auch er – obwohl er sich anfangs nicht erklären konnte, warum die Schwester seinen Schnaps nicht mehr versteckte – wurde zugänglicher und freundlicher zu ihr. Er ließ die schmutzigen Stiefel draußen und sprach hin und wieder ein nettes Wort zu ihr.

Das Leben war für beide irgendwie angenehmer geworden. Das merkte die Schwester sehr bald. ›So wie es jetzt bei uns ist, so war es eigentlich noch nie‹, dachte sie. ›Und ausgerechnet dieses Jahr …‹

Inzwischen war der Frühsommer ins Land gekommen, der Bruder war stark und gesund und arbeitete wie ein Pferd. Er wies keinerlei Anzeichen von Hinfälligkeit auf. Im Gegenteil, er erschien ihr gesünder denn je. Noch immer hatte die Schwester nichts gesagt. Dann kam im Sommer der große Viehmarkt.

Zum Viehmarkt durfte man sich etwas erlauben. Man

durfte auch mehr trinken, als es der Durst erforderte – schließlich war es das einzige Fest dieser Art im Jahr. Beide Geschwister machten sich auf den Weg zum Markt. Die Schwester erstand dort einen billigen Schürzenstoff, einige neue Messer und sonstige Küchengeräte, der Bruder bestaunte das aufgetriebene Vieh und tat sich nach neuen landwirtschaftlichen Geräten um. Man traf Verwandte und Bekannte, setzte sich bei einem Bier nieder und stand so schnell nicht wieder auf.

Gegen Abend machte sich die Schwester auf den Heimweg, der Bruder blieb noch im Festzelt. ›Bleib nur, wenn es dir gefällt‹, hatte sie bereitwillig gesagt und gedacht, dass es ja sein letzter Viehmarkt wäre.

Spät abends kam er heim. Infolge des unbekümmerten Biergenusses war seine Stimmung bestens. Er lachte so laut, dass sie aus dem ersten Schlaf auffuhr. So hatte sie ihn schon Jahre nicht mehr lachen hören. War etwas mit ihm? Sie warf sich ein Kleidungsstück über und lief ihm entgegen.

›Was lachst du denn so?‹, fragte sie ihn.

›Ach‹, kicherte er, ›du glaubst ja nicht, was mir unser Nachbar eben für eine Geschichte erzählt hat. Er hat gesagt, du wärst in der Neujahrsnacht im Kuhstall gewesen. Da hättest du die Kühe über die Zukunft befragt. Er hätte das aber von seiner Frau gewusst und sich in unserem Kuhstall versteckt. Und da hätte er dann geantwortet. Hahaha … Und weißt du, was er dir gesagt haben will? Er behauptet, er hätte dir eingeredet, ich müsste in diesem Jahr sterben. Also … hahaha … was der Nachbar sich alles ausdenken kann, wenn er richtig betrunken ist …‹

Der Bruder bemerkte nicht, dass die Schwester starr geworden war. Lachend verschwand er in seiner Stube. Sie bebte vor Zorn. Dieser Lump von Nachbar! Er hatte sie an der Nase herumgeführt, sich mit ihrer Ahnungslosigkeit einen Scherz gemacht. Na, dem würde sie morgen gewaltig den Marsch blasen. ›Wenn der erst nüchtern ist, kann er was erleben …‹

Aber der Nachbar erlebte gar nichts. In dieser Nacht lag sie lange wach. Hatte der Nachbar mit seinem dummen Scherz nicht sehr viel Gutes bewirkt? War der Bruder nicht freundlich und umgänglich geworden, seitdem er freundlich behandelt wurde? Sie hatte festgestellt, dass es in letzter Zeit bei ihnen im Hause friedlich zugegangen war. So sollte es auch bleiben. Sie würde schweigen! Weder dem Nachbarn noch ihrem Bruder gegenüber würde je ein Sterbenswörtchen von jener denkwürdigen Neujahrsnacht über ihre Zunge gehen. – So hat es meine Urgroßmutter mir erzählt«, schließt Sophie.

Klara bedankt sich für diese Geschichte. »Ich will aus der Geschichte etwas lernen«, nimmt sie sich vor. »Ich will mir bei jedem Menschen, dem ich begegne, vorstellen, dass er nur noch wenige Tage zu leben hätte. Dann kann ich bestimmt besonders freundlich zu ihm sein.«

Die anderen Frauen wiegen bedenklich den Kopf. »Ob du so etwas schaffen kannst?«, fragt eine Mitpatientin aus Homberg. »Wer weiß denn, wie viele Tage er selbst noch zu leben hat«, gibt eine andere Mitpatientin zu bedenken.

Kriegsausbruch

Das Leben in der Heilstätte geht seinen normalen Gang. Aufgeschreckt werden die Frauen durch eine grausame Zeitungsmeldung: Serbische Verschwörer hätten am 28. Juni 1914 in Sarajewo, einer Stadt irgendwo im fernen Österreich-Ungarn, den Thronfolger der Donaumonarchie erschossen. Und das Schlimmste: Sie hätten auch seine Gattin, die ein Kind unter dem Herzen trug, ermordet. Fassungslos lesen sich die Frauen die Zeitungsmeldung vor, dass man in Serbien über die Ermordung des Thronfolgers und seiner Frau Freudentänze auf den Straßen aufgeführt hat.

»Einen Erwachsenen zu töten, aus was für Gründen auch immer, das ist schlimm«, da sind sich Klaras Zimmernachbarinnen einig. »Aber ein ungeborenes Kind mit zu ermorden, das ist das schlimmste Verbrechen, das man sich denken kann.«

»Hoffentlich zeigt ihnen der Kaiser in Wien, dass es so nicht gehen darf.«

»Er will ihnen ein Ultimatum stellen.«

»Was ist denn das?«

»Irgendetwas aus der Politik. Das ist Männersache.«

»Wenn die Übeltäter bestraft sind, dann wird sich doch alles bald wieder beruhigen.«

»Trotzdem, dass sie auf eine schwangere Frau geschossen haben, darüber kann ich nicht still sein!«

Sophie sagt: »Ich verstehe nicht, warum Menschen sich so etwas antun. Es gibt schon genug Krankheiten und Unglücksfälle auf der Welt. Warum müssen wir da noch selbst Leid hinzufügen?«

Die anderen Frauen schweigen.
Jeden Tag schreiben die Zeitungen nun von dem Mord in Sarajewo. Der Kaiser in Wien hat ein Ultimatum an Serbien gestellt. Das ruft die mit den Serben befreundeten Russen auf den Plan. Der russische Zar setzt seine Truppen in Alarmbereitschaft. Österreich-Ungarn erklärt Serbien den Krieg. Deutschland fühlt sich vom russischen Zar bedroht und erklärt Russland den Krieg. Und weil Frankreich zu Russland hält, erklärt der deutsche Kaiser auch den Franzosen den Krieg. Und nun beteiligen sich auch die Engländer. Die deutschen Truppen sind in Belgien einmarschiert, um von dort aus Frankreich anzugreifen. Das will Großbritannien nicht hinnehmen und erklärt nun seinerseits Deutschland den Krieg.

Plötzlich ist überall Krieg. Im Osten kämpfen deutsche Soldaten gegen die Russen, im Westen liegen sie den Franzosen gegenüber. Sie kämpfen tapfer für den Kaiser und die Heimat und treiben die Feinde überall in die Flucht. Fast jeden Tag läuten die Glocken – und das bedeutet immer, dass die Deutschen irgendwo eine Schlacht gegen die Feinde gewonnen haben.

Die Frauen in der Heilstätte werden von der Aufregung im ganzen Land angesteckt. Einige erzählen, dass ihre Brüder oder ihre Ehemänner den Gestellungsbefehl bekommen hätten und gegen die Franzosen kämpfen müssten.

Einige Tage später erhält Klara einen Brief aus Altenvörde. Er kann nicht von Tante Rickchen sein, denn als Absender ist Wilhelmine G. angegeben.

Klara reißt den Brief auf und liest:

»Liebe Klara!
Du wunderst Dich sicherlich, dass ich Dir als Wilhelmine G. schreibe. Das hat aber seine Richtigkeit, denn Karl und ich haben am vergangenen Sonntag in aller Stille geheiratet. Es war eine Kriegstrauung, denn Karl muss morgen schon nach Frankreich. Unsere Hochzeit sollte eigentlich im Oktober sein. Nun haben wir den Termin vorgezogen, denn wir wissen nicht, ob Karl im Oktober Urlaub bekommen wird. Es ging alles etwas schnell, aber Karl wünschte so sehr, dass wir noch heiraten, bevor er in den Krieg zieht.

Am Samstag sind wir auf dem Mülheimer Standesamt gewesen. Am Sonntag hat uns der Pfarrer um zwei Uhr nachmittags getraut. Es waren nur meine Eltern und Geschwister anwesend, ebenso meine Schwiegermutter und Friedhelm. Nach dem gemeinsamen Kaffeetrinken in meinem Elternhaus sind Karl und ich nach Altenvörde gefahren. Karl hat ein Wohn- und ein Schlafzimmer hergerichtet – das ist unsere Wohnung. Sie liegt im ersten Stock des Hauses, wo du deine Kammer hattest.

Unsere Pension ist fast leer. Nahezu alle Arbeiter mussten Soldaten werden. Ab morgen werde ich mit meiner Schwiegermutter allein hier wohnen. An die ländliche Gegend muss ich mich erst gewöhnen. Aber es ist auch schön, früh schon im Garten zu arbeiten und Hühner und Kaninchen zu füttern.

Bitte werde recht bald wieder gesund und komme mich besuchen.

Es grüßt Dich ganz herzlich
Deine Mimmi

P. S. Ich soll Dich ganz herzlich von Karl und meiner

Schwiegermutter grüßen. Karl will Dir aus Frankreich schreiben.«

Brief aus Verdun

Ende September erhält Klara einen Brief von Karl. Sie hatte ihm zuvor geschrieben und zur Hochzeit gratuliert, allerdings bisher keine Antwort bekommen. Deshalb ist sie froh, nun endlich ein Lebenszeichen zu erhalten.

Karl schreibt:

»Liebes Bäschen!
Deine Glückwünsche zur Hochzeit habe ich endlich erhalten. Der Brief hat einige Zeit gebraucht, um mich zu erreichen. Als wir auf dem Vormarsch waren, hat es für uns Soldaten sowieso keine Post gegeben.

Nun ist hier Ruhe eingekehrt. Wir liegen vor der kleinen Stadt Verdun, die zur Festung ausgebaut ist. Sobald wir Verdun genommen haben, kann es weitergehen nach Paris. Hier bei Verdun leisten uns die französischen Rothosen erbitterten Widerstand. Wir haben uns deshalb eingegraben. Der Feind hat das auch getan.

Du hast mich gebeten, Dir zu schreiben, wie es im Krieg zugeht. Nun, ich kann Dir berichten, was ich selbst vor acht Tagen erlebt habe, als ich in der Nacht Wache hatte. Unsere Batterie war in einem erhöhten Buschholz aufgestellt. Rundherum herrschte tiefstes Schweigen, nur ab und zu konnte man einen Gewehrschuss aus der Ferne hören. Da zerriss ein Kanonenschuss für einen Augenblick die Stille. Der Schall verriet uns, dass es sich um ein deutsches

Geschütz handeln musste. Durch den Fernsprecher erhielten wir fast zur gleichen Zeit den Befehl zum Feuern.

Zuerst hörte man das anhaltende eiserne Rollen der kleinen Geschütze, untermischt mit den schweren Schlägen der großen Kaliber, dann setzten die Taktschläger zu der überlauten Kriegsmusik regelmäßig ein und ließen ihre Haubitzgranaten und Mörserbomben wettern, die ihre Ziele nicht verfehlten. Eine solche Kanonade kann stunden- und tagelang anhalten. Dann beginnt der Sturm der Infanterie auf die feindliche Stellung. Dem Feind schlägt ein mörderisches Feuer von Infanterie- und Maschinengewehren entgegen. Das Krachen, Dröhnen, Donnern und Surren der Geschosse vereinigt sich zu einem Getöse, als sollte die ganze Welt in Trümmer gehen.

Die Erde erbebt, die Luft erfüllt sich mit Rauch, Dampf und Staub. So ist das jedes Mal, aber besonders schlimm war es an dem Tag, von dem ich Dir gerade berichte. Dann kam der Nahkampf, der in ein Handgemenge überging, bei dem Handgranaten, Bajonette und Gewehrkolben die Hauptrolle spielten. Da ging es um Siegen oder Untergehen. In dieser höchsten Gefahr kam es mir vor, als wenn ich übermäßige Kräfte hätte. Ich hatte fast einen ›Rausch‹.

Nach dem harten Ringen kam der Kampf zum Stehen. Ein Teil der Gegner warf die Gewehre fort und gab sich gefangen. Die anderen wandten sich zur Flucht. Wir erbeuteten fünf Maschinengewehre und zweihundertachtundsechzig Gefangene. Das war ein großer Erfolg, bei dem wir auch etwas Gelände eroberten. Dann ging das Fragen nach den Kameraden los, nach den Gefallenen und Verwundeten. Aber darüber schreibe ich Dir nichts mehr, das ist nichts für Mädchen.

Liebes Bäschen, Du hast mich gefragt, ob ich Angst habe. Ehrlich gesagt, manchmal habe ich wirklich Angst. Ich weiß ja, dass mein Leben in Gottes Hand liegt und dass mit dem Sterben nicht alles aus ist, sondern dass es ein ewiges Leben gibt. Trotzdem wäre ich glücklich, nach dem hoffentlich baldigen Ende dieses Krieges wieder unversehrt nach Hause zu meiner Frau zurückkehren zu dürfen. Aber das liegt in Gottes Hand, und da liegt es gut. Werde nur recht bald ganz gesund!
Es grüßt dich ganz herzlich
Dein Vetter Karl.«

Weihnachten daheim

Anfang Dezember bittet der Arzt Klara zu einem Gespräch. Klara hat Angst davor – ob er ihr etwas Schlimmes mitteilen wird? Aber dann erlebt sie eine freudige Überraschung.

»Fräulein Klara, ich bin sehr zufrieden mit Ihrem Krankheitsverlauf«, sagt der Arzt. »Wir können Sie mit gutem Gewissen zu Weihnachten nach Hause entlassen. Aber einiges muss ich Ihnen mit auf den Weg geben. Sie dürfen sich in Zukunft nicht wieder so überarbeiten, wie Sie das bisher getan haben. Sie müssen Anstrengungen meiden und immer gut leben.«

»Gut leben?«, fragt Klara.

»Gut leben bedeutet, dass Sie reichlich essen und dabei viele Milchprodukte zu sich nehmen. Aber das haben Sie ja in den vergangenen Monaten hier bei uns in der Heilstätte gelernt.«

Klara nickt: »Ja, Herr Doktor! Käse, Quark, Vollmilch und Buttermilch sind wichtig für die Ernährung der Lungenkranken. Sie enthalten Kalk, der den gefährlichen Bazillus bekämpft.« Denn, das alles weiß Klara, der Bazillus ist nicht etwa tot, sondern er hat sich in die Lunge zurückgezogen und ist dort eingekapselt. Eine dicke Schicht aus Kalk umgibt ihn. Die darf nicht brüchig werden, denn dann könnte der Bazillus wieder herauskommen und die Krankheit erneut ausbrechen. Deswegen muss sie sich kalkreich ernähren, dann besteht keine Gefahr.

Klara ist glücklich, dass sie wieder nach Hause darf. Der Arzt erlaubt ihr sogar, allein die Heimreise mit der Bahn anzutreten. Auf dem Bahnsteig erlebt sie, wie ein Zug mit Soldaten an die französische Front abfährt. Frauen und Kinder winken und jubeln den abfahrenden Männern zu, einige werfen ihnen noch Blumensträuße in die geöffneten Coupéfenster. Klara winkt ihnen selbstverständlich auch zu. Aber dann erinnert sie sich, was Karl ihr von den Kämpfen an der Front geschrieben hat. Und da hört sie auf zu jubeln und winkt nur noch ein ganz klein wenig.

In Sachsenhausen, so hat sie es mit dem Vater vereinbart, soll sie abgeholt werden. Und richtig, da steht er mit den Pferden am Bahnhof. Katharina sitzt mit auf dem Wagen, und auch der kleine Christian ist dabei, um die große Schwester heimzuholen.

Katharina stürzt auf Klara zu und umarmt sie. »Was bin ich so froh, dass du wieder da bist, Schwesterchen«, weint und lacht sie gleichzeitig. »Ohne dich ist es überall nur halb so schön.«

Klara schaut den kleinen Bruder an. »Du bist ja in der Zwischenzeit ganz schön gewachsen, Christian«, sagt sie, beugt sich zu dem Brüderchen und küsst es auf die Wangen. Christian schaut sich verstohlen um. Hoffentlich hat das niemand gesehen, man lässt sich doch nicht in aller Öffentlichkeit küssen!

Der Vater umarmt seine große Tochter stumm. »Ich bin Gott dankbar, dass ich dich gesund wiederhabe, mein liebes Kind«, sagt er schließlich. Klara bemerkt, dass in seinen Augen Tränen stehen. Verstohlen wischt sich der Schulze über die Augen.

»Sind daheim alle gesund?«, will Klara wissen.

»Mach dir keine Sorgen! Alle warten schon auf dich.«

Klara muss auf die andere Seite der Straße blicken, dahin, wo die Schreinerei liegt. Aber der hübsche Christian ist heute nicht zu sehen. »Es sind keine Menschen auf der Straße«, sagt Klara mehr zu sich selbst als zu den anderen.

Katharina scheint zu wissen, warum Klara nach der Schreinerei schaut. »Die jungen Burschen sind doch alle im Krieg«, sagt sie.

Klara schluckt. Sie hat nicht damit gerechnet, dass auch der Christian, von dem sie in der Heilstätte manchmal geträumt hat, in den Krieg ziehen musste. Irgendwie ist sie unruhig deswegen. Sie wird dafür beten, dass er gesund zurückkehrt. Aber bald, so steht es ja in allen Zeitungen, werden die Feinde besiegt sein, und dann wird es Frieden geben. Alle Soldaten werden heimkommen und als Helden gefeiert werden, und Karl und Christian werden in den vordersten Reihen der heimkehrenden Helden zu finden sein …

Auf dem heimischen Hof ist alles festlich geschmückt. Die Mutter und die Geschwister warten schon an der

Haustür. Sogar ein Kuchen steht auf dem Tisch – weil Klara endlich wieder daheim ist.

Klara muss stundenlang erzählen. Eltern und Geschwister möchten ganz genau wissen, was Klara alles in der vergangenen Zeit erlebt hat. Abends muss sie Katharina noch ausführlich von Karl und Mimmi erzählen.

Das Weihnachtsfest wird diesmal besonders schön. Obwohl es wegen der Knappheit des Geldes nur ganz kleine Geschenke gibt, freuen sich alle, gesund beieinander zu sitzen und die alten Weihnachtslieder zu singen. Es ist Sitte, dass der Schulze jedes Jahr zu Weihnachten eine kleine Andacht hält. Er schließt ein Gebet an, dankt Gott für Klaras Heilung und dafür, dass sie nun wieder daheim sein darf.

In der Nachbarschaft

Die Arbeitskräfte im Dorf sind knapp. Fast alle Männer mussten in den Krieg ziehen, nur Greise und Kranke sind noch daheim. Der Schulze brauchte wegen seines Amtes nicht einzurücken. Nun hilft er, wo er kann, denn die Höfe müssen von Frauen, Kindern und alten Leuten bewirtschaftet werden.

In der Nachbarschaft ist eine junge Frau niedergekommen. Die Geburt war schwierig, und die Mutter braucht einige Zeit, um sich zu erholen. Auf dem Hof leben außerdem die drei anderen kleinen Kinder und die alten Schwiegereltern der jungen Bäuerin sowie eine ältere Magd. Der junge Bauer ist irgendwo im Krieg.

Die alte Bäuerin kommt bald nach dem Jahreswechsel zu Klara. »Die Marie kommt immer noch nicht auf die Beine«, sagt sie zu Klara. »Unsere Magd, die Lise, hat alle Hände voll im Stall zu tun. Und ich, ich will ja gerne tun, was ich kann, aber ich habe überall die Gicht. Und mein Mann macht manchmal schon dummes Zeug.«

Klara ahnt, was die Nachbarin von ihr will.

»Könntest du denn nicht wenigstens die Kinder versorgen? Das klappt bei uns jetzt überhaupt nicht. Und nach der Marie muss auch immer jemand sehen. Komm doch für einige Zeit herüber zu uns. Du sollst deinen Lohn haben.«

Die Mutter hat die Bitte der Nachbarin gehört. »Klara ist lange krank gewesen«, sagt sie. »Zwar ist sie jetzt gesund, aber sie soll sich vor schwerer Arbeit hüten.«

»Schwer arbeiten braucht sie doch nicht«, wehrt die alte Bäuerin ab. »Sie soll nur die Kinder und die Marie versorgen, damit die Lise in den Stall kann.«

Klara meint: »Mutter, ich denke, dazu bin ich wirklich kräftig genug. Es ist doch nötig, dass sich jemand um die Familie kümmert.«

»Aber es wäre mir lieb«, wendet Mutter Anna ein, »wenn du zum Schlafen nach Hause kommen könntest.« Und augenzwinkernd fährt sie fort: »Dann kann ich besser überwachen, ob du auch immer genügend gegessen hast.«

»Das lässt sich ohne weiteres einrichten«, freut sich die alte Nachbarin. »Wenn Klara morgens um sieben kommt und abends um sieben geht, dann ist uns schon sehr geholfen.«

Klara geht noch am selben Tag ins Nachbarhaus. Hier ist wirklich dringend Hilfe geboten. Marie ist eine kräftige, gesunde Frau gewesen, die ohne Schwierigkeiten drei Kinder geboren hat. Bei der letzten Niederkunft ist aber irgendetwas schief gegangen. Die junge Frau siecht dahin, kann sich einfach nicht erholen.

Klara badet zunächst einmal die drei älteren Kinder, die ziemlich vernachlässigt sind. Das kleine Mariechen ist sieben Jahre alt, Ludwig ist fünf und Heinrich vier; dazu kommt der neugeborene Wilhelm. Ludwig und Heinrich tragen noch Röckchen wie die Mädchen, erst wenn für Ludwig die Schule anfängt, wird er eine richtige Hose bekommen. Mariechen geht das erste Jahr zur Schule und freut sich, dass Klara ihr bei den Hausaufgaben hilft. Sie muss Buchstaben auf ihre Schiefertafel schreiben.

»Ich soll auch endlich das Schulscheit mitbringen, hat der Lehrer gesagt«, erfährt Klara von Mariechen. Das »Schulscheit« ist ein Stück Brennholz. Reihum müssen die Kinder Brennholz mit in die Schule bringen, damit der Schulsaal geheizt werden kann. Das Scheitholz muss der Lehrer selbst zersägen und zerhacken – und frühmorgens vor Beginn des Unterrichts den Ofen im Klassenzimmer anheizen, damit es warm ist, wenn die Kinder kommen. Klara lässt am Abend noch von ihren Brüdern das Schulscheit für Mariechen zum Lehrer bringen.

Klara hat in der Heilstätte gelernt, was kräftigende Kost ist. Sie kocht jetzt für die Wöchnerin Rindfleischsuppen, gibt ihr Eierspeisen und viel Quark, den Marie bei ihrer Appetitlosigkeit am liebsten isst. Klara bleibt bei Marie am Bett sitzen und plaudert mit ihr, bis sie gegessen hat. Sie wäscht die Kranke jeden Tag von Kopf bis Fuß und bettet sie frisch. Allmählich erholt sich Marie und kann stundenweise das Bett verlassen. Klara soll aber auf alle Fälle noch dableiben, bis die junge Mutter wieder ganz gesund ist.

Den kleinen Wilhelm versorgt Klara gerne. Zum Glück

braucht sie keinen Brei für ihn zu kochen, da Marie genügend Milch hat, um ihn zu stillen. Mit den älteren Jungen spielt sie nachmittags, oder sie erzählt ihnen Geschichten. Das Wetter ist schlecht, die Witterung bleibt kühl und regnerisch, sodass die Kinder oft im Haus spielen müssen.

Einen Rückschlag erleidet Marie, als ihr mit der Post mitgeteilt wird, dass ihr Mann in russische Kriegsgefangenschaft geraten ist. »Die Russen sind halbe Wilde«, jammert Marie. »Es hat schon geheißen, dass sie den Gefangenen die Hände abhacken. Oder dass sie sie verhungern lassen. Irgendwo habe ich auch schon gelesen, dass sie Menschen schlachten und essen.«

Klara kann sich so etwas nicht vorstellen. »Das ist ja Unsinn, Marie«, sagt sie. »Denk doch mal, die Zarin in Russland ist doch eine hessische Prinzessin! Sie stammt aus Darmstadt. Glaubst du, die lässt zu, dass ihre Landsleute geschlachtet und gegessen werden?« Da beruhigt sich Marie.

Erst im Frühsommer ist Marie so weit wiederhergestellt, dass sie auf Klaras Hilfe verzichten kann. Die Betreuung der Kinder hat Klara Freude gemacht. »Es ist schön, Kinder zu haben«, denkt sie. »Ich kann mir vorstellen, auch einmal viele Kinder zu haben.«

Briefe aus Altenvörde

Noch als Klara bei Marie aushilft, erreicht ein Brief aus Altenvörde die Familie. Tante Rickchen schreibt, sie hat einen frohen Anlass.

»Ihr Lieben alle!
Möchte Euch nur mitteilen, dass Mimmi einem gesunden Töchterchen das Leben geschenkt hat. Die Kleine hat den Namen Ruth erhalten. Mimmi ist wohlauf. Karl hat bisher keinen Fronturlaub gehabt, wird ihn aber aufgrund der Geburt seiner Tochter erhalten und bald bei uns sein. Friedhelm ist nun an der Front in Flandern. Wir hoffen, dass der Krieg bald vorbei ist. Wie ich erfahren habe, geht es Klara gut.

Wir hoffen auf ein frohes Wiedersehen und verbleiben mit lieben Grüßen

die kleine Ruth, Mimmi und Tante Rickchen.«

Einige Wochen später schickt Mimmi einen Brief mit schwarzem Rand. Klara weiß, was darin steht, noch bevor sie ihn geöffnet hat. Es ist eine Todesanzeige, Karl ist vor Verdun auf dem Feld der Ehre gefallen.

Mimmi, gerade mal ein Jahr mit Karl verheiratet, ist schon Witwe. Und die kleine Ruth wird ihren Vater niemals kennen lernen. Abgesehen von den drei Tagen Urlaub zum Besuch seiner neugeborenen Tochter haben Karl und Mimmi nur knapp eine Woche zusammenleben können. Dann kam der Krieg, der für den fröhlichen Karl zugleich Tod bedeutete.

Klara setzt sich in eine Ecke und weint. Sie hat Karl gemocht. Als Katharina den Brief sieht, kommen ihr ebenfalls die Tränen. Nach einer Weile sagt sie: »Ich habe ihn sehr lieb gehabt. Nie hätte ich einen anderen Mann haben wollen als ihn.«

Klara streichelt die Hand der Schwester. »Ich muss Mimmi schreiben. Sie hat die kleine Ruth. Ihr Kind ist ein

Andenken an Karl. Das muss ich ihr schreiben. Das tröstet sie vielleicht.«

Katharina seufzt. »Schreibe ihr auch, dass wir alle mit ihr um Karl trauern.«

Am Abend sprechen die beiden Schwestern noch lange miteinander. »Sieh mal, Katharina«, sagt Klara, »wenn Karl nun dich hätte heiraten wollen, dann hätte er noch warten müssen, weil du so jung bist. Dann wärst du noch gar nicht mit ihm verheiratet gewesen.«

»Er wäre dann höchstens mein heimlicher Bräutigam geworden.«

»Dann hättest du jetzt deinen Bräutigam verloren.«

»Siehst du! Und weil ich ihn wirklich lieb hatte, deswegen ist es kein Unterschied, ob er mit Mimmi verheiratet war oder nicht. Ich habe mir immer gesagt, dass ich keinen anderen will als ihn. Jetzt wäre ich auch alleine, wenn er mein Bräutigam oder Mann gewesen wäre.«

Klara drückt die weinende Schwester an sich.

»Ich will niemals heiraten, Klara«, sagt Katharina. »Ich bleibe bei dir.«

»Sag so etwas nicht, Trinchen! Vielleicht lernst du bald einen netten Mann kennen, den du heiraten magst.«

»Einen netteren als Karl gibt es nicht! Ich bleibe deshalb bei dir.«

»Aber ... wenn ich nun heiraten würde?«

»Das macht doch nichts! Ich will trotzdem dein treues Schwesterlein bleiben.«

Klara in Sachsenhausen

Immer mehr Männer, sogar die älteren, müssen in den Krieg. Immer schwieriger wird es für die Zurückbleibenden, die Felder zu bestellen. Auch das »normale« Leben ist stark beeinträchtigt. Die jungen Lehrer sind fort, ebenso die Bahnschaffner, die Postboten ... In jedem Ort sind jetzt Gefallene zu beklagen.

Eines Tages erfährt der Schulze, dass der Stationsvorsteher des Bahnhofs von Sachsenhausen dringend eine Haushälterin sucht. Die Tochter, die ihm und seiner gehbehinderten Frau bisher den Haushalt führte, hat nach Arolsen geheiratet. Auch der junge Schaffner an der Bahnsperre musste in den Krieg. Nun hat der Stationsvorsteher die doppelte Arbeit. Nach dem Wegzug der Tochter hat er seiner Frau erst noch ein wenig zur Hand gehen können, aber das ist nicht länger möglich, denn er ist fast rund um die Uhr im Dienst.

Der Schulze fragt Klara, wobei es ihm selbst nicht recht ernst zu sein scheint, ob sie nicht Lust hätte, in Sachsenhausen bei dem Stationsvorsteher als Haushaltshilfe in Stellung zu gehen. Sie würde einen ordentlichen Lohn erhalten und mit im Bahnhofsgebäude wohnen.

»Ich kann es mir eigentlich nicht vorstellen, dass du in Sachsenhausen eine Stellung annehmen willst, Klara«, sagt der Schulze, »denn dort ist es lange nicht so schön wie hier bei uns. Du findest sicherlich auch eine Stellung in der Nähe. So schnell brauchst du ja von zu Hause nicht fortzugehen, wir haben auch hier alle Hände voll zu tun.«

Aber Klara hat nichts gegen Sachsenhausen. Im Gegenteil, als sie erfährt, dass sie im Bahnhofsgebäude wohnen soll, da ist sie Feuer und Flamme.

»Denk dran, dass dort viele Züge vorbeikommen«, gibt die Mutter zu bedenken. »Die werden dich nachts aus dem Schlaf schrecken.«

Katharina weiß, warum Klara keine Abneigung gegen eine Arbeit in Sachsenhausen hat. Sie sagt: »Mir gefällt die kleine Stadt. Und vor dem Geräusch der Eisenbahnen hätte ich keine Angst. Daran gewöhnt sich Klara bestimmt.«

»Das klingt ja fast so, als ob *du* nach Sachsenhausen gehen wolltest, Katharina.«

»Das will ich auch, Vater«, sagt Katharina. »Aber bei dem Bahnhofsvorsteher in Stellung gehen, das kann ich nicht. Dafür ist Klara besser geeignet. Ich arbeite lieber irgendwo als Stallmagd.«

Klara reist einige Tage später nach Sachsenhausen, wo sie von der Frau des Bahnhofsvorstehers freudig begrüßt wird. Sie bekommt ein freundliches kleines Zimmer zugewiesen, allerdings blickt man vom Fenster aus nur auf die Eisenbahnschienen und den gegenüberliegenden Abhang.

Der freundliche Bahnhofsvorsteher, der ihr schon bei der Abreise nach Altenvörde aufgefallen ist, wird nun ihr Dienstherr. Klara soll seiner Frau im Haushalt zur Seite stehen, die Einkäufe erledigen, die Wohnung sauber halten, sich um die Wäsche kümmern, aber auch den Garten versehen und das Kleinvieh versorgen.

Bei dem Ehepaar Kleinschmidt hat Klara es gut. Nach wenigen Tagen schon fühlt sie sich fast wie zur Familie gehörig. Frau Kleinschmidt selbst hat sich vor einigen Jahren bei einem Sturz einen Knöchel so verletzt, dass sie nur mit Schmerzen und hinkend zu laufen vermag. Besonders nachteilig ist es für sie, dass sich die Dienstwohnung für den Stationsvorsteher im ersten Stock des Bahnhofsgebäudes, also über Wartesaal und Schalterraum befindet. Es bereitet ihr große Mühe und zweifellos auch viele Schmerzen, die hohe Treppe hinauf- oder herunterzusteigen. Sie übernimmt die Arbeiten, die sie im Sitzen am Küchentisch verrichten kann, während Klara alles erledigt, was Beweglichkeit der Füße voraussetzt.

In kürzester Frist hat Klara die Wohnung gründlich gereinigt, den verunkrauteten Garten in Ordnung gebracht und den Hühnerstall gesäubert. Sie hat sogar noch einen Teil des angelieferten Brennholzes gehackt und in den Holzschuppen geräumt – obwohl das ihre Mutter nicht erfahren darf, weil der Arzt ihr weiterhin schwere körperliche Arbeit verboten hat.

Besonderes Augenmerk richtet Klara auf die Hühner. »Mir ist aufgefallen, dass wir von zwölf Hennen nur zwei bis drei Eier am Tag haben«, sagt Klara nach ein paar Tagen zu Frau Kleinschmidt. »Eigentlich müssten wir doch mindestens sechs bis acht Eier finden.«

»Ja, Fräulein Klara«, sagt Frau Kleinschmidt, »das gibt mir auch zu denken. Ich kann es mir aber nicht erklären. Die Hühner haben gutes Körnerfutter, viel Grünes. Ich weiß nicht, was ihnen fehlt. Es wundert mich auch, dass in diesem Jahr keine Henne brüten wollte.«

»Könnte es daran liegen, dass die Hennen zu alt sind?«

»So alt sind sie doch gar nicht. Höchstens vier oder fünf Jahre.«

Klara kann sich ein Lachen nicht verbeißen. »Dann ist es aber wirklich kein Wunder, Frau Kleinschmidt, dass wir fast keine Eier mehr bekommen. Die Hennen sind ja viel zu alt.«

»Meinen Sie wirklich, Fräulein Klara?«

»Wir müssen sehen, dass wir bald kleine Hühnchen bekommen. Und die alten müssen nach und nach in den Topf.«

»Wer soll die Hühner denn schlachten? Früher hat das immer der Christian aus der Schreinerei gegenüber für uns gemacht, aber der ist jetzt im Krieg, der gute Junge.

»Machen Sie sich keine Gedanken, Frau Kleinschmidt. Das Hühnerschlachten habe ich daheim gelernt. Das besorge ich schon.«

»Fräulein Klara! Dass Sie so robust sind, kann ich mir gar nicht vorstellen.«

»Na ja robust! Was heißt das schon? Ich bin auf einem Bauernhof großgeworden. Da gehört das Schlachten einfach dazu.«

Der Bahnhofsvorsteher reibt sich insgeheim die Hände, weil er mit Klara einen guten Griff getan hat. Seine Frau, die aufgrund ihrer Gehbehinderung manchmal trübsinnig zu werden drohte, ist wieder fröhlicher geworden. Fräulein Klara liest ihr aus der Zeitung vor, plaudert mit ihr über alles, was es in Küche und Keller zu erledigen gibt, berichtet ihr die Neuigkeiten aus dem kleinen Ort und macht es möglich, wieder Gäste ins Haus zu laden, sodass seine Frau nicht mehr das Gefühl haben muss, abseits vom Leben zu stehen.

Klara hat inzwischen die Bekanntschaft von Christians drei Schwestern Mariechen, Lina und Emma gemacht. Die Mädchen sind etwas jünger als sie und gehen bis auf Lina noch zur Schule. Johannette lädt Klara zum Kaffeetrinken ein. Sogar August benimmt sich anfangs höflich gegenüber

Klara, schließlich ist sie die Tochter eines angesehenen Schulzen.

Johannette erfährt nun von Klara, dass bei ihr daheim im Hause des Schulzen jeden Sonntagnachmittag Bibelstunden abgehalten werden. Darüber freut sie sich. Sie erzählt ihr von den Versammlungen in Sachsenhausen und lädt sie ein, mit ihr dorthin zu gehen. Klara schließt sich Johannette an. Als August bemerkt, dass Klara auch zu den »Frommen« gehört, ändert sich sein Verhalten ihr gegenüber. Er will nichts mehr von ihr wissen.

Eine große Freude bedeutet es für Klara, als Katharina eine Stelle als Stallmagd in Sachsenhausen antreten kann. Sie arbeitet auf einem Hof, der von einer jungen Bäuerin – zusammen mit ihrer Mutter und Tante – mehr schlecht als recht bewirtschaftet wird. Der Jungbauer ist als Soldat im Krieg. Zunächst war er, als einziger Mann auf dem Hof, vom Kriegsdienst zurückgestellt worden. Aber darauf wird jetzt keine Rücksicht mehr genommen.

Nun sehen sich die Schwestern – zwar oft nur kurz, aber doch täglich. Manchmal nehmen sie Frau Kleinschmidt zwischen sich und gehen mit ihr im Ort spazieren.

Christian

Nach ein paar Tagen fragt Katharina: »Sag mal, was gibt es denn Neues über den Christian? Den aus der Schreinerei.«

Klara antwortet hastig: »Was geht mich der denn an? Glaubst du, ich würde seine Mutter nach ihm fragen?«

»Ja, warum nicht? Es ist doch keine Schande, sich nach einem Nachbarn zu erkundigen!«

»Was sollen die denn von mir denken? Die Nachbarn könnten ja meinen, ich würde mich für den Christian interessieren.«

»Na, das tust du doch auch!«

»Ach du!«

Eine Weile schweigen die Schwestern. Dann beginnt Katharina von neuem. »Ich habe es doch längst gemerkt, dass du den Christian gerne siehst.«

»Aber ich kenne ihn doch gar nicht richtig.«

»Trotzdem! Du hast ihn bei der Abreise nach Altenvörde schon so merkwürdig angesehen.«

»Ich? Unsinn! Warum sollte ich ihn denn merkwürdig angesehen haben?«

»Na, weil er dir gefallen hat. Er hat dich aber auch dauernd angeguckt.«

»Meinst du?«

»Warum fragst du seine Mutter nicht einmal, wie es ihm geht? Er schreibt doch bestimmt manchmal aus dem Feld.«

»Das traue ich mich nicht.«

Klara braucht Christians Mutter gar nicht zu fragen, denn ein paar Tage später kommt er selbst überraschend nach Hause. Eine unerhebliche Verwundung – der linke große Zeh ist zertrümmert – bedeutet, dass für ihn der Krieg zu Ende ist. Die Wunde ist zwar rasch geheilt, doch kann er seitdem nicht mehr lange marschieren, schon gar nicht in Soldatenstiefeln. Er ist vorläufig ausgemustert und darf zu Hause bleiben.

Klara trifft Christian in der Schreinerei, als sie Johannette besuchen will. Da sie von seiner Rückkehr nichts gewusst hat, ist sie verdutzt und sprachlos. Verlegen blickt sie ihm ins Gesicht. Der Krieg hat ihn noch reifer, männlicher werden lassen. Christian ist ebenso überrascht, als er Klara sieht. Auch er hat nicht damit gerechnet, sie in der heimischen Küche wiederzutreffen.

»Fräulein Klara«, ruft er, »wie kommen Sie denn hierher?«

Klara lächelt und sagt: »Haben Sie das nicht gesehen? Ich bin durch diese Tür hereingekommen!«

Johannette erklärt: »Fräulein Klara ist gegenüber bei Kleinschmidts in Stellung.«

Das freut ihn zu hören, man sieht es ihm an. Und dass er sich freut, freut nun wieder Klara – und sie bleibt heute außergewöhnlich lange in der Schreinerei. Frau Kleinschmidt hat sich schon richtig Sorgen gemacht, weil Klara so lange ausbleibt.

»Drüben der ... Christian ist aus dem Krieg heimgekommen ... Und da ist die Zeit so schnell vergangen ...«, bringt sie zu ihrer Entschuldigung vor.

»Was, der Christian ist wieder da?!«, ruft Frau Kleinschmidt überrascht aus. »Also, da will ich ihn nachher aber auch selbst begrüßen. Macht es Ihnen etwas aus, Fräulein Klara, mich hinüber zu begleiten?« Aber nein, es macht Fräulein Klara gar nichts aus!

In den nächsten Tagen gibt es viele Gelegenheiten für die jungen Leute, sich zu sehen. Christian kommt sogar zum Hühnerschlachten. Klara findet es inzwischen doch unangenehm, diese blutige Verrichtung selbst vorzunehmen.

Christian erzählt viel aus dem Krieg. »Das Schreckliche möchte ich für mich behalten. Aber man erlebt auch viele lustige Dinge. Ein Kriegskamerad von mir hatte großen

Kummer mit dem Lesen. Seine Braut schrieb ihm nun immer zärtliche Briefe. Er freute sich über jeden Brief. Nur gab es für ihn dann immer die Schwierigkeit, dass ihm jemand die Briefe vorlesen musste, weil er es selbst einfach nicht konnte. Er brachte schließlich einen Brief zu mir. ›Christian‹, sagte er. ›Du kannst mir den Brief von meiner Braut vorlesen.‹

Ich sagte: ›Das ist mir unangenehm. Ich will doch nicht wissen, was deine Braut dir schreibt. Das geht mich doch gar nichts an.‹

›Dann machen wir es einfach so‹, schlug mein Kamerad vor, ›dass du beim Lesen dir die Ohren zuhältst. Dann hörst du ja nicht, was in dem Brief steht.‹«

Christian und Klara sehen sich fast jeden Tag. Als er einmal seine Uniform anlegt und den Säbel umbindet, ist Klara entzückt von ihm. Kein König könnte schöner aussehen als er. Wieder ist es Katharina, die Klaras Gefühle in Worte kleidet. »Es ist überhaupt nicht zu übersehen, dass du ihn magst. Und es ist auch nicht zu übersehen, dass er dich mag. Habt ihr denn schon einmal miteinander gesprochen?«

»Wie kommst du denn darauf?«

»Mein liebes Schwesterlein, ich bin doch nicht blind. Ihr beide habt euch gern. Das weiß ich, weil ihr euch immer so sonderbar anschaut. Sobald du den Christian siehst, leuchten deine Augen. Und Christian strahlt dich immer nur an. Du hast ihn sehr lieb, nicht wahr?«

»Ja, Trinchen, ich habe ihn sehr lieb.«

»Und wie soll das weitergehen mit euch beiden? Wollt ihr euch immer nur merkwürdig ansehen und dann lächeln – oder was sonst?«

»Aber Katharina! Christian ist doch derjenige, der zuerst sprechen müsste. Er ist doch der Mann.«

»Schwesterlein, nun überlege einmal, warum er sich vielleicht nicht traut, mit dir zu reden. Er hat keinen richtigen Beruf. Er ist am Fuß verwundet und fühlt sich vielleicht deswegen minderwertig. Und dann ist er auch noch kleiner als du.«

»Das macht mir alles nichts aus. Ich habe ihn doch so lieb.«

Christian kann bald schon wieder recht gut laufen. Er muss einen Schuh tragen, an dem der zertrümmerte Zeh innen nicht reiben kann. Dann schwillt der Zeh nicht an und schmerzt auch nicht. Nach etwa drei Wochen sieht sich Christian nach Arbeit um. Im Hause seines Vaters gibt es nicht mehr viel für ihn zu tun, weil seine Brüder, bis auf den ältesten Bruder Wilhelm, der in Frankreich Soldat ist, dort die Arbeit erledigen. Arbeitskräfte sind knapp. Christian erhält ein Angebot aus dem benachbarten Berndorf. Er entschließt sich, dort als Knecht zu arbeiten, denn er hat immer schon gern Bauer sein wollen.

Eines Abends kommt Katharina zu Klara. »Gehst du noch ein wenig mit mir an die Luft, Schwesterchen?«, fragt sie.

»Es ist doch schon fast dunkel«, wendet Klara ein.
»Na, wenn ich bei dir bin, brauchst du dich doch nicht zu fürchten«, lacht Katharina.

Klara erhält die Erlaubnis von Frau Kleinschmidt, sich noch einmal entfernen zu dürfen. Katharina hakt sich bei der Schwester unter und schlägt den Weg ins Feld ein.

»Wo gehst du denn hin? Das ist doch der Weg zur Klinger Kirche. Sollen wir jetzt im Dunkeln noch im Feld herumstolpern?«

»Schwesterlein, ich bin doch bei dir. Da brauchst du auch im Dunkeln keine Angst zu haben.«

Die Mauer der Kirchenruine ragt schwarz vor ihnen auf. Leise rascheln die Blätter der Büsche im Nachtwind. Hinter der Kirche sitzt jemand auf einer rohen Holzbank. Es ist Christian.

Katharina streichelt Klaras Wange. »Schwesterchen, bitte sei nicht böse. Christian hat mich gebeten, dich hierher zu bringen. Er muss doch bald fort, und da hat er dir vorher noch etwas zu sagen.«

Klara ist zugleich verärgert und erfreut. Verärgert, weil Christian und Katharina offensichtlich gemeinsame Sache gemacht haben, um sie hinter die Kirche zu locken – und erfreut, weil Christian dort sitzt.

»Setzen Sie sich bitte, Fräulein Klara«, bittet Christian.

»Ich gehe ein kleines Stück weiter in das Feld«, sagt Katharina und ist schon in der Dunkelheit verschwunden.

Klara setzt sich zögernd neben Christian. Es durchläuft sie von Kopf bis Fuß, fast so, als wenn sie eine Gänsehaut bekäme. Aber es ist viel schöner.

»Fräulein Klara«, beginnt Christian, »bald gehe ich nach Berndorf auf einen Hof. Ich wollte vorher noch einmal alleine mit Ihnen reden.«

Klara lauscht seiner Stimme, wartet, dass er weiterspricht.

»Ich will Geld verdienen und nicht zu Hause herumsitzen.«

»Deswegen bin ich ja auch hier«, sagt Klara. »Auch ich möchte gern etwas verdienen.«

»Könnten Sie sich vorstellen, immer in Sachsenhausen zu leben?«, fragt er.

»Oh ja, das könnte ich mir schon vorstellen. Aber da gibt es eine Bedingung.«

»Darf ich diese Bedingung wissen?«

Klara antwortet: »Ja, Christian, selbstverständlich dürfen Sie diese Bedingung wissen. Ich könnte mir nur vorstellen, immer in Sachsenhausen zu leben, wenn ich hier einen lieben Mann gefunden hätte. Andernfalls wollte ich nicht immer hier bleiben.«

»Und haben Sie einen solchen Mann gefunden?«

»Vielleicht. Ich weiß es noch nicht genau. Er hat mich noch nicht gefragt, ob ich seine Frau werden möchte.«

»Vielleicht wagt er es nicht, weil er arm und verkrüppelt ist und eine Familie gar nicht ernähren könnte.«

»Er sollte es einfach versuchen.«

»Und er würde dann keine Ablehnung erfahren?«

»Nein, niemals, Christian!«

Christian ergreift Klaras Hand. »Weißt du, Klara, ich habe dich sehr lieb. Für mich gibt es nichts Schöneres, als immer bei dir zu sein. Möchtest du meine Frau werden?«

Klara streichelt seine Hand. »Etwas Schöneres kann ich mir gar nicht vorstellen.«

»Und hast du auch daran gedacht, dass ich kein reicher Mann bin? Als meine Frau wärest du bestimmt nicht besonders wohlhabend.«

»Die Zukunft steht in Gottes Hand, Christian. Darüber mache ich mir keine Sorgen. Ich habe oft im Gebet gefragt, ob es wohl Gottes Plan für mich ist, deine Frau zu werden. Und immer hatte ich die Gewissheit: Wir sind füreinander bestimmt.«

»Klara, du …«, stammelt Christian.

Katharina steht plötzlich vor den beiden. »Es ist so dunkel, dass ich mich fast fürchte. Muss ich noch einmal zurück ins Feld, oder …«

»Nein, Schwesterlein, das ist nicht nötig. Nimm kurz bei uns Platz! Christian und ich, wir haben uns soeben ausgesprochen … Und wir haben uns heimlich verlobt.«

»Dann möchte ich euch von Herzen Gottes Segen zu eurem Bund wünschen.« Katharina zieht ihre Schwester an sich und umarmt sie. Dann drückt sie Christian beide Hände.

Christian meint plötzlich: »Einen Verlobungskuss hat es noch gar nicht gegeben.« Klara lacht: »Das lässt sich ganz schnell ändern.«

Katharina ist Zeugin, als Christian seine Braut zum ersten Mal küsst.

Am nächsten Morgen redet Christian mit seinen Eltern. Er möchte so schnell wie möglich Klara öffentlich seine Braut nennen dürfen. Johannette ist sehr glücklich, dass Christian Klara lieb gewonnen hat, die sie schon lange in ihr Herz geschlossen hat. Anders ist es mit August. Er hatte für seinen Sohn eine andere Braut ausgesucht. Dass Christian seinen Willen nicht respektiert, ärgert ihn und nimmt ihn zugleich maßlos gegen Klara ein. Außerdem hält Klara sich zu den Frommen, gegen die er eine tiefe Abneigung hat. Da August in letzter Zeit aber merkwürdig geworden ist und bei ihm Anfälle von Sturheit mit Zeiten der Rührseligkeit wechseln, nimmt ihn in der Familie keiner mehr richtig ernst.

Zwei Tage darauf fährt Christian mit Klara in ihr Heimatdorf. Christian will den Schulzen um die Hand seiner

Tochter bitten. Der Schulze und seine Frau wissen bereits, dass Klara mit Christian zu Besuch kommen wird. Christian bringt seinen Antrag vor. Bevor Johannes, der Schulze, ihm eine Antwort zuteil werden lässt, möchte er Klara unter vier Augen sprechen.

»Kind«, sagt er, »hast du darüber gebetet, ob dieser junge Mann der rechte für dich ist? Er kommt aus einer Familie, die keinen besonders guten Ruf hat. Sein Vater war armer Leute Kind und hat sich hochgearbeitet. Dennoch ist der Alte übel beleumundet. Er soll sehr grob sein, auch gegen seine Frau. Hast du dir überlegt, dass der junge Mann, der jetzt sagt, dass er dich liebt, eines Tages auch schrecklich grob gegen dich sein könnte?«

»Vater«, entgegnet Klara, »das ist unvorstellbar, denn Christian gleicht seinem Vater überhaupt nicht. Und, glaube mir, ich habe viel darüber nachgedacht und auch viel gebetet. Ich glaube, er ist der Mann, den Gott mir gibt. Und ich habe ihn ja so lieb.«

»Dann will ich mich nicht gegen eure Verbindung stellen, Klara.«

Einige Wochen später feiern Klara und Christian ihre Verlobung in Sachsenhausen. August hat sich immer noch nicht an den Gedanken gewöhnt, dass Christian eine Verbindung mit Klara eingehen will. Er hätte die Tochter eines befreundeten Handwerksmeisters lieber als Schwiegertochter gesehen. Da er sich der Verlobungsfeier zwar nicht offen widersetzt, aber viele Schwierigkeiten bei den Vorbereitungen macht, bietet sich Frau Kleinschmidt an, die Feier auszurichten. Das geht August nun wieder gegen die Ehre, sodass die Feier dann doch in der Schreinerei stattfindet. Die Frau Stationsvorsteherin, die Christian schon von klein auf gemocht hat, macht dem Brautpaar ein ansehnliches Geldgeschenk.

Die beiden jungen Leute wollen vorerst noch kräftig Geld verdienen und sparen, bevor sie ihren Hausstand gründen. Christian plant, in Sachsenhausen ein Geschäft zu eröffnen, da er ja nun mal kein Bauer werden kann.

Hochzeit

Ein Jahr ist vergangen. Die Brautleute sehen sich selten, aber sie schreiben sich häufig Briefe. Frau Kleinschmidt redet Klara zu, mit dem Heiraten noch zu warten.

»So schön wie in der Jugendzeit hat man es später nicht wieder«, sagt sie öfter. Dabei denkt sie natürlich auch an sich, denn wenn Klara heiratet, wird sie sich nach einer anderen Haushaltshilfe umsehen müssen.

Die beiden wollen im Sommer des Jahres 1917 zum Traualtar schreiten. Frau Kleinschmidt hat darum gebeten, dass Klara weiterhin jeden Tag kommen soll, um ihr im Haushalt zu helfen, solange noch keine Kinder da sind. Aber dann erreicht die Nachricht vom Heldentod des ältesten Sohnes die Schreinerei. Wilhelm, Augusts Sohn aus erster Ehe, ist in Frankreich gefallen. Christian und Klara werden nun doch noch nicht heiraten, sie wollen das Trauerjahr abwarten.

August nimmt seinen Kindern gegenüber eine feindselige Haltung ein. Johannette erklärt ihnen das mit der Trauer um den ältesten Sohn. Die Kinder nehmen Rücksicht auf den Vater, dessen Verhaltensweisen immer unerträglicher werden. August verbietet Johannette, Klara zu Besuch zu empfangen, verbietet ihr auch, in das Nachbarhaus zur Frau Stationsvorsteherin zu gehen. Seine drei Töchter dürfen mit dem Dienstmädchen aus dem Bahnhofsgebäude ebenfalls kein Wort mehr wechseln.

»Nichts bekommst du!«, schreit August seinen Sohn an, als er das nächste Mal zu Besuch daheim ist. »Ich habe eine gute Partie für dich zustande bringen wollen. Du hast nicht auf mich gehört. Jetzt sieh zu, wie du zurechtkommst! Schöne Augen alleine machen es nicht! Es muss auch schon was im Geldbeutel sein, wenn man heiraten will. Was hast du denn? Was hat sie denn? Bei der Margret hättest du dich gut setzen können. Aber nein, du musst dich in dieses vornehme Lärvchen vergucken! Verlobt ist noch nicht verheiratet. Jetzt kannst du dein Glück noch machen.«

Christian antwortet dem Vater nicht mehr.

Im Winter wird August immer eigenartiger. Oft jagt er seine Frau und die Kinder aus dem Haus. Manchmal tobt er und wirft mit Gegenständen nach ihnen. Nichts kann man ihm mehr recht machen.

Johannette wird immer magerer. Die Pflege des boshaften Mannes wird immer schwieriger, oft verbietet er ihr von Tag zu Tag das Essen. Aber sie verspürt sowieso kaum noch Hunger.

August lässt sich seine Sparbücher bringen und steckt sie sich unter sein Hemd. »Ihr wollt ja alle nur mein Geld!«, schreit er immer wieder.

Im Frühjahr geht es unvermittelt mit ihm zu Ende. Johannette und die Kinder atmen auf. Der Tod des zuletzt so jähzornig und unberechenbar gewordenen Vaters bedeutet für alle eine große Erleichterung. August hat zuvor noch notariell verfügt, dass sein Sohn Christian nur einen Pflichtteil aus dem Erbe des Vaters erhalten soll.

Christian und Klara wollen im Sommer heiraten. »Für einen Vater, der seinen Sohn so schlecht behandelt, brauche ich kein Trauerjahr auszuhalten«, beschließt Christian. Sobald das Trauerjahr für Wilhelm abgelaufen sein wird, soll die Hochzeit stattfinden.

Einige Wochen vor der Hochzeit bekommt Christian einen Posten bei der Bahn angeboten. Dort werden Streckenarbeiter gesucht. Christian ist froh darüber, denn auf dem Bauernhof in Berndorf wird er nicht mehr lange bleiben können. Der Sohn seines Dienstherrn ist mit einer leichten Verwundung aus dem Krieg zurückgekommen und kann nun schon wieder daheim Hand anlegen. Seine Dienste werden deswegen bald überflüssig sein.

Nun steht einer Eheschließung nichts mehr im Wege. Das bescheidene, aber regelmäßige Einkommen eines Streckenarbeiters wird dem jungen Paar den Lebensunterhalt sichern. Der Kassensturz der beiden ergibt ein erkleckliches Sümmchen. Zur Hochzeit wird Klara auch von ihrem Vater noch ausgesteuert werden. Das Geld würde gerade für das kleine Haus in der Nebengasse beim Marktplatz in Sachsenhausen reichen.

Christian und Klara sind begeistert von dem kleinen Fachwerkhaus, das ihr neues Heim werden soll. In dem unteren Geschoss befinden sich eine Küche und die Speisekammer. Nebenan ist der Waschkessel in einer kleinen Waschküche. Und dann ist da die gute Stube mit dem großen schwarzen, gusseisernen Ofen. Außer dem Herd in der

Küche stellt er die einzige Möglichkeit dar, das Häuschen zu heizen.

Deswegen befindet sich in der Zimmerdecke über dem Ofen ein viereckiges Loch, durch das die warme Luft in das Obergeschoss aufsteigen kann.

Im Obergeschoss befinden sich drei kleine Stuben: Eine davon ist die Räucherkammer, eine das Schlafzimmer der jungen Eheleute und eine das Schlafzimmer für die Kinder Draußen, nur von dem kleinen Hof aus zu erreichen, liegt auch noch ein Schweinestall. Unter dem Wohnhaus befindet sich der aus Steinen gemauerte, gewölbte Keller, wo Kartoffeln und andere Vorräte gelagert werden können. Der Dachboden des Häuschens dient der Lagerung von Stroh für die Schweine oder Heu, falls man es für eine Ziege braucht. Eine Ecke des Hofs ist überdacht, hier haben die Hühner ihr Domizil.

Christian erwirbt das Häuschen noch vor der Hochzeit. Es gehörte einem älteren Junggesellen, der als Soldat im Krieg geblieben ist. Die entfernt wohnenden Angehörigen sind froh, einen Käufer für das Anwesen gefunden zu haben, und verkaufen das Mobiliar möglichst mit. Christian darf das Stroh auf dem Speicher selbst verbrauchen. Das Holz, welches sich noch im Holzstall befindet, darf er ebenfalls behalten. Der Herd in der Küche ist gemauert, sodass ein neuer Herd nicht anzuschaffen ist.

Zusammen mit seinen jüngeren Brüdern weißt Christian die Fächer außen am Haus und streicht die Balken rotbraun an. Im Haus erhalten alle Wände einen weißen Anstrich. Die Bettstelle im Schlafzimmer, die er mit erwerben konnte, streicht er braun an. Klara stopft die Leinensäcke mit frischem Stroh aus.

Im Wohnzimmer waren die Dielen roh gezimmert gewesen. Bisher wurden sie wöchentlich neu mit feinem Sand bestreut, aber in jüngster Zeit ist das aus der Mode gekommen. Die meisten Häuser haben jetzt gehobelte Dielen im Wohnzimmer, die man feucht abwischen kann. Sie sind mit Ölfarbe angestrichen und müssen mit einem besonderem Fett eingerieben werden, das man Bohnerwachs nennt. Christian legt gehobelte Dielen ins Wohnzimmer und streicht sie dunkelgrün an. Außer einem Tisch und vier Stühlen befindet sich noch nichts in der guten Stube. Aber man ist ja noch jung. Da wird man noch manches dazu bekommen oder sich selbst später anschaffen.

Die »Kücheneinrichtung« des Vorbesitzers kann Klara übernehmen. Sie wird die irdenen Teller und Schüsseln, die Tiegel, Löffel, Messer und Gabeln nach und nach ersetzen, denn viel Staat ist damit nicht zu machen. Jede freie Minute verbringt sie in ihrem angehenden Heim, um die Küche und die Küchengeräte gründlich zu scheuern.

Als das Trauerjahr für Wilhelm abgelaufen ist, wird die Hochzeit angesetzt. Der alten Sitte gemäß soll das Fest im Haus der Braut stattfinden.

Sehr laut wird es nicht werden, denn in der ferneren Verwandtschaft und bei den geladenen Freunden gibt es hier und da Kriegstote zu beklagen. Die Hochzeitstafel wird auch nicht allzu üppig ausfallen. Zwar sind die Grundnahrungsmittel vorhanden, aber Außergewöhnliches, was auf Festtafeln zu erscheinen pflegt – wie zum Beispiel Kakao für die Kinder oder Bohnenkaffee –, wird es nicht geben. Die Feinde blockieren die deutschen Häfen, sodass Kaffee und Tee nicht ins Land gebracht werden können. An exotische Früchte wie Bananen oder Apfelsinen ist überhaupt nicht zu denken. Schokolade, diese den Kindern nur an Festtagen zugestandene Leckerei, gibt es schon lange nicht mehr. Pfeifentabak für die Männer wird im Land angebaut, aber er ist knapp und schmeckt schlecht.

Klara ist einige Tage vor der Hochzeit, versehen mit vielen Ratschlägen und Wünschen von Frau Kleinschmidt, in ihr Heimatdorf gereist. Sie will bei den Vorbereitungen kräftig mithelfen. Nur zur standesamtlichen Trauung am Freitag vor der Hochzeit wird sie noch einmal kurz nach Sachsenhausen fahren. Ihr Vater will ein Schwein schlachten, damit alle Festgäste schmausen können, so viel sie mögen. Christian wird erst am Hochzeitsmorgen mit seiner Mutter und den Geschwistern im Hause der Braut eintreffen. Klara überwacht das Schlachten des Schweines und ruft den Tierarzt, denn seit einigen Jahren muss amtlich bescheinigt werden, dass ein geschlachtetes Schwein keine Trichinen aufweist.

Ihre Mutter, die ja eigentlich ihre Stiefmutter ist, sie aber zärtlich liebt, fragt sie: »Weißt du auch, was sich in Ober-Elsungen zugetragen hat? Das fällt mir gerade ein, wo ich den Zettel des Tierarztes sehe. Da ist der Bräutigam zweimal aus der Kirche gerannt.«

»Aber ... Hat das was mit den Schweinen zu tun?«, fragt Klara erstaunt.

»Ja, und ob.« Mutter Anna lacht. »Seinerzeit dauerten die großen Bauernhochzeiten drei Tage lang. Das war noch zu Beginn des Krieges. Am Sonntagnachmittag nach der kirchlichen Trauung, die ja bis zu zwei Stunden dauerte, wurde Bohnenkaffee aufgebrüht. Dazu gab es Streuselkuchen oder Apfelkuchen. Richtig ausgiebig getafelt wurde an den Abenden vorher und nach der Trauung, das weißt du ja.«

Klara nickt. »Zwei Schweine mussten deswegen ihr Leben lassen«, fährt Anna fort. »Schließlich sollte es an nichts mangeln. Als der Karl und die Luise ihre Hochzeit ausrichteten, waren sie sich natürlich zwei Schweine wert. Du weißt ja, das sind keine armen Leute. Während die Familie der Braut sich um die Bäckerei für das große Fest kümmerte, übernahm Karl die Schlachtung der beiden Tiere. Bevor sie in die ersehnten Gaumenfreuden umgewandelt werden konnten, musste sie jedoch der Fleischbeschauer in Augenschein nehmen und schriftlich bestätigen, dass die Tiere keine Trichinen enthielten.

Karl gab die Bescheinigung der Luise, die sie daheim an ihren Küchenschrank steckte. Die standesamtliche Trauung erfolgte am Freitag. Ohne den Nachweis der erfolgten Verehelichung vor dem Standesbeamten der Kreisstadt war eine kirchliche Trauung nicht möglich.

An dem großen Tag verließ die Hochzeitsgesellschaft in einem langen, von Braut und Bräutigam angeführten Zug den heimischen Herd, um in die Kirche zu gehen. Während die Hochzeitsgäste auf den Bänken Platz nahmen, stellten sich die Brautleute vor dem Pfarrer auf.

›Hast du den Trauschein vom Standesbeamten, Karl?‹, raunte Luise ihrem Bräutigam zu. Karl hatte ihn nicht.

›Er steckt am Schrank‹, flüsterte sie.

Karl machte sich auf den Weg zurück nach Hause. Die Hochzeitsgäste steckten die Köpfe zusammen. Hatte sich der Bräutigam eines besseren besonnen und wollte in letzter Minute alles rückgängig machen?

Im Dauerlauf kam Karl mit dem Zettel zurück. Er nahm seinen Platz neben der geduldig wartenden Luise wieder ein und reichte dem Pfarrer den Zettel. Der blickte darauf und konnte ein leises Lachen nicht unterdrücken. ›Da liegt ein Irrtum vor. So kann ich euch nicht trauen, meine Lieben. Das ist nicht der richtige Zettel‹, lächelte er.

Karl musste noch einmal zurück nach Hause. Erst als er den richtigen Zettel gebracht hatte, konnte die Trauzeremonie stattfinden.

Am Abend, als das Fest in vollem Gange war, gab der Pfarrer zum Besten, was auf dem ersten Zettel gestanden hatte, der ihm vom Bräutigam überreicht worden war: ›Hiermit wird amtlich bescheinigt, dass sich in beiden Schweinen keine Trichinen befinden!‹«

Klara lacht laut auf.

Der große Tag ist gekommen. Am späten Vormittag trifft ein geschmückter Wagen mit dem Bräutigam, seiner Mutter und seinen Geschwistern ein. Auch Johannettes Schwester Karline, Christians Godel, wie die Patentante in Nordhessen heißt, und ihr Mann sind mit auf dem Wagen. Die auswärtigen Gäste erhalten eine Fleischbrühe als kleine Stärkung. Gegen halb zwei Uhr mittags treffen auch die Gäste aus dem eigenen Dorf ein. Alle warten auf dem Hof vor dem Haus und formieren sich zum Hochzeitszug, der sich in Bewegung setzt, als die Glocke zu läuten beginnt.

Vorneweg laufen einige Posaunen und Trompetenbläser, die sich wacker mühen, mit dem Schall ihrer Instrumente den der Glocken zu übertönen. Hinter dem Brautpaar folgen Schulze Johannes, Mutter Anna und Johannette. Es schließen sich die verwandten männlichen Festgäste an, dann die Nachbarn und Freunde. Jetzt erst kommen die verwandten weiblichen Festgäste, die Nachbarinnen und Freundinnen.

Beim Einzug in die Kirche geht Klara links von Christian. Nach der Trauung wird sie an seiner rechten Seite schreiten, denn dann ist sie seine rechtmäßige Ehefrau.

Klara ist aufgeregt. Die Brautleute stellen sich vor den Pfarrer, während die Festgäste sich auf die Kirchenbänke setzen. Christian und Klara werden während der ganzen Zeit stehen. Es gilt als unschicklich, wenn die Brautleute sich anfassen.

Klara hat ein schlichtes, weißes Brautkleid an. Auf den Kopf hat die Mutter ihr einen Spitzenschleier gesteckt. Christian trägt einen dunklen Anzug, den er schon zu seiner Konfirmation getragen hat. Nun mussten allerdings die Hosenbeine und die Ärmel ein ganzes Stück verlängert werden.

Von der Traupredigt behält Klara nicht viel. Wie gut, dass ihr Vater und die Mutter weniger aufgeregt sind und gut aufpassen können. Von ihnen erfährt sie später, was der Pfarrer gepredigt hat. Der Pfarrer hat sich an die Braut gewendet mit dem Spruch: »Versäume gern das Deine um seinetwillen.« Der Vers ist der Vierte im fünften Buch Mose im zweiundzwanzigsten Kapitel. Und für den Bräutigam hat er den Text abgewandelt. »Versäume gern das Deine um ihretwillen.«

Als beide sich im Angesicht Gottes und der versammelten Festgemeinde das Jawort gegeben und sich gegenseitig die Eheringe an die Finger gesteckt haben, ist die Feierlichkeit für Klara schon fast wieder vorbei. Sie weiß, gleich wird man sie daheim beglückwünschen und beschenken.

Zu Hause sind alle Tische gedeckt. Weil schönes Wetter ist, wird die Kaffeetafel im Hof aufgestellt. Alle Gäste können draußen sitzen. Nun wird der Streuselkuchen aufgetragen, der noch zusätzlich dick mit Zucker bestreut ist. Klaras Paten haben Mehl, Butter und Eier zum Backen spendiert, sie erhalten nun alle zum Dank ein halbes Rundblech mit Streuselkuchen für die nächsten Tage.

Unzählige Male wird Klara nun umarmt und geküsst, viele Glückwünsche werden ihr entgegengebracht. Auch Christian muss viele Hände schütteln. Trotz der Kriegszeit stapeln sich viele nützliche Geschenke vor dem Brautpaar: Hausrat und Lebensmittel, alles, was man gut gebrauchen kann, wenn man einen eigenen Hausstand gegründet hat.

Dann gibt es eine besondere Überraschung. Mimmi aus Altenvörde ist gekommen. Erst am Nachmittag traf sie am Bahnhof ein und musste sich mit einer Kutsche bringen lassen. Sie hat ihre kleine Ruth mitgebracht. Vor der Hochzeit wollte sie nicht schon anreisen, um die Vorbereitungen nicht zu stören. Nun wird sie einige Tage bleiben. Alle wussten es, dass Mimmi kommen würde, lediglich Klara hatte keine Ahnung.

Klara und Mimmi drücken sich wie zwei Schwestern. Beide müssen weinen. Mimmi hat ein schweres Paket mitgebracht. Ein komplettes Kaffeeservice für sechs Personen ist darin, außerdem eine wunderschöne hohe Kaffeekanne.

»Das ist von meiner Schwiegermutter, deiner Tante Rickchen, und von mir und der kleinen Ruth für euch zur Hochzeit.«

Ein solch wunderschönes Kaffeeservice hat Klara noch nie gesehen. Es ist weiß, hat einen schmalen Goldrand und unter diesem Goldrand eine breite Girlande aus zartrosa gehaltenen Rosen.

»Ich danke euch ganz herzlich«, stottert Klara. »Ein

Kaffeeservice habe ich noch nicht … Und von so einem schönen Service hätte ich mir nicht einmal träumen lassen!«

Dann begrüßen sich Katharina und Mimmi. Katharina schließt sofort Freundschaft mit der kleinen Ruth, die ja Karls Tochter ist.

Nun ist es Sitte, dass die Brautleute nach dem Kaffeetrinken den Armen und Kranken im Dorf ein Stück vom Hochzeitskuchen bringen. Dabei wird das Brautpaar von den jüngeren Festgästen begleitet. Dazu stellen sich alle noch einmal zu einer Art Brautzug auf. Gerade wollen sie aufbrechen, als alles noch einmal stockt. Katharina kommt und zieht – eine Ziege hinter sich her.

»Du bist einige Monate jünger als ich, Schwesterlein«, sagt sie. »Und wenn die jüngere Schwester vor der älteren heiratet, dann muss die ältere ihr zur Hochzeit eine Ziege schenken. Hast du daran nicht gedacht?«

»Nein, mein Trinchen, wirklich nicht«, stammelt Klara, während die Festgäste jubeln. Das wird der Ziege unheimlich. Sie bekommt Angst und lässt viele »Kaffeeböhnchen« vor der lachenden Braut zu Boden fallen.

»Und damit du dir keine Sorgen über die Unterbringung zu machen brauchst«, fährt Katharina fort, »habe ich dafür gesorgt. Ich werde die gute Frieda, so heißt sie nämlich, auf dem Hof behalten, wo ich arbeite. Du hast in deinem kleinen Häuschen sicherlich noch keinen Stall für Frieda eingerichtet. Wenn es dann so weit ist, holst du sie dir. Du kannst sie auch ganz bei mir lassen und dir immer die Milch holen.«

Klara ist gerührt. »Schwesterlein, du bist doch meine Beste!«, ruft sie.

Johannette und Christians Geschwister besteigen am Abend die Kutsche und machen sich auf den Heimweg nach Sachsenhausen. Auch Katharina fährt mit. Das Brautpaar wird erst in einigen Tagen nachkommen und das neue Heim beziehen. Mimmi soll ein paar Tage bleiben, sie sieht schlecht aus und soll viel essen und ruhen.

Zwei Tage nach dem Hochzeitsfest reisen die Neuvermählten auf einem Bauernwagen nach Sachsenhausen. Der Schulze lässt es sich nicht nehmen, seine Tochter und den Schwiegersohn in ihr kleines Reich zu bringen. Auch Mutter Anna sitzt mit auf dem Wagen. Die Hochzeitsgeschenke sind alle aufgeladen, ebenso verschiedene Haushaltsgeräte, die die Mutter der Tochter geschenkt hat.

Selbstverständlich ist auch die Ziege, die Katharina ihrer Schwester zur Hochzeit gebracht hat, dabei. Zuerst hatte der Schulze sie am Pferdewagen angebunden. Sie sollte nebenher laufen, was für sie sicherlich keine Schwierigkeit geworden wäre, da sich das Pferd ganz gemächlich bewegte. Aber Frieda hatte ihren eigen Kopf. Sie hätte sich eher strangulieren lassen, als dass sie brav nebenher gelaufen wäre. Also hebt Christian die bärtige Dame auf den Wagen und bindet sie dort fest. Das gefällt ihr aber auch nicht. Sie schlägt mit den kleinen Hufen aus und stößt mit den Hörnern. Es bleibt ihm nichts anderes übrig, als ihr die Beine zu fesseln und sie auf den Wagen zu legen.

Vor ihrem Häuschen steht ein Blumenstrauß. Frau Kleinschmidt sitzt dort und wartet auf Klara und Christian. Stolz zeigt sie dem erstaunten Paar, was sie ihm zur Vermählung schenken will. Im bis vor kurzem noch leeren Hühnerstall tummeln sich acht fröhlich gackernde Hennen unter der

Obhut eines stolzen Hahnes. Der Hühnerstall ist mit Kalk sauber desinfiziert, die Löcher im Zaun sind geflickt, außerdem steht ein Sack Hühnerfutter an der Wand. Mithilfe von Christians Brüdern und Schwestern hat Frau Kleinschmidt dem jungen Paar einen kleinen Hühnerhof eingerichtet.

Klara muss die liebe Frau umarmen und herzlich an sich drücken.

»Sie haben doch Ahnung von der Hühnerzucht, Fräulein Klara«, sagt sie zu der jungen Frau. »Meinen Hühnerhof haben Sie so vorzüglich wieder in Ordnung gebracht, da konnte ich mir nichts Besseres vorstellen, als Ihnen zur Hochzeit dieses Federvieh zu schenken.«

Frau Kleinschmidt, die ihrer Gehbehinderung wegen an der Hochzeit nicht hat teilnehmen können, bestaunt nun die Geschenke, die Klara und Christian vom Pferdewagen holen und ins Haus tragen. Da gibt es Decken, Wäschestücke, Steinguttöpfe verschiedener Größe, einige Stühle, eine Bettstelle, die vorsorglich schon in das Kinderzimmer gebracht wird, Würste und eine Speckseite und noch vieles andere mehr.

Frau Kleinschmidt macht große Augen, als Frieda vom Wagen gehoben wird. Christian bindet sie zunächst am Zaun fest. Sie scheint sich schnell wieder wohlzufühlen, denn sie beginnt sofort auf ihre Weise, das am Straßenrand stehende Unkraut zu beseitigen.

»Trotzdem, Fräulein Klara – bleiben Sie noch so lange bei mir in Stellung, bis … nun ja« – es ist ihr peinlich, weiterzureden – »bis dann jemand im Kinderzimmer untergebracht werden muss.« Frau Kleinschmidt ist richtig ein bisschen rot geworden. Klara sichert ihr zu, bei ihr in Stellung zu bleiben, bis die Mutterpflichten ihr das unmöglich machen.

Der Schulze fährt mit dem leeren Wagen noch einmal fort. Anna lässt sich in der Zwischenzeit von Klara Kaffee kochen und den letzten Rest des Hochzeitskuchens servieren. Auch Frau Kleinschmidt ist eingeladen. Klara erzählt ihr von der Hochzeit. So merkt sie nicht, dass der Schulze mit dem Wagen vorfährt. Auf dem Wagen liegt ein braunes Möbelstück. Klara läuft erstaunt nach draußen. Da liegt ein Büfett, ein Geschirrschrank für ihre gute Stube. Es ist passend für den niedrigen Raum angefertigt.

»Das ist die Überraschung deiner Eltern für dich. Gleichzeitig ist es auch die Überraschung von Christians Brüdern für euch. Wisst ihr, wir wussten doch, dass ihr in eurer guten Stube kein Büfett habt, so wie man es jetzt bei vielen Leuten sieht. Da haben wir beschlossen, das Holz zu bezahlen, und Christians Brüder haben sich darangemacht, den Schrank für euch zu schreinern. Schließlich sind sie Schreinergesellen.«

Mimmi reist einige Tage später von Sachsenhausen aus wieder heim nach Altenvörde. Zuvor weilt sie mit ihrer kleinen Tochter noch einige Stunden bei Klara in dem kleinen Fachwerkhaus.

Kriegsende

Der Krieg ist aus, die Deutschen sind die Verlierer. Dabei hätten sie es nicht zu sein brauchen, behaupten die Zeitungen. Denn die Matrosen seien der kämpfenden Truppe in den Rücken gefallen. Wie mit einem Dolchstoß von hinten hätten sie die Soldaten durch ihre Meuterei verraten und so den Waffenstillstand erzwungen, der die Deutschen den

Feinden ausliefert. So jedenfalls kann man es in der Zeitung lesen.

Anfang November verzichtet der Kaiser auf seinen Thron und geht in die Niederlande ins Exil. Alle Fürsten verzichten auf ihre Regierungsgewalt, auch der Fürst von Waldeck und Pyrmont legt sein Regierungsamt nieder. Er braucht aber nicht ins Ausland zu flüchten, sondern bleibt in seinem Schloss in Arolsen wohnen. Seine ehemaligen Untertanen würden ihm oder seinen Familienangehörigen niemals ein Haar krümmen. Kurz vor dem Ende des Krieges hat Katharinas Dienstherrin die Nachricht vom Tode ihres Mannes erhalten. Katharina, die junge Bäuerin und deren Mutter sowie die Tante werden also künftig den Hof alleine bewirtschaften.

Die Not in Deutschland wird immer größer. Die Landbewohner – und auch die des Ackerbaustädtchens Sachsenhausen – merken von der Lebensmittelknappheit nur wenig. Dennoch dringen die Verordnungen des Landesernährungsamtes in Kassel auch in die ländlichen Gebiete durch. Da ist zum Beispiel die Verordnung über die Höchstpreise von Pferdefleisch. Für ein Pfund Lendenbratenfleisch, Leber, Frischwurst oder Fett ohne Knochen darf der Endverbraucher nicht mehr als eine Mark auf den Ladentisch legen, bei Muskelfleisch ohne Knochen nur achtzig Pfennige. Herz, Eingeweide, Kopffleisch und andere geringe Sorten Fleisch ohne Knochen dürfen nicht mehr als zehn Pfennige pro Pfund kosten.

Die aus dem Krieg zurückkehrenden Soldaten bringen Ungeziefer mit. In der Zeitung ist daher zu lesen:

»Durch die vom Heere in die Heimat entlassenen Soldaten und die durchziehenden Truppen sind vielfach Läuse in die Wohnungen der einheimischen Bevölkerung gebracht worden. Abgesehen von der dadurch entstehenden Belästigung der Bevölkerung können die Läuse gefährliche Verbreiter ansteckender Krankheiten sein. Es ist daher dringend erforderlich, dass alle mit Läusen behafteten Gegenstände (insbesondere Kleider und Betten) entlaust werden. Zu diesem Zwecke ist in Korbach eine Dampf-Entlausungsanstalt eingerichtet, in der Stoffe aller Art kostenlos entlaust werden. Gegenstände, die nicht mit Dampf desinfiziert werden können, wie Holz oder Metall usw., in denen sich Läuse festgesetzt haben, sind von denselben durch gründliches Absuchen und Abseifen zu befreien, damit nicht von ihnen wieder Läuse auf andere Gegenstände übergehen.

Ebenso müssen sich die mit Läusen behafteten Personen, ehe sie reine Kleider anziehen, wiederholt gründlich am ganzen Körper mit warmem Wasser und Seife reinigen. Auch sind alle Zimmer, in denen verlauste Gegenstände aufbewahrt wurden, aufs Peinlichste zu reinigen, wobei insbesondere alle Ecken ausgefegt, Bettstellen abgeschlagen und alle Möbel abgeseift werden müssen. Stroh aus verlausten Betten ist zu verbrennen.«

Zwei Tage später kann man den überall angeschlagenen Aufruf an die Landbevölkerung lesen. Er lautet:

»Stunden der größten Not sind in unserem Vaterlande angebrochen. Die Aufrechterhaltung unserer inneren Wirtschaft ist auf das Schwerste gefährdet. Mangel an Kohlen und Rohstoffen legen die Industrie in großem Umfange lahm. Ungezählte zurückkehrende Krieger sind arbeits- und erwerbslos. Es wird unmöglich sein, diesen allen und den vielen anderen erwerbslos gewordenen Arbeitern in

Industrie und Handwerk Unterkunft, Nahrung und Arbeit zu geben. Hier muss und kann das Land helfen. Landwirte, ihr habt in aufopfernder Weise und unter Einsetzung euerer ganzen Kraft bisher geholfen! Helft auch jetzt, die zurückkehrenden Krieger und alle anderen, die keine Arbeit finden, auf dem Lande zu beschäftigen. Gebt ihnen Arbeit, Nahrung und Wohnung, auch dann, wenn ihr euch selbst im Raum beschränken müsst. Baut Wege, meliorisiert euere Felder und Wiesen, macht Waldarbeiten, kurz, schafft Arbeit! Das ist jetzt eine hohe sittliche Pflicht der Landwirtschaft. Ohne Opfer kann und will es dabei nicht abgehen. Über allem muss jetzt die Forderung der Erhaltung unserer landwirtschaftlichen Kraft und der inneren Ruhe und Sicherheit stehen. Steigert die Erzeugung, soweit es irgend möglich ist, nehmt an Menschen auf, so viel als ihr nur irgend unterbringen könnt, und arbeitet so mit am Wohle unseres Vaterlandes!«

Besonders müssen sich die Frauen angesprochen fühlen, als im Frühjahr 1919 folgende Verordnung bekannt gemacht wird:

»Mit einer Geldstrafe bis zu 30 Mark oder mit Haft bis zu einer Woche wird bestraft, wer Gänse, Hühner oder andere Haustiere außerhalb eingefriedigter Grundstücke ohne gehörige Aufsicht herumlaufen lässt, sodass dadurch eine Gefahr der Beschädigung fremden Feldes besteht. Im Interesse der Sicherstellung unserer Volksernährung muss jede Beschädigung der Felder durch Geflügel verhindert werden. Das Feldschutzpersonal ist daher zu strenger Überwachung und Anzeigeerstattung in Übertretungsfällen angewiesen.«

Familienleben

Ein knappes Jahr nach der Hochzeit gibt es Nachwuchs in dem kleinen Haus in Sachsenhausen. Das erste Kind ist ein zierliches, aber gesundes Töchterchen. Es erhält den Namen Lydia. Klara ist bis Ende Februar noch täglich zu Frau Kleinschmidt gegangen und hat ihr im Haushalt geholfen. Dann musste sie zu Hause bleiben. Ihr wurde in der letzten Zeit oft schwindlig, sodass sie sich zwischendurch immer wieder hinlegen musste. Auch nach der Niederkunft dauert es einige Zeit, bis sie sich erholt hat. Katharina kommt nun jede freie Minute zu ihrer Schwester, um ihr zu helfen und den Säugling zu versorgen.

Christian hat im Rahmen der Teilung des väterlichen Nachlasses einen Streifen Ackerland erhalten. Vater August hatte ihn eigentlich enterben wollen, was aus rechtlichen Gründen jedoch nicht zulässig war. So erhielt er auf Betreiben Johannettes den Acker, der nicht weit vom Städtchen entfernt liegt.

Vor allem Katharina macht sich daran, das Feld in einen Garten zu verwandeln. Sie steckt Kartoffeln, pflanzt Rüben an für das Ferkel, das bald im Stall Einzug halten soll, sät Möhren, Rote Bete, Feldsalat und Weißkraut, später legt sie Bohnen und Gurken. Auf dem Rest des Feldes sät Christian Getreide aus für Brot und als Futter für die Hühner und das Ferkel. Die Milch von der Ziege Frieda, die übrigens noch immer bei Katharinas Dienstherrin untergebracht ist, verarbeitet Katharina zu Ziegenbutter. Die schmeckt streng, aber wer keine andere Butter hat, der greift zuletzt doch danach.

Christian ist als Streckenarbeiter bei der Reichsbahn tätig.

Die Einsatzorte sind meistens weit entfernt, deshalb muss er oft sehr früh aufstehen, um rechtzeitig zu Arbeitsbeginn am Einsatzort zu sein. Er braucht die Bahnfahrt selbstverständlich nicht zu bezahlen. Die Nebenstrecken sollen nun ausgebaut werden. Und um die Baustellen zu erreichen, muss er vom jeweiligen Zielbahnhof noch weite Strecken zu Fuß gehen. Demzufolge kommt er abends auch erst spät nach Hause. Am Samstag wird gearbeitet wie an jedem Wochentag, nur der Sonntag ist frei. Allerdings ist am Sonntag Arbeit im Feld oder daheim im Haus undenkbar.

Christian ist froh, dass Katharina den inzwischen beträchtlich groß gewordenen Garten bearbeitet. Auch seine Mutter Johannette hilft gelegentlich mit, denn Klara bleibt nach der Geburt der kleinen Lydia kränklich.

Eines Abends kommt Christian mit einer beunruhigenden Nachricht heim. Die Reichsbahn muss die Zahl ihrer Streckenarbeiter verringern. Christian soll, da er tüchtig ist, zwar nicht entlassen werden, man will ihn aber versetzen. Er kann es sich aussuchen, ob er nach Schlesien oder nach Pommern versetzt werden möchte.

Christian möchte natürlich überhaupt nicht versetzt werden. Gerade hat er sich sein Häuschen ein wenig hergerichtet, gerade seinen Acker bestellt, da soll er fort, weit fort.

Die spanische Grippe

In diesem Jahr tritt eine merkwürdige Form der Grippe auf, die zunächst harmlos – wie eine normale Erkältungskrankheit – beginnt. Die Erkrankten husten, sie haben

Schnupfen, bekommen Halsschmerzen, Kopf- und Gliederschmerzen. Leichtes Fieber tritt auf. Doch dann steigt das Fieber an und weicht nicht mehr.

Die Kranken werden teilnahmslos, haben keinen Appetit und verlieren zunehmend ihre Kräfte. Je nach ihrer körperlichen Verfassung erholen sie sich ganz allmählich oder sterben am hohen Fieber. Oft kann beobachtet werden, dass Leute, die sich vorher in gutem körperlichen Zustand befanden, dieser heimtückischen Krankheit zum Opfer fallen, während schwächlich erscheinende Kranke sich allmählich wieder erholen. Die Seuche wird »Spanische Grippe« genannt. Im Jahre 1918 schon beginnend, durchzieht sie 1919 ganz Europa.

Nicht lange nach der Geburt der kleinen Lydia erhält Klara einen Brief von Mimmi, einen Brief mit schwarzem Rand. Sie traut sich nicht, diesen Brief zu öffnen. Sollte am Ende Tante Rickchen …? Klara lässt den Brief ungeöffnet liegen, bis Katharina am späten Nachmittag zu ihr kommt. Katharina öffnet den Brief langsam und liest schweigend.

»Sag doch …«, bettelt Klara.

Katharina schluckt. Ihre Augen füllen sich ganz langsam mit Tränen. »Es ist nichts mit Tante Rickchen. Es … es … es ist die kleine Ruth!«

Klara schreit auf. Sie fällt ihrer Schwester um den Hals und schluchzt. Auch Katharina kann sich nicht mehr beherrschen. »Die kleine Ruth, Karls Töchterchen! An der spanischen Grippe …«

»Ich kann Mimmi doch jetzt nicht allein lassen. Erst musste sie ihren Mann hergeben, nun auch noch ihr Kind! Gott, warum lässt du das zu?«

Katharina sagt: »Das können wir Menschen nicht verstehen.«

»Wenn ich sie doch trösten könnte! Wie gern wäre ich jetzt bei ihr. Aber ich kann doch von Lydia nicht weg.«

»Die Beerdigung der Kleinen soll übermorgen sein. Dann fahre ich zu Mimmi und bleibe ein paar Tage bei ihr, um sie zu trösten. Und dann ... Du weißt ja, die kleine Ruth ist Karls Tochter.«

Katharina ist für wenige Tage auf dem Hof, wo sie arbeitet, entbehrlich. Klara und die kleine Lydia bringen sie am nächsten Morgen zur Bahn und winken der Abreisenden nach. Anschließend macht Klara einen Besuch bei Frau Kleinschmidt, die die neue Erdenbürgerin gerne sehen möchte.

Am späten Vormittag kommt Klara nach Hause. Dort erwartet sie ihr Bruder Wilhelm. Er ist mit einer Pferdekutsche vorgefahren.

»Du sollst gleich mitkommen«, sagt er nach der Begrüßung. »Mutter ist schwer krank. Sie hat hohes Fieber und kennt niemanden mehr, nicht einmal Vater. Wenn du sie noch einmal sehen möchtest, dann komm!«

In fieberhafter Eile packt Klara einige Kleidungsstücke für sich und Windeln für Lydia ein. Klara hinterlässt bei den Nachbarn eine Nachricht für ihren Mann. Kurze Zeit später sitzen Bruder und Schwester schweigend auf dem Kutschbock und fahren in ihr Heimatdorf. Steht es wirklich so schlimm um die Mutter? Vielleicht übersteht sie die Krankheit doch. Sie ist eigentlich nicht schwächlich.

Ohne Worte begrüßt der Vater seine Tochter und das schlafende Enkelkind auf ihrem Arm.

»Ist Katharina nicht mitgekommen?«, fragt er.

»Katharina ist zur Beerdigung von Mimmis Töchterchen gefahren«, schluchzt Klara.

Vater Johannes führt seine Tochter in das Krankenzimmer. Mit fiebrigem Gesicht liegt die Mutter röchelnd auf ihrem Bett. Auch die ständig erneuerten kalten Wadenwickel können das Fieber nicht senken.

Mutter Anna ist nicht ansprechbar. Klara ergreift ihre heiße Hand, die unruhig über die Bettdecke tastet, und hält sie fest. Da öffnet die Kranke die Augen.

»Mutter«, spricht Klara sie an, »Mutter, ich bin es, deine Klara.«

Die Mutter lächelt, möchte etwas murmeln, fällt aber gleich wieder in die vorherige Teilnahmslosigkeit zurück.

Klara, der Vater und Wilhelm wechseln sich in der Pflege der Kranken ab. Der jüngste Bruder Christian soll der Mutter fernbleiben, um sich nicht anzustecken; ebenso darf die kleine Lydia nicht in das Krankenzimmer gebracht werden.

Gegen Abend kommt der Landarzt, den der Vater hat rufen lassen. Der zuckt mit den Schultern. »Es besteht wenig Hoffnung für die Schulzin«, sagt er und verlässt schnell den Raum. Er hat noch viele Kranke zu besuchen.

Am nächsten Morgen erlangt die Kranke die Besinnung zurück und verlangt nach ihrem Mann.

»Johannes, bete mit mir«, bittet sie ihn. »Ich gehe jetzt bald heim.«

Johannes nimmt sie in seine Arme und spricht ein Gebet. Er befiehlt seine Frau, die er nun auf ihrem Weg nicht begleiten kann, der Gnade und Fürsorge Gottes an.

Anna haucht: »Amen.«

Dann bedankt Johannes sich bei ihr für die Liebe und

Fürsorge, die sie ihm und den Kindern in ihrer Ehe gegeben hat. Er bittet sie um Verzeihung, falls er sie irgendwann einmal gekränkt hat.

Anna lächelt ihn an. »Halte mich!«, flüstert sie.

Johannes hält sie im Arm. Er lässt seine sterbende Frau nicht mehr los, bis sie am frühen Nachmittag den letzen Atemzug getan hat. Und auch dann hält der weinende Mann die Tote noch lange im Arm. »Aus Gottes Hand habe ich sie genommen und in Gottes Hand gebe ich sie nun zurück«, sagt er, als er sie sanft zurück auf das Kissen legt.

Klara schickt ein Telegramm nach Altenvörde. Katharina kommt einen Tag vor der Beerdigung der Mutter zurück.

Der Kaufmann

Christian hat seine Stellung bei der Reichsbahn aufgegeben. Er wollte nicht fort, weder nach Pommern noch nach Schlesien, um dort Eisenbahnstrecken zu bauen. Auch Klara wollte nicht in die Fremde.

In der Landwirtschaft werden jetzt keine Arbeitskräfte gebraucht, es gibt genug Arbeitslose, die sich danach drängen, auf einem Bauernhof als Knechte ein Auskommen zu finden. Christian eröffnet eine Reparaturwerkstatt für Fahrräder, die jetzt überall gesucht sind, weil man mit ihnen billig von einem Ort zum andern kommen kann. Alte Fahrräder werden modernisiert, was Christian geschickt auszuführen versteht. Er baut aus Einzelteilen, die er preisgünstig kaufen kann, Fahrräder zusammen. Er setzt aber auch Handwagen instand, bringt landwirtschaftliche Geräte wieder in Ordnung und verkauft schließlich auch Werkzeuge und Eisenteile.

Einen Laden mit einer Werkstatt in der Hauptstraße kann er günstig mieten, denn der Platz im Keller und im Schuppen des kleinen Fachwerkhauses reicht für alles längst nicht mehr aus. Christian bietet in seinem Geschäft schließlich auch Haushaltswaren an. Dann erweitert sich das Angebot auf Schubkarren und Kinderwagen und dergleichen mehr.

Klara ist glücklich, dass Christian sein gutes Auskommen gefunden hat. Oft wird er von den Bauern für Reparaturarbeiten an Pflug und Egge geholt. Hier erfolgt die Entlohnung meistens nicht in Bargeld, sondern in Naturalien, was durchaus erwünscht ist. Bis das im Stall dem Schlachttag entgegenwachsende Schweinchen abgestochen wird, sind Würste und Speckstücke herzlich gern gesehen.

Für Katharina ändert sich im Herbst des Jahres einiges. Die verwitwete junge Bäuerin hat nach Ablauf des Trauerjahres einen entfernten Verwandten ihres Mannes geheiratet. Nun ist Katharinas Arbeitskraft überflüssig. Man trennt sich im Guten. Katharina siedelt – zusammen mit der Ziege Frieda – in das kleine Fachwerkhäuschen über. Sie bezieht eine Kammer im ersten Stock.

»Nun bin ich wieder bei dir, Schwesterlein«, sagt Katharina glücklich. »Und ich werde dich jetzt nie mehr verlassen.«

Klara ist wieder guter Hoffnung, muss aber diesmal viel liegen. Ohne Katharinas Hilfe hätte sie das Haus gar nicht in Ordnung halten können. Katharina versorgt Lydia, kümmert sich um Vieh, Garten und Acker. Der Schulze verkauft nach dem Tode seiner Frau das kleine Häuschen Annas, in dem einige Zeit Jost, der jüngste Sohn des ehemaligen Schulzen, gewohnt hat. Irgendwann ist er aus dem Dorf verschwunden, seitdem hat das Haus leer gestanden. Da nach dem Krieg viele Leute als Arbeiter auf das Land kommen, ist Wohnraum knapp. Katharina und der kleine Christian als leibliche Erben der Schulzin erhalten je die Hälfte der Verkaufssumme. Katharina erwirbt mit diesem Geld einen Acker in Sachsenhausen, den sie gleich bestellt.

Zwischendurch geht sie noch zu Frau Kleinschmidt, um ihr im Haushalt zu helfen. Die Stationsvorsteherin hat sich kein anderes Dienstmädchen mehr nehmen wollen, weil sie, wie sie selbst sagt, »von Fräulein Klara verwöhnt ist«. Katharina verwöhnt sie weiterhin genau so wie Klara.
»Wenn Sie bei mir bleiben, Fräulein Katharina, bis zur Pensionierung meines Mannes im nächsten oder übernächsten Jahr, dann brauche ich sonst niemanden mehr. Danach gehen wir zu unserer Tochter nach Arolsen.«

Im Jahr darauf gebiert Klara einen kleinen Jungen, der Herman genannt wird. Herman ist ein schwächliches Kind, lebt nur einige Tage. Klara hat nun ein Kindergrab auf dem Friedhof zu pflegen.

Lydia

Nach dem Tod des kleinen Herman bleibt Klara kränklich. Sie wird schnell müde, wenn sie gearbeitet hat. Was ist nur los mit ihr? Früher konnte sie doch arbeiten wie ein Pferd, da wurde sie zwischendurch nicht müde. Jetzt muss sie sich mehrmals täglich hinsetzen und ausruhen, oft muss sie sich auch kurz auf die Chaiselongue, eine Art Sofa, legen, die

Christian ihr gekauft hat. Wie soll das nur weitergehen? Sie ist doch noch jung.

Klara hat ein schlechtes Gewissen, weil sie so schwach ist. Mit Christian mag sie darüber nicht reden. Der lacht dann nur und sagt: »Mach dir keine Sorgen, das wird schon wieder!«

Katharina gegenüber redet sie offener. Wenn das schlechte Gewissen sie deswegen plagt, dass sie ihrem Mann keine Hilfe, sondern eher eine Last ist, dann umarmt die Schwester sie, streichelt ihre Wange und sagt: »Du weißt doch, Schwesterlein, dass ich dich nie verlassen werde. Ich bin ja da. Und ich kann in Haus und Garten alles das erledigen, wofür deine Kräfte nicht reichen.«

Die kleine Lydia ist inzwischen vier Jahre alt geworden. Sie hat sich zu einem munteren Mädchen, entwickelt, das neugierig die Welt anschaut und ganz viele Fragen stellt. Besonders gerne läuft die Kleine zu dem vier Jahre älteren Lenchen in der Nachbarschaft. Lenchen singt ihr Kinderlieder vor, malt ihr Bilder in den Sand am Straßenrand, geht mit ihr zum Blumenpflücken in die Wiesen gleich hinter dem Ort oder macht ihr ein Blumenkränzchen aus Löwenzahnblüten und setzt es ihr auf.

Klara und Katharina, die in Haus, Garten und Feld viel Arbeit haben, sind froh, dass Lydia bei Lenchen in guter Obhut ist und nicht ständig von einem Erwachsenen beaufsichtigt werden muss. Das ist besonders ab dem Frühsommer sehr hilfreich, als Klara kurz vor einer Niederkunft steht und wieder mehrere Wochen liegen muss. Katharina hat nun das Anwesen mit Feld und Garten allein zu versorgen, da ist sie nicht böse, wenn Lydia und Lenchen oft zusammen spielen.

Im Juli bekommt Lydia ein kleines Schwesterchen. Es heißt Johanna. In der Nacht, so erfährt die Kleine, hat der Klapperstorch das neue Schwesterchen in die Wiege gelegt. Nun liegt es da und schläft oder schreit. Lydia schaut neugierig zu, wenn die Mutter das kleine Menschlein badet oder ihm einfach nur die Windeln wechselt. Spielen kann man mit der kleinen Schwester nicht, findet Lydia. Sie hält sich da eher an Lenchen, mit dem ist wenigstens etwas anzufangen.

Aber dann wird Lenchen krank, so krank, dass Lydia nicht zu ihr darf. Sie hat die Halsbräune bekommen, die man auch Diphtherie nennt. Zuerst sah die Krankheit aus wie das Halsweh, das Kinder gelegentlich bekommen. Auch das Fieber war nur mäßig. Aber dann treten die gefürchteten Schwellungen im Hals auf. Alles, was der Arzt unternimmt, schlägt nicht an. Nach wenigen Tagen ist Lenchen tot.

Katharina nimmt Lydia an die Hand und besucht das Trauerhaus. Im Hausflur liegt Lenchen still in einem weißen Sarg. Darauf sind Blümchen gemalt. Lydia lässt sich von Katharina auf den Arm nehmen, damit sie von oben alles besser sehen kann.

Das Lenchen hat ein weißes Kleid an und liegt ganz still da, es schläft wohl. Ein buntes Kränzchen aus Herbstblumen, so wie das Lenchen es selbst für Lydia oft gewunden hat, ziert seine Haare. Die Kleine wundert sich, warum alle Umstehenden weinen und auch Tante Katharina sich die Augen wischt. Warum weckt denn niemand das Lenchen auf?

Zwei Tage später kommen viele Leute ins Nachbarhaus. Die haben schwarze Kleider an. Tante Katharina geht auch mit, nachdem sie ihr schwarzes Kleid angezogen hat. Mutter bleibt zu Hause, weil ja die kleine Schwester nicht allein gelassen werden kann. Und sie, Lydia, soll auch zu Hause bleiben.

»Das ist nichts für dich«, hat die Mutter gesagt, »bleib du schön bei mir daheim. Es ist draußen ja auch so kalt heute.«

Vom Fenster aus beobachtet Lydia, wie vier Männer den Sarg mit den darauf gemalten Blumen aus dem Haus tragen. Sie weiß, dass Lenchen darin liegt. Wo bringen die Menschen das Lenchen bloß hin?

Die Mutter ist mit der kleinen Johanna beschäftigt. Vorsichtig huscht Lydia aus dem Haus. Ohne Jäckchen und nur mit dünnen Hausschuhen an den Füßen schließt sie sich den Trauernden an. Dabei achtet sie darauf, dass Tante Katharina, die ja auch zu den Trauergästen gehört, sie nicht entdeckt.

Der Weg zum Friedhof ist nicht weit. Lydia ist schon oft dort gewesen, wenn Mutter Blümchen auf das Grab des kleinen Herman gepflanzt hat. Ganz in der Nähe vom Grab des Brüderchens ist ein Loch in der Erde. Lydia schaut genau zu, wie die Männer an Seilen den weißen Sarg in dieses Loch hinunterlassen. Dann wird Erde hineingeworfen. Lydia versteht das nicht. Was soll das Lenchen da unten in dem Loch? Plötzlich fröstelt sie und muss weinen. Da läuft sie zu der erschrocken aufschauenden Tante Katharina.

»Du bist ja ganz durchgefroren«, flüstert die Tante, öffnet ihren Mantel und legt ihn um Lydia, während sie das zitternde Körperchen an sich drückt. Schnell trägt sie das Kind nach Hause.

Am Abend hat Lydia Fieber. Das Fieber steigt in der Nacht an und lässt auch am nächsten Tag nicht nach. Der

Arzt bestätigt die Befürchtungen der Eltern: Lydia hat eine Lungenentzündung. Einige Tage hat das Kind nahezu ununterbrochen Fieberfantasien. Immer wieder redet Lydia von Lenchen, vom Spielen draußen in der Sonne, von den Blumenkränzchen, die das Lenchen machen konnte, von den Liedern, die es gesungen hat, aber auch von dem weißen Bett, in dem es lag und sich nicht rührte, und von dem Loch in der Erde, in das die Männer dieses weiße Bett versenkt haben.

Klara, Katharina, Christian und Großmutter Johannette sitzen abwechselnd Tag und Nacht am Bett des immer wieder aufgeregt redenden Kindes, das seine Eltern nur selten erkennt und oft Angst vor ihnen hat. Lydias Zustand bessert sich nicht. Dann kommt die Krisis, der Höhepunkt der Krankheit. Nun muss sich entscheiden, ob das Kind genesen wird oder nicht.

Am frühen Morgen hört Lydia auf zu atmen.

Klara ist wie betäubt. Sie wankt durch das Haus und hat das Gefühl, jeden Augenblick die Kräfte zu verlieren und zu Boden zu sinken. Sie vermag nicht zu weinen. Erst als ihr Töchterchen mit seinem rosa Kleidchen im Hausflur im weißen Sarg liegt, kann sie herzzerreißend weinen.

Bevor der Sarg geschlossen wird, schneidet Christian seinem Kind eine Locke ab. Er will sie aufbewahren als letzte Erinnerung an die kleine Lydia, deren Körperchen er nun bald in die Erde betten lassen muss. Klara hat als Braut einen Rosmarinzweig in der Hand gehalten. Nach der Hochzeit hat sie ihn getrocknet und im Schrank aufbewahrt. Nun gibt sie ihn, der Sitte gemäß, ihrer kleinen Tochter mit in den Sarg. Lydia soll direkt neben Lenchen, ihrer Freundin, begraben werden.

Hand in Hand stehen Klara und Christian am offenen Grab ihres ersten Kindes.

»Der Herr hat's gegeben, der Herr hat's genommen; der Name des Herrn sei gelobt!« So sagt der Pfarrer. Beide Eltern sehen sich an. Ja, das wollen sie auch sagen, aber es wird ihnen schwer.

Es kommen grauenvolle Tage. Klara hadert mit Gott. »Ich habe doch von klein auf zu dir gebetet. Ich habe dich geliebt. Es verging kein Tag, an dem ich nicht an dich dachte. Ich habe versucht, mein Leben nach deinen Weisungen zu gestalten. Warum tust du mir das an? Warum nimmst du mir das fröhliche Kind? Was soll diese Grausamkeit, dass du erst schenkst, um dann wieder zu nehmen? Du hättest mir das Kind doch gar nicht erst zu schenken brauchen, dann wäre mir die Trauer erspart geblieben.«

In Klara ist es finster. Jeder Winkel in dem kleinen Häuschen erinnert an die kleine Lydia.

»Du bist kein Gott der Liebe«, hadert sie. »Ein Gott der Liebe kann eine solche Grausamkeit doch nicht vollbringen. Ich will von dir nichts mehr wissen.« Sie spricht mit Christian darüber. Der umarmt seine Frau und versucht sie zu trösten. »Gott selbst hat doch auch sein Liebstes, seinen Sohn, hergeben müssen. Und er hat zugesehen, wie die Menschen ihn ermordeten.«

»Trotzdem – ich will nichts mehr von ihm wissen«, sagt Klara. »Ich bin von ihm so enttäuscht.«

Einige Tage quält sich Klara. Sie ist so unglücklich wie nie zuvor. Sie läuft an Lydias Grab, aber dort findet sie keinen Trost. Wohin sie sich auch wendet, überall empfindet sie Verzweiflung.

Dann bricht ihr Widerstand zusammen. »Gott, ich bin es, die Unrecht hat. Vergib mir. Ich habe nicht das Recht, dir Vorwürfe zu machen. Du kannst mit mir anstellen, was du willst, mich schlagen und demütigen, ich werde trotzdem immer bei dir bleiben. Wer soll mir Halt geben, wenn nicht du? Vergib mir und lass mich wieder bei dir sein!«

Trotzdem empfinden Klara, Christian und Katharina immer wieder die Leere des kleinen Fachwerkhauses. Überall sehen sie das muntere Kind, alles im Haus erinnert an sie. Da macht Christian den Vorschlag, in das Haus zu ziehen, in dem er bereits seine Werkstatt und das Geschäft unterhält. Die Wohnung in diesem Haus steht leer. Klara sagt gerne ja. In dem anderen Haus in der Hauptstraße wird sie nicht immer wieder an Lydia erinnert werden.

Die Führung des kleinen Geschäfts ist schwierig geworden. Das Geld hat seinen Wert verloren und taugt nicht mehr als Zahlungsmittel. Millionen Mark zu haben, das besagt gar nichts. Es reicht kaum, um Brot zu kaufen.

Auf dem Lande brauchen die Menschen trotzdem keine Not zu leiden, denn viele versorgen sich selbst mit Fleisch und Gemüse. Fast alle Leute besitzen hier noch einen Streifen Ackerland, um Brotgetreide oder Kartoffeln anzubauen. Viele Familien haben ein Schwein im Stall hinterm Haus, überall gibt es Hühner – und für einen Kaninchenstall findet sich auch meist noch ein Platz.

Andererseits muss auch Christian manchmal mit Naturalien bezahlen, wenn er Kleineisenteile für sein Geschäft einkauft. Einmal verlangt ein Lieferant einen Teil seiner Würste aus der Räucherkammer.

Heinrich und Hänschen

Fünf Jahre lang bleibt Johanna das einzige Kind von Christian und Klara. In vielem erinnert sie ihre Eltern und Tante Katharina an die kleine Lydia.

Die wirtschaftliche Lage im Land hat sich stabilisiert, geschäftlich geht es Christian recht gut. Nun bekommt er das Geschäftshaus, in dem er mit den Seinen schon einige Jahre zur Miete wohnt, zum Kauf angeboten. Er rechnet. Sein Fachwerkhaus, das er in der Zwischenzeit vermietet hatte, kann er zu einem angemessenen Preis verkaufen. Katharina will ihr Erspartes dazugeben, sie soll dann einen »Einsitz« im Haus haben. Die Bank gibt einen Kredit zu günstigen Bedingungen, aber trotzdem fehlen noch etwa zweitausend Mark.

Da weiß Katharina Rat. Sie besucht den jüngeren Bruder Daniel, der vor einiger Zeit nach auswärts in einen stattlichen Bauernhof geheiratet hat. Seine junge Frau ist die einzige Tochter und nicht unvermögend. Katharina denkt sich, dass das junge Paar vielleicht die fehlende Summe vorstrecken könnte.

Und tatsächlich, sie findet dort offene Ohren. Daniels Frau leiht Christian und Klara die fehlenden zweitausend Mark zu einem günstigen Zinssatz. Christian ist verpflichtet, jährlich einhundertfünfzig Mark zurückzuzahlen.

Der kleine Heinrich wird in dem Geschäftshaus in der Hauptstraße geboren. Christian und Klara nennen es nun ihr Eigen.

Auch hier gibt es Stallungen für die Schweine und die Ziege sowie einen Hühnerhof. Es lässt sich gut leben in dem größeren Haus.

Katharina bewohnt ein Zimmer im ersten Stock. Hier, so meint sie, könne sie alt werden. An ihrem Entschluss, niemals zu heiraten, hält sie fest. Obwohl sie einmal fast wankend geworden wäre. Ein niederländischer Vertreter für Landmaschinen besucht Christian, um ihm die neuesten »Modelle« vorzuführen und womöglich für sein Geschäft in Kommission zu geben. Der Mann ist Mitte der Dreißiger, hoch gewachsen und blond. Er sieht recht gut aus. Christian beherbergt ihn für einige Tage in seinem Haus. Hier lernt der niederländische Kaufmann Katharina kennen. Er ist begeistert von ihr.

»In ihrer neuen Nationalhymne singen die Deutschen von den deutschen Frauen«, sagt er in fließendem Deutsch, aber mit niederländischem Akzent. »Das verstehe ich erst jetzt. Denn nun habe ich die deutschen Frauen erst so richtig kennen gelernt.« Dabei schaut er Klara und besonders Katharina an. »Die deutschen Frauen sind ja unglaublich tüchtig. Und außerdem sind sie auch schön.« Dabei sieht er wieder Katharina an.

Katharina ist immer noch eine schöne junge Frau, und sie genießt es, von einem Mann umworben zu werden. So etwas hat sie noch nie erlebt.

Der Landmaschinenvertreter kommt nun häufig nach Sachsenhausen. Immer richtet er es so ein, bei seinen Reisen Katharina zu sehen und ihr Blumen zu schenken. Eines Tages sagt er: »Meine Firma ruft mich in meine Heimat zurück. Ich werde jetzt nicht mehr kommen können. Aber die schönste und tüchtigste Frau, die ich kenne, würde ich gerne heiraten und in meine Heimat mitnehmen.« Katharina weiß, dass er sie meint. Und sie weiß auch, dass sie sich nun entscheiden muss. Er ist ein wohlhabender, gut aussehender Mann, und er gefällt ihr. Aber wenn sie ihn heiratet, dann bedeutet dies, dass sie ihm in ein fremdes Land folgen muss, dass sie eine andere Sprache erlernen muss und – was das Allerschlimmste ist – dass sie ihr Schwesterlein, an dem sie mit aller Liebe hängt, verlassen muss.

Klara redet ihr zu, auch Christian befürwortet ihre Verbindung mit dem freundlichen Niederländer.

Katharina entscheidet sich gegen diese Ehe. Ohne die Schwester und deren Kinder in der Nähe zu haben, will sie nicht leben.

Es kommt die Zeit der Weltwirtschaftskrise. Die Zahl der Arbeitslosen steigt. Niemand hat Geld, um Maschinen oder Fahrräder oder sonst etwas zu kaufen. Christian hat in seinem Geschäft kaum noch Umsatz und gerät gegenüber der Bank in Zahlungsschwierigkeiten. Er bittet den Bankdirektor um Zahlungsaufschub, was dieser gerne gewährt. Denn überall gibt es solche Schwierigkeiten bei den Gläubigern.

Gegenüber den Verwandten hat Christian seine Verpflichtungen pünktlich erledigt. Trotzdem bangt die junge Frau um ihr Geld. Sie besteht darauf, dass Christian ihr die geliehene Summe sofort zurückgibt. Das ist ihm im Moment nicht möglich. Er versucht sie zu überzeugen, dass sie ihr Geld wie vereinbart zurückerhalten wird. Er hat ihr doch jährlich Zins und Tilgung gezahlt. Aber sie lässt sich nicht erweichen. Sie will augenblicklich ihr Geld wiederhaben, denn sonst geht am Ende, so fürchtet sie, alles verloren.

Klara bittet ihren Vater um Hilfe. Aber der hat seine gesamten Ersparnisse durch die Inflation eingebüßt und außerdem sein Vermögen an die Kinder verteilt. Von ihm gibt es keine Hilfe.

Christian fragt bei seiner Mutter Johannette nach. Sie war vor der Inflation eine wohlhabende Frau gewesen. Zwar hatte auch sie ihr Vermögen an die Kinder verteilt, es war ihr aber noch eine hübsche Summe als Altersversorgung geblieben, die sie als Spareinlage auf der Bank deponiert hatte – bis sie durch die Geldentwertung alles bis auf den letzten Pfennig verlor. Nun musste sie bei einer ihrer Töchter wohnen. Sie nahm Putzstellen an, um sich ihren Lebensunterhalt zu verdienen. Von ihr kann auch keine Hilfe kommen.

Da erfährt Christian, dass die Reichsregierung ein Bodenprogramm durchführt. Im Osten gibt es große Landgüter, die von ihren verarmten adligen Großgrundbesitzern nicht mehr richtig bewirtschaftet werden können und zum Teil stark heruntergekommen sind. Diese Güter werden nun parzelliert, das heißt in kleinere, aber überlebensfähige Bauernhöfe geteilt. Dieses Land gibt der Staat bäuerlichen Siedlern für wenig Geld. Die Bedingung ist, dass die Familie mindestens zwei Kinder hat, denn man will solche Familien fördern.

Christian rechnet wieder. Wenn er sein Haus verkauft, hat er nach Rückzahlung seines Darlehens an die Bank und an die junge Frau seines Schwagers genügend Kapital übrig, um sich einen solchen Hof zu kaufen und mit Vieh und einfachen landwirtschaftlichen Geräten auszurüsten. Er wollte doch immer schon gern Bauer sein! Warum also soll er nicht in Sachsenhausen alles verkaufen und in den Osten gehen? Er liebäugelt mit einem Bauernhof in Mecklenburg. Das ist näher an der Heimat als zum Beispiel Pommern oder gar Ostpreußen.

Umzug nach Mecklenburg

Christian fährt mit dem Zug nach Hamburg, dann nach Schwerin, von dort aus nach Lübz, einer ihm bis dahin unbekannten kleinen Kreisstadt in Mecklenburg. Schließlich erreicht er das kleine Dorf Diestelow, das in einer sanft gewellten, mit kleinen Wäldchen durchsetzten, lieblichen Landschaft liegt. Hier sind auf dem Boden des Gutshofes viele kleinere Bauernhöfe entstanden. Jeder Hof hat sein zugehöriges Land hinter dem Haus. Die Wohnhäuser, Stallungen und Scheunen sind aus hellroten Ziegelsteinen gebaut, sie stehen noch leer und laden zum Bewohnen ein.

Christians Herz schlägt höher, als er sich vorstellt, hier Herr auf eigener Scholle zu sein. Er prüft den Boden. Der ist sandig, aber nicht unfruchtbar. Hier wird hauptsächlich Roggen angebaut. Eine Parzelle gefällt ihm besonders gut: Neben dem Haus befindet sich eine Sandgrube, eine Kiesgrube gehört ebenfalls zum Anwesen. Diese Parzelle würde er wählen.

Die Pferde das Gutshofes, der nun aufgelöst wird, sollen von den sich neu ansiedelnden Bauern übernommen werden. Christian schaut sie sich alle an. Er wählt nicht die schweren Gäule, die man »Belgier« nennt, sondern die etwas schlankeren Kutschpferde des Gutsbesitzers für sich aus.

Die Felder des ehemaligen Guts sind einige Jahre lang nicht bestellt worden. Mit einem Blick erkennt Christian, dass hier viel Arbeit auf ihn wartet. Die zähen Quecken, ein lästiges und schwer zu beseitigendes Ackerunkraut, haben weite Flächen seines künftigen Anwesens bedeckt. Er sagt ihnen jetzt schon einen erbarmungslosen Kampf an.

Einige Tage später ist Christian wieder in Sachsenhausen. Er berichtet Klara von allem, was er in Diestelow erfahren und gesehen hat. Sie spürt seine Begeisterung, seine Vorfreude, sieht seine leuchtenden Augen, als er von dem hübschen, einladenden Bauernhaus, den Pferden, den vom Haus aus so leicht zu erreichenden Äckern und Wiesen erzählt. Klara weiß, dass Christian dort glücklich sein wird, trotz aller schweren Arbeit, die in Mecklenburg auf ihn wartet.

»Wenn du gern dorthin gehen möchtest, Christian«, lächelt Klara ihn an, »dann gehe ich selbstverständlich mit dir. Ich habe nur eine Sorge: Du weißt, dass ich nicht schwer arbeiten kann und schnell müde werde. Eine kräftige, stramme Bäuerin bin ich nicht und werde es wohl auch nicht mehr sein können. Hast du trotzdem Mut, mit einer schwächlichen Frau wie ich es bin, einen Bauernhof zu bewirtschaften?«

Katharina hat das Gespräch gehört. »Ach, Schwesterlein«, sagt sie, »mach dir darüber keine Gedanken! Mich gibt es doch auch noch. Wenn ihr mich mitnehmt, dann habt ihr eine Magd, die zupacken kann.«

»Aber Trinchen«, wendet Klara ein, »willst du wirklich so weit weg von der Heimat? Du bekommst bestimmt Heimweh! Unsere Lieben werden wir dann nur noch selten sehen, unser Elternhaus kannst du vielleicht alle paar Jahre mal besuchen. Und Bekannte und Freunde hast du in Diestelow auch nicht.«

»Ich habe doch versprochen, dich nie zu verlassen, mein Schwesterlein. Glaubst du denn wirklich, ich lasse dich allein nach Mecklenburg ziehen? Mit dem Heimweh wird das schon nicht so schlimm werden. Wir haben uns ja gegenseitig. Wo du und deine Kinder sind, da ist doch meine

Heimat. Und Freunde und Bekannte können wir dort auch finden, meinst du nicht?«

Klara seufzt erleichtert auf. »Wenn du mitgehst nach Diestelow, dann bin ich beruhigt.«

»Vielleicht bist du auch nur deswegen so zaghaft, weil du in Umständen bist, Schwesterlein.«

»Das ist möglich.«

Nun geht es schnell, denn die Tochter Johanna steht zur Einschulung an. Sie soll gleich in Diestelow in die erste Klasse gehen.

Christian verkauft das Geschäftshaus in der Hauptstraße, zahlt der Bank seinen Kredit zurück, gibt der Frau seines Schwagers die Summe, die er ihr schuldet – es sind nur noch einige hundert Mark –, verkauft seinen und auch Katharinas Acker und mietet einen Eisenbahnwaggon zum Transport der Möbel und des übrigen Hausrats nach Lübz. Verschiedene Ackergerätschaften kann Christian in Sachsenhausen günstig einkaufen. Die werden ebenfalls in den Wagen geladen. Das erst halb gemästete Schwein übernimmt der neue Hausbesitzer, aber die Hühner werden in Körbe verpackt. Auch die Ziege, es ist nicht mehr Frieda, sondern die junge Mette, soll mit auf die lange Reise gehen.

Schneller als geahnt ist der Abreisetag gekommen. Christian fiebert der neuen Aufgabe entgegen, Klara aber wird sehr wehmütig. Alle Verwandten aus der Umgebung sind zur Verabschiedung an den Bahnhof gekommen.

»Das Heimweh, das wird schon vergehen«, tröstet sich Klara bei der Abreise.

Die Schwindsucht

Aber das Heimweh vergeht nicht. Auch als das Haus hübsch eingerichtet ist, als die Hühner fröhlich im Hof gackern, die Schweine im Stall grunzen, die Kühe das prächtige Futter in wohlschmeckende Milch verwandeln, will Klaras Heimweh nicht weichen. Freilich hat Klara auch viel Gelegenheit, um ins Grübeln zu kommen, denn sie muss in der letzten Zeit vor der Niederkunft häufig liegen und kann nichts essen.

Katharina leidet kaum unter Heimweh. Sie richtet die Wohnung ein, arbeitet im neu angelegten Küchengarten, versorgt das Vieh und unterstützt Klara beim Kochen, bringt Johanna am ersten Tag in die Schule und macht reihum Besuche bei den anderen Siedlern, die aus Hessen oder Schwaben kommen oder aus der näheren Umgebung stammen.

Die Kinder haben keinerlei Schwierigkeiten miteinander. Zunächst redet jedes noch in seinem eigenen Dialekt, dann setzt sich jedoch im Umgang miteinander das Mecklenburger Platt Diestelower Prägung durch, denn das wird von den Kindern in der Schule gesprochen, die sie alle besuchen.

Klara schenkt einem gesunden Knaben das Leben. Sie selbst jedoch ist alles andere als gesund. Als im ersten Winter die Nebel der nahen Ostsee über dem Land liegen, hat sie Luftnot. Ihr Appetit lässt sehr zu wünschen übrig. Sie kann nur wenig essen, und dabei soll sie viel Fleisch, Eier, Milch und Quark zu sich nehmen, so hat der Arzt es ihr aufgetragen. Klara versucht gehorsam zu sein, aber sie verträgt fast nichts mehr. Zum körperlichen Unwohlsein kommt hin und wieder heftiges Heimweh.

Klara muss immer häufiger husten. Eines Tages hustet sie blutigen Schleim. Da weiß sie, dass die gefährliche Schwindsucht wieder ausgebrochen ist. Der Arzt überweist sie sofort in eine Heilstätte bei Waren am Müritzsee. Klara wehrt sich nicht dagegen, die Heilstätte aufzusuchen. Denn wenn es nicht gelingt die Krankheit zu bekämpfen, dann wird sie sterben, das weiß sie.

»Schwesterlein, mach dir keine Sorgen um uns«, sagt Katharina. »Ich bin bei den Kindern und versorge sie. Hier auf dem Hof kommen wir schon zurecht. Denk jetzt zuerst an dich, damit du bald wieder gesund wirst.«

Johanna winkt der scheidenden Mutter nach, als der Vater diese auf den Pferdewagen hebt und abfährt. Auch der kleine Heinrich winkt ihr zu. Nur der Säugling Hänschen auf dem Arm von Tante Katharina winkt nicht. Die Tante bewegt sein Ärmchen, sodass es aussieht, als winke auch er.

Katharina

Katharina sorgt aufopferungsvoll für die Kinder. Ihr ist keine Mühe zu viel. Tagsüber schaut sie in Küche und Stall nach dem Rechten, abends bringt sie die Kinder ins Bett. Nachts trägt sie Hänschen auf dem Arm im Haus herum, der seine Beschwerden über die durchbrechenden Zähne laut in die Welt hinausschreit.

Katharina arbeitet für drei. Auf anderen Höfen gibt es Mägde, die auf dem Feld und im Stall arbeiten, während die Bäuerin das Hauswesen versorgt. Katharina bewältigt alles alleine.

Im Frühjahr weist sie die sechsjährige Johanna in das Geheimnis des Kühehütens ein. Die sechs Milchkühe des Hofes werden nämlich im Sommer nicht daheim gefüttert, sondern auf die Weide getrieben, die nicht allzu weit vom Haus entfernt liegt.

Johanna wirft, sobald sie aus der Schule kommt, den Ranzen in die Ecke, isst ihr Mittagessen und läuft dann in den Kuhstall. Senta, die treue Schäferhündin, wartet schon auf sie. Während sie die Stalltür öffnet und die hungrigen Kühe sich hinausdrängen, steht der Hund bereit, die Tiere zusammenzuhalten. Johanna hat einen dünnen Stock, mit dem sie den störrischen Kühen auf das Hinterteil haut, wenn sie am Getreideacker stehen bleiben und die junge Saat zu fressen beginnen. »Senta, fass sie!« schreit Johanna dann, und Senta läuft herbei und zwickt die Rinder so derb in die Beine, dass sie den Versuch aufgeben, sich im Getreidefeld gütlich zu tun.

Aber auch auf der eigentlichen Kuhweide, die die Kühe längst kennen, machen sie Dummheiten. Wenn Senta nämlich irgendwo einen Hasen sieht, dann ist sie nicht zu halten und macht sich an die Verfolgung. Zwar kommt sie bald darauf beschämt zurück – aber die Kühe haben die Zeit ihrer Abwesenheit genutzt und sind in ein benachbartes Luzernefeld gelaufen.

»Senta, fass sie!«, kann Johanna dann so oft rufen, wie sie will. Die Kühe, die sonst bei diesem Ruf schon gehorchen, weil sie Sentas scharfe Zähne fürchten, scheinen sie dann auszulachen – wissen sie doch ganz genau, dass der Hund gerade nicht da ist. Und dann hebt die Leitkuh den Schwanz und muht auffordernd. Sofort macht sich die ganze Gruppe auf und davon …

Abends treibt Johanna die Kühe nach Hause. Jetzt besteht keine Gefahr, dass sie unterwegs in einem Feld grasen wollen, denn sie sind satt und streben dem Stall zu. Dort, so wissen sie, werden sie gemolken. Und die Milch im prallen Euter verursacht ihnen Schmerzen.

Sind die Kühe erst im Stall, macht Johanna ihre Hausaufgaben, isst zu Abend und sinkt dann todmüde ins Bett. Sehr oft nimmt sie den kleineren Bruder Heini mit auf die Weide. Dann ist er beaufsichtigt, und Tante Katharina braucht nur auf Hänschen aufzupassen.

Auch bei Regen muss Johanna hinaus, denn die Tiere sind bei jedem Wetter hungrig. Nur Sonntags bleiben die Kühe im Stall und werden dort gefüttert und getränkt. Dann hat Johanna frei. Sie freut sich schon auf den Winter, wenn die Kühe daheim bleiben und Heu bekommen. Dann braucht sie mehrere Monate nicht auf die Weide zu gehen.

Klaras Briefe aus der Heilstätte treffen wöchentlich ein. Sie berichtet vom Leben dort, von dem guten Essen, das sie kaum hinunterbringt, von den Liegekuren, die ihr gut tun, und von den kleinen Spaziergängen am Müritzsee. Von Besserung oder Heilung schreibt sie nichts.

Irgendwann an einem Herbstabend bekommt Katharina stechende Schmerzen im Brustkorb. Sie geht früh zu Bett, da lassen die Schmerzen nach. Sie treten in der Folgezeit aber häufiger auf. Schließlich geht Katharina zum Arzt. Der horcht ihr Herz und ihre Lunge ab, kann aber nichts Beunruhigendes feststellen.

»Ich vermute, junge Frau, Sie sind überarbeitet. Schonen Sie sich etwas!«, sagt er zu ihr.

»Was hat der Arzt denn herausgefunden?«, erkundigt sich

Christian, als Katharina von Lübz, wo der Arzt wohnt, zurückkehrt.

»Nichts Besonderes. Ich soll mich schonen!«, gibt Katharina dem Schwager zur Antwort. Dabei wäre es wirklich höchste Zeit dafür, treibt Katharina doch Raubbau mit ihrem Körper. Die stechenden Herzschmerzen treten häufiger und in kürzeren Abständen auf. Nächste Woche, so nimmt Katharina sich vor, wird sie noch einmal zum Arzt gehen und ihn bitten, sie gründlicher zu untersuchen.

Christian merkt nicht, welch ein umfangreiches Tagewerk die Schwägerin bewältigt. Er ist selbst so sehr damit beschäftigt, die tückischen Quecken zu roden, die vielen dicken Kieselsteine von den Äckern zu schaffen, die Feldwege auf seinem Anwesen zu befestigen, Zäune für verschiedene Weiden zu ziehen, die noch eingerichtet werden sollen, dass er auf Katharina wenig achtet.

Eines Morgens – Johanna ist in der Schule, Christian auf dem Feld – geht Katharina auf den Hof. Heinrich und Hänschen bleiben in der warmen Küche. Die Tante bleibt lange aus, was die Kinder zwar nicht gewöhnt sind, sie aber auch nicht beunruhigt. Zwei Stunden später kommt Christian vom Feld nach Hause. Da findet er Katharina am Boden liegend. Er stürzt zu ihr und stellt entsetzt fest, dass sie nicht mehr lebt.

»Tante« und Großmutter

Katharina hat neben dem auf einer kleinen Kuppe liegenden, trutzigen Kirchlein von Diestelow ihre letzte Ruhestätte gefunden. Klara durfte zur Beerdigung die Heilstätte nicht verlassen, auch von den fernen Verwandten konnte niemand anreisen. Nur eine Hand voll Nachbarn geleiteten die Verstorbene zum Grab.

Christian ist ratlos. Er steht nun mit drei kleinen Kindern und einem bäuerlichen Anwesen allein da.

Klara schreibt ihm einen langen Brief. Sie habe, so heißt es darin, an Mimmi telegrafiert. Mimmi ist zurzeit wieder Pflegerin in einem Kinderheim. Die könne sich frei machen und einige Wochen lang kommen, um die Kinder zu versorgen. Vielleicht könne später auch Großmutter Johannette für ein paar Wochen zu Hilfe eilen. Und dann … Dann sei sie sicherlich wieder auf dem Damm und könne selbst den Haushalt übernehmen. Außerdem müsse Christian dringend eine Stallmagd einstellen, denn Mimmi könne zweifellos keine Stallarbeiten verrichten, da sie ja aus der Stadt komme und landwirtschaftliche Arbeiten nicht gewöhnt sei.

Kurz vor Mimmis Ankunft tritt eine junge Magd den Dienst im Haus an. Sie stammt aus Russland, spricht aber fließend deutsch, da sie schon als kleines Mädchen nach Deutschland gekommen ist. Ihre Eltern waren seinerzeit vor den Revolutionstruppen nach Deutschland geflüchtet. Als sie aus zwingenden Gründen nach Russland zurückkehren mussten, ließen sie ihre kleine Maria bei freundlichen Leuten in Deutschland zurück.

»Unsere Zukunft in Russland ist ungewiss«, sagten sie damals. »Wir würden unser Kind gerne bei guten Leuten zur Pflege zurücklassen. Wann wir es wieder abholen können, wissen wir nicht.«

Die kleine Maria wurde niemals wieder abgeholt. Nach der Schulentlassung verdingte sie sich als Magd und kam so auf Christians Hof.

Nach einigen Tagen trifft Mimmi ein. Sie bringt Haus und Garten in Ordnung und versorgt die Kinder. Nach kurzer Zeit macht sie Christian darauf aufmerksam, dass er die Arbeitsbelastung, die er sich selbst auferlegt, nicht mehr lange durchhalten wird.

»Du musst einen Knecht einstellen, Christian«, redet sie ernstlich auf ihn ein. »Wenn du so weitermachst, hast du deine Gesundheit in wenigen Jahren ruiniert. Und wem soll das nützen, wenn du dann krank bist?«

Nach einigen Wochen muss Mimmi wieder abreisen. Ihre Urlaubszeit ist herum. Zwar erhält sie zur Bestreitung ihres Lebensunterhaltes eine Kriegerwitwenrente, aber damit ist schlecht auszukommen. So arbeitet sie in einem Waisenhaus als Kinderpflegerin.

Christian bittet seine Mutter Johannette um Hilfe, die bei ihrer Tochter in Bad Wildungen lebt und dort als Zugehfrau arbeitet. Es dauert eine Weile, bis sie anreisen kann.

Großmutter Johannette gibt sich alle Mühe, die Kinder zu versorgen und dem Haushalt vorzustehen. Aber sie ist den Umgang mit kleinen Kindern nicht mehr gewöhnt. Nicht, dass sie ihre Enkel nicht gemocht hätte! Nein, es macht sie einfach müde, ständig auf die munteren Kleinen aufpassen zu müssen. Sie gehört schließlich nicht mehr zu den Jüngsten.

Heimkehr nach Diestelow

Klaras Gesundheitszustand hat sich immer noch nicht gebessert. Sie hat ständig Luftnot, ist kurzatmig geworden und muss schon nach wenigen Schritten wieder verschnaufen. Selbst das Handarbeiten ermüdet sie so, dass sie es schließlich sein lässt.

Einige der Frauen, die sich in der Zeit des Heilstättenaufenthaltes zu einer Gruppe zusammengeschlossen haben, sind inzwischen nach Hause zurückgekehrt. Sie gelten als geheilt. Klara wird auch nach Hause zurückkehren. Aber nicht als Geheilte, sondern als eine, die daheim sterben wird. Klara weiß es schon lange – und ist ruhig geworden.

Eine ihrer Freundinnen aus der Heilstätte fragt sie kurz vor der Abreise: »Liebe Klara, du hast hier oft über dein Leben und über deinen Glauben an Gott gesprochen. Was hat dieser Glaube an Gott dir denn gebracht? Gott hat dich nicht vor der Krankheit bewahrt. Er hat auch dein Kind nicht behütet. Und nun musst du selbst wahrscheinlich früh sterben. Wozu ist denn solch ein Gott überhaupt nütze? Kannst du nicht auf einen solchen Gott verzichten?«

Klara überlegt, dann antwortet sie bedächtig: »Es stimmt alles, was du sagst. Gott hat mich nicht vor der Krankheit bewahrt und auch meine kleine Lydia früh wieder zu sich genommen. Aber auf ihn verzichten, das könnte ich nie.«

»Das verstehe ich nicht.«

»Ich habe von Gott ein wunderschönes Leben geschenkt bekommen. Ich hatte liebe Eltern und nach dem Tod meiner richtigen Mutter eine wunderbare Frau als Stiefmutter. Ich hatte liebe Geschwister, darunter eine herzensgute Schwester, die eigentlich meine Stiefschwester war. Sie war ein Geschenk. Mein Mann hat mich herzlich geliebt. Auch er war ein Geschenk.«

»Du redest so anders darüber als andere Leute. Aber du bist doch zum Sterben viel zu jung, Klara, du bist doch erst zweiunddreißig!«

»Weißt du, ich habe einmal eine Geschichte gelesen. Da war ein Gastmahl. Einer der Teilnehmer ging früher weg als die anderen. Er fragte nachher, was es denn auf dem Gastmahl noch gegeben hätte. Er sei doch nicht bis zum Schluss dageblieben. Und da sagten die anderen: ›Ach, es gab noch dies und das, aber eigentlich nichts anderes als vorher.‹ Siehst du, und das denke ich auch. Im Leben ist es genauso. Wenn ich jetzt früher gehe, dann versäume ich vielleicht noch dies und das. Aber was jetzt noch käme, das würde sich doch von dem, was ich schon kenne, nicht sehr unterscheiden.«

»Das ist so ein Trost, den man sich selbst zuspricht.«

»Ich habe eine unbeschwerte Jugend gehabt, ich habe die Liebe kennen gelernt, ich habe Kinder haben dürfen, ist das denn nichts?«

»Klara, aber jetzt musst du bald sterben. Hast du denn keine Angst davor?«

»Doch. Das Sterben ist bitter. Ich hoffe, dass Gott es mir nicht zu schwer macht. Aber ich weiß auch, dass mein Leben mit dem Sterben nicht zu Ende ist. Ich weiß, dass ich die Ewigkeit bei Gott verbringen werde. Und das ist etwas, worauf ich mich freuen kann.«

»Klara, wenn ich deinen Glauben hätte!«

Christian holt seine Frau kurze Zeit darauf nach Hause. Klara ist jetzt sehr abgemagert. Sie kann kaum noch selbst laufen. Christian muss sie aus dem Haus in ein Auto und dann vom Auto in den Zug, zuletzt vom Zug auf den Pferdewagen tragen, der sie schließlich nach Diestelow bringt. Klara freut sich unbändig, ihre Kinder wiederzusehen.

»Wie schön«, jubelt sie, »dass ich euch, meine Lieben, noch einmal sehen darf.« Ganz besonders streichelt sie ihren Sohn Heini.

Johannette empfängt die Schwiegertochter weinend. Klara streichelt ihr die Wange und sagt: »Wie schön, dass ich meine letzten Wochen noch bei euch sein darf.«

Die Kinder laufen auf sie zu. Klara streichelt sie, aber sie erlaubt ihnen nicht, sie zu küssen. »Ein Küsschen darf ich euch nicht geben«, sagt sie. »Sonst könnt ihr auch krank werden. Ich streichle euch ganz lieb, dann ist das genauso gut wie ein Begrüßungskuss.«

Der Arzt hat Klara gewarnt, dass keines der Kinder in ihrem Schlafzimmer schlafen darf. Christian räumt das Kinderbett für Hänschen, das bisher im Elternschlafzimmer stand, in das leere Zimmer von Tante Katharina, in dem nun Großmutter Johannette schläft.

Eines Abends lehnt Klara sich in Christians Arm. Christian merkt, dass seine Frau etwas auf dem Herzen hat.

»Ich weiß nicht, wie ich es dir sagen soll, Christian«, beginnt Klara. »Bitte erschrick nicht!«

»Was ist denn, Klara? Ist dir nicht gut?«

»Mach dir um mich keine Gedanken, mein Christian. Ich weiß nicht, wie lange ich noch da bin. Deswegen muss ich etwas sagen.«

»Du machst mich neugierig.«

»Ich habe ja viel Zeit zum Nachdenken, weil ich nicht mehr viel arbeiten kann. Ich habe mich auf das Sterben vorbereitet. Ich habe Frieden mit Gott und mit allen Menschen. Und bei der Vorbereitung auf den Abschied von dir ist mir eine ganz merkwürdige Erkenntnis gekommen. Vor mir stirbt noch eins von unseren Kindern.«

»Klara, machst du dir da nicht etwas vor? Kann man so etwas denn überhaupt wissen?«

»Christian, ich bete viel und befasse mich häufig mit Gottes Wort. Und es war, als wenn Gott mich es wissen ließe, dass noch eins von den Kindern vor mir sterben wird.«

»Das ist mir unheimlich, Klara! Ich wage gar nicht zu fragen … Weißt du auch, welches von den Kindern vor dir … geht?«

»Nein, Christian, das ist mir nicht klar. Ich vermute aber, dass es unser kleiner Heinrich sein wird, denn er ist so schwächlich und anfällig für Krankheiten.«

»Klara, woher weißt du das nur?«

»Ich denke, Gott hat es mir gesagt, damit ich mich nicht so sehr erschrecke. Und ich sage es dir jetzt, damit auch du es schon weißt und nicht so schrecklich betroffen sein musst, wenn es dann eintrifft, was ich dir gesagt habe.«

Der Knecht, der auf dem Hof arbeitet, ist mit einer Magd verheiratet.

»Bauer«, sagt er eines Tages zu Christian, »deine Frau ist schwer krank. Ich wüsste einen Weg, wie sie wieder gesund werden könnte.«

Christian horcht auf. »Meine Frau hat die galoppierende Schwindsucht«, gibt er zur Antwort. »Eine Heilung ist nach menschlichem Ermessen nicht möglich.«

»Doch«, widerspricht der Knecht. »Meine Frau kann die Bäuerin besprechen. Dann verschwindet die Krankheit.«

»Besprechen?«, fragt Christian. »So etwas ist doch gar nicht denkbar.«

»Ihr könnt es ja ausprobieren.«

Christian ist überwältigt von dem Gedanken, dass seine Frau wieder gesund werden könnte.

»Eine Bedingung ist allerdings dabei«, sagt der Knecht.

»Die Bäuerin muss geloben, nie mehr den Namen Gottes oder den Namen Jesus auszusprechen, nie mehr einen Gottesdienst zu besuchen und niemals mehr zu beten und ein Kirchenlied zu singen.«

»Was hat das zu bedeuten?« Christian ist unbehaglich zumute.

Der Knecht rückt nicht so recht mit der Sprache heraus.

»Na ja, wenn Gott nicht hilft, dann muss eben der andere helfen.«

»Der andere?«

»Nun ja, der Arge. Der hilft auch, wenn man ihn bittet.«

Christian schreckt auf. »Du willst meine Frau im Namen des Teufels wieder gesund machen?«

»Ich wollte es ja bloß angeboten haben. Meine Frau bespricht viele Kranke. Alle werden sie geheilt. Und sie verlangt dafür kein Geld.«

»Nein«, sagt Christian. »So etwas will die Bäuerin bestimmt nicht.« Er wendet sich ab.

Abends erzählt er seiner Frau von dem Angebot der Frau ihres Knechts.

Klara sagt: »Auf keinen Fall werde ich mich besprechen lassen. Mein Leben ist in Gottes Hand. Da soll es bleiben. Dem Teufel will ich nichts zu verdanken haben.«

Der Waschtag

Großmutter Johannette hat den Waschkessel angeheizt und alle Wäschestücke zusammengesucht und gekocht. Sie will das schöne Frühlingswetter nutzen, um gleich die Wäsche zu bleichen. Maria, die junge Magd, hilft ihr beim Durchwaschen jedes einzelnen Stückes auf dem Waschbrett.

Heini und Hänschen, die beiden kleinen Jungen, spielen auf dem Hof neben dem Haus. Hänschen hat ein Holz gefunden, das ihn an ein Werkzeug erinnert. Der Zweijährige klopft damit auf Steine und auf die herumstehenden Geräte, als wollte er hämmern.

Großmutter Johannette und Maria haben die ausgespülte Wäsche in einen großen geflochtenen Wäschekorb gelegt. Johannette alleine kann die schweren Wäschestücke nicht zur Bleiche tragen, Maria soll ihr helfen. Schnell lassen sie die noch kochend heiße Waschbrühe aus dem Kessel, der unten einen Hahn hat, in einen Waschzuber laufen. Die Brühe soll etwas abkühlen, damit anschließend die Wollsachen darin gewaschen werden können.

Als die Frauen mit dem Wäschekorb zur Bleiche gehen, läuft Hänschen durch die offen gebliebene Waschküchentür in den Raum. Neben dem Waschzuber steht ein Tisch. Auf den will der kleine Mann mit seinem Holz klopfen, reicht aber mit seinen kurzen Ärmchen nicht bis oben hin. Deshalb schiebt er sich einen Schemel neben den Waschzuber und klettert darauf. Da verliert er das Gleichgewicht und stürzt rückwärts in die kochend heiße Waschbrühe.

Gellende Schreie rufen Johannette und Maria von der Bleiche. Sie reißen das schreiende Kind aus der Lauge und ziehen ihm die Kleider vom Leib. Der Kleine wird dabei ohnmächtig. Da Christian mit dem Knecht auf dem Feld ist, läuft Maria zum Nachbarn Mahnke gegenüber. Bauer Mahnke ist daheim. Er setzt sich auf sein Pferd und jagt zum nächsten Arzt. Der kommt sofort.

Von den Schultern über den Rücken und das Gesäß bis herunter zu den Unterschenkeln, vom Bauchnabel bis zu den Knien hat sich die Haut abgelöst. Es gibt keine Rettung für Hänschen, das ohnmächtig auf seinem Bett liegt. Der Arzt teilt es Klara mit, die gefasst am Bettchen ihres jüngsten Sohnes sitzt.

Maria hastet ins Feld und holt Christian und den Knecht nach Hause. Fassungslos steht der Vater an Hänschens Bett. Klara nickt ihm zu.

Der Knecht sagt: »Ich hole meine Frau. Wenn die den Jungen in Dreiteufelsnamen bespricht, dann wird er wieder gesund.«

»Niemals«, sagt Christian. »Lieber will ich mein Kind sterben lassen, als es dem Teufel zu weihen!«

»Es zwingt dich ja niemand, Bauer.« Der Knecht zuckt die Schultern.

Hänschen stirbt in der Nacht. Klara hält seine Hand und sagt: »Ich komme bald nach, mein Hänschen. Bald bin ich wieder bei dir.«

Während der Beerdigung vergießt sie keine Träne. Christian hat sie bis vor das Friedhofstor fahren müssen und dann bis zu dem kleinen Grab getragen, weil sie so schwach ist, dass sie nicht mehr laufen kann.

Abschied

Zwei Tage nach Hänschens Beerdigung ist auch Klaras Stunde gekommen.

»Ich gehe heim zum Herrn. Und ich habe keine Angst«, flüstert Klara Christian zu, der neben ihrem Lager sitzt und ihre Hand hält. Die drängende Luftnot der letzten Tage hat nachgelassen, ruhig liegt die Sterbende auf ihrem Bett.

»Bitte bringe mir die Kinder noch einmal an die Tür. Ich möchte sie zum letzen Mal sehen.«

Christian schärft den Kindern ein, ganz leise an die Tür zum Schlafzimmer der Mutter zu kommen. Klara winkt ihren Kindern zu, die wiederum der Mutter zuwinken. Dann schließt Christian die Tür und ermahnt die Kinder, nach draußen zu gehen und zu spielen, aber sich ganz leise zu verhalten.

»Ich habe einen Brief für dich vorbereitet, Christian«, sagt Klara zu ihrem Mann. »Er liegt in meinem Nachtkasten. Aber bitte lies ihn erst, wenn ich begraben bin.«

Christian schluckt. Er möchte sich so gern beherrschen und nicht weinen. Der Abschied soll seiner Frau nicht schwerer werden, als er ihr ohnehin schon ist.

»Du warst ein zärtlicher Ehemann und ein guter Vater für die Kinder, Christian«, flüstert Klara. »Ich danke dir für vierzehn glückliche Jahre.«

»Ach Klara«, entgegnet Christian, »ich bin doch derjenige, der zu danken hat. Du warst immer eine liebevolle Frau und eine gute Mutter. Du hast mich immer gestützt und mich immer verstanden.«

Friedlich schläft sie ein. Ihre Atemzüge werden immer kürzer. Ohne die geringsten Anzeichen eines Todeskampfes endet Klaras Leben. Sie hat ein seliges Lächeln auf dem Gesicht.

Am Abend nach der Beerdigung öffnet Christian den Brief aus Klaras Nachtkasten. Er liest: »Mein lieber Christian! Für unsere beiden Kinder kann ich mir keine bessere Mutter vorstellen als Mimmi. Ich habe sie gebeten, nach meinem Tod die Kinder zu versorgen. Sie hat zugesagt.

Vielleicht findet Ihr beide zusammen. Wenn es Dir möglich ist, dann heirate sie. Ich weiß, welch eine wertvolle Frau sie ist. Und sie würde den Kindern eine gute Mutter werden.«

Johanna

Abschied von Diestelow

Mimmi wäre so gern geblieben. Es tut ihr im Herzen weh, den schönen Hof in Mecklenburg zu verlassen, aber sie weiß auch, dass es für die Familie am besten ist. Die Kinder schlafen schon bei Nachbarn, den Hahnensteins, einer ebenfalls aus Hessen stammenden Siedlerfamilie. Sie will gleich auch hinübergehen, um sich noch ein paar Stunden auszuruhen. Dabei ahnt sie jetzt schon, dass es mit dem Schlafen wohl nicht klappen wird in dieser letzten Nacht in Mecklenburg.

Gut zwei Jahre ist sie Bäuerin auf dem neuen Hof gewesen. Sie, das Mädchen aus der großen Stadt im Ruhrgebiet. Nach dem Tod ihrer Freundin Klara hatte sie Christian, den verwitweten Mann ihrer Freundin, geheiratet. Ohne Bäuerin kann ein Hof nicht lange existieren. Deshalb hatten beide das Trauerjahr auch nicht ganz abgewartet, sondern bereits ein dreiviertel Jahr nach Klaras Tod die Trauung vollzogen. Niemand brauchte sich deswegen Vorwürfe zu machen, denn Klara selbst hatte vor ihrem Tod gewünscht, dass Mimmi die neue Mutter ihrer beiden Kinder werden sollte. Der kleine Heinrich war damals fünf, und Johanna neun Jahre alt gewesen.

Mimmi hatte sich wohl gefühlt hier in der Nähe der Ostsee. Mit robuster Gesundheit ausgestattet, konnte sie sich an der Arbeit freuen – zumal sie merkte, dass es vorwärts ging. Ihr Mann hatte den Hof für einen guten Preis erwerben können, nachdem der heruntergekommene Gutshof von Diestelow in einzelne Parzellen aufgeteilt worden war, die jeweils mit einem schmucken Bauernhaus, Stallungen und einer Scheune bebaut wurden. Am Anfang hatte Christian sich tüchtig schinden müssen auf seinem Land, denn es war mit hartnäckigen Quecken durchsetzt, aber inzwischen gab es gute Ernten. Roggen gedieh auf dem sandigen Boden am besten.

Mimmi war stolz darauf, dass ihre Familie zum »Reichsnährstand« gehörte, wie man die Bauern in letzter Zeit nannte. Sie, das ehemalige Stadtkind, war eine selbstbewusste Bäuerin geworden. Mit Christian war sie auf dem Bückeberg gewesen, wohin der Führer Adolf Hitler die Bauern gerufen hatte. Hitler hatte in einer zündenden Rede die Landwirte und ihre Frauen auf ihre Verantwortung für die Ernährung der Reichsbevölkerung hingewiesen – und ihnen deswegen seine übergroße Wertschätzung ausgesprochen. Ja, sie war stolz darauf, eine deutsche Bäuerin zu sein.

Das war jetzt leider vorbei. Und doch … Es war schön gewesen, solch einen großen Geflügelhof zu haben. Dabei hatte sie sich zuerst vor dem großen Ganter gefürchtet, der mit gesenktem Kopf zischend auf sie zukam, so dass sie Reißaus nehmen musste.

Christian hatte ihr geraten: »Wenn er nahe genug herangekommen ist, dann pack ihn blitzschnell mit beiden Händen um den Hinterkopf, schleudere ihn drei- oder viermal um dich herum und lass ihn dann los. Das hilft!«

Mimmi hatte es nicht glauben wollen, aber dann war ihr nichts anderes übrig geblieben, als den Rat ihres Mannes zu befolgen. Der zornige Ganter schien es sich nämlich zur

Gewohnheit machen zu wollen, ihr den Weg zu verstellen. Wenn sie ihn einige Male herumgeschleudert hatte, war er jedesmal kreischend davongelaufen – und seitdem machte er immer einen respektvollen Bogen um sie herum.

Es war schön gewesen, die Schweine zu füttern, die sie immer, wenn sie mit den Futtereimern in den Stall kam, freudig quiekend und grunzend begrüßten. Einmal hatte sie ein Kälbchen, das an seiner Mutter nicht trinken konnte, mit der Flasche aufgezogen. Es hatte ihr nichts ausgemacht, vor Tau und Tag aufzustehen, denn das durstige Tierchen musste regelmäßig alle vier Stunden gefüttert werden.

Mimmi muss unwillkürlich seufzen. Das alles wird nun zu Ende sein. Christian selbst, der sich immer gewünscht hatte, ein freier Bauer auf eigener Scholle zu sein, hat nun eingesehen, dass es nicht gut wäre, auf dem Hof zu bleiben. Und sie musste ihm beipflichten – obwohl sie gern geblieben wäre. Es ging ja nicht um sie, sondern vor allem um den zarten Heinrich. Kürzlich war das Erbhofgesetz erlassen worden. Jeweils der älteste Sohn, so bestimmte dieses Gesetz, war verpflichtet, den väterlichen Hof zu übernehmen. Da Heinrich aber aufgrund seiner schwachen Konstitution wohl niemals schwere körperliche Arbeit würde verrichten können, war es unverantwortlich, den Bauernhof zu behalten. Hinzu kam, dass Heinrich sich bei seiner Mutter Klara, die an Tuberkulose erkrankt gewesen war, infiziert hatte. Körperliche Anstrengungen konnten diese tückische Krankheit zum Ausbruch kommen lassen.

Dann waren in der Siedlung einige unschöne Vorkommnisse gewesen. So hatte man Christian angetragen, Bürgermeister des Dörfchens zu werden. Da war Mimmi energisch eingeschritten. »Der Hof braucht auf Jahre hinaus noch deine volle Arbeitskraft, Christian«, hatte sie gesagt. »Wenn du Bürgermeister bist, dann kommt der Hof zu kurz!«

Christian hatte das eingesehen. Aber die Dorfbewohner waren seitdem unfreundlich zu ihm. Sie deuteten die Absage als Hochmut, Christian sei sich wohl zu schade dafür, Bürgermeister von einfachen Bauern und Landarbeitern zu sein.

Schließlich war die Sache mit der Kiesgrube passiert. Die Grube gehörte zu Christians Besitz, sie lag an einem Rain unterhalb eines seiner Felder. Er hatte damals den Neusiedlern gestattet, sich für private Zwecke Kies zu holen, falls jemand ein Stück hinter dem Haus betonieren wollte. Nun sollte von der Gemeinde eine kilometerlange Betonstraße zum Nachbardorf gebaut werden. Den Kies wollte man kostenlos aus Christians Grube entnehmen.

Christian rechnete nach: Mehr als die Hälfte des Feldes würde dabei zerstört werden. Er verlangte eine angemessene Entschädigung, aber damit waren die Gemeinderäte nicht einverstanden. Einige Tausend Reichsmark hätte man ihm geben müssen, und so wurde entschieden, den Kies auswärts beim Besitzer einer anderen Grube einzukaufen – auch wenn dieser Kies teurer war. Sie wollten um jeden Preis verhindern, dass einer der Ihren zu reich wurde.

Da hatte Christian enttäuscht aufgegeben. Mimmis Bruder hatte kurz zuvor in Duisburg ein Fuhrgeschäft begonnen. Er suchte einen Teilhaber und fragte bei Christian an, ob er nicht Lust hätte, mit in das Geschäft einzusteigen, da er doch von Diestelow fortgehen wolle …

Ja, und so ist es gekommen – schneller als erwartet. Ein Käufer für den Hof zusammen mit allen Tieren und den

Geräten hatte sich bald eingestellt. In Duisburg werden sie nun bei Mimmis Geschwistern unterkommen – bis sie selbst eine geeignete Wohnung gefunden haben. Auch die Möbel können sie so lange dort unterstellen.

Christian hat die großen Stücke schon vor einigen Tagen zum Bahnhof nach Grambow gebracht, wo sie in einen Waggon geladen wurden. Heute nun sind die neuen Bewohner des Hofes eingezogen und haben die Tiere quasi übernommen. Mimmi ist nachmittags noch einmal mit Johanna und Heinrich zum Friedhof bei dem trutzigen Kirchlein gelaufen, um die Gräber von Klara und deren Schwester Katharina zu besuchen, und die Kinder haben ein letztes Mal Blumen auf die Gräber gestellt.

Ach ja, die Kinder. Wie werden sie wohl zurechtkommen in der neuen Umgebung? Von ganzem Herzen hatte sie sich der Aufgabe gewidmet, den beiden eine rechte Mutter zu sein. Und Johanna und Heinrich hatten es genossen, nun endlich eine richtige Mutter zu haben. Denn so lange sie sich entsinnen konnten, war ihre Mutter Klara krank gewesen. Nach ihrem Tod waren fast zehn Monate lang Verwandte, auch Großmutter Johannette, da gewesen und hatten sich alle Mühe gegeben, dem Hof vorzustehen und die Kinder zu versorgen. Der dauernde Wechsel hatte den Kindern nicht gefallen. Nun waren sie von Herzen froh, eine Mutter zu haben, die bei ihnen blieb.

Mimmi wandert in der Dunkelheit noch einmal die Dorfstraße zwischen den schmucken Bauernhäusern der vor wenigen Jahren entstandenen Siedlung entlang. In Gedanken nimmt sie Abschied von den Menschen hier.

Ihr Blick fällt auf das Haus, das einige Jahre lang ihre Heimat war. Ob sie es jemals wieder betreten wird? Neben dem Haus die Sandgrube. Hier haben die Kinder immer wieder gerne gespielt. Einmal hatten Johanna und Heinrich eine ganze Stadt aus Sand darin errichtet und mit Feldblumen geschmückt. Wunderschön hatte das ausgesehen, sogar die Nachbarn waren gekommen und hatten über die Stadt aus Sand mit der schönen Blumenzier gestaunt.

»Die Kinder hatten hier ein Paradies«, denkt sie. »Und nicht nur sie … das gilt auch für mich.«

Johanna und Heinrich waren überaus anhänglich. Endlich eine Mutter zu haben, die ganz für sie da war, die Zeit hatte, ihnen zuzuhören, wenn sie aus der Schule kamen, die sich zu ihnen setzte, wenn sie aßen, die jeden Mittag richtig und schmackhaft kochte, die sich abends zu ihnen setzte und ihnen Geschichten aus dem Märchenbuch oder aus der Kinderbibel vorlas. Vor allem der kleine Heinrich hatte seine leibliche Mutter niemals als gesunde, tatkräftige Frau erlebt. Er hatte es nicht anders gekannt, als dass seine Mutter krank war und nicht gestört werden durfte. Wie gern balgte er sich mit ihr, seiner neuen Mutter, wie gern saß er auf ihrem Schoß. Die Geborgenheit und Sicherheit, die sie ihm und Johanna schenken konnte, hatten die Kinder bisher nicht gekannt. Mimmi selbst hatte nicht damit gerechnet, dass sie die Kinder so schnell als »ihre« Kinder ansehen könnte.

Ach ja, das beschauliche Leben auf dem Land ist nun vorbei. Morgen werden sie mit dem Zug ihrer früheren Heimat entgegenreisen. Ob die Kinder sich rasch eingewöhnen werden? Schließlich haben sie noch niemals eine große Stadt gesehen.

Keine Frage, sie wird ihnen dabei helfen! Sie wird alles in ihrer Macht Stehende tun, dass Johanna und Heinrich zu tüchtigen Menschen heranwachsen, auf die sie stolz sein kann. Die Kinder betrachtet sie als die Aufgabe, die Gott ihr gegeben hat. Und dieser Aufgabe will sie gerecht werden.

Heiligabend

Heiligabend 1935. Es ist das erste Weihnachtsfest der Familie in der großen Stadt. Den ganzen Nachmittag hat Mutter Mimmi sich im verschlossenen Wohnzimmer aufgehalten. Johanna und Heinrich sollten in dieser Zeit einige Weihnachtslieder flöten.

»Nehmt eure Wimmerhölzer und geht in die Küche«, hatte der Vater lachend vorgeschlagen. »Aber vergesst bitte nicht, die Tür zu schließen!«

»Wimmerhölzer ...«, murmelt Johanna beleidigt. »Wir spielen so schön zweistimmig.«

»Aber manchmal gibt es auch einen Giekser!«, meint Heinrich.

»Die Flötenlehrerin hat gesagt, das macht nichts! ›Und bläst der Bläser noch so fein, ein Giekser darf dazwischen sein‹, hat sie gesagt.«

»Lass uns noch mal üben: Welchen Jubel, welche Freude ...«

»Ja, und: Mit den Hirten will ich gehen ...«

Heinrich flötet die erste Stimme, Johanna die zweite.

»Das hat doch gut geklappt«, meint Heinrich, als sie eine Strophe gut hinter sich gebracht haben.

»Du«, sagt Johanna, »ich habe heute früh wirklich geglaubt, es wäre ein Tier.«

»Ich auch. Wie heißt dieses Ding noch mal? Ich weiß es nicht mehr.«

»Kokosnuss! Das war eine Kokosnuss!«

»Eine komische Nuss, die Haare hat!«

»Und bewegt hat sie sich und gebrummt hat sie auch.«

»Ach was! Das ist Mutter gewesen. Sie hat die Nuss ein bisschen angestoßen, dass sie gewippt ist. Und ein bisschen gebrummt hat sie auch.«

Da kommt die Mutter in die Küche. »Wenn ihr mit dem Üben fertig seid, könnt ihr schon den Tisch decken, Kinder«, meint sie. »Vor der Bescherung wollen wir erst essen.«

Es gibt – nach alter Familientradition – Heringssalat und Pellkartoffeln.

Endlich öffnet Vater das Weihnachtszimmer. Der Christbaum ist durch viele Wachskerzen hell erleuchtet. Vögelchen aus silbernem Glas, eine bunte Kette aus Glaskugeln, vergoldete Nüsse und viel silbernes Lametta lassen die Fichte märchenhaft schön erscheinen. Der erste Blick der Kinder geht zum Gabentisch hinüber, aber der ist mit einem großen Tuch zugedeckt.

Mimmi öffnet ihr Harmonium, eine Art kleine Hausorgel, und beginnt ein Weihnachtslied zu spielen. Christian und die Kinder singen dazu. Dann flöten Johanna und Heinrich ein Weihnachtslied. Heinrich sagt ein Weihnachtsgedicht auf – sein Geschenk für die Eltern. Mimmi spielt wieder ein Lied, dann ist Johanna mit ihrem Gedicht an der Reihe. In bunter Folge wechseln die Beiträge.

Zuletzt liest Vater die Weihnachtsgeschichte aus dem Lukasevangelium vor. Anschließend spricht er ein Gebet, in dem er Gott dafür dankt, dass sein Sohn damals in Bethlehem als Mensch zur Welt gekommen ist.

Endlich hat das Warten ein Ende. Vorsichtig zieht Christian das Tuch vom Gabentisch. Bunte Päckchen werden sichtbar. Heinrich als der Jüngste ist zuerst an der Reihe. Er findet für sich zwei Bücher, ein warmes Flanellhemd und – als Geschenk von Großvater Johannes – ein Paar wollene Socken.

Für Johanna sind ebenfalls zwei Bücher eingepackt. In einem größeren Päckchen, das sich wunderbar weich anfühlt, findet sie einen Schlafanzug. Nicht etwa ein Nachthemd, sondern einen richtigen Schlafanzug mit rosa Rüschchen. So ein schönes Stück hat Johanna noch nie besessen.

»Darf ich den heute gleich anziehen, Mutter?«, fragt sie, nachdem sie die Eltern stürmisch umarmt hat.

»Na klar! Aber vielleicht erst, wenn du ins Bett gehst«, lacht Mutter.

»Lass sie doch, Mutter«, sagt Christian. »Wenn sie den Rest des Weihnachtsabends im Schlafanzug verbringen möchte, dann kann sie ihn auch jetzt schon anziehen.«

Das ist Johanna dann doch nicht recht. Sie zieht sich zurück, um eines der neuen Bücher näher anzusehen. Es heißt ›Ein Stadtmädel wird Bäuerin‹.

»Bei mir ist es genau anders herum: Ein Bauernmädchen wird Städterin!«, sagt Johanna. Trotzdem wird sie das Buch aufmerksam lesen.

Heinrich hat ein Buch erhalten, das den Titel trägt: ›Kinder, was wisst ihr vom Führer?‹ Das findet er sehr spannend.

»Wenn du das Buch gelesen hast, Heinrich, leihst du es mir dann auch mal?«, fragt Johanna.

»Da brauchst du nicht lange zu warten«, antwortet der kleine Bruder. »Ich bin bestimmt morgen schon damit fertig.«

In der Schule

»Schaumburg, an die Wand!« Klassenlehrer Pöhlert presst den Befehl zwischen den Zähnen hervor.

Johanna schluckt. Es ist nicht das erste Mal, dass sie ihre Schiefertafel nehmen und sich neben die Klassenkameraden stellen muss, die bereits an der Wand aufgereiht stehen.

Es geht um die Bruchrechnung. In Diestelow in der Dorfschule sollte gerade damit begonnen werden, als sie wegzog. Hier in Duisburg wird das Thema gerade noch einmal wiederholt, nachdem zuvor alles ausführlich behandelt worden ist. Johanna gibt sich alle Mühe, die verschiedenen Rechenregeln zu erlernen und anzuwenden, aber das gelingt ihr nicht immer.

Herr Pöhlert ist streng und ungerecht. Sie war erst wenige Tage in der neuen Schule, als er einen Mitschüler, der irgend- etwas nicht begreifen konnte, zu einem Gebet gezwungen hat. Wolfram musste nach vorne zum Pult kommen, dort niederknien und nachsprechen, was Herr Pöhlert ihm vorsagte:

»Herrgott, ich bin ein Dusseltier, mach' ein' gescheiten Mensch aus mir! Und sollt' es gar nicht besser werden, so nimm mich fort von dieser Erden! Amen.«

Die Klassenkameraden tobten vor Vergnügen, aber ihr sträubten sich die Haare. Wie konnte Herr Pöhlert nur ein so gotteslästerliches Gebet sprechen?!

An der Wand müssen sich alle aufstellen, die irgendetwas nicht begriffen haben. Diese pädagogische Maßnahme soll dazu führen, dass die Kinder sich schämen und in Zukunft etwas mehr anstrengen.

Herr Pöhlert schaut bei Johanna immer sehr genau hin. Vor allem, seit er weiß, dass sie nicht im BDM ist. Der Bund Deutscher Mädel, kurz BDM genannt, ist der Verband der Hitlerjugend für die Mädchen.

Johanna hätte sich dem BDM gern angeschlossen, denn dort werden viele schöne Dinge unternommen: Wanderungen, Fahrten, Liedersingen, Würstchenbraten am Lagerfeuer und vieles mehr. Außerdem marschieren die BDM-Mädel in ihrer Tracht oft durch Duisburgs Straßen. Das sieht einfach gut aus, findet Johanna. Sie würde so gerne dabei sein, aber ihr Vater hat es untersagt.

»Du gehst da nicht hin!«, hat er ein für alle Mal angeordnet. Und das, obwohl er doch selbst seit 1932 schon Mitglied der NSDAP ist und sich deshalb stolz »Alter Kämpfer« nennen darf.

Herr Pöhlert hat Johanna gefragt, ob sie denn zum BDM gehe, und sie hat wahrheitsgemäß geantwortet: »Nein, mein Vater erlaubt es nicht!«

Da hat der Lehrer vor Zorn einen roten Kopf bekommen, gesagt hat er jedoch nichts. Johanna merkt allerdings, dass er sie seitdem schikaniert und sich alle Mühe gibt, sie vor den Klassenkameraden bloßzustellen. Wie oft hat sie seitdem aus nichtigem Anlass an der Wand stehen müssen! Sie lässt ihre Gedanken schweifen.

»Warum bist du eigentlich in die Partei eingetreten?«, hat sie ihren Vater einmal gefragt.

»Adolf Hitler ist ein bedeutender Mensch. Und ich kenne keinen anderen Politiker, der unser Vaterland aus dem Elend herausführen kann, in das es durch den Versailler Vertrag gestoßen wurde. Außerdem habe ich den Eindruck, dass er ein frommer Mann ist, denn oft schließt er seine Rede mit dem Satz: ›So wahr mir Gott helfe!‹«

»Bevor Hitler am 30. Januar 1933 die Macht ergriffen hat, gab es acht Millionen Arbeitslose bei uns im Land. Das ist nun vorbei«, hat ihre Mutter hinzugefügt. »Jetzt werden die Reichsautobahnen gebaut. Da kann man viele Hände gebrauchen. Und Vater hat Arbeit, weil er mit seinem Lastwagen Baumaterial transportieren muss.«

»Da können wir aber froh sein, dass es den Hitler gibt«, meint Heinrich daraufhin.

»Ja, das können wir in der Tat!«

Johanna wird aus ihren Gedanken aufgeschreckt, als Herr Pöhlert sie anfährt. Sie solle gefälligst besser aufpassen.

Zu Ostern gibt es Zeugnisse. Johanna ist entsetzt: Fast in jedem Fach ist ihr Zeugnis um zwei Noten schlechter ausgefallen als bisher in Diestelow.

»Darüber ist das letzte Wort noch nicht gesprochen«, sagt Mutter. Und schon am nächsten Tag hat sie einen Termin beim Schulleiter.

»Zwei Noten schlechter als in Diestelow, das kann doch nicht sein. Meine Tochter ist nicht dumm! Aber es kommt daher, dass Herr Pöhlert sie nicht leiden mag. Herr Pöhlert ist Parteigenosse und hat erfahren, dass Johanna nicht zum

BDM geht. Dabei gehört mein Mann zu den ›Alten Kämpfern‹«.

Der Rektor wird plötzlich freundlich und lächelt sie an. »Ihr Mann ist ›Alter Kämpfer‹? Ich bin natürlich auch Parteimitglied, aber ich bin erst nach der Machtübernahme in die NSDAP eingetreten.«

»Mein Mann gehört der Partei seit 1932 an.«

»Warum geht dann ihre Tochter nicht zum BDM?«

»Dafür haben wir unsere Gründe«, weicht Mutter aus. »Mir geht es hier um die schlechte Zeugnisbeurteilung von Johanna. Das kann doch einfach nicht stimmen. Ich meine, ihr Lehrer muss sie zu schlecht eingeschätzt haben.«

»Ja …!« Der Rektor vergleicht einige Minuten beide Zeugnisse. »Da könnten Sie wohl Recht haben. Ganz offensichtlich … zwei Noten schlechter … durchgängig. Das ist doch gar nicht möglich. Und das, wo Ihr Mann ›Alter Kämpfer‹ ist …«

Im neuen Schuljahr ist Herr Pöhlert nicht mehr da, er wurde an eine andere Schule versetzt. Der Rektor führt die Klasse jetzt selbst, und Johanna kommt gut mit ihm aus.

Im Landschulheim

Johanna hat inzwischen eine Freundin gefunden. Hilde hat rotblonde Zöpfe und viele lustige Sommersprossen im Gesicht. Aber genau die sind ihr großes Problem. Sie leidet sehr darunter und wünscht sich nichts sehnlicher, als glatte, helle Haut zu haben wie Johanna.

»Ich bin ja so verschossen in deine Sommersprossen, die

kleinen und die großen hab ich ins Herz geschlossen...« So lautet ein Schlager, den man fortwährend im Radio hören kann. Wer Hilde ärgern will, braucht nur die Verse zu singen oder die Melodie zu pfeifen. Dann wird sie schrecklich wütend, bekommt ein feuerrotes Gesicht, und die Sommersprossen färben sich richtig braun.

Eines Tages kommt Rektor Wende mit einer großen Neuigkeit in die Klasse.

»Die Partei hat für die Schüler aus dem Ruhrpott ein Landschulheim eingerichtet. Wir können dort vierzehn Tage lang hinfahren. Das Heim liegt im Bergischen Land. Und es kostet uns fast nichts.«

Der Jubel der Jungen und Mädchen kennt fast keine Grenzen. Es gibt tausend Fragen.

»Wie kommen wir dorthin? Gibt es da richtiges Mittagessen? Kostet es auch wirklich nicht viel? Müssen wir Bettzeug mitbringen? Wenn ich aber doch keinen Reisekoffer habe?«

Einige Wochen später wandern Johanna und ihre Klassenkameradinnen und kameraden fröhlich auf das nagelneu errichtete Heim am Waldrand zu. Obwohl es angefangen hat zu regnen, tut das der guten Laune keinen Abbruch.

Aufgeregt warten alle vor der Eingangstür, bis der Heimleiter sie begrüßt. Dann geht es an die ›Zimmerverteilung‹. Dabei ist gar nicht viel zu verteilen – denn außer den Zimmern für die Lehrkräfte gibt es nur zwei große Schlafsäle, einen für die Jungen im Erdgeschoss und einen für die Mädchen ganz oben. Jeweils zwei Betten stehen übereinander.

Hilde bekommt ihr Bett oben über Johanna angewiesen. An der Seite ist eine Leiter angeschraubt, über die man in das obere Bett klettern muss. Die Leiter knarrt schrecklich.

»Bitte, lass mich unten schlafen«, bettelt Hilde.

»Hast du Angst, dass du im Schlaf aus dem Bett fallen könntest?«, fragt Johanna und lacht.

»Das gerade nicht, aber bitte, lass mich unten hin.«

»Meinetwegen, du Angsthäschen«, lacht Johanna und bezieht das obere Bett.

Am ersten Abend ist die Aufregung der Jungen und Mädchen begreiflicherweise groß. Nach dem Abendessen gibt es noch eine kleine Wanderung in den Wald. Dann sammeln sich alle auf dem Platz vor dem Heim. Die Fahne mit dem Hakenkreuz wird eingeholt. Der Heimleiter in brauner Uniform stimmt ein Lied an, das Johanna bisher noch nicht gehört hat. Es geht um einen Bauern, der sein Feld früh am Morgen pflügt. Dabei schaut ihm der Abend- und Morgenstern zu. Und wenn er abends müde nach Hause zurückkehrt, dann ist der Stern schon wieder da und blickt hinter dem Hügel noch nach ihm aus.

Johanna findet dieses Lied schön. Sie prägt es sich fest ein. Am schwierigsten ist der Anfang: »Viel' Sterne glorieren …«

Es dauert lange, bis alle in ihren Betten liegen. Und bis endlich alle schlafen, vergeht noch einmal viel Zeit.

Am nächsten Morgen – die Sonne ist gerade aufgegangen – ertönt draußen eine Trompetenfanfare. Im nächsten Moment kommt auch schon Fräulein Weber in den Schlafsaal, die Lehrerin, die zur Betreuung der Mädchen mitgekommen ist.

»Antreten zum Frühsport!«

Verschlafen fahren die Mädchen auf. »Frühsport? Müssen wir da alle hin?«

»Aber selbstverständlich«, ruft Fräulein Weber. »Zieht euch nur rasch einen Trainingsanzug über, dann geht's runter auf den Platz!«

Endlich sind alle unten. Es beginnt mit Beugen und Strecken, Armkreisen, Schultern hochziehen, kräftigem Ausatmen, kräftigem Einatmen, dann geht es über zu Kniebeugen, Kopfrollen und ähnlichen Übungen.

Nach der Gymnastik wird die Fahne gehisst, die von allen mit ausgestrecktem Arm gegrüßt werden soll. Ein Lied wird gesungen, und dann heißt es: »Ab in den Waschraum!«

Anschließend lassen sich alle das Frühstück schmecken.

Abwechselnd sollen die Mädchen Tischdienst machen. Tischdienst bedeutet, dass der Tisch gedeckt und hinterher abgeräumt werden muss. Auch das anschließende Spülen und Abtrocknen des Geschirrs gehört dazu – aber hier sollen die Jungen ebenfalls mit eingespannt werden.

Nach dem Tischdienst geht es zurück zum Schlafsaal, um die Betten zu machen. Das ist eine Kunst für sich, die geübt werden muss. Kein Fältchen soll die Bettdecke zeigen. Fräulein Weber schaut unnachsichtig hin, ob nichts zu beanstanden ist.

Der Unterricht beginnt damit, dass ein neues Lied gelernt wird. Der Text heißt: »Blonde und braune Buben passen nicht in die Stuben. Buben, die müssen sich schlagen, müssen was Tollkühnes wagen …«

Über die zweite Strophe ärgern sich Johanna und Hilde und natürlich die andern Mädchen auch. Die heißt nämlich:

»Mädchen, ob blond' oder braune, stecken voll List und voll Laune. Mädchen, die müssen sich ducken, blinzeln ganz heimlich und gucken. Mädchen, die sind nur zum Warten bestimmt, bis so ein Lausbub ein Mädel sich nimmt.«

»Das lassen wir uns nicht gefallen.« Alle Mädchen sind sich einig. So ein Lied können sie doch nicht unwidersprochen hinnehmen! Gemeinsam dichten sie eine weitere Strophe dazu.

Am Rest des Vormittags gibt es Unterricht in den verschiedenen Gruppenräumen. Nach dem Mittagessen soll das neu gelernte Lied von den blonden und braunen Buben noch einmal gesungen werden. Die Mädchen singen brav mit, auch die Strophe von den Mädchen, die sich ducken müssen. Doch als diese Strophe verklungen ist, singen die Mädchen weiter – erst ein bisschen zaghaft, dann aber immer lauter: »Ach, ihr dummen Buben, denkt ihr, wir blieben in den Stuben, oder in Mutters Garten, um auf euch zu warten? Nein, das fällt uns gar nicht ein, wir wollen auch ins Leben hinein.«

Die Klassenkameraden und vor allem der Rektor horchen erstaunt auf. Dann aber lachen sie und stimmen gemeinsam einen Kehrreim an, den sie schon mehrfach gesungen haben: »Aber wenn im Tal die Bratkartoffeln blühn, ist alles wieder gut, ist alles wieder gut. Aber wenn im Tal die Bratkartoffeln blühn, ist alles, alles, alles wieder gut!«

»Hört mal«, sagt der Rektor am Nachmittag, »ich schlage vor, dass ihr eurer Gruppe im Schlafsaal einen schönen Namen gebt. Macht ein schönes Schild an eure Schlafsaaltüren. Ich bin gespannt, was ihr euch einfallen lasst.«

Nun wird hin und her beraten. Die Jungen erwägen »Fuchsbau« oder »Bärenhöhle«. Einige, die die Bücher von

Karl May gelesen haben, plädieren für »Wigwam der Apatschen«. Schließlich entscheiden sie sich für »Adlerhorst«. Eine imposante Zeichnung von einem Adler auf einem großen Horst prangt an der Tür zum Schlafsaal der Jungen.

»Euer Adler sieht aus wie eine Fledermaus mit Schnabel!«, unken die Mädchen.

»Und ihr? Wie nennt ihr euren Schlafsaal?«

Ein Mädchen zeigt eine Zeichnung.

»Puh ... Villa zum goldenen Stern! Was soll das denn sein?«, schmähen die Jungen. »Was haltet ihr denn von: Villa zur goldenen Gans?«

Man trennt sich beleidigt.

Am nächsten Morgen ist der »Adlerhorst« vor dem Schlafsaal der Jungen verschwunden. Statt dessen hängt dort das Bild eines stinkigen Käsestücks. Der Schlafsaal heißt nun »Käsekiste«.

Diese Schmach können die Jungen natürlich nicht auf sich sitzen lassen, und so verändern sie in der folgenden Nacht die »Villa zum goldenen Stern« in einen »Ziegenstall«.

An einem Morgen in aller Frühe, als es gerade erst zu dämmern beginnt, wacht Johanna auf. Sie späht hinunter in Hildes Bett. Hilde ist nicht da.

»Sie ist bestimmt zur Toilette gegangen«, denkt Johanna. Sie wartet einige Zeit, aber Hilde kommt nicht zurück. »Ob es ihr schlecht geworden ist?«, fragt sie sich besorgt. Schnell steigt sie so leise wie möglich die knarrende Leiter hinunter und läuft zur Toilette. Doch Hilde ist nirgendwo zu entdecken.

Jetzt macht Johanna sich ernstlich Sorgen. Ob Hilde Heimweh hat und auf eigene Faust nach Hause zurückkehren will? Johanna huscht die Treppe hinunter in den großen Speisesaal. Von dort aus kann man den Platz vor dem Haus überblicken. Richtig, da ist Hilde. Aber was macht sie bloß? Sie rutscht auf allen Vieren im Gras herum. Immer wieder senkt sie den Kopf – wie ein Schaf, das Gras abweidet.

Johanna bekommt einen ordentlichen Schreck. »Hilde muss den Verstand verloren haben!«, denkt sie. »Sie hält sich für eine Kuh oder eine Ziege oder sonst ein Tier. Ich muss ihr helfen!«

Sie läuft die Treppe hinunter zum Portal, das zum Glück nicht verschlossen ist.

»Hildchen, Hildchen!« Sie stürzt auf ihre Freundin zu. »Komm zurück ins Haus. Du brauchst doch kein Gras zu essen! Bald gibt es Frühstück!«

Hilde springt erschrocken hoch. »Du … Du … Jetzt hast du alles kaputtgemacht!« Tränen treten ihr in die Augen. Das Gesicht ist ganz nass vom Tau. Plötzlich schluchzt sie laut auf.

Johanna nimmt sie in die Arme. »Beruhige dich doch, Hildchen! Alles ist ja wieder gut.«

»Nein«, heult Hilde, »nichts ist gut. Du hast es kaputtgemacht.«

Johanna kann sich keinen Reim auf Hildes Worte machen. »Was habe ich kaputtgemacht?«, fragt sie vorsichtig nach.

»Das mit den Sommersprossen«, weint Hilde.

»Sie ist wirklich verrückt geworden«, denkt Johanna. »Aber … Was hat es denn mit deinen Sommersprossen zu tun, wenn du hier morgens auf der nassen Wiese herumrutschst?«

»Das verstehst du nicht.«

»Nein«, gibt Johanna zu. »Das verstehe ich wirklich nicht.«

»Unsere Nachbarin hat ein altes Buch mit Hausmitteln von früher ...«, schluchzt Hilde. »Und in dem Buch steht, dass man morgens vor Sonnenaufgang das Gesicht in den Tau des Grases tauchen soll. Dann gehen die Sommersprossen weg. Aber das hast du jetzt alles kaputt gemacht.«

»Aber warum denn? Warum habe ich alles kaputtgemacht?« »Weil einem dabei niemand zuschauen darf. Dann wirkt es nicht, steht in dem Buch.« Hilde fängt noch lauter an zu weinen.

»Jetzt lass es aber mal gut sein. Das ist doch alles Unsinn. Komm mit ins Haus, bevor die anderen uns sehen.« Johanna zieht Hilde hinter sich her. Beide schlüpfen wieder unter die Bettdecken.

Als bald darauf die Trompetenfanfare ertönt, eilen Hilde und Johanna zum Frühsport, als sei nichts gewesen.

Beim Frühstück meint Johanna: »Jetzt weiß ich auch, warum du nicht oben schlafen wolltest. Du hattest Angst, ich könnte wach werden, wenn du morgens die knarrende Leiter hinuntersteigst.«

Hilde nickt. »Du hast ja keine Ahnung wie es ist, wenn man so hässliche Sommersprossen hat wie ich. Ich kriege bestimmt nie einen Mann.«

»Ach Quatsch, Hilde. Das kannst du doch jetzt noch gar nicht wissen. Und außerdem ist ein Mann ja nicht alles im Leben. Das sagt meine Mutter immer ...«

»Na, du hast gut reden mit deiner schönen glatten weißen Haut. Aber ich?«

»Vielleicht hast du von uns allen als Erste einen Mann«, lacht Johanna.

Die Tage vergehen wie im Fluge. Morgens wird Unterricht gehalten, nachmittags wartet immer ein abwechslungsreiches Programm auf die Jungen und Mädchen aus dem Ruhrpott. Da ist die Schnitzeljagd, bei der sich eine Gruppe der Schnitzeljäger hoffnungslos im Wald verläuft. Und dann der Hindernislauf! Da muss man im Dauerlauf eine Runde um den Berg drehen, immer den Waldweg entlang. Auf dem Weg sind verschiedene Stationen aufgebaut. Da werden Kniebeugen verlangt, man muss einen Hochsprung versuchen, einen Weitsprung probieren, eine Nadel einfädeln, aber auch schwierige Worte buchstabieren, Kopfrechenaufgaben lösen und noch vieles mehr. An jeder Station wird aufgeschrieben, wie viele Punkte man für seine Leistung bekommt. Am letzten Abend soll dann am Lagerfeuer die Siegerehrung erfolgen.

Der Rektor spricht mit den Kindern darüber, dass auch in der Schule der deutsche Gruß eingeführt werden soll. Von nun an sollen sie »Heil Hitler« sagen und nicht mehr »Guten Tag«.

»Guten Tag«, so erklärt er, »ist eigentlich gar kein deutscher Gruß, sondern einfach die Übersetzung des französischen ›bonjour‹. Es ist der Gruß unserer Erbfeinde, der Franzosen. Den wollen wir ab sofort nicht mehr gebrauchen, nicht einmal in der Übersetzung. Von nun an sagen wir also: Heil Hitler!«

Die Kinder lauschen aufmerksam.

Schon einige Tage vor der Abreise beginnen die Jungen und Mädchen, im Wald dürres Holz zu sammeln, denn am letzten Abend soll ein großes Feuer angezündet werden. Der Holzstoß sieht zuletzt aus wie ein drei Meter hohes Indianerzelt. Alle sind auf das große Feuer gespannt. Zuvor wird noch ein Lied gelernt, das am Lagerfeuer gesungen werden soll: »Flamme empor! Flamme empor! Steige mit loderndem Scheine von den Gebirgen am Rheine glühend empor.«

Vor dem Abschlussabend gibt es eine Überraschung. Eine Gruppe von Mädchen aus einem Erfurter Lyzeum reist an. Die sollten eigentlich einen Tag später kommen, aber offensichtlich hat es da ein Missverständnis gegeben. Die fünfzehn munteren Thüringer Mädel sind jedenfalls da und müssen irgendwie beherbergt werden, auch wenn es eigentlich keine freien Betten mehr gibt.

Die Mädchen aus Duisburg machen den Vorschlag, zu zweit in einem Bett zu schlafen, eine am Kopfende, die andere am Fußende. Wenn die jungen Thüringerinnen es ebenso machen könnten, dann wäre das Problem gelöst, dann könnten alle im Mädchenschlafsaal untergebracht werden. Keine Frage, das ist die einfachste Lösung.

»Mir macht das überhaupt nichts aus«, meint Lotti, eine Klassenkameradin von Johanna. »Ich schlafe zu Hause immer so mit meiner Schwester in einem Bett. Ich bin mir schon die ganze Zeit so verloren vorgekommen hier in diesem großen Bett.«

Die Erfurterinnen werden eingeladen, beim großen Lagerfeuer dabei zu sein. Da es am Nachmittag einen kleinen Regenschauer gegeben hat und der Holzstoß nass geworden ist, dauert es eine Weile, bis das Feuer richtig brennt. Zuerst treibt der beißende Qualm die Jungen und Mädchen von der Feuerstelle weg, doch dann auf einmal prasselt und knistert es in hellen Flammen. Die Lohe wird immer höher und schlägt meterhoch über die Spitze des Holzstoßes hinaus.

Alle sind wieder zum Feuer zurückgekehrt, aber nun wird es so heiß, dass man wieder abrücken muss. Schließlich stürzt die Pyramide aus Stöcken und Reisig in sich zusammen. Gleichzeitig steigt ein Funkenregen gen Himmel. Jetzt endlich können sie sich wieder näher ums Feuer versammeln.

»Flamme empor!«, stimmt der Rektor an, und die Jungen und Mädchen fallen ein. Die Erfurterinnen kennen das Lied anscheinend auch und singen kräftig mit. Nur Fräulein Weber hält den Mund, und das ist auch gut so, denn sie brummt wie ein Bär und kann keinen Ton halten.

Mit einem Erfurter Mädchen freundet Johanna sich an. Die muntere Ursula gefällt ihr. Die beiden Mädchen tauschen ihre Anschriften aus und geloben sich ewige Freundschaft. Sie wollen sich fleißig Briefe schreiben und vielleicht später einmal besuchen.

Inzwischen ist das Feuer ziemlich heruntergebrannt. »Jetzt sollten die Mutigsten von euch über die Flammen springen«, fordert der Rektor die Jungen auf. Da stellen sich die Ersten ein Stück vom Feuer entfernt auf, nehmen Anlauf und springen in großen Sätzen über die noch immer züngelnde Glut. Alle klatschen Beifall. Wieder und wieder springen die Jungen über das Feuer.

Auf einmal haben sich auch Mädchen aufgestellt. Johanna ist mit dabei. Auch die Mädchen springen über das Feuer und ernten Beifall. Fräulein Weber findet das unschicklich für angehende junge Damen, aber der Herr Rektor meint, das deutsche Volk brauche gesunde junge Frauen und keine Zimperliesen. Deswegen könne er es nur begrüßen, wenn auch die Mädchen an diesem sportlichen Vergnügen teilnähmen. Dem Herrn Rektor darf Fräulein Weber natürlich nicht widersprechen.

»Solche Feuer wurden in alten Zeiten bei unseren Vorfahren immer zur Sonnenwende entzündet«, erklärt der Rektor anschließend. »Man glaubte, dass die jungen Paare, die Hand in Hand über das Feuer sprangen, später heiraten würden.«

Plötzlich springen einige »Paare«, jeweils ein Junge und ein Mädchen, gemeinsam über die Glut. Der Rektor droht ihnen scherzhaft mit dem Finger.

Johanna möchte auch »paarweise« über das Feuer springen, aber nicht mit einem Jungen. Da ist eigentlich keiner, der ihr so richtig gefällt. Am ehesten noch der lang gewachsene Georg mit den vollen schwarzbraunen Haaren und den grauen Augen. Aber mit ihm deswegen gleich durchs Feuer gehen? Nein. Da springt sie doch lieber mit Hilde und dann mit Ursula, dem netten Mädchen aus Erfurt.

Wieder nach Hause zurückgekehrt, kann Johanna gar nicht genug erzählen von dem, was sie im Schullandheim alles erlebt hat.

»Wir sollen auch in Zukunft immer ›Heil Hitler‹ sagen und nicht mehr ›Guten Tag‹! Das ist nämlich eigentlich nur eine Übersetzung aus dem Französischen, wusstet ihr das?«, belehrt Johanna die Eltern und den Bruder.

»Aber …«, mahnt Vater, »ist ›Heil Hitler‹ nicht zu viel des Guten? Kommt das Heil etwa von Hitler? Wir Christen wissen doch, dass das Heil nicht von einem Menschen kommen kann, nicht einmal von einem so hervorragenden Mann, wie unser Führer einer ist. Das Heil bringt uns nur Jesus.«

»Aber man kann sich doch dem deutschen Gruß nicht

widersetzen, Christian«, gibt Mutter zu bedenken. »Als ich neulich auf dem Amt war, stand an der Tür: ›Trittst du in diese Stube ein, so mög' dein Gruß ›Heil Hitler‹ sein.‹«

»Ich weiß das ja alles«, meint Vater, »aber versteht mich doch bitte: Es erscheint mir wie eine Gotteslästerung, wenn ich ›Heil Hitler‹ sage.«

»Aber es könnte doch auch sein, dass Hitler Gottes Werkzeug ist, unser Volk wieder zu Ehren und Ansehen in der Welt zu bringen. Er ist doch ein frommer Mann. Sagt er nicht oft am Ende seiner Reden: ›So wahr mir Gott helfe‹? Ich verstehe den Gruß übrigens anders: ›Heil Hitler‹ bedeutet für mich, dass ich dem Führer Heil wünsche für seine schwere Aufgabe!«

»Ja, so könnte man es auch sehen.«

»Und bringt er nicht viel Gutes? Denk mal, was Johanna nun erlebt hat, das hätte es zu meiner Zeit doch für die Mädchen nicht gegeben. Dabei hätten wir so schöne Erlebnisse auch haben wollen. Den jungen Leuten wird heute so viel geboten.«

Heinrich wirft ein: »Wir haben in der Schule jetzt auch ein Gebet für Hitler gesprochen.«

»Kannst du es aufsagen?«

»Noch nicht so richtig, aber etwas weiß ich noch davon: Unsern frommen Führer schütze, unsres Reiches starke Stütze. Gib uns Arbeit, gib uns Brot, führ uns aus der Knechtschaft Not! Amen.«

Olympische Spiele in Berlin

In diesem Jahr werden die Olympischen Spiele in Berlin ausgetragen. Es sollen die größten und schönsten Spiele werden, die jemals stattgefunden haben. Aller Welt soll vor Augen geführt werden, dass das im Weltkrieg von 1914-1918 gedemütigte und geschwächte Deutschland unter der Führung Adolf Hitlers und seiner Partei nun wieder eine achtenswerte, mächtige Nation geworden ist. Einer der Organisatoren, Carl Diem, hat einen besonderen Plan: Im griechischen Olympia, wo in der Antike die olympischen Spiele ausgetragen wurden, soll mit Hilfe eines Brennglases ein Feuer entzündet werden. Dieses Feuer soll dann von Griechenland aus quer durch den Balkan von Fackelläufern bis nach Berlin getragen werden, wo während der Zeit der Spiele das olympische Feuer brennen wird. Eine großartige Idee! Ob alles so klappen wird wie geplant?

Seit dem Entzünden des olympischen Feuers im Hain von Olympia wurde jeden Tag im Radio darüber berichtet, wie die Fackel durch Griechenland, Bulgarien, Jugoslawien, Ungarn, Österreich und die Tschechoslowakei und von dort über die deutsche Grenze bis nach Berlin gebracht wurde. Über 3000 Kilometer sind von den Läufern zurückgelegt worden.

Auch heute sitzen Johanna, Heinrich und die Mutter am Radio, um die Übertragung der Eröffnungsfeier aus Berlin zu verfolgen. Die Feier erreicht ihren Höhepunkt, als der Läufer mit der Fackel ins Stadion einläuft, die Treppe zu dem Metallbecken emporsteigt und mit Hilfe der Fackel dort ein großes Feuer entzündet. Das olympische Feuer überstrahlt das ganze Stadion.

Im selben Moment ertönt die Olympia-Fanfare, die der deutsche Komponist Paul Winter komponiert hat. Während von einem Turm im Maifeld die olympische Glocke läutet, erklärt der Führer die Olympischen Spiele für eröffnet.

Es ist eine wundervolle Feier, das merken schon die Zuhörer im Radio. Wie müssen sich da erst die Sportler und Zuschauer fühlen, die in Berlin alles selbst mit verfolgen können?

Mutter hat Tränen in den Augen. Die Kinder sind einfach begeistert.

»Einfach großartig, was unser Führer und unser Volk alles zustandebringen«, sagt Johanna stolz.

Die Mutter nickt: »Ja, wer hätte das gedacht? Deutschland war eine geknechtete Nation nach dem verlorenen Krieg, aber dank unserem Führer sind wir wieder ein Volk geworden, vor dem die Welt Achtung hat. Ihr wisst ja nicht, Kinder, was das damals für ein beängstigendes Durcheinander in Deutschland war. Ich bin froh, dass wieder Ruhe und Ordnung im Land herrschen.«

»Und das verdanken wir unserem Führer«, ergänzt Heinrich.

»Hast du gehört, Mutter, was Tante Liesbeth am Sonntag zu Onkel Willi gesagt hat?« Johanna blickt die Mutter fragend an.

»Sie hat viel zu ihrem Mann gesagt. Ich weiß nicht, was dir besonders aufgefallen ist.«

»Ihr habt euch doch darüber unterhalten, dass der Führer keine Frau hat. Und da hat Tante Liesbeth zu Onkel Willi gesagt: ›Ach, lieber Mann, wenn nun der Führer gerade mich zu seiner Frau haben wollte, dann … dann würdest du mich doch für ihn freigeben?‹«

»Na ja«, wehrt die Mutter ab, »das musst du nicht auf die Goldwaage legen. Da hat sie sicher Spaß gemacht. Aber ich denke, es wäre für jede deutsche Frau die höchste Ehre, mit diesem vortrefflichen Mann verheiratet zu sein.«

»Wenn ihr so viel redet, kann ich gar nicht hören, was im Stadion passiert«, beklagt sich Heinrich.

Es passiert unglaublich viel in den nächsten Tagen. An einem Abend wird ein Festspiel »Olympische Jugend« aufgeführt. Der Text stammt von Diem, dem deutschen olympischen Generalsekretär, vertont haben es die Komponisten Egk und Orff. Dazu tanzen die berühmte Gret Palucca und der nicht weniger berühmte Harald Kreuzberg. Zum Schluss wird etwas aus der 9. Sinfonie von Beethoven gespielt. Da horcht die Welt auf, was die Deutschen alles können.

Etwas ganz Verrücktes gibt es rund um Berlin. Da haben die Leute Radios mit Bildern, auf denen man sehen kann, was im Stadion passiert. So ein Bilderradio heißt Fernsehen, aber die Bilder sind oft undeutlich. Trotzdem, so ein Bilderradio wäre eine tolle Sache. Wenn man sich vorstellt, dass man in Duisburg sehen kann, was in Berlin gerade eben passiert ... Eigentlich kann man sich das gar nicht ausdenken.

Und dann die vielen Medaillen! Die Deutschen haben offenbar doch die besten Sportler. Daran ist nichts zu drehen und zu deuten, denn sie erringen insgesamt 38 Gold-, 31 Silber- und 32 Bronze-Medaillen. Die Sportler aus den Vereinigten Staaten können dagegen nur 24 Gold-, 21 Silber- und 12 Bronze-Medaillen gewinnen.

Am aufregendsten ist die Sache mit dem Staffellauf der Damen gewesen. Das ist aber auch zu dumm gelaufen! Die deutschen Sportlerinnen haben klar in Führung gelegen, die anderen waren weit abgeschlagen. Und da – beim Wechsel des Staffelholzes passierte es. Die letzte Läuferin hat das Staffelholz irgendwie nicht richtig zu fassen bekommen und es fallen lassen. Der sichere, greifbare Sieg mit der Medaille war verloren!

Die Stimme des Reporters im Radio hat sich fast überschlagen, als er über das Geschehen berichtete. Heinrich und Johanna sind aufgesprungen vor Aufregung und hätten fast mitgeweint mit den Sportlerinnen, die den Sieg so greifbar vor sich hatten und ihn nun doch nicht erringen konnten.

Es dauert einige Zeit, bis sich nach den Spielen in Berlin wieder die Normalität im Land einstellt.

Familienleben

Der schönste Tag der Woche ist der Sonntag. Das findet Heinrich, und Johanna ist derselben Meinung. Denn am Sonntag ist der Vater zu Hause, und auch die Mutter nimmt sich Zeit für die Kinder. Bei schönem Wetter werden Wanderungen oder auch einfach ein Stadtbummel unternommen. Mutters Schwestern mit ihren Familien wohnen alle in der Nähe und freuen sich über Besuch.

Aber schön ist ein Sonntag auch, wenn das Wetter ein Ausgehen nicht erlaubt. Dann werden nämlich die Brettspiele hervorgeholt und Mensch-ärgere-dich-nicht gespielt oder Halma, Dame, Mühle und noch andere Würfelspiele. Manchmal betteln die Kinder auch, dass die Mutter von früher erzählen soll. Sie lehnt meistens erst einmal ab, aber die Kinder wissen schon, dass sie ihr nur lange genug zusetzen müssen – dann fängt sie an zu erzählen.

»Ich habe euch doch schon so viel von früher erzählt«, wehrt Mutter jedesmal ab.

»Das macht doch nichts! Ich kann das immer wieder hören«, bettelt Heinrich. »Erzähl uns vom Sedanfest ... und von der Reise nach Ostpreußen ... und wie du so schlimm krank warst.«

»Sachte, sachte! Nur nicht alles auf einmal«, lacht Mutter. »Also gut: Meine Eltern waren schon sieben Jahre lang verheiratet, und es hatte sich noch kein Nachwuchs eingestellt. Sie waren sehr traurig darüber und dachten, dass sie niemals Kinder haben würden und später alt und einsam sein müssten. Da überlegten sie, ob sie nicht ein Kind aus einem Kinderheim adoptieren sollten. Als sie noch beratschlagten, wann sie solch ein Waisenkind am besten aus dem Heim holen könnten, merkte meine Mutter, dass sie selbst ein Kindchen bekommen würde.«

»Das warst du, Mutter«, sagt Heinrich.

»Ja, das war ich. Ich war die älteste Tochter der Familie. Und dann kamen noch vier Mädchen dazu. Und ganz zuletzt noch ein Junge.«

»Da wart ihr sechs Geschwister.«

»Richtig. Als ich ein kleines Mädchen war, wurde ich einmal sehr krank, ich bekam Diphterie. Das ist eine Krankheit, bei der der Hals immer mehr anschwillt, so sehr, dass man zuletzt gar nicht mehr atmen kann und ersticken muss. Ich hatte hohes Fieber und fing auch schon an zu röcheln. Ihr wisst ja, dass mein Vater ein Kaufmann gewesen ist. Im Laden war auch immer eine hölzerne Tonne mit Salzheringen. Die Heringe schwammen in einer stark salzigen

Lauge. Davon schöpfte mein Vater eine Kelle voll und schüttete sie mir in den Mund. Ich schluckte das Salzwasser so gut ich konnte und gurgelte damit. Und siehe da: nach kurzer Zeit ging die Schwellung in meinem Hals zurück, und ich konnte wieder frei atmen.«

»Brrr, das muss doch scheußlich geschmeckt haben, Mutter!«, meint Johanna.

»Ich entsinne mich gar nicht mehr so richtig daran. Sicherlich hat es mich fürchterlich im Hals gebissen und gekratzt. Aber es hat schließlich auch geholfen. ›Das Böse muss das Böse vertreiben!‹, hat meine Mutter immer gesagt.«

»Und was hast du noch alles erlebt? Ich meine, als du noch klein warst!«

»In der Schule saßen wir Kinder in Reihen auf Holzbänken. Vor uns war ein schräger Tisch, oben gab es eine Ablage für die Griffel und Federhalter. Dort oben war auch das Tintenfass eingelassen, das man mit einem Deckel verschließen oder öffnen konnte, je nachdem, ob mit Tinte geschrieben werden sollte oder nicht. Ich hatte lange, hellblonde Zöpfe, die mir am Rücken herunterbaumelten. Hinter mir saß das Mariechen, ein Mädchen, das immer zu dummen Streichen aufgelegt war. Sie war ein richtiges Öösken, wie wir Rheinländer sagen. Jedenfalls hat sie eines Tages vorsichtig meine Zöpfe genommen und die Spitzen in das Tintenfass getaucht. Unsere gute alte Eisengallustinte hat die Haare sofort verätzt. Zwar hat mich unser Lehrer gleich nach Hause geschickt zu meiner Mutter, aber die Tinte ließ sich nicht herauswaschen. Im Gegenteil, die blaugrüne Farbe stieg immer höher an meinen Zöpfen hoch. Ich weinte, aber meine Mutter wusste Rat. Sie schnitt einfach ein gutes Stück von den Haaren ab. Ich habe später nie wieder so lange Zöpfe gehabt.«

»Früher hatte ich in Diestelow auch Zöpfe«, wirft Johanna ein. »Manchmal haben wir sie zu Affenschaukeln hochgebunden, weißt du noch? Aber ich bin froh, dass ich jetzt kurze Haare habe.«

»Einmal«, fährt Mutter fort, »musste ich mit offenen Haaren ein Gedicht aufsagen. Das war beim Sedanfest.«

»Sedanfest? Was ist denn das?«

»Im Deutsch-Französischen Krieg haben die Deutschen die Festung Sedan in Frankreich erobert. Jedes Jahr Anfang September gab es deswegen eine Gedenkfeier, das Sedanfest. Ich bekam damals ein Kränzchen aus Kornblumen auf meine blonden Haare gesetzt und musste einen Vers aufsagen.«

»Kornblumen? Die werden doch so schnell welk«, wundert sich Heinrich.

»Das sind doch Mohnblumen!«

»Der Kaiser mochte die blauen Kornblumen so gern, es waren seine Lieblingsblumen. Ich weiß auch noch, wie das Gedicht anfing, das ich damals vor der Festgemeinde aufgesagt habe: ›Der Kaiser ist ein lieber Mann, er wohnet in Berlin. Und wär es nicht so weit von hier, dann ging ich heut' noch hin!‹«

»Du hast uns auch schon mal erzählt, wie du mit dem Zug nach Ostpreußen gefahren bist und ihr die Tür nicht aufmachen durftet.«

»Ja, das war in der schlechten Zeit, als ich verwitwet war. Meine Kusinen besaßen ein großes Gut in Ostpreußen. Man konnte allerdings schlecht dorthin kommen, denn dazwischen liegt der polnische Korridor. Zu Kaisers Zeiten konnte man von Pommern aus durch Posen-Westpreußen bis nach Ostpreußen fahren. Da war das alles Deutschland. Nach dem Krieg, als der polnische Staat wieder gegründet wurde, sollte er einen Zugang zur Ostsee haben. Deswegen wurde ein Streifen Land an der Weichsel entlang zu Polen geschlagen – und Danzig wurde zur Freien Stadt erklärt.«

»Das hatten wir neulich in der Schule«, wirft Johanna ein. »Das heißt, Danzig gehört zu niemandem: weder zu Polen noch zu Deutschland.«

»Die Polen waren damals sehr unfreundlich. Die Deutschen hatten zwar das Recht, mit Zügen durch den Korridor nach Ostpreußen zu fahren, was ja wieder zum Deutschen Reich gehört. Aber gerne haben sie das nicht gestattet. In Schneidemühl war der Grenzbahnhof. Dort wurden die Türen des Zuges plombiert.«

»Was ist denn das?«

»Niemand konnte unbemerkt eine Tür öffnen. Der Zug durfte nirgends halten und niemand ein- oder aussteigen. Entlang der Bahnlinie waren Wächter aufgestellt, die sofort auf den Zug schossen, wenn jemand aus dem Fenster schaute.«

»Und wie lange dauerte die Reise durch den polnischen Korridor?«

»Je nachdem, wie schnell der Zug vorankam, dauerte es mehrere Stunden. Wir haben dann immer die Gardinen an den Abteilfenstern zugezogen und im Halbdunkel gesessen. Erst wenn wir in Ostpreußen ankamen und deutschen Boden unter den Füßen hatten, konnten wir wieder frei aufatmen.«

»Erzähl doch noch, wie die Franzosen im Rheinland waren, Mutter!«, bettelt Heinrich.

»Ach, das war eine bewegte Zeit. Der Friedensvertrag von Versailles schrieb vor, dass Deutschland an Frankreich viel Ruhrkohle liefern musste.«

»Ja, das weiß ich. Unser Lehrer hat gesagt, das wäre sehr ungerecht gewesen. Er nennt ihn auch nicht Friedensvertrag, sondern ›Schanddiktat von Versailles‹, weil die Siegermächte Deutschland dabei bis aufs Blut auspressen wollten. Und außerdem wollten die Franzosen das Saargebiet für Frankreich haben.«

»Passt du in der Schule immer so gut auf?«, neckt Johanna ihren jüngeren Bruder, doch der lässt sich in seinem Eifer nicht unterbrechen: »In der Abstimmung haben sich die Saarländer aber für Deutschland entschieden.«

»Wir haben auch schon einmal das Lied gesungen: ›Deutsch ist die Saar, deutsch immerdar …‹«, ergänzt Johanna.

»Aber Mutter sollte doch von den Franzosen im Rheinland erzählen …«

»Ihr lasst mich ja nicht zu Wort kommen … Also gut: Als Deutschland in der schlechten Zeit die vorgeschriebene Menge Kohlen nicht mehr liefern konnte, sind die Franzosen in das Ruhrgebiet einmarschiert, um die Kohleförderung selbst zu überwachen.«

»Aber das durften sie doch eigentlich nicht! Sie konnten doch nicht einfach nach Deutschland kommen und sich wie die Herren aufspielen.«

»Sie fühlten sich im Recht. Und das war schlimm für unsere Familie. Unter den französischen Soldaten war einer, der meine jüngere Schwester Gertraud auf der Straße gesehen hatte. Gertraud oder Traudchen, wie wir eure Tante damals nannten, war ein entzückendes Mädchen mit strahlend blauen Augen, goldblonden Haaren und rosiger Haut. Sie war schlank und rank, ach, was erzähle ich ... Der junge französische Soldat verliebte sich rettungslos in Gertraud.

Mein Vater gehörte zu der deutschnationalen Partei und war schrecklich zornig auf den Franzosen. Er würde seine Tochter niemals einem Franzosen zur Frau geben wollen, sagte er, aber da kam der Kommandant des französischen Soldaten zu meinem Vater und verhörte ihn, weil er anti-französische Äußerungen gemacht hatte. Wir mussten Traudchen vor dem Franzosen verstecken. Und bald darauf schickten meine Eltern sie weit weg zu Verwandten.«

»Die Franzosen sind unsere Erbfeinde, hat unser Lehrer gesagt. Sie haben doch auch deinen ersten Mann totgeschossen, nicht wahr, Mutter?«

»Ja, aber ich kann mir nicht vorstellen, dass sie gern Krieg geführt haben«, seufzt die Mutter.

»Doch! Die sind kriegslüstern und wollen den Deutschen nur schaden. Das steht sogar in unserem Geschichtsbuch.«

»Jedenfalls war damals der Ruhrkampf«, fährt die Mutter fort. »Da haben die deutschen Bergleute einfach gestreikt. Nein, haben sie gesagt, wenn die Franzosen unsere Kohle haben wollen, dann sollen sie selbst in die Gruben fahren und dort Kohle fördern. Wir machen da nicht mit.«

»Das war großartig. Richtige Helden sind das gewesen, das hat auch unser Lehrer gesagt.«

Die Geburtstagsfeier

Im Sommer 1937 feiert Johanna ihren 14. Geburtstag. Schon am frühen Morgen wird sie von strahlendem Sonnenschein geweckt. Mutter gratuliert ihr zuerst, hinter ihr steht Heinrich. Was wohl in dem großen Paket steckt, das Mutter ihr überreicht? Johanna ist ganz neugierig, als sie die Schleifen aufzieht und das bunte Papier auseinanderfaltet. Wie sie es schon fast vermutet hat, findet sie Wolle darin, wunderschöne rote Wolle zum Stricken.

»Oh Mutter, du hast sie doch gekauft! Danke! Die teure Wolle! Darf ich mir jetzt einen Pullover stricken?«

»Genau dafür ist die Wolle gedacht. Willst du denn schon gleich heute damit anfangen?«

»Ach, Mutter, das wird wohl nichts werden. Heute nach der Schule kommt doch Besuch!«

»Nun ja, dann fängst du eben morgen an!«

»Darf ich jetzt auch gratulieren?«, fragt Heinrich. »Ich wünsche dir Gesundheit und langes Leben, ewige Jugend und Schönheit, eine Million Reichsmark und viele Kinder und Enkelkinder!«

»Das hast du aber wunderschön gesagt, Heinrich.« Sie umarmt ihren kleinen Bruder. »Ob das alles in Erfüllung gehen wird, was du mir da gewünscht hast?«

»Na, mindestens«, meint Heinrich. »Willst du nicht nachsehen, was ich dir eingepackt habe? Erst dachte ich ja, ich gebe dir die Spitzmaus, die Nachbars Katze gestern gefangen hat …«

»Spitzmaus? Du weißt doch, dass ich vor Mäusen keine Angst habe. Aber eine Spitzmaus kann doch nicht in diesem Päckchen sein, oder doch?«

»Schau einfach mal nach!«

Johanna reißt vorsichtig das Papier von dem kleinen Päckchen. Die »Spitzmaus« entpuppt sich als eine kleine gelbe Kerze.

»Vater musste heute früh schon zeitig fort. Er lässt dich herzlich grüßen und wird dir heute Abend gratulieren.«

Johanna hat für den Nachmittag Gäste eingeladen. Ihre Freundin Hilde wird kommen und ihre Kusine Ruth, die Tochter von Tante Traudchen. Und ihr Vetter Friedhelm, der Sohn von Tante Liesbeth wird ebenfalls erscheinen. Beide fahren mit der Straßenbahn von Mülheim-Speldorf nach Duisburg.

Weil die Sonne so herrlich scheint, hat Johanna den Tisch auf dem kleinen Rasenstück hinter dem Haus gedeckt. Sie hat gestern einen Rührkuchen gebacken, Mutter steuert eine Kanne Kakao für die Festgesellschaft bei.

Johanna erhält noch einige schöne Geschenke: ein umhäkeltes Taschentuch, zwei Bananen, einen Füllfederhalter und eine Packung mit Dame-Steinen aus brauner und weißer Schokolade. Die Steine sind groß, viel zu groß für das Spielbrett, das Johanna und Heinrich besitzen. Und dabei wäre es doch so ein Spaß gewesen, mit diesen Schokolade-Spielsteinen Dame zu spielen.

Beim Kuchenessen und Kakaotrinken überlegen alle, wie man an ein größeres Spielbrett kommen könnte. Hilde hat die rettende Idee. »Meine Großmutter besitzt eins. Ich habe schon manchmal bei ihr darauf gespielt. Das hole ich. Sie wohnt nicht sehr weit weg.«

»Da gehen wir gleich alle mit«, schlagen die Festgäste vor.

Bald darauf ist eine muntere Truppe unterwegs zur Wohnung von Hildes Großmutter. Die süßen Spielsteine bleiben im Garten liegen. Zum Glück ist die alte Dame zu Hause. Natürlich ist sie gern bereit, den Kindern das Spielbrett auszuleihen. Auf dem Heimweg überlegen sie schon genau, wer mit wem oder gegen wen die erste Partie Dame spielen soll.

Die Schokoladen-Spielsteine liegen immer noch auf dem Tisch in der Sonne. Doch als Johanna den ersten aufnehmen will, bleibt er ihr an den Fingern kleben. In der Hitze ist die Schokolade vollkommen aufgeweicht. Da bleibt der Festgesellschaft nichts anderes übrig, als die Steine schnellstens aufzuessen. Obwohl sie süß schmecken, gibt es doch ein paar bittere Tränen.

Einige Tage später gibt es noch einmal Tränen. Johanna hat sich mit Feuereifer daran gemacht, ihren Pullover zu stricken. Sie arbeitet nach einem Strickmuster und stellt erst das Vorder-, dann das Rückenteil her. Das Vorderteil ist leider etwas zu eng geraten – Johanna muss zugeben, dass sie sich nicht genau an die Anleitung gehalten hat. Aber eigentlich müsste es so gerade noch gehen …

Mutter versucht immer wieder, sie dazu zu bewegen, das Teil noch einmal aufzuziehen und in der richtigen Größe zu stricken. Aber Johanna ist ungeduldig. Der Pullover soll doch möglichst bald fertig sein. Alles noch einmal neu stricken zu müssen, wäre doch zu ärgerlich.

Als sie am nächsten Morgen aufsteht, hat Mutter das Vorderteil aufgezogen. Das Vorderteil? Oh nein, Mutter hat aus Versehen das Rückenteil erwischt! Johanna weint bittere Tränen. Dann strickt sie beide Teile noch einmal. Der Pullover wird später von allen bewundert.

Biologieunterricht

»Biologie ist eins meiner Lieblingsfächer«, verkündet Johanna eines Tages nach der Schule, als sie mit Mutter und Heinrich daheim beim Essen sitzt.

»Was ist denn Viehologie genau?«, will Heinrich wissen.

»Da lernt man, wenn ich mich recht erinnere, etwas von Tieren und Pflanzen«, sagt Mutter.

»Von Pflanzen auch? Ich dachte, da ginge es nur um Tiere. Es heißt doch Viehologie, weil man da etwas vom Vieh lernt«, gibt Heinrich zu bedenken.

Johanna lacht belustigt auf. »Es heißt doch auch gar nicht so, wie du denkst. Biologie heißt es, mit B vorne. Und wir lernen da gar nichts von Pflanzen und Tieren, sondern von Menschen.«

»Habt ihr da auch ein Skelett gehabt und die menschlichen Knochen besprochen?«

»Nein, ganz etwas anderes. Wir hatten Rassenkunde.«

»Rassenkunde? Ich kenne nur Rassenhunde«, lacht Heinrich.

»Naja«, sagt Johanna. »So wie es Hunderassen gibt, gibt es auch Menschenrassen. Wir haben heute etwas über die Menschenrassen gelernt.«

»Die Schwarzen und die Rothäute und die Braunen …«

»Nein, das alles nicht. Heute ging es um die verschiedenen Menschenrassen in Deutschland.«

»Verschiedene Menschenrassen in Deutschland?«, wundert sich die Mutter. »Davon habe ich ja noch nie etwas gehört. Ich denke, wir hier in Deutschland gehören zu der weißen Rasse.«

» Ja sicherlich, aber da gibt es eben verschiedene. Und

heute haben wir in der Schule versucht zu bestimmen, zu welcher Rasse jeder gehört. Oder zu welcher Rassenmischung.«

»Das hört sich irgendwie ... nun ja, ich will nicht gerade sagen merkwürdig an ... aber doch sehr ungewöhnlich.«

»Du, Mutter, gehörst eindeutig zur nordischen Rasse. Du bist schlank, blond und hast blaue Augen. Die nordische Rasse ist die beste.«

»Danke. Aber wer hat das denn gesagt? Ich meine, woher weißt du, dass die nordische Rasse die beste ist?«

»Unser Lehrer hat uns genau erklärt, dass nur die nordische Rasse fähig ist, Kultur zu bilden. Die großen Reiche der Welt, das Römerreich, das Reich der Griechen, die alten Perser und sogar die Reiche im alten Indien haben nur Menschen geschaffen, die zur nordischen Rasse gehörten. Auch die Vormacht der Franzosen, unserer Erbfeinde, beruht auf nordischem Blutanteil, hat unser Biologielehrer gesagt.«

»Das klingt ja alles ... hm, nun ja ... ich weiß nicht, wie.« Mutter schüttelt den Kopf.

»Heinrich und Vater gehören auch zur nordischen Rasse. Ich bin eigentlich auch nordisch, aber meine Haare sind dafür etwas zu dunkel. Ich habe etwas alpinen oder ostischen Einschlag. Also, ich bin eine Rassenmischung aus nordisch und ostisch.«

»Gibt es auch eine westische und eine südische Rasse?«, fragt Heinrich belustigt.

»Westisch ja, das sind die kleinen dunkeläugigen und dunkelhaarigen Menschen im Mittelmeerraum. Die sind zwar temperamentvoll, aber nicht so fleißig wie die nordischen Menschen. Und dann gibt es in Süddeutschland noch die dinarische Rasse. Die Dinarier haben braune oder schwarze Haare und sind sehr musikalisch.«

»Musikalisch bist du doch auch. Vielleicht bist du ja eine Rassenmischung aus nordisch und di ... di, naja, dem letzten eben«, meint Heinrich.

»Schlimm ist es, wenn man die Rasse verdirbt, wenn man sich mit Menschen verheiratet, die nicht aus Europa stammen.«

»Solche gibt es hier doch gar nicht.«

»Doch, die Juden. Darüber haben wir besonders ausführlich gesprochen. Die Juden stammen eigentlich aus Asien. Sie sind nicht fähig, Kultur zu schaffen. Die können nur leben, wenn sie sich an eine von nordischen Menschen geschaffene Kultur anschließen.«

»Das kann aber so nicht stimmen«, wendet Mutter entschieden ein. »Das hast du bestimmt falsch verstanden. Die Juden sind doch ein ganz altes Kulturvolk. Als bei uns hier in Deutschland noch niemand schreiben und lesen konnte, da haben die Juden schon Bücher geschrieben, Psalmen gedichtet und dazu natürlich auch eine eigene Schrift gehabt.«

»Trotzdem verderben die Juden unsere Kultur und wollen Deutschland ins Elend stürzen. Du hättest mal unseren Lehrer hören sollen ... Und darum soll ein deutsches Mädchen darauf achten, nur einen rassisch gleichwertigen und gesunden Partner zu heiraten, damit es wertvolle Kinder bekommen kann.«

»Dabei kann ich dir doch suchen helfen«, meint Heinrich grinsend. »Wie wäre es mit dem rotblonden Eberhard von schräg gegenüber? Der ist bestimmt rassisch wertvoll ...«

»Vielen Dank, Brüderlein, aber bemüh dich nicht. Ich halte erst einmal selbst Ausschau. Und sollte ich gar keinen finden, dann komme ich auf dein Hilfsangebot noch einmal zurück.«

Das Pussi-Album

»Was hast du denn da für ein komisches Buch? Da hängt ja ein Schloss dran. Kannst du das abschließen?«, fragt Heinrich neugierig.

»Jawohl, das kann ich abschließen«, antwortet Johanna, ein bisschen stolz.

»Und was steht da Geheimnisvolles drin?«

Johanna hält ihm das Buch hin. »Lies selbst. Es steht außen drauf!«

»Po-e-sie«, buchstabiert Heinrich. »Ist das vielleicht ein Buch mit Kochrezepten?«

»Nein«, lacht Johanna, »Poesie heißt so viel wie Verse. Ich gebe das Album meinen Klassenkameradinnen, und jede schreibt mir einen Vers in das Buch. Später, wenn wir längst aus der Schule entlassen sind, werde ich die Verse noch einmal lesen und mich erinnern.«

»Aha! Wie heißt das Buch noch mal?«

»Poesie-Album.«

»Darfst du die Verse erst dann lesen, wenn du aus der Schule entlassen bist?«

»Nein, wieso denn?«

»Weil da ein Schloss dran ist.«

»Das ist doch nur so … zur Zierde.«

»Darf ich die Verse auch mal lesen?«

»Ja klar. Heute Abend lesen wir sie gemeinsam.«

Nach dem Abendessen erinnert Heinrich seine Schwester: »Wir wollten doch gemeinsam in deinem Pussi-Buch, nein, in deinem Pussi-Album lesen.«

Mutter, die in der Küche hantiert, horcht auf. »Was ist denn das, ein Pussi-Buch? Geht es da um Katzen?«

Nun lachen Heinrich und Johanna. »Mein Poesie-Album muss doch etwas Besonderes sein. Heinrich dachte vorhin, es wäre ein Rezeptbuch, und du nennst es jetzt ein Katzen-Album«, schmunzelt Johanna.

Alle drei schauen sich anschließend die Verse an.

Zur Beherzigung!
In der Schule lernten wir uns kennen,
ach wie schön war diese Zeit.
Bald müssen wir uns trennen,
vielleicht für die Ewigkeit.
In den Kranz der Erinnerungen flicht sich ein:
Hilde.

»Ist das deine Freundin?«, fragt Heinrich.

»Ja, und ich hoffe, dass wir uns nicht für die Ewigkeit trennen.« Gemeinsam blättern sie das Album durch.

Lieblich ist der Reiz der Jugend,
doch die Blüten fallen ab.
Aber Edelmut und Tugend
folgen dir noch übers Grab.
Luzia

*Den Wunsch will ich ins Stammbuch schreiben,
du magst ein gutes Kind stets bleiben,
dein Herz Gott und der Tugend schenken
und lebenslang an mich auch denken.
Adele*

*Mit Höflichkeit in Wort und Mienen
kommt auch der Ärmste durch die Welt.
Die dieser Münze sich bedienen,
die kaufen vieles ohne Geld.
Die Höflichkeit – o merk es fein –,
sie kostet nichts und bringt viel ein.
Luise.*

*Dein Sinn und dein Verlangen
sei immer lilienrein,
so werden deine Wangen
stets schöne Rosen sein.
Christa*

*Dem kleinen Veilchen gleich,
das im Verborgnen blüht,
sei immer fromm und gut,
auch wenn es niemand sieht!
Käthe*

*Drei Blicke tu zu deinem Glück:
schau vorwärts, seitwärts und zurück!
Anni*

*Drei Engel mögen dich begleiten
in deiner ganzen Lebenszeit,
und die drei Engel, die ich meine,
sind Liebe, Glück, Zufriedenheit.
Irmgard*

*Sei immer treu und edel
und bleib ein deutsches Mädel.
Mathilde*

*Das höchste Glück, o liebes Kind,
das glaube doch mitnichten,
dass es erfüllte Wünsche sind:
Es sind erfüllte Pflichten.
Ruth*

»Na, wenn du die Ratschläge alle beherzigen willst, Kind, dann hast du Tag und Nacht zu tun«, meint die Mutter.

»Vor allen Dingen: Sei immer treu und edel, du deutsches Mädel«, lacht Heinrich.

»Und du, Bruderherz, denke dran – besonders im Umgang mit deiner großen Schwester: Die Höflichkeit, o merk es fein, sie kostet nichts und bringt viel ein!«

Sommerferien

»Mutter, ich habe kein Rindfleisch zum Kochen bekommen. Die kleine jüdische Metzgerei an der Ecke ist geschlossen.« Heinrich schägt vor, zur nächsten Metzgerei zu laufen, die allerdings einige Straßenblöcke entfernt ist.

»Das ist aber ärgerlich«, meint die Mutter. »Es war immer so praktisch, gleich hier an der Ecke Fleisch einkaufen zu können.«

»Alle jüdischen Geschäfte werden jetzt nach und nach geschlossen«, sagt Heinrich. »In der Schule haben wir gelernt, dass die Juden es nur auf unser Geld abgesehen haben und die Deutschen vernichten wollen.«

»Aber das ist doch Unsinn!«

»Nein, Mutter. Sie sollen unser Land verlassen. Auch auf die Parkbänke dürfen sie sich nicht mehr setzen. Deshalb steht auf jeder Bank ›Nur für Arier‹ – und das sind die Deutschen. Die Deutschen sind nun mal viel wertvoller als die Juden …«

»Aber Heinrich«, empört unterbricht ihn die Mutter, »so etwas habt ihr in der Schule besprochen? Das kann doch nicht wahr sein! Überleg mal, der Herr Jesus, zu dem wir beten, war doch auch ein Jude. Und Maria und Josef und die Jünger … eigentlich fast alle Menschen, von denen im Neuen Testament erzählt wird, waren Juden. Zuallererst hat Gott mit dem Volk Israel, von dem die Juden abstammen, seine Geschichte gemacht.«

»Ja, das stimmt. Aber die Juden von früher und die Juden von heute … die darf man nicht vergleichen. Das hat unser Religionslehrer schon oft gesagt. Er sagt, die Juden, die heute in unserem Land leben, sind schlechte Menschen.«

Johanna mischt sich in das Gespräch ein. »Früher, als ich noch klein war, bin ich in Sachsenhausen oft zu unseren Nachbarn gelaufen. Das waren Juden. Bei denen habe ich Matzen gegessen. Das hat mir immer so gut geschmeckt.«

»Und? Waren das schlechte Menschen?«, hakt die Mutter nach.

»Nein, davon habe ich nichts gemerkt.«

»Siehst du?«

»Aber die Juden treiben Wucher und haben vielen Bauern früher das Land abgenommen und sie von Haus und Hof verjagt. Das ist wirklich so passiert«, widerspricht Heinrich.

»Ja, das hat es leider gegeben. Ich selbst habe das noch miterlebt. Aber wisst ihr, das lag auch daran, dass die Juden früher kein Handwerk ausüben durften. Sie durften nur Kaufleute sein. Ich kenne jedenfalls viele jüdische junge Männer, die im letzten Krieg für das deutsche Vaterland gekämpft haben. Viele von ihnen sind damals gefallen … Da kann mir doch niemand weismachen, dass diese jungen Leute Deutschland vernichten wollten«, ereifert sich die Mutter.

»Du müsstest einfach mal mit unserem Lehrer reden, Mutter«, schlägt Heinrich vor.

Es schellt an der Haustüre. Draußen stehen zwei junge Mädchen mit einer Spendenbüchse. Eine von ihnen hat einen flachen Karton in der Hand, in dem hübsche Anstecknadeln ausgebreitet liegen. Ein schneebedeckter Berg ist darauf zu sehen und eine kleine Almhütte mit Hakenkreuz.

»Wir sammeln für das Winterhilfswerk!«, sagen die beiden gemeinsam. »Der Erlös der heutigen Sammlung ist für die Bergwacht bestimmt. Unsere Volksgenossen in den Bergen brauchen unsere Unterstützung.«

»Schon gut«, sagt Mutter und holt zwei Groschen aus der Geldbörse.

»Aber Mutter, das ist doch zu wenig. Du weißt doch, dass jede Familie einmal im Monat auf ihren Sonntagsbraten verzichten und statt dessen Eintopf essen soll. Das dadurch gesparte Geld kommt den Bedürftigen in unserem Volk zugute.«

Mutter seufzt. »Na gut! Dann kaufe ich eben zwei Abzeichen.« Sie steckt die Münzen in den Schlitz der Sammelbüchse. Die Mädchen überreichen ihr zwei Anstecknadeln, bedanken sich und gehen weiter zum nächsten Haus.

»Aber sei nicht unzufrieden, wenn es am Sonntag Erbsensuppe gibt«, lacht Mutter. »Da die kleine jüdische Metzgerei geschlossen hat, ist es sowieso umständlicher geworden, Fleisch zu kaufen. Heinrich, dann brauchst du jetzt auch gar nicht mehr zur anderen Metzgerei zu laufen.«

»Ich finde es gut, dass sich die Menschen in Deutschland gegenseitig helfen«, meint Johanna. »Sie haben schon für die Bernsteinfischerei an der Ostsee gesammelt, für die Bauern hinter dem Deich in Nord- und Ostfriesland …«

» … für die Kriegsveteranen und die Holzschnitzer im Erzgebirge und für die Moorleute in Ostpreußen«, ergänzt Heinrich.

»Wo ihr so viele deutsche Landschaften nennt, fällt mir gerade etwas ein. Es gibt doch nächste Woche Sommerferien … und da hat Vater heute Morgen etwas vorgeschlagen …«

»Was denn?«

»Vater muss mit seinem Lastwagen eine Auftragsfahrt nach Kassel machen. Und er meint, da wäre es doch eine Kleinigkeit, euch beim Großvater Johannes abzusetzen. Von dort aus könnt ihr dann eure Vettern und Kusinen im Waldecker Land besuchen. Zurück müsstet ihr aber mit der Eisenbahn fahren. Das ist …«

»… eine großartige Idee!«, jubelt Johanna.

»Ich wollte eigentlich sagen: Das ist nicht schwierig, denn es gibt einen durchgehenden Zug. Ihr steigt in Sachsenhausen ein und in Essen aus. Alles andere ist ein Kinderspiel.«

Vierzehn Tage später sind Johanna und ihr Bruder auf dem Weg zu Großvater Johannes. Seit dem Tod seiner zweiten Frau und dem frühen Tod seines Sohnes betreibt er zusammen mit der Schwiegertochter eine kleine Landwirtschaft. Bis auf Heinrich und Johanna leben alle Enkelkinder in der Nähe, so dass er sie öfters zu Gesicht kriegt. Und so freut er sich ganz besonders, dass die beiden Kinder seiner früh verstorbenen Tochter Klara in den Ferien zu Besuch kommen.

»Ich freue mich, mal wieder auf dem Land zu sein«, sagt Johanna schon unterwegs zu Heinrich. »Da kann ich so richtig mit anpacken. Und du musst auch in der Ernte helfen … Garben aufstellen kannst du ja, wenn du sie auch noch nicht binden kannst.«

Die beiden verleben eine herrliche Zeit. Sie strolchen mit dem Vetter und den beiden Kusinen in der Burgruine herum, unternehmen einen Ausflug zu den Verwandten an den Edersee, besuchen Tante Lina in Sachsenhausen, Tante Mariechen in Netze, Tante Emma in Bad Wildungen, wo Großmutter Johannette wohnt. Schön, sie alle wieder zu sehen!

»Bitte, Großmutter«, bettelt Johanna, »koch uns doch einmal Schrüjjelsuppe! Die hast du damals in Diestelow öfters gekocht, als Mutter so krank war.«

Natürlich bekommt die Enkelin den Wunsch erfüllt – vor allem wenn es sich um so etwas Einfaches wie diese Suppe aus gebratenem Speck, Zwiebeln und Mehl handelt.

Großvater Johannes setzt sich eines Abends zu Johanna auf die Bank vor dem Haus. Vor sich hat sie einen Roman, der den Titel »Der Etappenhase« trägt.

»Ach Kind«, sagt Großvater zu ihr. »Solche Bücher musst du nicht lesen! Die verderben dir die Phantasie.«

Johanna legt das Buch zur Seite.

»Weißt du«, fährt der Großvater fort, »ich möchte dir so gerne aus meinem Leben erzählen und sagen, was mir das Wichtigste geworden ist.«

Johanna horcht neugierig auf. »Das Wichtigste in deinem Leben, Großvater?«

»Das Allerwichtigste, Kind! Schau, als ich noch jung war, da lebte ich in den Tag hinein, ohne mir viele Gedanken zu machen. Ich war eben einfach da, war auf der Welt und wusste eigentlich nicht, warum. Das hat mich anfangs auch gar nicht gestört. Aber dann wurde ich doch nachdenklich. Ein Menschenleben muss doch einen Sinn haben, dachte ich. Einfach nur fünfzig oder sechzig oder achtzig Jahre leben und dann nichts mehr sein, das war mir zu wenig. Ich suchte nach einer Antwort … Und das ging mehrere Jahre so weiter.«

Johanna bemerkt, dass Großvaters Augen strahlen.

»Du musst nicht denken, dass ich damals nicht schon gebetet hätte. Nein, ich war kein Mensch ohne Religion. Ich habe oft gebetet: ›Gott, wenn es dich gibt und du wirklich Interesse an mir hast, dann zeige mir das doch!‹«

»Und hat Gott dir etwas gezeigt?«

»Ja, er wusste, dass es mir ernst war mit meiner Bitte. Damals kam ein Mann ins Dorf, der Bibeln verkaufte und mit den Leuten über den Glauben sprach. Ich habe sogleich gemerkt, dass er kein Schaumschläger oder Geschäftemacher war. Er hatte genau das, was ich die Jahre zuvor gesucht hatte ... Einmal erzählte er mir ausführlich, wie es bei ihm dazu gekommen war. ›Gott, ich stelle dir mein Leben zur Verfügung, mach du etwas daraus!‹, hatte er eines Tages gebetet. Und nun wusste er sein Leben bei Gott geborgen und gut aufgehoben. Wir haben damals viel über den Glauben gesprochen. Und dann fasste ich den Entschluss, es genauso zu machen wie er.«

»Und hat es dich gereut?«

»Gereut? Nein, Kind, niemals. Das war die beste Entscheidung meines Lebens. Ich verlasse mich seitdem ganz auf Gott und seinen Sohn, den Heiland Jesus Christus. Der ist mein Freund. Du kennst ja mein Lieblingslied: ›Welch ein Freund ist unser Jesus ...‹«

Johanna nickt.

»Siehst du, mein liebes Kind, das wollte ich heute Abend mit dir besprechen. Ich weiß nicht, wie lange ich noch leben werde. Deshalb möchte ich dir sagen, dass ein Leben mit Jesus sich lohnt. Du kannst ihm alles sagen, was dich bedrückt. Lies täglich in seinem Wort, der Bibel, dann bist du bei ihm geborgen – gleichgültig, was dir sonst alles bedrohlich erscheinen will.«

»Weißt du, Großvater, das habe ich mir selbst schon vorgenommen. Ich will mich wie du auf Gott verlassen und zu ihm gehören.«

»Gott segne deinen Entschluss, Johanna. Ich wünsche mir, dass du genauso froh darüber wirst, wie ich es geworden bin.«

Vom Edersee

Eines Abends besuchen Johanna und Heinrich zusammen mit ihrem Vetter Onkel Karl. Der hat nämlich versprochen, ihnen etwas Besonderes zu erzählen. Onkel Karl hat damals beobachtet, wie der Edersee nach dem Bau der Sperrmauer allmählich voll Wasser gelaufen ist.

»Also gut«, beginnt der Onkel, als sie zusammen um den Küchentisch sitzen, »ich habe das schon oft erzählt, und es ist ja auch schon bald fünfundzwanzig Jahre her, aber trotzdem erinnere ich mich noch daran, als wäre es gestern gewesen. Wisst ihr denn überhaupt, warum man auf die Idee gekommen ist, die Sperrmauer zu bauen?«

Die Kinder schütteln den Kopf.

»Jedes Jahr im Frühling trat die Eder über die Ufer und überschwemmte Dörfer und die Städte Fritzlar und Kassel. Das lag an der Schneeschmelze im Rothaargebirge. Die Eder konnte damals so viel Wasser auf einmal nicht fassen. Im Sommer dagegen war das Wasser knapp. Das hat den Städten und Dörfern nicht so viel ausgemacht, wohl aber den Schiffern auf der Weser. Ihr wisst doch, dass aus dem Zusammenfluss von Werra und Fulda die Weser entsteht?«, Onkel Heinrich überprüft vorsorglich das Wissen seiner Neffen und Nichten. »Die Schiffe auf der Weser konnten dann manchmal wochenlang nicht fahren, weil der Wasserstand so niedrig war. Und da hat man sich überlegt, dass es doch praktisch wäre, das viele Frühjahrswasser zurückzuhalten und im Sommer nach und nach an die Weser abzugeben.«

»Das ist wirklich praktisch, Onkel Karl«, sagt Heinrich, »da gibt es im Frühjahr keine Überschwemmung und im Sommer keine Trockenheit.«

»Und außerdem kann man das Wasser noch nutzen, um Turbinen anzutreiben und dadurch elektrischen Strom zu erzeugen. Ja, als die Pläne fertig waren, wurde eine passende Stelle gesucht, wo man die Eder stauen kann. Der günstigste Platz, so entschieden die Ingenieure, war hier im Waldecker Land oberhalb von Hemfurth zwischen zwei Felsen. Auch das Baumaterial brauchte nicht von weither geholt zu werden, denn man konnte Grauwacke nehmen, das sind Steine, wie man sie hier in vielen Steinbrüchen findet.«

»Das muss ja eine riesige Baustelle gewesen sein.«

»Richtig, das war eine gigantische Baustelle. Hunderte von Arbeitern bekamen Holzbaracken aufgestellt, vom Bahnhof Bergheim wurde ein Gleisanschluss bis zur Baustelle gelegt, um das Baumaterial anzufahren. Drei alte Dörfer, Asel, Berich und Bringhausen und noch einige Einzelhöfe mussten den Wasserfluten weichen. Nicht weit von den alten Siedlungen entfernt, baute man auf höher gelegenem Gelände Neu-Asel, Neu-Berich und Neu-Bringhausen. Die Häuser der alten Dörfer wurden abgebrannt. Ich weiß noch, wie Bringhausen brannte. Die steinernen Kellermauern wurden zerschlagen.«

»Warum konnten die Häuser denn nicht unter Wasser stehen bleiben?«

»Ach wisst ihr, jedes Jahr im Herbst, wenn der Edersee leer ist, hätte man die Häuser wieder gesehen. Das wäre doch für die ehemaligen Bewohner jedesmal ein trauriger Anblick gewesen. Deswegen hat man die alten Dörfer zerstört. Und natürlich mussten auch die Kirchtürme abgetragen werden.«

»Kann ich mir denken, sonst hätte ja ein Schiff daran stoßen und kentern können.«

»Richtig. Und aus dem gleichen Grund wurden auch die Brücken über die Eder gesprengt.«

»Ist die Sperrmauer denn überhaupt stabil genug?«, will Heinrich wissen. »Auch wenn sie mal alt geworden ist?«

»Da brauchst du keine Sorge zu haben. An der Talsohle ist sie 39 Meter breit, die Mauerkrone hat immerhin noch eine Breite von 5 Metern. Und insgesamt ist die Sperrmauer 48 Meter hoch.«

»Und der ganze See ist 28 Kilometer lang«, wirft der Vetter ein.

»Ja, sie war damals die größte Talsperre in Deutschland und die zweitgrößte in Europa. Deswegen sollte auch der Kaiser mit seiner Gemahlin am 15. August 1914 anreisen und die Talsperre feierlich einweihen. Leider ist es dazu nicht mehr gekommen, weil kurz zuvor der Weltkrieg ausgebrochen war.«

»War da schon Wasser im See?«

»Ja. Mit dem Aufstauen des Wassers begann man im Winter 1913. Das war eine aufregende Sache, kann ich euch sagen. Ganz langsam stieg das Wasser an. Die Tiere flüchteten sich auf die höher gelegenen Teile, aber kleinere Bergkuppen wurden zu Inseln, auf denen Hasen, Marder, Wiesel und Igel und andere Tiere eingeschlossen waren. Ich selbst habe mit dem Fernglas beobachtet, wie ein Fuchs und ein Igel ertranken, weil man sie nicht mehr retten konnte.«

»Die armen Tiere! War das nicht schrecklich?«

»Doch, es war schrecklich. Aber die meisten Tiere konnten gerettet werden. Junge Leute mit kleinen Booten haben die Rettungsaktion durchgeführt.«

Zurück aufs Land

»Johanna, du wirst bald fünfzehn und kommst aus der Schule – und dabei bist du immer noch dünn wie eine Bohnenstange«, stellt die Mutter eines Tages seufzend fest.

Johanna blickt schuldbewusst auf. »Ich kann doch nichts dafür, Mutter. Ich nehme einfach nicht zu.«

»Ich mache mir Sorgen, dass du die Krankheit deiner Mutter Klara bekommen könntest. Ihr alle habt euch bei ihr mit der Tuberkulose angesteckt. Die Krankheit hat sich zwar jetzt verkapselt, aber wenn du dünn und schwächlich bleibst, könnte sie wieder ausbrechen. Du bist in letzter Zeit einfach zu sehr in die Länge geschossen, Johanna.«

»Dabei gebe ich mir alle Mühe, so viel wie nur möglich zu essen. Aber es hilft nichts!«

»Wir müssen etwas tun … Ich überlege mal.«

Johanna weiß, dass Mutter nun nicht ruhen wird. Und nach ein paar Tagen hat sie tatsächlich eine Überraschung für Johanna.

»Du sollst im Herbst mit der NSV-Kinderlandverschickung verreisen«, eröffnet sie der Tochter, als sie kurz nach dem Ende der Sommerferien aus der Schule nach Hause kommt. »Du kannst schon Ende des Monats mit einem Transport nach Pommern fahren.«

Johanna schluckt. »Ich will ja gerne zunehmen, aber ich weiß auch, dass ich schrecklich Heimweh haben werde, Mutter … vor allem nach … nach dir!«

Mutter lächelt. »Kind, es kommt doch vor allem darauf an, dass du gesund bleibst. Ich habe bestimmt auch Sehnsucht nach dir, glaub mir, aber gerade weil ich dich lieb habe, möchte ich auf keinen Fall riskieren, dass du krank wirst.«

Johanna nickt. Nein, krank werden und allmählich abmagern, täglich weniger werden und dann früh sterben wie ihre Mutter Klara, das möchte sie auch nicht. Zu deutlich stehen ihr die Elendsbilder aus ihren Kindertagen noch vor Augen.

»Da heißt es stark sein, mein Kind! In Pommern auf dem Hof wirst du dich rund und pummelig futtern. Darauf kommt es an.«

»Ich schreibe aber jeden zweiten Tag einen Brief nach Hause.«

Am Abreisetag versammeln sich viele magere Heranwachsende mit ihren Eltern auf dem Bahnsteig in Duisburg. Johanna stellt fest, dass sie nicht die Einzige ist, die nur in die Länge, nicht aber in die Breite gewachsen ist. Fröhlich schwatzend verstauen die jungen Leute ihr Gepäck im Abteil. Johanna hat sogar einen richtigen Koffer dabei, auch wenn er schon alt ist. Das haben noch lange nicht alle Reisende. Viele transportieren ihre Kleider in einem stabilen, fest verschnürten Persil-Karton.

Als der Zug sich in Bewegung setzt und Mutter, Vater und der kleine Bruder auf dem langsam entschwindenden Bahnsteig immer kleiner werden, kommen Johanna die Tränen. Nur einige wenige, schließlich ist sie ja schon fast erwachsen und kommt bald aus der Schule … Außerdem weint ein deutsches Mädel nicht.

Die Reise geht über Hannover, Braunschweig und Magdeburg nach Berlin. Von dort fährt der Zug in östlicher Richtung, überquert bei Küstrin die Oder und fährt dann weiter nach Stettin und erreicht schließlich Gollnow, wo alle aussteigen. Hier werden die Kinder aus dem Ruhrgebiet schon erwartet.

Herr Ehlert ist der Eigentümer des Hofes, auf dem Johanna jetzt vier Wochen lang wohnen soll. Johanna klettert auf seinen Pferdewagen, und schon geht die Fahrt los aufs Land. Die einzelnen Gehöfte liegen hier weiter auseinander, als sie es von Diestelow kennt. Drei Höfe liegen nahe beieinander, und hier kommt der Wagen zum Stehen.

»Willkommen in Neudorf«, sagt Herr Ehlert und hilft ihr beim Aussteigen. »Schön ist es hier«, denkt Johanna, während sie sich umsieht. Der breite, behäbige Hof versteckt sich unter hohen Bäumen, Wiesen und Weiden liegen hinter dem Haus. Die Felder weiter draußen sind ein bisschen wellig, insgesamt aber ist das Land ziemlich flach.

Frau Ehlert, eine Frau Mitte dreißig, begrüßt die Städterin freundlich. Stine, die Magd, und Tönnies, der alte Knecht, beäugen die Fremde zunächst einmal kritisch. So eine Stadtgöre auf dem Land, das wird ja was werden. Ob die wohl ein Schaf von einer Ziege unterscheiden kann ... Dünn ist sie ja wie ein Strohhalm ... Hoffentlich gelingt es uns, sie kräftig herauszufüttern, damit wir den Volksgenossen im Westen beweisen, wie gut die Luft in Pommern ist. Die sollen doch sehen, was die deutschen Bauern wert sind ...

Johanna begrüßt alle artig mit einem Knicks und folgt dann der freundlichen Frau mit ihrem Koffer. Sie soll in der Stube schlafen, in der mittags gegessen wird. Johanna freut sich, dass Frau Ehlert ihr einen Strauß mit Astern auf den Tisch gestellt hat.

»So, Fräulein Johanna«, sagt die Bäuerin, »hier werden Sie wohnen. Gefällt es Ihnen bei uns?«

Johanna nickt, dann sagt sie: »Es ist schön hier. Aber bitte, sagen Sie doch nicht ›Fräulein Johanna‹ zu mir. Nennen Sie mich einfach ›Johanna‹ und ›Du‹, denn sonst bekomme ich bestimmt schreckliches Heimweh.«

»Heimweh? Das ist bei uns auf keinen Fall erlaubt. Da will ich lieber ›Du‹ sagen.«

Einige Tage später schreibt Johanna einen langen Brief nach Hause.

»Ihr Lieben daheim! Nun bin ich schon drei Tage hier. Da wird es Zeit, dass ich Euch endlich schreibe, wo ich gelandet bin. Ich wohne bei Familie Ehlert auf einem schönen, alten Bauernhof nicht weit von Gollnow entfernt. Herr und Frau Ehlert sind sehr nett und haben mir ein Bett in einem Zimmer eingerichtet, in dem ein Tisch und Stühle stehen, weil dort zu Mittag gegessen wird. Außerdem ist in diesem Zimmer noch ein Kachelofen, den sie aber jetzt nicht anheizen müssen, weil es hier noch sehr schön warm ist. Es gibt hier auch ein richtiges Wohnzimmer. Das ist aber immer verschlossen. Im Wohnzimmer steht übrigens noch der geschmückte Weihnachtsbaum vom letzten Weihnachtsfest.

Frau Ehlert hat mir erzählt, dass sie einen Sohn gehabt hätten, der aber gestorben ist. Dabei hat sie geweint. Jetzt haben sie die kleine Hanni, die gerade anfängt zu laufen. Mit ihr gehe ich oft spazieren und spiele mit ihr.

Auf dem Hof ist noch die Magd Stine und der alte Knecht, den alle Onkel Tönnies nennen, das ist wohl die Abkürzung für Antonius. Onkel Tönnies ist ein Spaßmacher. Gleich am ersten Morgen hat er mich gefragt, ob ich mal ihren Kuhstall sehen will, oder ob ich vor den großen Tieren am Ende Angst hätte? Natürlich habe ich ihm nicht verraten, dass ich früher in Diestelow immer unsere Kühe gehütet habe und mir ein Bauernhof überhaupt nicht fremd ist. Als ich mit ihm in den Stall kam, saß Stine da und war am Melken. Sie blickte mich freundlich, aber doch auch etwas skeptisch an und fragte, ob ich denn wüsste, was sie da mache. Ich habe sie gefragt, ob ich auch mal melken soll. Da hat sie gelacht und gemeint, die Kuh würde sich das nicht gefallen lassen. Ich sollte aufpassen, denn sie könnte mit dem Schwanz nach mir schlagen oder mich treten.

Ich habe nur gesagt: ›Das weiß ich!‹ und mich auf den Melkschemel unter die Kuh gesetzt. Noch ehe sie etwas einwenden konnten, habe ich die Kuh gemolken. Stine und Onkel Tönnies haben sich erst gegenseitig und dann mich erstaunt angeguckt. ›Du kannst ja melken, Mäken‹, hat Onkel Tönnies endlich gesagt. ›Habt ihr in der Stadt denn auch Kühe?‹ Ich habe gelacht und gesagt, nein, wir hätten keine.

Da hat Stine gefragt: ›Aber du kommst doch von Duisburg. Ist das nicht eine große Stadt?‹ Ich sagte, ja. Da fragte Onkel Tönnies dann, ob alle Leute in den großen Städten melken könnten? Da habe ich dann laut gelacht und ihnen endlich verraten, dass ich erst neuerdings ein Stadtmädchen bin, früher aber in Mecklenburg auf einem Bauernhof gewohnt habe. ›Ach so, deswegen …‹, hat Stine nur gesagt.

Stell Dir vor, Mutter, hier gibt es auch Brunnenkresse, genau wie in Diestelow. Ich habe sie beim ersten Spaziergang mit der Kleinen im Bach hinter dem ersten Feld gesehen, und ich bekam gleich Lust, einen schönen Kressesalat daraus zu machen, so wie Du das in Diestelow immer gemacht hast.

Frau Ehlert hatte keine Ahnung, dass man dieses Grünzeug überhaupt essen kann – und hat es mir erlaubt, weil sie diesen Salat kennen lernen wollte. Ich bin also mit einer Schüssel zum Bach gelaufen und habe die Kresse aus dem Wasser gefischt. Zu Hause habe ich sie gut gewaschen und dann eine Salatsoße aus Quark, Buttermilch, etwas Rahm, Essig, Salz und Pfeffer und Zwiebeln gemacht. Mittags stand dann eine große Salatschüssel auf dem Tisch.

Onkel Tönnies hat den Salat misstrauisch angeguckt und gefragt, was das wäre. Frau Ehlert hat ihm dann erzählt, dass ich den Salat aus der Kresse vom Bach gemacht hätte. Da hat er den Kopf geschüttelt und gemurmelt: ›Ziegenfutter ess ich nicht.‹ Dann haben die anderen meinen Salat probiert und gesagt, dass er ihnen gut schmeckt. Stine hat Onkel Tönnies angestoßen und gesagt, er soll auch mal versuchen. Erst wollte er nicht, aber dann hat er sich doch zwei Blättchen auf den Teller gelegt. Es schmeckte ihm anscheinend gut, denn er nahm gleich noch einmal eine große Portion. ›Ich denke, du isst kein Ziegenfutter, Onkel Tönnies‹, lachte Herr Ehlert, aber Onkel Tönnies ließ sich nicht beirren, sondern nahm sich noch einmal. Ich hatte zum Glück mehr als genug angemacht. Als die Schüssel leer war, sagte Onkel Tönnies: ›Schade, dass das Ziegenfutter schon alle ist.‹ Ich soll bald wieder Brunnenkresse holen!

In die Schule brauche ich nicht zu gehen. Ich soll mich nur erholen und viel essen. Aber überhaupt nichts zu tun, das gefällt mir nicht. Ich habe gestern den ganzen Hof gekehrt. Dort lagen noch Strohhalme von der Ernte und Heu. Irgendwie sah es nicht so sauber aus wie bei uns in

Diestelow. Es hat mir richtig Spaß gemacht. Zuletzt hat Frau Ehlert gesagt: ›Was bist du nur für ein Mädchen, Johanna? So jemand wie dich hatten wir hier noch nie.‹

Am Sonntag soll ich Besuch bekommen. Ein junges Mädchen aus der Verwandtschaft von Frau Ehlert arbeitet auf einem Hof im Nachbarort und soll mal zu mir herüberkommen. Ich habe Frau Ehlert gefragt, ob sie mir ihr Fahrrad borgt, damit ich am Sonntag nach Gollnow in den Gottesdienst fahren kann. Sie hat es erlaubt, aber gefragt, warum ich dorthin will. Ich habe ihr erklärt, dass ich in der Bibel lese und bete, worüber sie sich sehr gewundert hat. Sie wäre ja auch Christin, hat sie gesagt, aber sie würde das nicht übertreiben.

Nun habe ich aber genug geschrieben, Ihr Lieben, lasst es Euch gut gehen. Es grüßt Euch alle, besonders aber Dich, mein liebes Brüderlein, Eure Johanna.

PS. Ich habe Heimweh nach Euch!«

Johanna schreibt regelmäßig nach Hause, was sie alles erlebt. Als ihre Zeit fast herum ist, kommt folgender Brief in Duisburg an:

»Ihr Lieben daheim! Bald kann ich die Rückreise antreten. Ich freue mich schon unbändig auf das Wiedersehen. Hier ist einiges passiert, was ich Euch ja auch erzählen könnte, wenn ich wieder zu Hause bin, aber ich schreibe es Euch lieber, weil das gegen Langeweile und Heimweh gut ist.

Mit Grete, der Verwandten von Frau Ehlert, bin ich am vergangenen Sonntag mit dem Fahrrad von Gollnow aus bis an die Oder gefahren. In weiter Ferne konnte man da oderaufwärts bis nach Stettin gucken. Wir hatten schönes

Wetter und gute Sicht. Wir waren übrigens nicht allein mit den Fahrrädern unterwegs. Drei Jungen aus der Umgebung sind mitgefahren. Ich glaube, die haben sich für mich interessiert. Herr Ehlert muss wohl zu einem von ihnen gesagt haben: ›Die Johanna kommt aus der Stadt, aber die ist sich nicht zu schade zum Arbeiten. Schaut sie euch mal an! Die ist für einen Hof als Bäuerin gar nicht schlecht geeignet.‹ Reinhard, einer der drei hat mir das erzählt. Er hat mich gefragt, ob ich wirklich früher auf einem Bauernhof gelebt habe und ob ich mir vorstellen könnte, das wieder zu tun. Ich habe nur gelacht und gesagt, dass ich das alles noch nicht wüsste.

Herr und Frau Ehlert haben mich auch gefragt, ob ich nicht Lust hätte, mein Pflichtjahr bei ihnen auf dem Hof zu machen. Sie sind ja alle sehr nett zu mir, aber ein ganzes Jahr so weit von Euch weg zu sein, das würde ich nicht überleben. Da würde ich vor Heimweh ganz elend werden. Ich soll es mir überlegen, meinen sie. Aber ich finde, da gibt es nichts zu überlegen. Ich möchte bei Euch in der Nähe bleiben.

Onkel Tönnies hat Grete und mir einen Streich gespielt. Er hat zu uns gesagt: ›Ihr Mäkens wollt doch immer schöne glatte Haut haben. Da gibt es nichts Besseres als frische Molke. Damit müsst ihr euch jeden Tag das Gesicht betupfen. Ihr werdet sehen, eure Haut wird zart und glatt.‹

Eigentlich hätten wir das gar nicht gebraucht, aber wir haben es ausprobiert. Nach ein paar Tagen habe ich Ausschlag bekommen. Meine Haut hat sich geschält. Grete ist es genauso gegangen. Ich habe Onkel Tönnies gefragt, ob das wirklich stimmt mit der Molke. Da hat er gelacht und gesagt, ja, von der Molke würde sich die Haut ablösen, aber dann würde sich neue zarte Haut bilden. Und das hätte er doch versprochen, nämlich dass wir zarte Haut bekämen. Eigentlich hat er ja Recht, aber eine kleine Strafe soll er doch dafür bekommen, dass er uns so hereingelegt hat. Grete hat vorgeschlagen, ihm am nächsten Sonntag Brennesseln unter das Bettlaken zu legen, die ihn pieksen sollen.

Ich freue mich riesig auf Euch. Viele Grüße und Küsse, Eure Johanna.«

Schulentlassung

»Das Zeugnis ist ja wunderschön«, sagt Johanna zu ihrer Freundin Hilde. Die nickt. »Du hast Recht«, bestätigt sie.

Beide Mädchen haben in der letzten offiziellen Schulstunde ihres Lebens ihre Abgangszeugnisse erhalten. Sie schauen aber nicht so sehr auf die Noten, sondern auf das Zeugnisformular. »Ein Volk, ein Reich, ein Führer«, steht oben drüber. Und dann ist da ein Adler abgebildet, der in seinen Fängen einen Kranz hält mit einem Hakenkreuz mittendrin.

»Ein Volk, ein Reich, ein Führer … Richtig, jetzt hat sich ja auch Österreich an Deutschland angeschlossen«, meint Johanna.

»Das heißt doch gar nicht mehr Österreich, sondern Ostmark«, verbessert Hilde.

»Der Führer stammt aus Österreich«, fährt Johanna unbeirrt fort. »Da ist er sicherlich froh, dass seine Heimat nun mit Deutschland vereinigt ist. Jetzt wohnen alle Deutschen in einem Land.«

»Na ja, so ganz stimmt das aber nicht. Hast du die

Sudetendeutschen vergessen? Die werden von den Tschechen beherrscht. Und das Elsaß? Dort sprechen die Menschen auch Deutsch und gehören zu Frankreich. Und in Eupen und Malmedy wohnen auch Deutsche, die gehören seit dem Versailler Vertrag zu Belgien. Und dann gibt es noch das Memelland, wo auch Deutsche sind. Das Memelland hat sich Litauen nach dem Krieg genommen.« Hilde bekommt vor Eifer ganz rote Wangen.

»Man merkt, dass Geschichte und Staatsbürgerkunde deine Lieblingsfächer sind. Da hast du wirklich gut aufgepasst«, meint Johanna. »Eigentlich hast du nur die Schweiz vergessen, wo auch noch Leute leben, die Deutsch sprechen.«

»Na ja, Schweizerdeutsch!«

»Was willst du denn jetzt tun, wenn du nicht mehr zur Schule musst?« Johanna wechselt das Thema.

»Ach, das weiß ich noch nicht. Um einen Beruf zu lernen, ist es sowieso noch zu früh. Erst müssen wir ja das Pflichtjahr hinter uns bringen.«

»Und danach kommt der Arbeitsdienst.«

»Hast du schon eine Ahnung, was du machen wirst?«

»Meine Eltern meinen, ich solle die Zeit nutzen und etwas lernen. Mutter hat eine schöne Nähmaschine, auf der ich nähen lernen soll. Und Vater meint, es könne auch nicht schaden, wenn ich Stenografie und Schreibmaschine lerne. Vielleicht will er mich mal in seiner Firma im Büro anstellen.«

»Puuh, da fängst du ja schon wieder an zu lernen. Ich bin froh, dass ich endlich die Schule hinter mir habe. Mich bringen keine zehn Pferde mehr in eine Schule oder einen Kurs oder sonst etwas.«

»Na, aber Hilde, so schlimm war es doch gar nicht in der Schule, oder?«

»Nein, bei Herrn Zimmermann ließ es sich aushalten. Und du warst doch sowieso sein Liebling.«

»Wie kommst du denn darauf?«

»Na, er hat heute noch bei der Übergabe der Zeugnisse gesagt: ›Johanna, so Mädchen wie dich möchten wir am liebsten immer hier behalten.‹«

»Vielleicht hat er damit ja gemeint, dass ich nachmittags die Schule putzen soll!«

»Quatsch!«

Bald muss Johanna sich entscheiden, wo sie das Pflichtjahr absolvieren will.

»Mache ich später auch ein Pflichtjahr?«, will Heinrich wissen.

»Nein, das ist nur für Mädchen eingerichtet«, antwortet Johanna.

»Aber es heißt doch eigentlich Landjahr.«

»Ja, man nennt es auch Landjahr. Jedes Mädchen, das aus der Schule gekommen ist, soll irgendwo bei einer Familie im Haushalt helfen.«

»Dann könntest du doch bei Mutter zu Hause bleiben und hier helfen. Sie hat genug zu tun!«

»Nein, Heinrich, in der eigenen Familie geht das nicht. Der Sinn der Sache ist nämlich ein anderer. Du weißt doch, dass jede gute deutsche Frau vier Kinder haben soll, dann bekommt sie das Mütterkreuz. Aber wer vier Kinder hat, der hat auch viel Arbeit. Deswegen sollen die Pflichtjahrmädchen zum Beispiel diese Mütter unterstützen.«

»Ach so …«

»Weißt du, das ist gar nicht schlecht. Da lernt man gleich etwas für sein späteres Leben, wenn man selbst Kinder hat.«
»Willst du denn auch eine gute deutsche Frau sein?«
»Ja, aber selbstverständlich!«
»Und dann willst du auch vier Kinder haben?«
»Na klar! Mindestens.«
»Puh, da muss ich aber für viele Neffen und Nichten Geschenke kaufen. Wie gut, dass es noch nicht so weit ist.«
»Woher willst du das denn wissen?«
»Hast du am Ende schon einen Auserwählten?«
»Jetzt reicht's aber!« Gegen so viel Neugier hilft nur ein kräftiges Durchkitzeln. Johanna schnappt sich den kleinen Bruder.
«Untersteh dich!«, schreit der und setzt sich zur Wehr, indem er zurück kitzelt. Die beiden balgen fröhlich herum, bis Mutter plötzlich zur Tür hereinkommt und Ruhe gebietet. Aber heute fruchtet das nichts, und auf einmal ist Mutter mitten in die Kitzelei verwickelt.

Brief nach Erfurt

Liebes Urselchen in Erfurt,
danke für Deinen lieben Brief, der mich schon vorige Woche erreicht hat. Du hast mir schon fast befohlen, ich solle Dir ausführlich schreiben, was ich nun alles zu tun habe. Wie ich schon sagte: Die Zeit ohne große Pflichten ist herrlich. Du Ärmste musst ja noch weiterhin die Schulbank drücken, aber Du hast es so gewollt …

Zweimal in der Woche gehe ich nachmittags zum Nähkurs, und das macht mir sehr viel Spaß. Als Probearbeit wollen wir erst einmal ein Kopfkissen nähen. Doch zuallererst lernen wir, wie die Maschine zu bedienen ist: Unten muss man gleichmäßig treten und oben auf den Stoff, die Nadel und den Faden achten. Am Anfang dachte ich, das ist zu viel auf einmal, aber es geht. Den Stoff soll man mit der linken Hand einlegen, damit man mit der rechten das Schwungrad drehen oder den Rückwärtslauf einschalten kann. Na ja, was jammere ich Dir da vor … inzwischen bekomme ich es ganz gut hin. Meine Mutter hat ein Hemd meines Vaters aussortiert, das er nicht mehr tragen kann. Stell Dir vor, aus diesem alten Oberhemd habe ich mir eine Bluse genäht. Sie ist todschick geworden. Die verschlissenen Teile an den Ärmeln habe ich natürlich nicht wieder verwendet.

Viermal pro Woche gehe ich abends außerdem noch zum Kurs für Stenografie und Schreibmaschine. Jeden Tag übe ich auf der Schreibmaschine meines Vaters – aber die ist ziemlich alt, und man muss kräftig auf die Tasten schlagen, damit der Buchstabe überhaupt zu lesen ist. Ich habe schon richtig Hornhaut auf die Fingerkuppen bekommen!

Zweimal in der Woche koche ich für die ganze Familie und auch für die beiden Kraftfahrer meines Vaters, die in unserer Firma beschäftigt sind. Meine Mutter leitet mich dabei an, so dass ich keine Angst haben muss, es könnte etwas schief gehen. Aber auch das macht mir Spaß. Ich glaube, ich werde mal eine gute Hausfrau.

Du siehst, auch ohne Schule gibt es genug zu tun. Übrigens, Dein Brief kam gerade, als das Münchner Abkommen zwischen Daladier, Mussolini, Chamberlain und Ribbentrop geschlossen wurde. Jetzt gehören auch die Deutschen aus dem Sudetenland endlich zum Deutschen Reich, wofür sie sich schon 1919 in der Volksabstimmung entschieden hatten. Ich finde es beeindruckend, wie sich unser Großdeutsches Reich in der Welt behauptet. Es ist schon etwas Besonderes, in einer solch außergewöhnlichen Zeit zu leben, findest Du nicht auch?

Wann wirst Du Dein Abitur machen? Und willst Du ernsthaft studieren? Überlege es Dir gut. Ich kann mir nicht vorstellen, als blaustrümpfige, vertrocknete Gelehrte durch die Welt zu rennen. Ich möchte Kinder und eine Familie haben. Aber ich glaube, das willst Du auch.

Denkst Du auch noch manchmal an den Abend am Feuer im Jugendlager, als wir uns kennen lernten? Weißt Du noch, wie mein Stockbrot ins Feuer fiel und wie Du Dein Brot mit mir geteilt hast? Das fand ich einfach großartig von Dir!

Bitte, liebes Urselchen, schreib mir, was es in Erfurt bei Dir daheim Neues gibt.

Es grüßt Dich herzlich Deine Johanna.

Im Pflichtjahr

»Ich heiße Sie herzlich willkommen bei uns, Johanna.« Frau Helmscheid, eine kräftige Mittfünfzigerin, schüttelt dem unsicher um sich blickenden Mädchen die Hand.

Johanna hat entschieden, nicht wieder nach Pommern auf den Ehlert'schen Hof zu gehen, sondern das Pflichtjahr in der Heimat zu absolvieren. Schließlich will sie den Nähkurs und den Schreibmaschinenkurs fortsetzen. Kürzlich ist ihr mitgeteilt worden, dass sie zum nächsten Ersten der Familie Helmscheid als Pflichtjahrmädchen zugewiesen worden sei. Herr Helmscheid hat ein Installationsunternehmen.

Johanna späht vorsichtig nach den vielen Kindern aus. Wo die nur stecken? Zuletzt hält sie es nicht mehr aus. »Wo sind denn Ihre Kinder, Frau Helmscheid?«

»Kinder?« Frau Helmscheid lacht. »Ich habe einen Sohn und eine Tochter. Aber die sind schon groß. Sie arbeiten beide schon mit im Geschäft meines Mannes …«

»Aber …«

»Ach, weil Sie in unserem Haus Ihr Pflichtjahr machen sollen? Nun, das hat den Grund, dass ich meinem Mann viel bei der Buchführung im Geschäft helfen muss. Da kann ich ein Pflichtjahrmädchen gut gebrauchen, das der Haushaltshilfe zur Hand geht.«

»Und Sie haben gar keine kleinen Kinder mehr?«

»Aber nein, wo soll ich in meinem Alter noch kleine Kinder herbekommen?«

»Es ist ja nur … Ich dachte, … die Pflichtjahrmädchen werden zu Familien geschickt, wo es viele kleine Kinder gibt.«

»Das ist schon richtig, mein Fräulein. Aber … Sie sehen ja, es gibt auch Ausnahmen. Man hat so seine Beziehungen!«

Johanna schluckt. Sie schaut wohl etwas unglücklich drein, denn Frau Helmscheid tröstet sie: »Allen Mädchen hat es bisher gut bei uns gefallen. Überarbeiten brauchen Sie sich bestimmt nicht, und pünktlich um 16.00 Uhr können Sie jeden Tag nach Hause gehen.«

Johanna nickt erleichtert. »Da bin ich aber froh. Wissen Sie, ich habe Kurse in der Abendschule belegt. Da ist es gut, wenn ich vorher noch Zeit zum Üben habe.«

»Da bin ich aber neugierig. Was lernen Sie denn in der Abendschule?«

»Schreibmaschine und Stenografie.«

»Sehr vernünftig, Fräulein Johanna. Ich wäre froh, wenn ich es auch …«

»Babett, koch Kaffee!«, klingt es plötzlich schrill aus dem Nebenzimmer. Johanna zuckt zusammen.

Frau Helmscheid lacht. »Das ist die Lora, unser Papagei. Sie macht mich so gerne nach.« Und wie zur Bestätigung befiehlt Lora noch einmal unmissverständlich: »Babett, koch Kaffee!«

Frau Helmscheid öffnet die Tür zum Nebenzimmer, das wie ein kleines Wohnzimmer eingerichtet ist. »Sehen Sie, hier im Salon steht Loras Käfig.«

Johanna tritt etwas näher an den großen Vogelbauer heran. Lora, ein prächtiges, buntes Tier, legt den Kopf schief und beäugt Johanna kritisch.

»Schau nur, Lorchen«, redet Frau Helmscheid den Papagei an, »das ist Fräulein Johanna. Sie wird ein Jahr lang bei uns bleiben.«

Lora legt den Kopf auf die andere Seite und schaut Johanna aus einem Auge an. Noch einmal krächzt sie zufrieden: »Babett, koch Kaffee!«

Bald darauf lernt Johanna Babett kennen. Sie ist eine ältere Frau, die schon bei Frau Helmscheids Schwiegereltern im Haushalt geholfen hat.

»Gehen Sie unserer Babett zur Hand, Fräulein Johanna«,

sagt Frau Helmscheid, »bei uns gibt es genug zu tun« – und sie zwinkert Johanna zu.

Babett, die von allen im Haus nur mit »Du« angeredet wird, ist nicht sehr gesprächig. Johanna merkt bald, dass ihre eigene Anwesenheit in diesem Hause sinnvoll ist, denn Babett ist nicht nur von schlichtem Verstand, sondern auch von großer Langsamkeit.

»Also, das will ich der sage, ich bin die Babett. Und du brauchst net Frollein zu mir zu sage. Ich nenn dich aach net Frollein. Un jetz loss uns die Bette mache.«

Viel einfacher kann die Begrüßung an der neuen Stelle nicht ausfallen.

Die Arbeit macht Johanna Spaß. Da sie bei ihrer Mutter schon vieles gelernt hat, was im Alltag eines Haushalts zu tun ist, findet sie sich schnell in die neue Arbeit.

Beim Mittagessen lernt sie auch Herrn Helmscheid selbst sowie den Sohn und die Tochter kennen. Herr Helmscheid sieht abgearbeitet und krank aus, aber er begrüßt sie freundlich.

»Meine Frau hat mir schon erzählt, dass Sie sich abends weiterbilden und Schreibmaschine lernen.«

»Na, dann können Sie nach dem Pflichtjahr gleich bei uns in der Firma anfangen«, neckt sie der etwa fünfundzwanzig Jahre alte Sohn. Er hat rotbraune, lockige Haare und viele Sommersprossen, fast wie ihre Freundin Hilde. Immer wieder zwinkert er Johanna zu.

»Was denkt der eigentlich von mir?«, wundert sie sich. »Hält der mich für ein Schulmädchen?«

Nach ein paar Wochen weiß Johanna über die Verhältnisse im Haus bestens Bescheid. Sie hat es wirklich gut getroffen, alle sind nett zu ihr. Auch mit Babett kommt sie klar, obwohl die ihre »Haken und Ösen« hat. Mit dem jungen Herrn Helmscheid ist Johanna schon ziemlich bald aneinander geraten. Er hat nämlich versucht, ihr die Wange zu tätscheln, worauf sie ihm fest auf die Hand geschlagen hat. »Für wen halten Sie mich?«, hat sie dabei gefaucht, so dass er zurückgeschreckt ist.

»Für eine entzückende junge Frau«, hat er geantwortet, worauf sie ihm dann deutlich zu verstehen gegeben hat: »Das bleibt Ihnen unbenommen, aber es gibt Ihnen kein Recht, mich einfach anzufassen!«

»Hab's ja nicht so gemeint!«

»Dann unterlassen Sie bitte solche Annäherungen! Ich müsste es sonst Ihrer Mutter erzählen.«

»Ach bitte, die braucht das doch nicht zu erfahren.«

Sie muss es aber doch irgendwie erfahren haben, denn Johanna bekommt einige Tage später zufällig ein Gespräch zwischen Frau Helmscheid und ihrer Tochter mit. Es geht ganz offensichtlich um den Sohn der Familie.

»Der Neuen schleicht er ja auch schon wieder nach.«

»Er kann es einfach nicht lassen. Das muss ein Ende haben. Ich wäre froh, wenn er endlich eine Frau fände. Alt genug ist er ja dazu.«

»Ich hätte auch nichts dagegen, wenn er sich so ein junges Ding aus dem Pflichtjahr nähme. Hier diese Johanna ist anstellig und fleißig. Vielleicht wäre die was für ihn …«

Johanna flüchtet. »Nein«, denkt sie, »bloß das nicht. Dazu müsste ich ihn doch wenigstens ein bisschen lieb haben. Und er müsste mir gefallen.«

Dass in der Familie niemand vor dem Essen betet, ist auch so ein Punkt, der ihr nicht gefällt. Sie hat gleich zu Anfang erklärt, dass sie vor dem gemeinsamen Mittagessen beten wolle, denn sie könne nicht anders, als Gott für die guten Gaben zu danken. Mit Babett ist es schwieriger. Die hat einen sturen Kopf, wobei sich die Sturheit hauptsächlich darin äußert, dass sie abergläubische Vorstellungen hat und Handlungen vornimmt, zu denen sie auch Johanna überreden will. Auf der Schwelle zu ihrem Zimmer ist zum Beispiel ein Pentagramm aufgemalt, ein fünfstrahliger Stern.

»Wenn de mei Zimmer putze sollst, derfst de de Druidefuß net wegwische. Das gibt e groß Uugleck«, schärft sie ihr ein.

»Wozu soll das Zeichen denn gut sein?«, will Johanna wissen.

»Das is mei Sach! Der vertreibt die böse Geister.«

»Glaubst du wirklich daran, Babett?«

»Ei was dann? Was hat mich der schon oft beschitzt!«

»Das ist doch Unsinn, Babett! Ein paar Striche auf dem Boden, die beschützen doch niemanden. Weißt du denn nicht, dass Gott unser einziger Schutz sein will? Solche Zaubereidinge hat er uns in der Bibel verboten.«

»Des is ja auch kei Zauberei, des ist eifach mei Schutz.«

Babett hat auf dem Nachttisch ein Hufeisen liegen, am Fenster ist ein Kreuz. Sie erklärt ihr, dass fliegende böse Geister davor zurückschrecken. Der fünfstrahlige Stern auf der Türschwelle verhindere dagegen, dass böse Geister zu Fuß in ihr Zimmer kämen. Die übrigen Gegenstände wie Glücksschweinchen und Schornsteinfegermaskottchen, so erzählt Babett, vertrieben zwar keine bösen Geister, aber sie brächten ihr trotzdem Glück.

»Wann der emal e schwarz Katz ibber de Weg läuft, Johanna, dann derfste net weitergehe. Dann musste zehn Minute warte, weil dann de böse Bann gebroche is.«

»Aber Babett, wenn das nun morgens auf dem Weg hierher passiert, dann komme ich ja zu spät zur Arbeit.«

»Des macht nix. Da dafier hab ich Verständnis. Besser zehn Minute ze spät, als de ganze Dach Uugleck habe.«

»Also Babett, weißt du was? Du tust mir riesig Leid!«

»Ich soll der Leid tue? Warum dann, Johannache?«

»Denk doch einmal nach, Babett! Mit diesen Gegenständen willst du dich schützen? Dabei weißt du doch, dass das nur Holz und Stoff und Eisen oder Porzellan ist. Das kann dir doch nicht helfen.«

»Besser als gar nichts.«

»Ich habe etwas viel Besseres. Ich bete jeden Morgen zu Gott und seinem Sohn Jesus und bitte ihn um seinen Schutz. Dann brauche ich mir um fliegende oder zu Fuß gehende Geister oder schwarze Katzen keine Gedanken zu machen.«

»Aber das hilft auch nicht immer.«

»Weißt du, Gott hat in der Bibel niemals versprochen, dass er seine Leute vor jedem Unfall und allem Leid bewahren will. Trotzdem weiß ich mich in seiner Hand.«

»Ach, das sinn so Sprüch!«

»Weil du gerade ›Sprüch‹ sagst: Da fällt mir ein Spruch ein, den meine Mutter oft gesagt hat. ›Es kann uns nichts geschehen, als was Er hat ersehen.‹«

»Ach, das mit dem Bete is mer zu unsicher. Ich verlosse mich lieber uff die Sache, die ich sehe kann.«

»Babett, koch Kaffee!«, ruft Lora.

»Noja, Kaffee brauche mer jetz wohl net ze koche, aber es is Zeit, dass mer Kartoffele schäle.«

Einige Tage später kommt Johanna morgens zur Arbeit und findet das Haus in großer Aufregung und Trauer vor. Frau Helmscheid kann nicht mit ihr sprechen. Die Tochter erzählt weinend, dass in der Nacht Herr Helmscheid gestorben ist. Am Abend sei es ihm plötzlich übel geworden, man habe den Arzt gerufen, der wiederum habe ihn ins Krankenhaus einliefern lassen, wo er noch in der Nacht gestorben sei.

Die Tochter möchte Johanna wieder nach Hause schicken, aber Johanna bittet darum, bleiben zu dürfen, weil sie glaubt, dass sie gebraucht wird. Und sie hat sich nicht getäuscht. Babett ist völlig konfus, läuft ziel- und sinnlos im Haus umher und kann keinerlei Arbeit verrichten. Johanna bereitet ein kleines Frühstück für die Familie, macht die Betten, hilft Frau Helmscheid bei der Beschaffung von Trauerkleidung.

Nach der Beerdigung tritt allmählich Ruhe im Haus ein. Etwa vierzehn Tage später bittet Frau Helmscheid Johanna zu einem Gespräch.

»Unsere Firma wird sich drastisch verkleinern. Meine Tochter, die ja bald heiraten wollte, wird sich nun aus allem zurückziehen; nur mein Sohn wird einzeln weiter arbeiten. Die beiden Gesellen und den Lehrling müssen wir entlassen. Und so brauchen wir Sie eigentlich nicht mehr, Fräulein Johanna.

Weil ich aber nicht möchte, dass Sie ihr Pflichtjahr abbrechen, habe ich mich für Sie umgesehen. Sie können ab dem nächsten Ersten in dem benachbarten Lebensmittelladen, bei Grashoff arbeiten, bis Sie ihr Pflichtjahr erfüllt haben. Das erspart mir und Ihnen eine Menge Ärger, wenn Sie unter der Hand dort weiter arbeiten. Sie brauchen die Unterbrechung gar nicht erst zu melden.«

»Ich will das mit meinen Eltern besprechen, Frau Helmscheid.«

»Sie wissen, dass ich Sie gerne bei uns hatte. Sie waren angenehm im Haus. Aber es geht einfach nicht mehr. Auch finanziell nicht.«

Johanna ist einverstanden, weil auch die Eltern einverstanden sind. »Babett, koch Kaffee!« ist so ziemlich das Letzte, was sie aus dem Haus hört, in dem sie einige Monate gearbeitet hat.

Im Lebensmittelgeschäft gefällt es ihr ebenfalls. Mutter hat ja so oft von dem Lebensmittelladen ihrer Eltern erzählt. Da macht es richtig Spaß, nun auch mal in einem solchen Laden zu wirken. Allerdings – und das tut ihr wirklich sehr Leid – kann sie die Abendkurse nun nicht mehr besuchen.

Pünktlich morgens um acht Uhr beginnt der Dienst. Als Pflichtjahrmädchen hätte sie nachmittags um vier Feierabend, aber daran denkt hier niemand. Der Geschäftsführer trägt ihr ständig irgendwelche Arbeiten auf. Um sieben Uhr schließt das Geschäft. Vorher muss Johanna schon mit dem Putzen des Bodens, dem Säubern der Wurstschneidemaschine, mit dem Scheuern der Theke beginnen, aber oft kommt sie erst gegen acht aus dem Laden.

»Das ist das reine Ausnutzen, was man dort mit dir macht«, sagt Mutter eines Abends zu Johanna. »Du hast dich in letzter Zeit so abgerackert, dass du wieder ganz dünn geworden bist. Ich lasse das nicht zu.«

Am nächsten Morgen ist Mutter noch vor dem ersten Kunden im Laden. Johanna muss draußen warten, sie geht nicht mit ins Kontor, in dem das Gespräch zwischen dem Geschäftsführer und ihrer Mutter stattfindet.

»Er hat versprochen, dass es besser werden soll«, erklärt die Mutter ihrer Tochter beim Gehen. Und tatsächlich, in dieser Woche darf Johanna pünktlich um vier Feierabend machen. Doch dann kommt der 1. September.

Schon morgens früh hört es die Familie im Radio: In der vergangenen Nacht hätten polnische Soldaten Übergriffe auf deutsches Gebiet vorgenommen. Dies sei eine unverschämte Provokation, die nicht hingenommen werden könne. So wird im Radio gemeldet. Der Führer habe deswegen den Befehl gegeben, zurückzuschießen und in Polen einzumarschieren.

Johanna ist erschrocken. »Jetzt haben wir richtig Krieg ... Krieg mit Polen ... Was geschieht, wenn die Franzosen den Polen helfen? Schließlich haben die ein Bündnis miteinander.«

»Ach«, versucht Heinrich sie zu beruhigen, »die Franzosen werden sich doch wegen Polen keine blutigen Nasen holen wollen.«

»Das dauert nicht lange«, meint auch der Vater, und die Mutter sagt sorgenvoll: »Schon wieder Krieg! Ich wollte doch keinen Krieg mehr erleben ... Wie soll das bloß ausgehen?«

»Aber Mutter«, gibt Heinrich zu bedenken, »sollen denn unsere Feinde machen dürfen, was sie wollen? Du weißt doch auch, dass wir Deutschen von Feinden umgeben sind. Wer nachgiebig ist, zeigt seine Schwäche.«

»Ja«, pflichtet Johanna bei, »wenn sie uns angegriffen haben, dann müssen wir uns wohl wehren. Der Führer wird doch wissen, was richtig ist.«

»Hoffentlich geht alles gut ab.«

Im Lebensmittelladen Grashoff sind alle Versprechen hinsichtlich der Arbeitszeit von Johanna vergessen. Ein junger Mann muss sofort einrücken, so dass Johanna nun noch mehr als bisher hinter der Ladentheke stehen muss, um zu bedienen.

Und dann geht die Rationierung der Lebensmittel los. Niemand darf nun einfach einkaufen, was er mag. Die Grundnahrungsmittel wie Brot, Fleisch, Butter, Zucker, Mehl und verschiedenes andere sind nur noch mit Lebensmittelmarken zu haben. Für jeden Monat gibt es pro Person eine bestimmte Menge der rationierten Dinge. Mehr bekommt man einfach nicht.

Johanna ist es anfangs peinlich nachzufragen, ob eine Kundin auch genügend Lebensmittelmarken hat, wenn sie eine größere Menge einkaufen will. Aber dann verliert sie die Scheu. Vor dem Bezahlen werden die entsprechenden Marken von der Lebensmittelkarte abgeschnitten – dann erst werden die Kunden zur Kasse gebeten. Das ist alles mehr Arbeit und oft auch einfach lästig, aber – so muss Johanna zugeben – sehr sinnvoll. Andernfalls hätten sich manche Leute sicherlich große Vorräte zusammengekauft, und für weniger finanzkräftige Familien wäre nichts übrig geblieben. So werden alle Menschen gleich behandelt.

Manchmal fangen Kunden laut an zu schimpfen, aber dann kommt gleich die Geschäftsinhaberin und redet beruhigend mit ihnen.

Inzwischen muss Johanna wieder bis abends um acht arbeiten. Die Geschäftsführung findet das offenbar in Ordnung. Schließlich ist Krieg. Ihre Mutter aber hält die Zeit für gekommen, energisch einzuschreiten.

»So geht das nicht weiter. Du bist ja dünn wie eine Fadennudel. In diesen Laden gehst du mir nicht mehr!« Mutter hat recht. Die Kleider schlottern Johanna am Leib herum, als hätten sie ihr niemals gepasst.

Die letzen beiden Monate ihres Pflichtjahres bleibt Johanna zu Hause. Sie beendet ihren Schreibmaschinenkurs erfolgreich, macht ihre Stenographie-Prüfung und schneidert sich in der Zwischenzeit aus Mutters altem Mantel einen neuen. In dem modernen Schnitt sieht sie »echt flott« aus, wie Heinrich anerkennend meint.

Richtig im Beruf

Als das Pflichtjahr auch offiziell herum ist, erhält Johanna einen Brief vom Arbeitsamt.

»Unseren Unterlagen gemäß haben Sie Ihr Pflichtjahr abgeleistet. Bitte melden Sie sich am kommenden Montag um 8.00 Uhr zur Beratung auf dem Arbeitsamt. Heil Hitler.«

Als Johanna in ihrem neuen Mantel aus Mutters altem Mantel auf dem Arbeitsamt erscheint, sind die Gänge vor den Zimmern mit jungen Leuten vollgestopft, die offensichtlich alle beraten werden sollen.

»Das kann ja schön lange dauern«, seufzt Johanna, aber es geht doch schneller, als sie befürchtet hat.

Der beratende Beamte, ein älterer, freundlicher Herr, horcht auf, als sie angibt, einen Schreibmaschinenkurs absolviert zu haben. Sie muss ihm ihr Zeugnis vorzeigen. Er schmunzelt. »Wir haben garantiert Verwendung für Sie«, sagt er. »Denn jetzt sind überall aus den Firmen junge Männer eingezogen worden. Da gibt es viele offene Stellen. Bis Sie zum Arbeitsdienst müssen, können Sie auf einem Büro arbeiten.«

Er gibt Johanna gleich einige Anschriften mit. Sie soll sich umgehend dort vorstellen.

Noch am gleichen Vormittag macht Johanna sich auf den Weg zu der Firma, die dem Arbeitsamt am nächsten liegt.

Als sie dem Chef, einem sehr gut gekleideten, streng blickenden Herrn gegenübersteht, klopft ihr das Herz bis zum Hals. »Können Sie ein Diktat aufnehmen?«, fragt er nicht besonders freundlich. »Ich habe einen Stenographiekurs besucht«, antwortet sie ausweichend.

»Na, dann setzen Sie sich doch mal dort drüben an den Schreibtisch und schreiben Sie!« Und sogleich legt er los.

Johanna fliegen viele Fachwörter um den Kopf, die sie noch nie gehört hat. Sie kommt beim Stenographieren nicht mit, was ihr ausgesprochen peinlich ist.

»Entschuldigen Sie bitte«, unterbricht sie ihn, »aber ganz so schnell bin ich noch nicht. Und mit den vielen langen Wörtern habe ich Schwierigkeiten.«

»So?«, fragt er ungehalten. »Warum hat das Arbeitsamt Sie denn geschickt, wenn Sie so schnell nicht sind?«

»Ich bin schließlich Anfängerin«, entschuldigt sich Johanna.

»Also, wissen Sie, wir werden Sie benachrichtigen, ob wir Sie brauchen können. Auf Wiedersehen.«

Johanna geht. Ein Kloß sitzt ihr im Hals. So hat sie sich das Berufsleben nicht vorgestellt. »Bei dem brauche ich wohl nicht auf Antwort zu warten ... Der wird mich nicht einstellen«, denkt sie. »Und außerdem wollte ich ihn als Chef auch gar nicht haben.«

Die nächste Anschrift ist die Kraftfahrzeugschätzungsstelle.

Als Johanna an einem der nächsten Abende nach Hause kommt, überfällt Heinrich sie mit vielen Fragen. »Erzähl mal ganz genau, was das ist: Kraftfahrzeugschätzungsstelle. Was musst du da machen?«

»Eigentlich heißt es ›Deutsche Automobil Treuhand Schätzungsstelle‹, abgekürzt DAT-Schätzungsstelle«, erklärt sie ihm.

»Und was hat solch eine Schätzungsstelle für eine Aufgabe?«, fragt Heinrich spöttisch.

»Oh, die ist sehr wichtig. Wenn jemand ein Auto verkaufen möchte, dann muss er damit zur Schätzungsstelle kommen.«

»Wieso? Ist das denn ein Verkaufsmarkt für Autos.«

»Nein, ganz anders. In der Treuhandstelle arbeiten viele Ingenieure. Jedes Auto, das verkauft werden soll, wird von einem Ingenieur gründlich untersucht. Er hat eine lange Liste mit vielen einzelnen Punkten, auf die er achten muss. Er untersucht das ganze Auto und trägt auf einer Liste ein, ob das Auto Mängel hat oder ob es völlig in Ordnung ist.«

»Und die Liste bekommt dann der Käufer ...«

»Nein. Der Ingenieur legt anhand der Liste den Kaufpreis für das Auto fest.«

»Dann kann der Besitzer des Autos den Preis von sich aus gar nicht festlegen?«

»Nein, dazu ist die DAT-Schätzungsstelle da.«

»Das ist eigentlich ganz praktisch. Dann kann man sicher sein, dass man nicht übers Ohr gehauen wird!«

»Genau darum geht es, Bruderherz!«

»Und das ist umsonst?«

»Nein, wo denkst du hin! Wer sein Auto schätzen lässt, muss dafür eine Gebühr bezahlen. Die Ingenieure müssen doch entlohnt werden.«

»Und was machst du in der Schätzungsstelle? Du verstehst doch gar nichts von Autos …«

»Ein Angestellter wurde eingezogen, und deswegen musste ich sofort nachrücken. Meine Aufgabe ist es, die Listen mit den Mängeln an den Autos sauber abzutippen und alles noch einmal nachzurechnen. Und dann muss ich die zugehörige Urkunde ausstellen.«

»Urkunde? Das klingt aber gewaltig.«

»Nur mit der Urkunde kann ein Auto verkauft werden.«

»Sehe ich das richtig, Schwesterlein, wenn du die Urkunden nicht tippst, dann geht gar nichts mit dem Autokauf in Deutschland?«

»Jetzt übertreib mal nicht … In allen größeren Städten gibt es eine solche Schätzungsstelle – ich bin nur für den Raum Duisburg und den Niederrhein zuständig. Aber ich muss jeden Abend die Abrechnungen fertigmachen und nach Berlin schicken. Dort ist die Hauptstelle, der Firmensitz sozusagen.«

»Und woher weißt du das jetzt alles?«

»Ich habe einen sehr netten alten Herrn als Vorgesetzten, der mir alles gut erklärt und mich eingearbeitet hat. Leider geht er bald in Rente. Aber er hat mich beim Arbeitsdienst zurückstellen lassen. Er hat dorthin gemeldet, dass ich nicht abkömmlich sei und deswegen nicht zum Arbeitsdienst brauche.«

»Na, das ist doch wirklich nett von ihm. Dann bleibst du uns ja noch eine Weile erhalten. Wer weiß, wo sie dich sonst hingesteckt hätten.«

Johanna verdient für ihre Verhältnisse gutes Geld. Nur, sie kann es nicht für sich selbst verwenden. Gleich zu Anfang hat Mutter mit ihr geredet und ihr reinen Wein eingeschenkt.

»Du bist nun kein Kind mehr, Johanna«, hat sie gesagt, »und deswegen will ich dir die Lage genau schildern. Vaters Geschäft geht mehr schlecht als recht. Er hat einige Fahrer eingestellt, die er bezahlen muss – aber dazu fehlt oft das nötige Geld.«

»Aber Vater fährt doch jetzt Baumaterial für den Westwall. Verdient er denn da kein Geld? Das ist doch eine gigantische Befestigungsanlage, die da an der französischen Grenze entstehen soll. Und die ist doch bestimmt noch lange nicht fertig …«

»Ja, aber er verdient bei weitem nicht genug. Die Fahrer der beiden anderen Lastwagen fahren für andere Kunden, und darunter sind einige sehr säumige Zahler. Jetzt in den Kriegszeiten glauben manche, es mit dem Zahlen nicht so genau nehmen zu müssen. Letzten Freitag kamen die Frauen der Fahrer und wollten den Wochenlohn für ihre Männer abholen. Ich musste sie vertrösten, denn ich hatte selbst nichts.«

«Wir hatten kein Geld für die Fahrer und ihre Familien? Das ist ja unglaublich! Die haben doch kleine Kinder …«

»Ja. Natürlich. Aber was soll ich denn machen, wenn ich

kein Geld habe? Ich bin die ganze Woche lang bei säumigen Kunden gewesen und habe versucht, Geld zu bekommen. Ohne Erfolg.«

»Das heißt, die Leute bekommen in dieser Woche wieder nichts?«

»Ich habe einfach kein Geld.«

»Dann nimm bitte meinen Monatslohn. Davon kann wenigstens jeder einen Wochenlohn bekommen.«

Die Mutter räuspert sich. »Ich habe auch kein Geld mehr, um Lebensmittel zu kaufen. Lebensmittelmarken sind noch genug da, aber das Geld fehlt.«

»Es bleibt bestimmt noch etwas übrig von meinem Geld. Davon gehen wir morgen einkaufen.«

Hildes Pflichtjahr

Als Johanna eines Tages nach Hause kommt, liegt ein dicker, an sie adressierter Brief auf dem Tisch.

»Von Hilde«, murmelt sie und wundert sich sofort, denn das Schreiben langer Briefe ist noch nie Hildes Sache gewesen. Nach der Schulzeit haben sich die Mädchen nicht mehr gesehen. Deshalb macht der dicke Brief Johanna neugierig.

Vorsichtig schneidet sie den Umschlag auf und schüttet den Inhalt auf den Tisch. Als Erstes fällt ihr eine Verlobungsanzeige entgegen.

»Als Verlobte grüßen: Hilde Siegel und Manfred Bruns. Recklinghausen«, liest Johanna ungläubig staunend. Hildchen hat sich verlobt! Sie, die noch vor kurzem fest davon überzeugt war, wegen ihrer Sommersprossen niemals einen Mann zu bekommen!

Einige zusammengefaltete, eng beschriebene Papierbögen fallen ebenfalls aus dem Umschlag. Johanna sortiert sie und beginnt dann zu lesen.

»Liebe Johanna, wie Du siehst, kannst Du mir gratulieren. Ich habe mich verlobt und werde sehr bald heiraten. Wie das alles so schnell gekommen ist? Das ist eine längere Geschichte. Ich schreibe sie Dir trotzdem auf, wenn ich auch etwas abkürzen muss ... Weißt Du noch, als du im Schullandheim zu mir sagtest, ich würde vielleicht zuerst von uns allen heiraten? Du scheinst Recht behalten zu haben, denn wir müssen bald heiraten. Nein, nicht was Du denkst! Ich erwarte kein Kind, denn ich habe ja schon zwei ... Aber jetzt schön der Reihe nach.

Zuerst sollte ich doch das Pflichtjahr bei uns in der Nachbarschaft bei einer kinderreichen Familie machen. Das wäre mir auch sehr recht gewesen, aber es kam anders. Zum Glück! Ich wurde zu Manfred hierher nach Recklinghausen geschickt. Manfred ist jetzt achtundzwanzig Jahre alt. Er war verheiratet und hat mit seiner Frau ein Töchterchen von drei Jahren und einen Sohn, der jetzt gut ein Jahr alt ist. Bei der Geburt des kleinen Siegfried ist Manfreds Frau leider gestorben. Manfred ist Bergmann und musste sich zuerst einmal Urlaub nehmen, um seinen kleinen Sohn und seine Tochter zu versorgen. Als er wieder arbeiten musste, holte er seine Mutter zu sich. Sie gab sich alle Mühe, aber sie ist selbst nicht gesund und war den beiden Kleinen nicht gewachsen. Deswegen schlug seine Mutter ihm vor, doch ein Pflichtjahrmädchen zu beantragen. Der Antrag wurde genehmigt. Warum aber gerade ich dann nach Recklinghausen geschickt wurde, das weiß ich nicht.

Anfangs fühlte ich mich dort gar nicht wohl. Frau Bruns

war sehr froh über die Hilfe, die sie an mir hatte. Es dauerte gar nicht lange, da war ich für die viele Wäsche und das Essen verantwortlich, selbstverständlich hatte ich auch die Wohnung zu putzen.

Die kleine Edith lief bald von früh bis spät hinter mir her und wollte immer zu mir auf den Arm. Bald durfte nur noch ich sie füttern. Weißt Du, wie schön es ist, wenn kleine Patschhändchen dich im Gesicht ungeschickt liebkosen, so dass es manchmal fast weh tut? Edith ist ein richtiger kleiner Goldschatz. Ich habe sie sehr ins Herz geschlossen.

Mit Manfred, damals nannte ich ihn noch ›Herr Bruns‹, habe ich mich oft nachts abgewechselt, um den Kleinen zu versorgen. Siegfried schläft unruhig, anscheinend träumt er viel. Dabei habe ich beobachtet, wie liebevoll Manfred mit dem Kleinen umging, dass er nie die Geduld verlor, auch nicht, wenn er den ganzen Tag schwer gearbeitet hatte. Das hat mich ungemein für ihn eingenommen. Also, ja ... ich habe mich halt in ihn verliebt. Er ist ja nur zehn Jahre älter als ich und sieht eigentlich jünger aus. Ich habe ihn das aber nicht merken lassen. Als dann Frau Bruns so krank wurde, dass sie nicht mehr helfen konnte, habe ich den ganzen Haushalt übernommen. Zwei kleine Kinder und ein Bergmann – die machen unheimlich viel schmutzige Wäsche! Aber als Bergmann bekommt Manfred viele Lebensmittelmarken, weil er so schwer arbeiten muss. Ich habe keine Schwierigkeiten, gutes Essen auf den Tisch zu bringen. Du glaubst ja nicht, wie schnell ein Tag herum ist. Abends bin ich meistens ziemlich müde.

Als ich dann auch samstags und sonntags nicht heimgefahren bin, hat Manfred mich gefragt, warum ich das alles tue. Ich habe ihm geantwortet, dass ich die Kinder sehr gern hätte und außerdem bei meinen Eltern daheim unruhig wäre, ob hier in Recklinghausen auch alles in Ordnung sei. Da hat er mich ganz ungläubig angesehen. Du kannst Dir denken, wie es schließlich gekommen ist. Er hat mich gefragt, ob ich nicht seine Frau und den Kindern eine neue Mutter werden möchte. Ich muss ihm das anfangs nicht geglaubt haben, dass er es ernst meint. Ich habe ihn gefragt, ob er denn nicht gemerkt hätte, dass ich solche hässlichen Sommersprossen habe. Da hat er laut gelacht und mich geküsst, weil er die Sommersprossen richtig schön findet.

In ungefähr acht Wochen wollen wir heiraten. Kommst Du? Du bist jedenfalls jetzt schon eingeladen.

Es grüßt Dich herzlich Deine Schulfreundin Hilde.«

Bomben auf das Ruhrgebiet

»Die englischen Kriegshetzer rüsten schamlos auf, um die Luftherrschaft über Deutschland zu erringen. Um ihr Vorhaben zu vereiteln, sind die um ihr Existenzrecht kämpfenden Deutschen ihnen am 14. und 15. November 1940 zuvor gekommen und haben eine ihrer führenden Industriestädte mit Namen Coventry zerstört.« So erklärt es Propagandaminister Dr. Goebbels im Rundfunk. Natürlich werden die Engländer so schnell nicht klein beigeben und nun ihrerseits Luftangriffe auf Deutschland vorbereiten.

»Bomben, Bomben auf Engeland!« Immer wieder tönt das Lied aus dem Radio. Die jungen Leute singen den Schlager auf der Straße. Man hat sich an den Krieg gewöhnt.

Überall werden nun Luftschutzräume eingerichtet. Für

jeweils einige Häuser wird ein Blockwart bestimmt, der für die Schutzräume verantwortlich ist.

In jedem Haus wird ein Kellerraum ausgewählt, der mit dicken Holzbalken abgestützt wird. Die Balken sollen dafür sorgen, dass die Decke nicht einstürzt, wenn eine Bombe das Haus treffen sollte. Im Luftschutzraum sind einige Lebensmittelvorräte in Regalen untergebracht, es gibt dort auch Pritschen, Stühle und Bänke.

Was unbedingt auch noch gemacht werden muss: Zum Keller des Nachbarhauses sind Mauerdurchbrüche anzulegen, die nur mit einem halben Ziegelstein wieder zugemauert werden dürfen. Sollte also das Nachbarhaus von einer Bombe getroffen werden und sollten die Treppenabgänge verschüttet sein, dann wären die Bewohner im Luftschutzraum gefangen und könnten unter Umständen sogar ersticken. Deshalb also der Durchbruch, der leicht geöffnet werden kann.

Mit Macht werden nun in Duisburg überall Luftschutzbunker gebaut. Die größten Bunker entstehen unter den Marktplätzen. Hier sollen Tausende von Menschen im Ernstfall Zuflucht suchen können. An den Ernstfall glaubt aber so recht niemand. Die deutschen Truppen stehen weit im Feindesland, alle Welt erzittert vor Hitler und seinen Deutschen. Da werden die Tommys, wie man die Engländer spöttisch nennt, sich hüten, die Deutschen ernsthaft zu erzürnen.

Immer wieder ertönt Probealarm, weil die schnell aufgestellten Sirenen auf ihre Tauglichkeit überprüft werden müssen. Es gibt ein Signal für Vorwarnung, wenn feindliche Flugzeuge über dem Kanal das Festland anfliegen. Sobald zu erkennen ist, welche Richtung sie einschlagen, gibt es Hauptalarm. Zuletzt gibt es noch die Entwarnung, einen langgezogenen Ton, wenn die feindlichen Flieger abgedreht haben. Das alles wird so oft geübt, bis die Bevölkerung die Signale »im Schlaf« kennt.

Eines Nachts ist es so weit. Fliegeralarm!
Mutter geht zum Schlafzimmer der Kinder und weckt Johanna, die aber von dem durchdringenden Ton der Sirene schon geweckt worden ist.

Heinrich wehrt sich gegen das Aufwachen. »Warum müssen die Engländer ausgerechnet nachts kommen und uns den Schlaf rauben? Können die nicht tagsüber kommen?«

»Damit unsere Flak sie schon von weitem sieht und gleich abschießt?«

»Was ist das, Flak?«

»Fliegerabwehrkanonen. Nachts kann die Flak die feindlichen Flugzeuge nur hören, nicht aber sehen.«

»Ich möchte nur wissen, wie die unsere Stadt in der Nacht überhaupt finden können. Wir haben doch alle Fenster verdunkelt, so dass kein Lichtschein nach draußen dringt. Wenn die ganze Stadt im Dunkeln liegt, dann kann man sie aus der Luft vielleicht gar nicht entdecken.«

»Kinder, nun beeilt euch mal mit dem Anziehen und kommt mit nach unten!« Mutter hält einen Augenblick inne. »Sagt mal, ob Herr Heinroth, unser Untermieter, den Alarm nicht gehört hat. In seinem Zimmer regt sich gar nichts.«

Entschlossen reißt Mutter die Tür zu Herrn Heinroths Zimmer auf. Ob der Untermieter so einen festen Schlaf hat?

»Herr Heinroth, wir haben Bombenalarm!«, ruft Mutter recht laut, um ihn zu wecken.

Herr Heinroth knipst das Licht an. »Ich habe es gehört, Frau Schaumburg. Danke, dass Sie an mich denken, aber wissen Sie ... Dieser Luftschutzraum, der eigentlich nur fünf Stufen in der Erde liegt, der schützt mich nicht. Da kann ich genauso gut hier in meinem warmen Bett bleiben. Wenn wir eine Bombe abbekommen, dann sind wir sowieso alle hin, gleichgültig, ob wir unten sitzen oder hier oben im Bett liegen.«

»Gut, dass die Kinder schon im Keller sind und das nicht gehört haben«, denkt die Mutter. »Sonst würden sie noch mehr Angst bekommen.« Sie betet: »Ich danke dir, Gott, dass du immer da bist. Ich befehle dir die Kinder und mich an und ebenso meinen Mann, der mit dem Wagen noch unterwegs ist. Wir stellen uns unter deinen Schutz. Amen.«

Als alle Hausbewohner außer Herrn Heinroth im Luftschutzraum sitzen, kommt der eigentliche Alarm. Richtig schaurig klingt das in der Nacht – so ganz anders als die Sirenenprobe bei hellem Sonnenschein ...

Dann hört man den Motorenlärm der Flugzeuge näherkommen. In einiger Entfernung gibt es Detonationen. Die Flak beginnt zu schießen ...

Nach ungefähr zwanzig Minuten hört der Flugzeuglärm auf, und noch einmal Minuten später kommt die Entwarnung. Jetzt kann man wieder ins Bett zurückkehren und schlafen – wenn man kann. Die Gefahr ist vorüber. Für diese Nacht jedenfalls.

Herr Heinroth lacht am nächsten Morgen: »Wie gut, dass ich gar nicht erst aufgestanden und nach unten gegangen bin!«

Bald gibt es mehrmals in der Woche Fliegeralarm. Schließlich jede Nacht – und manchmal sogar mehrmals in einer Nacht. Johanna fühlt sich total zermürbt von dieser allnächtlichen Tortur: aufstehen und in die Kleider schlüpfen, in den kalten Luftschutzraum gehen und dort die Entwarnung abwarten. Während des Bombenangriffs lauscht jeder ängstlich, wie nah oder wie weit die Einschläge wohl entfernt sind.

Eines Nachts gibt es eine Detonation ganz in der Nähe. Die Erschütterung des Bodens ist deutlich zu spüren. Gleich darauf beginnen die Nachbarn, den Kellerdurchbruch zu öffnen und durch das Loch zu kriechen.

Das übernächste Haus ist von einer Bombe getroffen worden. Zwar ist sie nicht bis in den Luftschutzraum durchgedrungen und hat auch niemanden getötet, aber durch die Erschütterung ist der Putz von den Wänden geplatzt und hat als feiner Staub den Bewohnern das Atmen fast unmöglich gemacht. Hustend kriechen die Nachbarn in den Luftschutzraum. Als die Entwarnung kommt, eilen alle auf die Straße, um sich den Schaden anzusehen. Das stattliche Gebäude ist bis zum Erdgeschoss zerstört.

Die Bewohner des zerstörten Hauses nächtigen bei ihren Nachbarn auf Pritschen. Morgen bei Tag wollen sie sehen, ob von ihrer Habe noch etwas zu retten ist.

Erneut Schule und Kindergeschrei

Liebes Urselchen in Erfurt,
während Du Dich auf Dein Abitur vorbereitest, besuche ich erneut die Schule und gleichzeitig den Kindergarten.

Das klingt merkwürdig, aber ich will Dir gleich erklären, wie es dazu gekommen ist. Bei mir hat sich nämlich viel geändert.

Solange mein alter Chef die Dienststelle leitete, ging es mir gut. Obwohl ich mit ihm auch eine traurige Erfahrung machen musste, an der er aber ganz unschuldig war. Ich könnte mich heute noch selbst für meine Nachlässigkeit ohrfeigen, aber das ändert nun nichts mehr. Eines Tages musste er nach Wesel, um dort einen Lastkraftwagen zu schätzen. Ich sollte mitkommen, um dort gleich die Liste zu schreiben und die entsprechende Urkunde auszustellen.

Meine Eltern hatten mir einen hübschen Ring mit einem Stein geschenkt, der mir so gut gefiel, dass ich ihn sofort ansteckte. Bei meiner Arbeit konnte ich ja gut einen Fingerring tragen – und ein bisschen angeben wollte ich damit vielleicht auch. Auf der Fahrt nach Wesel machten wir unterwegs Rast zu einer Kaffeepause. Auf der Toilette wollte ich mir die Hände waschen. Leider gab es dort nur Kriegsseife mit Scheuersand darin. Ich hatte Angst, mir den Stein damit zu zerkratzen, also zog ihn aus und legte ihn an den Beckenrand.

Noch während ich mir die Hände wusch, klopfte der Chef an die Tür und mahnte zur Eile. Ich beeilte mich natürlich und – Du ahnst es – ließ den Ring liegen. Erst unterwegs merkte ich, dass ich ihn nicht am Finger stecken hatte. Mein Chef bekam nun auch Gewissensbisse, weil er mich angetrieben hatte. Wir telefonierten mit dem Gasthaus, in dem wir gerastet hatten, aber der Ring lag nicht mehr am Waschbecken. Irgendein Finder wird sich jetzt daran freuen. Du siehst, Eitelkeit wird bestraft …

Doch genug davon. Viel unerfreulicher ist die Sache, die

ich dann erlebte. Nachdem der alte Chef gegangen war, kam sein Nachfolger, ein Mann mittleren Alters. Er kannte sich in Bürodingen überhaupt nicht aus und war froh, dass ich die Abwicklung der schriftlichen Abläufe beherrschte. Am Anfang war er auch sehr nett zu mir. Doch dann nahm die Arbeit zu, denn viele Privatautos wurden für den Krieg gebraucht und eingezogen. Der Staat wollte die Besitzer angemessen entschädigen und ließ von jedem Wagen ein Gutachten anfertigen. Der neue Chef stellte deswegen seine eigene Tochter ein, die etwas älter ist als ich. Ich arbeitete sie ein.

Die Tochter war anfangs sehr nett, aber dann wendete sich das Blatt. Ich vermute, der Chef hatte Angst, wenn es weniger Arbeit gäbe, würde er seine Tochter wieder entlassen müssen, denn mir konnte er ohne weiteres nicht kündigen. Also wurde ich schlecht behandelt, damit ich selbst kündigen sollte und er die Stelle für seine Tochter sicher hätte. Ich wurde aus seinem Zimmer ausquartiert in eine ungeheizte, zugige Nebenstube, und seine Tochter kam auf meinen Platz. Nach einiger Zeit wurde ich prompt krank. Wie Du Dir denken kannst, hatte ich keine Lust mehr, unter diesen Bedingungen weiterhin zu arbeiten. Ich konnte machen, was ich wollte, und wurde nur kritisiert. Schließlich rieten meine Eltern zur Kündigung.

Ich habe aber schon etwas Neues im Auge: Ich will Kindergärtnerin werden. Dazu soll ich die Abendschule besuchen, um die mittlere Reife nachzuholen. Das schaffe ich gut. Der Schulleiter der Abendschule hat mir gesagt, dass ich es in einem Jahr schaffen könnte, wenn ich fleißig wäre. Daran soll es nicht liegen!

Vormittags gehe ich immer in den Kindergarten, um dort

praktisch zu arbeiten. Es ist einfach schön, mit dem munteren Völkchen zu singen und zu spielen. Nach ein paar Wochen habe ich mir bei meinem ehemaligen Chef mein Zeugnis abgeholt. Es war nichtssagend, er sprach mir darin jegliche Qualifikation ab. Und dabei habe ich ihn eingearbeitet! Ich bin mit dem Zeugnis zur Deutschen Arbeitsfront gegangen. Und stell Dir vor, die kannten ihn dort schon, weil er früher bereits mit Untergebenen Schwierigkeiten gehabt hat. Das hat mich etwas getröstet. Übrigens – mein alter Chef hat mir dann ein neues Zeugnis ausgestellt – und damit kann ich mich überall sehen lassen.

Der Chef hat mir aber gesagt, dass er dem Arbeitsamt melden wird, dass ich nicht mehr bei ihm arbeite und somit auch meinen Arbeitsdienst ableisten kann. Ich bin mal gespannt, was dabei herauskommt. Schlimmstenfalls werden sie mich einziehen, aber das wird wohl erst im nächsten Jahr sein, denn der März, die Zeit des jährlichen Beginns für den Arbeitsdienst, ist schon herum.

So, liebes Urselchen, jetzt habe ich Dir ausführlich berichtet, was ich alles erlebt habe. Schreibst Du mir trotz der Abi-Vorbereitungen kurz, wie es Dir geht? Darüber würde ich mich sehr freuen.

Deine Johanna.

Arbeitsdienst und Kriegshilfsdienst

Schon im April ist Johanna unterwegs nach Stiege im Harz, wo sie sich im Schloss einfinden soll. Mit einem Monat Verspätung wird sie beginnen, ihre Pflicht für das Vaterland zu tun.

Allein die Reise ist schon ein Abenteuer: Zunächst muss sie mit der Reichsbahn fahren, dann mit der Harzquerbahn, einer Bahn, die viel schmaler ist als die Züge, die sie bisher kannte. Schloss Stiege ist romantisch gelegen, inmitten von Wäldern. Oberhalb des Schlosses liegt eine steil ansteigende Wiese.

»Ach, da kommt ja unsere verspätete Arbeitsmaid!« Die Arbeitsdienstführerin begrüßt Johanna. »Lassen Sie sich gleich einkleiden und Ihr Bett zeigen!«

Verstohlen mustert Johanna die Frau, die jetzt ein knappes halbes Jahr lang ihre Vorgesetzte – nun ja, eben ihre Führerin sein wird. Schlank ist sie, mittelgroß und nicht unsympathisch. Die Lagerleiterin, die für alle Gruppen im ganzen Schloss verantwortlich ist, sieht strenger aus.

Johanna hat sich schnell mit der Tatsache abgefunden, dass sie nun ihre Pflicht für das Vaterland tun wird. So wie die jungen Männer zum Militärdienst für den Staat herangezogen werden, sollen auch die jungen Frauen etwas für den Staat tun. Weil ja nun viele junge Männer Soldaten geworden sind, fehlt es überall an Arbeitskräften. Da können die jungen Frauen mit einspringen. Schließlich muss dafür gesorgt werden, dass in diesen schweren Zeiten die Ernährung der Bevölkerung sichergestellt wird. Deswegen hat Johanna nichts dagegen, wieder in der Landwirtschaft zu arbeiten. Sie wird aber in eine Bäckerei geschickt. Dort wartet der Haushalt auf sie, gelegentlich ist auch das Putzen der Backstube angesagt.

Der Tagesablauf kommt Johanna bekannt vor. Wo hat sie das alles schon erlebt? Wecken, Frühsport, Waschen, Betten machen, Frühstück, Fahnenappell? Ach ja, damals im Schullandheim im Bergischen Land war es doch ganz ähnlich.

Hier in Stiege wird das Programm noch erweitert: eine halbe Stunde werden deutsche Volkslieder oder auch Lieder der Nationalsozialisten gesungen, kämpferisch und entschlossen. Nach dem Singen, das Johanna immer großen Spaß macht, werden die Tagesnachrichten besprochen.

Anhand einer großen Karte wird genau aufgezeigt, wo die deutschen Truppen gerade stehen. Bis in den Kaukasus sind sie vorgedrungen, haben ein riesengroßes Gebiet erobert. Gut so! Die Westmächte sollen sehen, dass die Unterjochung und Demütigung der Deutschen ein Ende hat. Deutschland muss sich sein Existenzrecht erkämpfen. Haben die Westmächte nicht selbst mit dem Krieg angefangen, indem sie den Polen halfen?! Sind die Deutschen nicht ein Volk ohne Raum? Oft genug haben sie das gehört. Jawohl, denkt Johanna, unsere Soldaten werden neuen Lebensraum für uns erkämpfen!

Die Nachrichten werden im Radio gehört – im *deutschen* Radio natürlich. Die Feinde senden ebenfalls Nachrichten auf Deutsch, aber dort wird ganz anders berichtet als im deutschen Rundfunk, und es ist verboten, diese Sender zu hören. Dort soll zum Beispiel behauptet worden sein, dass die Juden aus Deutschland in den Osten abtransportiert würden und niemand wisse genau, was dort mit ihnen geschehe.

So ein Unfug! Johanna und die anderen Arbeitsmaiden wissen doch genau, dass die Juden zurück in den Osten gebracht werden, weil sie früher einmal von dorther gekommen sind. Sie werden neu dort angesiedelt.

Außerdem soll in den feindlichen Sendern von Gräueltaten deutscher Soldaten an der polnischen und russischen Zivilbevölkerung die Rede gewesen sein. So eine boshafte feindliche Agitation! Kein Deutscher würde wehrlose Bürger eines eroberten Staates ungerecht behandeln. Die Vorstellung ist für Johanna einfach absurd! Die feindlichen Sender verbreiten solche Lügen, um die Wehrkraft des deutschen Volkes zu zersetzen. Deshalb ist es auch richtig, findet sie, dass man diese Meldungen nicht hören darf.

Bombenangriffe gibt es hier in Stiege nicht, sie können jede Nacht ruhig schlafen. Das tut gut nach den vielen Nächten im Luftschutzkeller.
Jede Arbeitsmaid verdient pro Tag fünfzig Pfennige. Sie bekommen außerdem ihre Bekleidung gestellt und das Frühstück; zu Mittag essen sie an ihren Arbeitsstellen. Die meisten von ihnen sind auf Bauernhöfen und in kleinen Betrieben eingesetzt. Alle vier Wochen wird gewechselt.
Gottesdienstbesuch am Sonntag wird zwar erlaubt, aber eine regelmäßige Teilnahme ist unmöglich, weil am Sonntagvormittag oft etwas Besonderes eingeplant wird. In der Heuernte geht es am Sonntagnachmittag sogar hinaus zum Heuwenden. Das ist zwar eigentlich eine freiwillige Sache, aber was soll man sonst tun in diesem abgelegenen Ort?
Zum Lesen ihrer Bibel und zum ausgiebigen Beten versteckt sich Johanna sonntags auf dem geräumigen Speicher des alten Schlosses. Auch wenn sie einen langen Brief nach Hause schreiben will, zieht sie sich hierhin zurück.
Johanna arbeitet zunächst vier Wochen in der Bäckerei, um eine erkrankte Arbeitsmaid zu vertreten. In einer Bäckerei braucht man keinen Hunger zu leiden. Das sagt ihr der alte Bäckermeister, der jetzt ohne seinen Sohn auskommen muss, gleich am ersten Tag. Irgendein Gebäckstück gibt es immer, das missraten ist und danach ruft, gegessen

zu werden. In der Bäckerei muss zwar hart gearbeitet werden, aber Johanna ist harte Arbeit gewöhnt, und es gefällt ihr dort.

Als die ersten vier Wochen herum sind und die Vertretung endet, wird Johanna noch einmal in die Bäckerei geschickt, diesmal sind es ihre eigenen turnusmäßigen vier Wochen. Anschließend arbeitet sie vier Wochen lang in einer Gastwirtschaft in Stiege, dann kommt sie zu einem Bauern.

Am Ende des ersten Halbjahrs darf jede Arbeitsmaid zwei Wünsche angeben, wo sie die letzten vier Wochen arbeiten möchte. Johanna entscheidet sich wieder für die Bäckerei. Weil sonst niemand mehr dorthin möchte, wird ihr dieser Wunsch auch erfüllt.

Eine Arbeitsmaid erzählt Johanna einmal hinter vorgehaltener Hand, was ihre Schwester im Arbeitsdienst erlebt hat. Johanna kann es kaum glauben, andererseits ist es auch wieder nicht ganz abwegig, was sie da hört.

»Meine Schwester ist groß gewachsen und hellblond.«

»Also eine echte Arierin«, schmunzelt Johanna.

»Ja. Und nun hat die Lagerleiterin sie rufen lassen und sie zu einem vertraulichen Gespräch gebeten. Aber, Johanna, versprich mir, dass du das nicht weitersagst, was ich dir hier erzähle.«

»Klar, darauf kannst du dich verlassen.«

»Also, die Lagerleiterin in ihrem Lager … es war ganz woanders, aber ich will nicht sagen wo … die hat sie rufen lassen und sie erst einmal gelobt und über unsere Familie ausgefragt … ob es da Erbkrankheiten gäbe und so weiter. Und als meine Schwester gesagt hat, in unserer Familie gäbe es keine Erbkrankheiten oder sonst etwas, da hat sie ihr das Versprechen abgenommen, kein Wort über das zu reden, was sie jetzt unter vier Augen besprechen würden. Meine Schwester hat es wohl versprochen, aber sie hat ihr Versprechen nicht halten können. Sie *musste* es einem sagen. Und da hat sie es eben mir gesagt.«

»Ich verstehe nicht, was da so Geheimnisvolles gewesen sein soll.«

»Pass auf! Die Lagerleiterin hat meine Schwester gefragt, ob sie sich vorstellen könnte, dem Führer ein Kind zu schenken.«

»Dem Führer?«, ruft Johanna erschrocken.

»Schrei nicht so! Natürlich nicht dem Führer selbst, sondern ein Kind für den Führer.«

»Ein Kind für den Führer?«

»Ja. Du weißt doch, dass die arische Rasse vermischt ist mit anderen, nicht so wertvollen Rassen.«

»Sicher, das haben wir ja schon in der Schule gelernt.«

»Nun will die SS Kinder haben, die dem nordischen Typ entsprechen. Groß, blond, blauäugig sollen die zukünftigen SS-Leute sein. Und da suchen sie also jetzt geeignete Mädchen, verstehst du? Als Mütter der künftigen SS-Leute. Meine Schwester zum Beispiel erschien der Lagerleiterin geeignet.«

»Ja, aber ... der Mann?«

»Sie suchen eben auch blonde und blauäugige junge Soldaten aus.«

»Und die müssen sich dann heiraten?«

»Ach Unsinn! Die sollen ein Kind haben. Weiter nichts!«

»Aber wenn die sich nun gar nicht mögen?«

»Na und? Das ist doch Nebensache. Es geht darum, ein schönes blondes Kind zu bekommen. Das Kind wird dann in einem Heim aufgezogen und dort schon früh auf seine späteren Aufgaben vorbereitet.«

»Aber wenn deine Schwester nun schwanger wird, was würden deine Eltern sagen?«

»Nichts, denn die würden gar nichts davon erfahren. Die Lagerleiterin hat es meiner Schwester so erklärt: Sie würde bis zur Niederkunft in einem Heim leben, dort gut versorgt werden und nach der Entbindung zurückkehren, als sei nichts geschehen.«

»Und ihr Kind einfach da zurücklassen?«

»Ja, das hat ihr die Leiterin so gesagt. Das ist nämlich das Kind, das sie dem Führer schenkt. Genannt wird die Einrichtung ›SS-Lebensborn‹«

»Aber hier im Lager gibt es so etwas doch nicht, oder?«

»Auch da, wo meine Schwester ist, läuft das ganz heimlich ab. Plötzlich verreisen Mädchen und kommen erst nach längerer Zeit wieder. Aber unsere Lagerleiterin will davon nichts wissen. Hier gibt es so etwas nicht.«

»Stimmt das denn wirklich, was du mir erzählt hast?«

»Du, meine Schwester kann sich so etwas doch nicht ausdenken.«

Johanna ist froh, dass sie die braunen Haare ihrer Mutter geerbt hat. »Wenn ich nun blond geworden wäre wie mein Vater, dann hätten sie mich am Ende auch gefragt, ob ich dem Führer ein Kind schenken würde ... Was hätte ich da bloß gemacht?«

Johanna schüttelt energisch den Kopf. Ein Kind für den Führer ... Nein, das geht zu weit! Kinder sind eine Gabe Gottes, so steht es in der Bibel. Sie würde ihr Kind doch nicht einfach in einem Heim zurücklassen. Nein, so etwas würde sie niemals tun.

Das halbe Jahr Arbeitsdienst ist herum, nun geht es in den Kriegshilfsdienst. Die meisten Arbeitsmaiden arbeiten in einer Munitionsfabrikation in Alexisbad. Johanna dagegen wird zusammen mit drei anderen Maiden in Thale in einem Zeichenbüro eingesetzt. Dort soll ein Katalog für Ersatzteile von Kondensatoren erstellt werden, die auf Kriegsschiffen gebraucht werden. Und damit die Ersatzteile bei Bedarf gleich richtig bestellt werden können, müssen sie exakt gezeichnet sein. Damit beschäftigt sich Johanna im Kriegshilfsdienst nun ein halbes Jahr lang.

Die Verpflegung hier ist knapp. Zwei Scheiben Brot erhält sie morgens und abends. Mittags isst sie in der Kantine des Zentralen Marine-Nachrichten-Mittelbetriebs. Kein Wunder, dass sie einen Hilferuf nach Hause schreibt, um zusätzliche Brotmarken zu bekommen.

Wieder in Duisburg

Johanna freut sich unbändig auf das Wiedersehen mit ihren Lieben. Auf der Rückfahrt in die Heimat schmiedet sie Pläne, was sie nun alles unternehmen will. Erst einmal, überlegt sie, wird sie sich einige Tage Ruhe gönnen. Vielleicht kann sie ja an der Mitteldecke weitersticken, die sie vor dem Arbeitsdienst begonnen hat. Dann wird sie wieder zur Abendschule und in den Kindergarten gehen, um die angefangene Ausbildung zu beenden.

Bei der Ankunft auf dem Duisburger Bahnhof wird ihr

jedoch erschreckend klar, dass nichts mehr so ist, wie es gewesen ist. Der Bahnhofsvorplatz ist mit Löchern übersät, das Bahnhofsgebäude beschädigt. Die Straßenzüge in unmittelbarer Nähe haben die einheitlichen Häuserfronten verloren. Hier und da klaffen Lücken, die mit Trümmern aus Mauerresten und Röhren ausgefüllt sind. In vielen Häusern haben die Fenster keine Scheiben mehr, sind mit Holzbrettern vernagelt oder auch einfach mit Wellpappe bespannt. Die Scheiben der Ladengeschäfte sind vielfach verschwunden.

Johanna fühlt sich wie in einem bösen Traum. Sie hofft, dass sie bald daraus erwachen und dann ihr altes Duisburg wieder vorfinden wird. Aber der böse Traum bleibt.

Bevor sie in die Krummacherstraße einbiegt, in der die elterliche Wohnung liegt, hält sie einen Augenblick inne. Ob das Haus noch steht? Sie hat Angst, auch hier könnte alles verändert sein. Mit klopfendem Herzen späht sie um die Ecke.

Welch ein Glück! In ihrer Straße gibt es nur wenige Schäden. Bis auf das Haus, das damals zerstört wurde, als sie noch daheim wohnte, sieht die Umgebung aus wie immer.

Zu Hause trifft Johanna Mutter und Heinrich an. Ihr Vater ist mit dem Lkw unterwegs. Es gibt ständig etwas zu befördern.

Mutter und Heinrich sehen müde aus.

»Jede Nacht ist jetzt Fliegeralarm«, stöhnt ihr Bruder. »Die Tommys wollen uns mit aller Macht kleinkriegen. Aber das wird ihnen nicht gelingen!«

»Über Tag kann ich mich manchmal ein wenig hinlegen. Wenn dann nicht auch Fliegeralarm ist. Aber Heinrich muss doch zur Schule. Ich mache mir Sorgen um ihn«, seufzt Mutter.

»Ach Mutti, es dauert ja nicht mehr lange. Bald sind die Wunderwaffen fertig. Dann ist der Krieg schnell für uns entschieden. Und dann wird alles größer und schöner wieder aufgebaut«, versucht Heinrich sie zu trösten.

Mutter erzählt von Bekannten, die ihr Haus verloren haben. Und von anderen Bekannten, die dem Bombenkrieg zum Opfer gefallen sind. Die alten Müllers von schräg gegenüber leben beide nicht mehr. Frau Müller hat in einer Nacht im Luftschutzraum anscheinend einen Herzschlag erlitten. Sie war sofort tot. Ihr Mann legte sie in der Waschküche des Hauses auf eine Pritsche und sich selbst auf eine andere Pritsche daneben. Kurz darauf ist auch er gestorben … eine tragische Geschichte.

In einer benachbarten Straße ist eine junge Frau mit drei Kindern ums Leben gekommen, nachdem das Haus einen Volltreffer abbekommen hatte.

Offensichtlich sind die Bomben schwerer und stärker geworden. Anfangs wurden meistens Brandbomben geworfen, die durch die Dächer der Häuser schlugen, auf dem Speicher liegen blieben und dort einen Dachstuhlbrand hervorriefen. Jetzt kommen meistens Sprengbomben zum Einsatz, die die Stockwerke der Häuser durchdringen und erst im unteren Geschoss explodieren. Dagegen können die Luftschutzräume keinen Schutz bieten. Man muss in die Bunker hasten, sobald Fliegeralarm ertönt.

Johanna empfindet zunehmend Wut und Entsetzen. Wäre sie doch ein Mann und könnte aktiv mit eingreifen! Diese feindlichen Flugzeuge, die ihre tödliche Fracht auf wehrlose Frauen, Kinder und alte Leute werfen – die müssen aufgehalten werden, bekämpft werden ... so dass sie es nicht mehr tun können. Aber wie?

Am nächsten Morgen macht sie sich auf den Weg zu ihrer Abendschule. Doch die ist geschlossen. Auch den Kindergarten gibt es nicht mehr.

»Die meisten Mütter werden wegen der Fliegerangriffe mit ihren Kindern aufs Land geschickt. Dort ist es ruhiger und sicherer für die Kinder«, erklärt ihr eine ältere Dame.

Johanna ist betroffen. Was soll sie jetzt tun? Ihre Berufsausbildung möchte sie doch gern zu Ende bringen, aber daran ist jetzt wohl nicht zu denken. Natürlich, der Krieg ist schuld ... Je schneller der beendet werden kann, umso besser. Wenn sie doch nur mithelfen könnte, diesem unseligen Krieg ein Ende zu bereiten!

Sie sucht das Textilgeschäft mit den Kurzwaren auf, in dem sie früher immer eingekauft hat. Oh Wunder, der Laden steht noch. Aber als sie nach farbigem Sticktwist fragt, schüttelt die Verkäuferin den Kopf.

»Wo denken Sie hin, mein Fräulein?«, ruft sie erstaunt aus. »Sticktwist gibt es schon lange nicht mehr. Die Bestände aus den Friedenszeiten sind längst aufgebraucht.«

Johanna schluckt ärgerlich. Nicht einmal so einfache Dinge wie Sticktwist sind erhältlich. Andererseits – wer mag schon Mitteldecken sticken, wenn er nicht weiß, ob seine Wohnung noch vorhanden ist, wenn er nach der Entwarnung den Bunker verlässt?

In diesen Tagen kommt ein Vetter zu Besuch, der gerade in der Duisburger Kaserne stationiert ist. Er hat sich zur Flak gemeldet.

»Was hast du denn jetzt vor, Johanna?«, fragt er, nachdem sie erzählt hat, dass sie gerade vom Reichsarbeitsdienst und Kriegshilfsdienst zurückgekehrt ist.

Johanna zuckt die Schultern. »Ich weiß es selbst noch nicht. Meine Berufsausbildung kann ich momentan nicht fortsetzen. Alles ist geschlossen.«

»Na, dann komm doch zur Flak! Wir suchen junge Frauen als Flakhelferinnen. Dadurch werden Männer frei, die an die Front können.«

Johanna gehen die Worte ihres Vetters nicht aus dem Kopf. Wäre dies eine Möglichkeit, um das Ende des Krieges schneller herbeizuführen?

Wenige Tage darauf stellt sie sich in der Duisburger Kaserne vor. Wie ihr Vetter vorgeschlagen hat, will sie sich zur Flakhelferin ausbilden lassen. Erst danach informiert sie ihre Familie über diesen Schritt.

In der Duisburger Kaserne

»Vor der Kaserne, vor dem großen Tor stand eine Laterne und steht sie noch davor …« Dieses Lied der Lale Andersen, gesungen von Marlene Dietrich, schießt Johanna in den Sinn, als sie mit ihrem Koffer auf das Kasernentor zuschreitet.

Für Mutter ist es hart gewesen, den Schritt der Tochter zu akzeptieren. Dass Frauen am Krieg aktiv teilnehmen sollen, will ihr nicht in den Kopf. Auch ihr Vater war nicht gerade begeistert, als seine Tochter ihm ihren Entschluss mitteilte, bei der Flak zu dienen, damit ein dort eingesetzter junger Mann als Soldat in den Krieg ziehen könnte.

»Hättest du deine Eltern nicht erst einmal fragen können?«, hält der Vater ihr vor.

Johanna blickt ihre Eltern erstaunt an. »Ich dachte, ihr wollt auch, dass der Krieg bald zu Ende ist!«

»Ja nun, schon … aber …« Der Vater beißt sich auf die Lippe.

Heinrich findet seine Schwester heldenhaft, vielleicht auch etwas abenteuerlustig. Als Johanna sich in ihrer Uniform vorstellt, das Schiffchen kokett in ihr volles, braunes Haar gedrückt, meint er: »So hübsch wie jetzt hast du selten mal ausgesehen. Das steht dir einfach toll. Aber wenn du so in die Kaserne gehst, dann schauen alle nach dir und nicht mehr nach den feindlichen Fliegern. Pass auf, da vergessen die am Ende zu schießen!«

Johanna lacht. »Gut dass du mich drauf aufmerksam machst, Bruderherz! Sollte es so kommen, dann werde ich die Leute an die feindlichen Bomber erinnern.«

Das Leben in einer Kaserne ist Johanna nicht unbekannt; ähnlich war es auch im Arbeitsdienst. Untergebracht sind die Mädchen, die dem Aufruf gefolgt sind, in Sechsbettzimmern.

»Sie haben acht Stunden Dienst, dann acht Stunden Bereitschaft. Danach wieder acht Stunden Dienst und noch einmal Bereitschaft. Und noch einmal. Dann haben Sie vierundzwanzig Stunden frei. Danach wieder Dienst, Bereitschaft, Dienst, Bereitschaft, Dienst, Bereitschaft. Und wieder vierundzwanzig Stunden frei. So geht das immer weiter.«

Johanna nickt.

In der Kasernenzentrale, die im Keller des weitläufigen Gebäudes liegt, wird sie eingearbeitet.

»Ich bin Gerda«, stellt eine junge Frau in Uniform sich

vor. »Wir alle hier sind Flakhelferinnen. Unsere Aufgabe besteht darin, die Meldungen über die Feindflüge zu sammeln. Schau, hier sind die Karten. Wir zeichnen ein, wo gerade feindliche Bomber gesichtet werden. Da kommen zum Beispiel welche über die Nordsee herein. Es sieht aber nicht so aus, als hätten sie es auf Bremen abgesehen. Dazu sind sie zu weit westlich. Möglicherweise haben sie Hannover oder Kassel im Visier. Vielleicht drehen sie auch nach Osten ab und greifen Braunschweig an. Das müssen wir jetzt abwarten. Wenn sie über den Dollart hereinkommen, dann haben sie es meistens auf das Ruhrgebiet abgesehen. Man kann das aber nicht immer sagen. Manchmal versuchen sie auch, uns zu täuschen.«

Ständig kommen Ferngespräche an, die von jungen Flakhelferinnen entgegengenommen werden.

»Was geschieht mit diesen Informationen?«, fragt Johanna.

»Wenn wir aufgrund der feindlichen Flugroute wissen, welche Ziele die Bomber ansteuern, dann geben wir das an die Alarmzentrale weiter. Die löst dann in den entsprechenden Städten den Fliegeralarm aus.«

»Gut«, sagt Johanna. »Jetzt kann ich endlich aktiv helfen, unsere Leute zu schützen!«

»Die Flakbatterien in den Städten setzen wir von den feindlichen Anflügen natürlich auch in Kenntnis. Die können sich dann schon vorbereiten und die Bomberverbände gebührend empfangen.«

Die Sirene heult. Fliegeralarm!

Johanna blickt sich um. Wo ist der Luftschutzbunker?

Gerda merkt ihre Unruhe. »Wir bleiben hier natürlich auf dem Posten. Dieser Raum liegt unter der Erde und ist gut gesichert, du bist also weit besser geschützt als in einem Keller eines Wohnhauses. Das ist ja auch notwendig, denn diese Zentrale darf nicht ausfallen.«

Johanna besetzt einen Platz an einem Fernsprecher. Sie nimmt die Meldungen über die Annäherung feindlicher Flieger entgegen. So wie sie es gezeigt bekommt, zeichnet sie die augenblicklichen Positionen auf der Karte ein. Ständig kommen Anrufe an und schnell entsteht ein Bild der Flugroute des feindlichen Bomberverbandes.

Während die Bomben fallen und die Flak zum Einsatz kommt, stellen die Mädchen fest, dass ein weiterer Verband unterwegs ist in Richtung Köln. Dazu nehmen die Flugzeuge meistens Kurs über die Eifel.

An ihrem freien Tag fährt Johanna nach Hause. Aber dort ist es keineswegs erholsam, denn mehrmals täglich gibt es Alarm. In den Luftschutzraum zu gehen, macht keinen Sinn mehr, denn die Luftminen sind so stark, dass sie ein Haus bis auf die Kellerfundamente zerstören. Statt dessen muss man, sobald der Alarm ertönt, in den nächsten Bunker laufen. Die Engländer haben es aber hauptsächlich auf die Hafenanlagen, Stahlwerke und Munitionsfabriken abgesehen. Natürlich werfen sie ihre tödliche Fracht auch auf Wohngebiete. Sicher ist man nirgendwo. Mehrere Stunden des Tages und viele Stunden der Nacht verbringt man täglich im Bunker.

»Kannst du nicht mit Heinrich zu Großmutter nach Bad Wildungen fahren?«, fragt Johanna die Mutter. »Dort seid ihr weit ab vom Schuss. Ihr könntet euch etwas erholen und mal richtig ausschlafen. Du und Heinrich, ihr seht beide übernächtigt aus. Vater ist doch ständig unterwegs und kommt nur selten heim. Auf wen willst du denn hier warten?« Johannas Vorschlag ist nicht abwegig.

»Die Idee hatte ich auch schon. Vater ist ja an der Front nicht einsetzbar und wurde zusammen mit dem Lkw für Transportdienste eingezogen.«

»Haben sie eine Krankheit festgestellt?«

»Nein, das nicht. Aber du weißt doch, dass er viele Krampfadern an den Beinen hat. Würde er als Soldat da eine Verwundung bekommen, wäre er im Handumdrehen verblutet. Da könnte ihm kein Sanitäter mehr helfen. Und deswegen wird er nur hinter der Front eingesetzt.«

»Dann weiß ich nicht, was euch hier noch hält. Vater ist die meiste Zeit nicht zu Hause. Ihr fahrt nach Bad Wildungen und ich bleibe in der Kaserne. Wenn ich frei habe, sehe ich hier nach dem Rechten.«

Einige Tage später fährt Mutter zusammen mit Heinrich nach Bad Wildungen. Der Blockwart bekommt den Schlüssel ausgehändigt, um notfalls Zugang zur Wohnung zu haben. Das ist Vorschrift, denn es könnte sein, dass irgendwo Menschen obdachlos geworden sind und in die leer stehende Wohnung eingewiesen werden müssen. Heinrich hat seine Bücher und verschiedene andere Dinge, die ihm am Herzen liegen, in eine Holzkiste gepackt und im Keller verstaut.

Bei einem Kameradschaftsabend in der Kaserne bekommt Johanna einen älteren Soldaten als Tischnachbarn zugewiesen. Sie merkt ihm an, dass er sich in seiner Uniform alles andere als wohl fühlt, und bald entspinnt sich ein lebhaftes Gespräch.

Herr Wiesinger kommt aus dem Allgäu, aus der Nähe

von Kempten, wo er auf einem Bauernhof lebt. Von Beruf aber ist er Organist. Daher nutzt er jede freie Minute, um in einer Duisburger Kirche Orgel zu üben. Er lädt Johanna ein, doch einmal mitzukommen, wenn sie beide gleichzeitig dienstfrei haben.

Bald darauf ergibt sich eine Gelegenheit. Als Johanna in der Kirche sitzt und darauf lauscht, wie Herr Wiesinger Werke von Bach und Händel spielt, wähnt sie sich in einer anderen Welt. In der Kirche ist vom Leben draußen nichts zu merken. Da ist nur noch die wunderbare Musik.

Von nun an begleitet Johanna ihn öfter, wenn der Dienstplan es zulässt. Einmal gibt es eine Überraschung: Ein Kamerad, der ebenfalls aus dem Allgäu stammt, kommt mit in die Kirche, um zur Orgel Geige zu spielen. Nach solchen wunderschönen »Privatkonzerten« fällt es Johanna sehr schwer, wieder in die raue Welt des Krieges, der Zerstörung und des Todes zurückzukehren.

Kurze Zeit darauf geht eine Luftmine im Haus neben der elterlichen Wohnung nieder. Durch den Luftdruck zerbersten alle Fensterscheiben, und durch die umherfliegenden Splitter sind die Möbel erheblich beschädigt worden. Nun ist die Wohnung so gut wie unbewohnbar.

Mutter holt daraufhin die Wäsche und das noch brauchbare Geschirr nach Wildungen. Sie will nicht mehr nach Duisburg zurückkehren.

Heinrich kann bald darauf in Kassel bei den Henschel-Werken eine Lehre als technischer Zeichner beginnen.

Freud und Leid

Nach etwa zwei Wochen bekommt Johanna Post von Mutter.

»Liebes Kind«, schreibt die Mutter, »Heinrich hat sich hier schon gut erholt. Die Woche über bleibt er in Kassel, was ihm aber nichts ausmacht. Hier im Waldecker Land gibt es bisher überhaupt keine Bombenangriffe. Trotzdem sind natürlich auch in Bad Wildungen Bunker gebaut worden.

Du kannst dir gar nicht vorstellen, wie friedlich es hier ist. Oma hat uns ein Kämmerchen geräumt, in dem zwei Betten stehen. Heinrich und ich sind hier gut untergebracht. Auch Oma, Tante Emma und Kusine Lenchen geht es gut. Aber eine furchtbare Mitteilung kann ich dir nicht ersparen. Dein Vetter aus Sachsenhausen ist in Italien gefallen. Und Vaters jüngster Bruder aus Ernsthausen ist in Frankreich geblieben.

Oma ist untröstlich. ›Meinen Ältesten habe ich im Ersten Krieg hergegeben, meinen Jüngsten im Zweiten. Und nun muss ich auch noch einen Enkel verlieren!‹, klagt sie. Ich bin froh, dass sie nicht verzweifelt. Sie betet viel.

Ich muss oft an meine Schwägerin in Ernsthausen denken. Ich kann so gut mit ihr fühlen, mir ist es ja damals ähnlich gegangen wie ihr jetzt. Sie hat die beiden kleinen Kinder, die sie nun allein großziehen muss. Ich habe ihr gleich geschrieben. Vielleicht kann ich sie ein wenig trösten …«

Einige Tage später kommt ein Brief von Ursula aus Erfurt.

»Liebe Johanna«, schreibt sie, »mit meinem Studium ist

es aus. Das hat mehrere Gründe. Der schönste Grund ist 1,80 m groß, hat schwarzbraune Haare, blaue Augen und ist Studienrat – zurzeit aber Soldat.

Günther wohnt am anderen Ende unserer Straße. Er ist seit langem mit meinem Vater befreundet und kommt regelmäßig in unser Haus. Ich habe mich ganz doll in ihn verliebt – und er sich auch in mich ... Er hat sich aber nicht getraut, mich zu fragen, ob ich ihn heiraten will. Er wollte erst abwarten, bis der Krieg vorbei ist. Das kann ja nicht mehr lange dauern. Aber ich habe ihn überzeugt, dass wir doch schon jetzt heiraten. Wenn er das nächste Mal Urlaub hat, soll die Trauung stattfinden. Ich schicke dir ein Foto von uns als Brautpaar – falls wir einen Fotografen auftreiben können. Wohnen wollen wir zunächst in meinem Elternhaus. Zu meinem Mädchenzimmer bekomme ich noch ein Zimmer dazu, das reicht erst einmal. Nach dem Krieg suchen wir uns dann eine größere Wohnung ...«

Weg von Duisburg

Die Fliegerangriffe werden von Tag zu Tag heftiger. Johanna wird immer verzweifelter. »Da kommen sie, um unsere wehrlosen Frauen und Kinder zu töten. Sie wollen uns auslöschen ...«

Es hält sie nicht mehr in diesem Bunker. Es reicht ihr einfach nicht, im Keller der Kaserne zu sitzen und machtlos zusehen zu müssen, wie immer wieder Bomber nach Deutschland hereinfliegen.

Eines Tages kommt eine Kameradin zu Besuch, die gerade Urlaub hat. Sie war früher auch in der Zentrale beschäftigt, hat sich dann aber zur Flakwaffenhelferin ausbilden lassen und ist nun bei einer Batterie eingesetzt. Dort gehört sie zu der Mannschaft, die auf die Flugzeuge feuert.

»Gefällt es dir dort, Kameradin?«, fragt Johanna.

»Und ob«, antwortet die. »Da kann ich endlich etwas tun. Ich wollte jetzt in euren Bunker nicht mehr zurück.«

»Werden da noch Leute gesucht?«, fragt Johanna neugierig.

»Ja freilich. Ständig werden junge Mädchen gesucht, die mit in die Batterie kommen. Du fragst so, als ob du auch Interesse hättest.«

Johanna überlegt. Wenn sie sich als Flakwaffenhelferin ausbilden ließe, käme sie hier aus dem Dauerbombardement weg. Und vor allem: Sie könnte endlich etwas Konkretes für ihr Vaterland tun.

»Interesse habe ich schon«, sagt sie. »Wo kann ich mich melden?«

Schon kurze Zeit später befindet sich Johanna in Wolfsburg im Sammellager. Aus dem ganzen Deutschen Reich werden Mädchen hierhin geschickt, die sich zu Flakwaffenhelferinnen ausbilden lassen wollen.
Nach einigen Tagen geht die Reise dann weiter nach Rendsburg bei Flensburg, wo die Grundausbildung stattfindet. Dazu gehört das Marschieren, das Revolverschießen, aber auch ein Grundkurs über Flugzeuge, über Flakwaffen, die Kanonen also, die auf die Flugzeuge schießen. Außerdem wird ein Geometriekurs für die angehenden Kämpferinnen angeboten. Die Geräte werden ihnen erklärt, die man bei der Flugabwehr einsetzt.

In den ersten Tagen werden die Mädchen auf besondere

Tauglichkeit hin untersucht. Bei Johanna stellt man ein ausgezeichnetes, gleichmäßiges Gehör fest – eine gute Voraussetzung zur Bedienung eines Horchgerätes, mit dem die herannahenden feindlichen Flugzeuge geortet werden.

Johanna soll also zur Horcherin ausgebildet werden. Dazu muss sie die Flak-Artillerieschule in Baden bei Wien besuchen. Etwa vierzig Mädchen werden mit ihr zusammen dorthin geschickt.

Brief aus Erfurt

Liebe Johanna, wann und wo mein Brief Dich erreichen wird, weiß ich nicht. Ich habe auch keine Ahnung, wo Du Dich zur Zeit aufhältst, denn an Deiner Feldpostnummer kann ich das nicht erkennen.

Die wichtigste Nachricht vorweg: Seit einigen Wochen bin ich Mutter eines Söhnchens. Ich hatte Dir ja geschrieben, dass ich Nachwuchs erwartete. Mein Kindchen kam am Sonntagmorgen zur Welt. Es war eine Hausgeburt, Komplikationen hat es zum Glück nicht gegeben. Mein kleiner Wolfgang hob gleich den Kopf, um die Welt neugierig zu betrachten. Als er seinen ersten Schrei ausgestoßen hatte, begannen gerade die Glocken zu läuten. Er war 3800 Gramm schwer und 48 Zentimeter groß. Inzwischen hat er zugenommen, nachdem er zuerst etwas Gewicht verloren hatte.

Schade nur, dass sein Papa ihn nicht sehen kann. Günther ist in Russland und konnte keinen Fronturlaub bekommen. Und dabei hat er sich doch wie närrisch auf unser Kind gefreut! Du ahnst nicht, was ich mir habe einfallen lassen.

Wolfgang hatte ein paar dunkle Löckchen auf dem Kopf. Eins davon habe ich abgeschnitten und in einen Feldpostbrief gelegt. Außerdem waren Wolfgangs Fingernägelchen so lang, dass ich sie schon schneiden musste. Auch die Fingernägelchen habe ich in den Brief gelegt und an die Front geschickt. Alles ist auch richtig in Günthers Besitz gelangt. Er hat mir gleich zurückgeschrieben, dass er vor Freude geweint hat, als er die Fingernägelchen und das Löckchen seines Sohnes in dem Brief vorfand. So hat er doch wenigstens etwas von dem Kleinen. Er trägt den Brief immer in der Brusttasche, um die Nägelchen und das Löckchen nahe an seinem Herzen zu haben.

Hoffentlich ist der Krieg bald zu Ende. Die Bombenangriffe auf Erfurt finden jetzt immer häufiger und heftiger statt. Mein Elternhaus ist bisher zum Glück verschont geblieben, wie überhaupt unser Stadtteil bis jetzt glimpflich davongekommen ist. Aber das kann morgen schon anders sein.

Wenn Du Zeit hast, schreib mir doch bald. Und schieße viele feindliche Flieger ab, damit wir hier sicherer sind!

Ich grüße Dich herzlich, Dein Urselchen.

Die Flutwelle

Kurz darauf bekommt Johanna einen Brief von der Mutter.

»Meine liebe Tochter«, schreibt sie, »Du hast mich gebeten, Dir häufig zu schreiben und alles mitzuteilen, was hier geschieht. Soweit geht es uns gut. Auch Heinrich ist wohlauf, obwohl die Fliegerangriffe auf Kassel jetzt sehr massiv sind. Davon wollte ich Dir aber nichts schreiben, sondern von dem schrecklichen Ereignis, das sich hier in der Nähe zugetragen hat. In den Nachrichten hat man davon gar nichts verlauten lassen, und so hast Du vermutlich noch nichts darüber gehört.

Am 16. Mai, es war schon dunkel, kamen englische Flugzeuge. Einige Nachbarn hier wollen Fluglärm vernommen haben, ich kann mich nicht erinnern, die Flugzeuge gehört zu haben. Angeblich flogen sie ganz niedrig, unter dem Radar. Wie das geht, weißt Du sicher besser als ich, jedenfalls konnte man das Herannahen der Flugzeuge nicht frühzeitig feststellen. Auch eine Detonation habe ich nicht gehört. Dann aber hörte man vom dreizehn Kilometer entfernten Edertal herüber ein unheimliches lautes Rauschen. Das dauerte die ganze Nacht. Die Engländer hatten die Talsperre getroffen und teilweise zerstört. Aus dem Loch in der Mauer floss eine riesige Flutwelle das Tal hinunter. Das war das Rauschen.

Hemfurth direkt unterhalb liegt geschützt am Berg. Hier hat die Flut nichts anrichten können. Aber Affoldern ist nahezu völlig weggespült, Bergheim teilweise überschwemmt, Anraff, Wellen usw. schwer beschädigt. Fritzlar und die Kasseler Altstadt wurden ebenfalls in Mitleidenschaft gezogen. Hier konnten die Leute rechtzeitig gewarnt werden, so dass niemand in den Fluten umgekommen ist. In den Dörfern unterhalb der Mauer sind aber, wie wir hörten, neunundzwanzig Menschen ertrunken.

Am Wochenende ist Heinrich mit dem Fahrrad ins Edertal gefahren. Er sagt, es sähe schrecklich dort aus, die Landschaft sei völlig verwüstet und nicht wieder zu erkennen.

Ich mache mir Sorgen um Dich, mein Kind. Jeden Tag

befehle ich Dich Gottes Schutz an. Der treue Herr möge Dich bewahren und wohlbehalten durch diese schlimmen Zeiten bringen.

Es grüßt Dich in Liebe Deine Mutter.«

In Baden bei Wien

Etwa vierzig junge Frauen sind es, die ihre Ausbildung in der Flakartillerieschule in Baden bei Wien beginnen. Der Ort ist romantisch gelegen und die Schule ebenfalls. Zehn junge Frauen wohnen jeweils in einem Zimmer. Die Verpflegung ist gut, abends bekommt man ein großes Stück Kommissbrot, Käse, Aufschnitt, ein Stück Butter und Marmelade. Das muss man sich dann einteilen, weil es für den Abend und das Frühstück am kommenden Morgen reichen soll. Mittags gibt es warmes Essen.

Zunächst müssen sich die Mädchen kennen lernen. Johanna erfährt, dass längst nicht alle sich freiwillig gemeldet haben so wie sie. Viele wurden einfach zum Dienst bei der Flak eingezogen. Eine junge Frau hat sogar ein kleines Kind zu Hause.

»Man hat mir gesagt, ich hätte doch eine Mutter daheim, die mein Kind so lange betreuen könnte«, erzählt sie unter Tränen. »Aber ich habe schrecklich Heimweh nach meinem Kind. Warum mussten sie mich auch gerade für die Flak aussuchen?«

Johanna und die anderen geben sich viel Mühe, die Kameradin zu trösten, aber das Heimweh nach ihrem Töchterchen lässt sich nicht leicht vertreiben.

Johannas neue Freundin Marianne ist ebenfalls nicht

freiwillig zur Flak gekommen. Auch sie wurde einfach dienstverpflichtet. Sie ist verheiratet, ihr Mann ist Soldat, aber zum Glück haben sie noch keine Kinder.

»Mein Mann wollte es überhaupt nicht glauben, dass ich hierher geschickt wurde. Er hat mir immer wieder Vorwürfe gemacht, wie ich so leichtsinnig sein und mich zu diesem gefährlichen Unternehmen melden könnte. Dabei war ich genauso überrascht wie er«, erzählt sie Johanna.

»Der Krieg kann ja nicht mehr lange dauern«, tröstet Johanna sie. »Wir wollen ja gerade dazu beitragen, dass er bald zu Ende ist!«

Jeden Morgen müssen die jungen Frauen am Horchgerät üben. Einzig zu diesem Zweck kreist ständig ein Flugzeug über Baden. Das Horchgerät sieht aus wie ein großer Trichter mit zwei Kopfhörern. Die Horcherin muss die Kopfhörer aufsetzen und das Horchgerät, das waagrecht und senkrecht verstellt werden kann, so ausrichten, bis sie das Flugzeug genau in der Mitte des Kopfes mit beiden Kopfhörern gleich laut hört. Dann drückt sie auf einen Knopf. Alle kommen dran, alle horchen konzentriert. Nach dem Mittagessen gibt es dann die Auswertung. Jetzt wird besprochen, ob das Flugzeug richtig geortet wurde oder ob man Horchfehler gemacht hat.

Johanna und Marianne versuchen, die schöne Gegend, in die es sie verschlagen hat, etwas genauer anzusehen. Wien wird aber schon heftig aus der Luft angegriffen, so dass es auch hier immer wieder zu Unterbrechungen wegen Fliegeralarms kommt. Trotzdem besuchen sie den Prater und fahren mit dem Riesenrad, besichtigen Schloss Hellabrunn und andere Sehenswürdigkeiten.

Beim Mittagessen kommt Johanna mehrmals zufällig gegenüber einem Soldaten zu sitzen, der sie aufmerksam beobachtet. Der junge Mann ist, wie Johanna weiß, im zivilen Leben Studienrat.

»Beten Sie vor dem Essen?«, fragt er Johanna eines Tages.

»Ja, das tue ich«, bekennt sie frei.

»Da Sie sich nicht bekreuzigen, gehe ich davon aus, dass Sie keine Katholikin sind.«

»Das ist richtig. Ich bin nicht katholisch.«

»Also eine Protestantin, die betet. Das gibt es doch nicht.«

»Wie Sie sehen, bin ich der Gegenbeweis!«

»Ist es Ihnen denn ernst mit dem Tischgebet, oder ist das eher eine Formsache?«

»Formsache? Keineswegs. Ich habe das innere Bedürfnis, Gott für das Essen zu danken und ihn zu bitten, dass er es mir segnet.«

»Liebe Kameradin, ihre Ansicht verblüfft mich. Kennen Sie Gott denn so genau?«

»Ja, ich kenne ihn sehr gut.«

»Ist es nicht vermessen, so etwas zu sagen? Wer kennt schon Gott sehr gut?«

»Gott hat uns Menschen doch sein Wort, die Bibel, gegeben. Darin steht alles, was für uns wichtig ist.«

»Und was ist Ihrer Meinung nach für uns wichtig?«

»Nun, die wichtigste Person in der Bibel ist für mich Jesus. Denn durch ihn können wir von unserer Schuld befreit werden. Dadurch dass Jesus am Kreuz gestorben ist, hat er die Trennung zwischen den Menschen und Gott aufgehoben.«

»Schön, aber ... Sie erlauben meinen Einwand ... deswegen kennen Sie doch Gott nicht sehr gut, wie Sie soeben behauptet haben.«

»Lassen Sie mich weiter erzählen. Ich selbst habe vor einigen Jahren, ich war damals etwa fünfzehn, mein Leben diesem Jesus anvertraut. Und seitdem kann ich mit allen Sorgen zu ihm kommen. Jesus fordert uns ausdrücklich dazu auf, auch das steht in der Bibel.«

»Sie kennen die Bibel aber recht gut.«

»Ja, denn ich lese täglich darin und denke darüber nach, wie das gemeint ist, was ich gelesen habe und wie ich das für jeden Tag umsetzen kann.«

»Erlauben Sie ... bei älteren Damen kann ich mir das vorstellen, aber Sie als junge Frau ...«

»Sie halten mich für überspannt!«

»Nein, ganz und gar nicht. Im Gegenteil. Ich bewundere Ihre Ruhe und Ihre Gelassenheit. Neulich bei dem Fliegerangriff waren Sie ganz ruhig, während viele andere ziemlich panisch reagierten.«

»Aber ich hatte auch Angst.«

»Trotzdem. Wenn diese Gelassenheit mit Ihrem Glauben zusammenhängt, dann ist Religion wirklich etwas Konkretes. Dann hat sie Auswirkungen auf das tägliche Leben.«

Johanna trifft den Studienrat häufiger. Oft sprechen beide über den Glauben. Er ist fasziniert davon, dass Johanna Gott alles sagt, was sie bedrückt, dass sie ihn um alles bittet, was sie braucht und dann noch bekennt, Gott habe ihre Bitten auf diese oder jene Weise erhört – manchmal anders, als sie es sich dachte, aber er habe sie niemals enttäuscht.

Als die Zeit in Baden zu Ende geht, beschließen beide, brieflich Kontakt zu halten. Der Studienrat möchte eine so bemerkenswerte junge Frau nicht aus den Augen verlieren. Ob er sich für Johanna als Frau interessiert? Sie weiß es nicht. Andeutungen, die Zeit nach dem Krieg betreffend, könnten sie so etwas vermuten lassen. Er nimmt sogar Johannas goldene Uhr mit, die sie von ihrer Mutter bekommen hat, um sie von einem Bekannten reparieren zu lassen. In einem alten Buch, das er innen ausgehöhlt hat, schickt er ihr die reparierte Uhr zurück.

Wenig später reißt der Kontakt plötzlich ab. Vermutlich hat er irgendwo an der Front den Tod gefunden.

Einige Tage vor der Abreise von Baden erfahren die Mädchen aus dem Rundfunk, dass ein Attentat auf den Führer verübt worden sei.

Eine Welle der Empörung ergreift die gesamte Flakartillerieschule. Wer konnte es wagen, das Leben des Führers anzutasten? Zum Glück ist er unversehrt davongekommen. Offenbar hat Gott seine Hand über ihn gehalten, denkt Johanna.

Die Männer, die das Attentat geplant haben, werden mit dem Tode bestraft. Zu Recht, wie alle finden.

Tierisches Intermezzo

Nach der Beendigung ihrer Ausbildung fahren die Horcherinnen nun in ein Sammellager in der Nähe von Berlin. Hier bleiben sie einige Zeit, um ihren ersten Einsatz abzuwarten. Marianne und Johanna bitten darum, zusammenbleiben zu dürfen, also der gleichen Batterie zugeteilt zu werden.

Ihr Wunsch wird respektiert. Die beiden werden zu einer

Scheinwerferstellung in ein Dorf bei Bernburg abkommandiert. Hier sollen sie lernen, wie die Scheinwerfer eingestellt werden, die den Himmel nach Flugzeugen absuchen.

Die Scheinwerferstellung ist mitten auf einem Acker installiert. Für die dort tätigen Menschen gibt es fließendes Wasser, allerdings nur kaltes. Nun gut, im Krieg kann man keinen Komfort erwarten. Die Toilettenanlagen bestehen aus einigen Kabinen, die über einem Loch in der Erde errichtet sind. Eine Wasserspülung gibt es nicht. Man schläft in Barracken.

Johanna und Marianne kommen zusammen mit weiteren Flakwaffenhelferinnen in einer Baracke unter. Sie besteht aus einem Aufenthaltsraum, in dem Tische und Stühle stehen, und einem Schlafraum. Dieser ist mit Doppelstockbetten möbliert, und es gibt Metallschränke, die allgemein ›Spind‹ heißen, in denen man seine Habseligkeiten verstaut.

Das Leben in der Scheinwerferstellung ist langweilig. Johanna und Marianne haben eigentlich nichts zu tun, als zu warten. Sie schauen den Leuten zu, wenn sie nachts die Scheinwerfer auf die Flugzeuge richten und versuchen, eins im Lichtkegel »einzufangen«. Überall gibt es solche Scheinwerferstellungen, die bei Fliegeralarm den Himmel absuchen, um einen feindlichen Bomber aufzuspüren. Wie silberne Fäden, die sich ständig bewegen.

»Eigentlich sieht das schön aus mit diesen Lichtspielen am Himmel«, meint Marianne.

»Wenn der Anlass nur nicht so ernst wäre«, seufzt Johanna.

Am nächsten Morgen ist die Langeweile schlagartig vorbei.

»Sag mal«, schreit Johanna auf, »was krabbelt dir denn da auf dem Kopf herum?«

»Bei dir auch! Lauter kleine Tiere!«

»Kleine Tiere? Du, das müssen Läuse sein.«

»Läuse? Igitt! Wie kommen wir denn an Läuse?«

Jetzt juckt es ununterbrochen auf dem Kopf. Wie werden sie bloß die Läuse wieder los?

Ein bekanntes Mittel für derlei Fälle ist Kuprex, das man in die Haare einmassieren muss. Es riecht so ähnlich wie Petroleum. Nach einer längeren Einwirkzeit wird die Paste mit warmem Wasser wieder herausgewaschen, dann sollen alle Läuse abgetötet sein. Auch gegen die Nissen wirkt das Mittel, denn die sind das eigentliche Problem. Läuse lassen sich meist durch gründliches Waschen der Haare entfernen, aber die Nissen, die Läuseeier, überleben eine solche Prozedur problemlos. Sie schlüpfen dann aus und legen selbst wieder hunderte von Eiern.

Man erkennt die Nissen daran, dass sie hintereinander an einem Haar kleben. Es ist schwer, sie zu entfernen. Dafür gibt es Spezialkämme, aber die sind hier in der Scheinwerferstellung nicht zu bekommen.

»Kuprex können wir nicht nehmen«, meint Johanna. »Das kriegen wir mit kaltem Wasser nicht mehr aus den Haaren.«

»Dann bleibt uns nichts anderes übrig, als uns gegenseitig ganz gründlich die Köpfe nachzusehen.«

Am Nachmittag – das Wetter lässt es zu – sieht man zwei junge Frauen im Graben vor dem Scheinwerfer sitzen. Sie gehen einer ungewöhnlichen Beschäftigung nach. Mit einem Stielkamm geht die eine der anderen fast Millimeter für Millimeter die Haare durch. Eine Strähne nach der anderen wird sorgsam durchgekämmt, von Läusen und Nissen befreit und zur Seite gelegt. So arbeitet man sich gegenseitig die Haarpracht durch, um die ungebetenen Gäste wieder loszuwerden. Diese Prozedur wiederholen sie noch mehrmals an den folgenden Tagen. Und sie haben Erfolg – auch ohne Kuprex und warmes Wasser.

In Barleben

Endlich hat das Warten auf den Einsatz ein Ende. Johanna und Marianne werden nach Barleben bei Magdeburg geschickt, wo eine Großbatterie der Flak aufgebaut ist.

»Endlich geht es zur Sache«, raunen sich die beiden gegenseitig zu. Die lange Ausbildung am Horchgerät und die anschließende Wartezeit haben sie ungeduldig gemacht.

In Barleben geht es komfortabler zu als in der Scheinwerferstellung. Die sanitären Anlagen sind gut; bei Bedarf gibt es auch heißes Wasser. Mindestens zehn Geschütze sind in der Nähe aufgebaut.

Der Kommandeur begrüßt die Neuankömmlinge.

»Unsere Stellung hat mehrere Aufgaben. Zum einen sollen wir die Leuna-Werke schützen, auf die es der Feind immer wieder abgesehen hat. Außerdem einen Abschnitt des Mittellandkanals, denn diese wichtige Wasserstraße ist auch immer wieder Ziel der feindlichen Angriffe. Insgesamt haben die Angriffe erheblich zugenommen, vor allem, seit die Amerikaner mitmischen. Und dann bombardieren sie auch immer wieder Magdeburg selbst. Wir haben also alle Hände voll zu tun.«

Der Kommandeur erklärt die Geschütze. Da gibt es die

8,8-Geschütze, die normalen Flak-Kanonen und außerdem die Vierlingsflak. Das sind vier Rohre nebeneinander, mit denen vier Geschosse gleichzeitig abgefeuert werden können.

»Die Vierlingsflak eignet sich besonders für den Beschuss der Tiefflieger«, erläutert der Kommandeur.

Rund um die Flakstellung sind Scheinwerferstellungen angeordnet. »Jetzt werden die Scheinwerfer von Arbeitsmaiden bedient«, meint der Kommandeur. »Früher haben das alles Männer gemacht. Die sind nun als Soldaten an der Front.«

»Wo ist das Horchgerät?«, fragt Johanna und blickt sich suchend um.

»Horchgerät?«, spottet der Kommandeur. »Die Zeiten mit dem Horchgerät sind vorbei. Früher, als ein einzelner Flieger ankam, da konnte man mit Horchgeräten arbeiten. Damit war ein einzelnes Flugzeug gut zu orten. Aber heute, wo sie uns in Formationen von dreißig und mehr dicht an dicht überfliegen, da ist mit einem Horchgerät nichts mehr auszurichten. Die Geräusche sind zu diffus.«

»Ja, aber ...« Marianne schluckt. »Wir sind doch extra als Horcherinnen ausgebildet worden.«

Und Johanna ergänzt: »Wir waren deswegen einige Monate in Baden auf der Flakartillerieschule.«

»Meine lieben Volksgenossinnen, das war sozusagen für die Katz ...«

»Dann sind wir hier also überflüssig?«

»Keineswegs. Wir bilden Sie am Kommandogerät und am Funkmessgerät aus.«

»Kommandogerät? Was ist denn das?«

»Und ein Funkmessgerät ...?«

»Um sich vor unserem Radar zu schützen, mit dem wir die Position eines Flugzeuges gut ermitteln können, werfen die feindlichen Flieger kleine Streifen aus Alufolie ab. In den Wolken aus Alufolienstreifen sind die Flugzeuge für uns nicht zu orten, weil die Alustreifchen die Radarstrahlen reflektieren und wir nicht erkennen können, ob dort nur Alustreifen in der Luft herumwirbeln oder ob da ein Flugzeug ist.«

»Ja, was macht man denn dann?«

»Zum Glück haben wir die Funkmessgeräte, die den Sprechfunk der feindlichen Maschinen feststellen und orten. Außerdem ist da noch das Kommandogerät, ein scharfes Fernsichtgerät, mit dem man ein Flugzeug suchen und orten kann. Beide Geräte sind miteinander verbunden.«

»Beide werden also gleichzeitig eingesetzt?«

»Meistens. Das Kommandogerät zeichnet die Flugroute eines feindlichen Bombers auf. Und es berechnet automatisch den Vorsatzwinkel. Sie wissen doch, was das ist?«

»Natürlich, das haben wir doch gelernt: der Winkel, der sich bildet, wenn das Flugzeug weiterfliegt. Man muss die Kanone ein Stück vor das Flugzeug richten und abfeuern, weil das Flugzeug ja ein Stück weitergeflogen ist, seit es von dem Gerät geortet worden ist.«

»Sehr gut. Und dieser Vorsatzwinkel wird vom Gerät automatisch berechnet.«

»Ein kluges Gerät.«

»Ja, es erleichtert uns die Arbeit, dieses kluge Gerät.«

»Dann lassen Sie uns gleich anfangen.«

Johanna übernimmt die Aufgabe, die Flugrouten der Bomber auf große Landkarten einzuzeichnen. Die entsprechenden Daten entnimmt sie dem Kommandogerät.

Anfangs bedient sie das Kommandogerät noch nicht selbst. Sie trägt durch die Aufzeichnung der Routen zur Kenntnis der feindlichen Fluggewohnheiten bei. Wenn alle Daten eines Bombers eingegangen sind, gibt der Kommandeur den Befehl zum Schießen.

Während eines Tagesangriffs beobachtet Johanna, dass ein Flugzeug an der Tragfläche getroffen wird, erst ins Trudeln gerät und dann zu Boden stürzt.

»Wir haben ihn!« Sie springt auf und jubelt. »Er ist getroffen. Dem haben wir es aber gegeben! Wieder einer weniger!«

»Nun beruhige dich mal, Mädchen«, ertönt da eine Stimme aus dem Raum. »Setz dich hin und mach weiter! Einen haben wir runtergeholt, aber fünfzig andere sind noch in der Luft.«

Johanna schluckt. Natürlich sind noch fünfzig Maschinen, beladen mit Tod und Zerstörung, in der Luft. Sie wird in Zukunft nicht mehr jubeln, sondern wie unbeteiligt weiterarbeiten – obwohl jeder froh ist, wenn man einen Treffer setzen konnte.

Tag und Nacht werden jetzt Angriffe geflogen. Die Zeiten der Ruhe zwischen den Angriffen dauert oft nur wenige Stunden. Es gibt auch keine eigentliche Dienst- und Freizeit mehr: Sobald Fliegeralarm ertönt, erscheinen alle auf dem Posten.

»Was sind denn das da drüben für … Jungen?«, fragt Marianne einen älteren Kameraden. Auch Johanna hat in den letzten Tagen gesehen, dass dort Jungen an den Geschützen Dienst tun, die höchstens fünfzehn oder sechzehn Jahre alt sind.

»Ach die? Das sind unsere Gymnasiasten. Die bedienen die Geschütze. Laden Munition nach.«

»Aber sollten Kinder in diesem Alter nicht besser in die Schule gehen?«

»Das tun sie auch. In den Zeiten ohne Alarm holen sie sofort ihre Bücher heraus und machen Unterricht. Der Mann in Uniform bei ihnen, das ist nicht etwa ein Soldat, sondern ihr Lehrer, der sie unterrichtet, sobald der Feind es zulässt.«

»Das ist aber doch …«

»Früher haben dort Männer die Geschütze bedient. Die sind aber jetzt, in der Phase vor dem Endsieg, alle im Feld, wo sie dringend gebraucht werden. Die Jungen können als Luftwaffenhelfer den Dienst am Geschütz gut verrichten.«

Johanna denkt an Heinrich. Ob der auch irgendwo in den Krieg muss?

Die Post ist die einzige Verbindung nach außen. Und der Rundfunk, der über die einzelnen Frontschauplätze berichtet. Hinter vorgehaltener Hand erzählen jedoch einige Soldaten, dass die Lage der Deutschen nicht gerade zum Besten stehe. Überall seien die Fronten am Wanken.

Johanna glaubt nichts davon. Die deutschen Soldaten sind heldenhafte Kämpfer, die keinen feindlichen Soldaten auf deutschen Boden kommen lassen werden. Davon ist sie überzeugt. Und die Wunderwaffen, die der Führer versprochen hat, stehen auch kurz vor der Vollendung. Mit ihnen wird sich der Endsieg leicht herbeiführen lassen.

Einmal kommt eine Bomberstaffel auf einer etwas ungewöhnlichen Flugroute.

»Passt auf«, ruft der Kommandeur, »das gilt uns! Die

fliegen direkt auf uns zu. Heute haben sie es auf uns abgesehen!«

»Kein Wunder«, denkt Johanna, »die merken doch, von wo aus sie ständig beschossen werden. Da bleibt es nicht aus, dass sie auch uns mal aufs Korn nehmen.«

In den nächsten Minuten geht ein Bombenteppich nieder. Auf die Stellungen hagelt es Sprengbomben. Als die Flugzeuge abgedreht haben, laufen alle nach draußen.

Eine einzige leere Baracke steht nicht mehr, ansonsten ist kein Geschütz, kein Scheinwerfer beschädigt worden. Der Feind hat mit seinen Sprengbomben offenbar immer genau zwischen die Geschütze in die Gräben getroffen.

»Da haben wir Glück gehabt«, lachen einige Kameraden und Kameradinnen.

»Nein«, sagt Johanna ernst, »wir sind bewahrt worden.«

Marianne hat einen Witz gehört. Man darf ihn aber nur hinter vorgehaltener Hand erzählen, weil er angeblich wehrkraftzersetzend ist. Und Wehrkraftzersetzung wird unter Umständen mit standrechtlichem Erschießen bestraft.

»Tünnes und Schääl treffen sich«, flüstert Marianne Johanna ins Ohr. »›Was machen wir nach dem Krieg?‹ fragt Schääl den Tünnes. ›Da setzen wir uns auf das Fahrrad und machen eine Reise rund um Großdeutschland‹, schlägt Tünnes vor. ›Einverstanden‹, sagt Schääl. ›Aber was machen wir dann am Nachmittag?‹«

»Pst!« Johanna legt den Finger auf den Mund. »Lass das bloß niemand hören. Du weißt doch, wie empfindlich manche Leute sind.«

Ein Feldpostbrief von Hilde ist gekommen, Hilde mit den Sommersprossen. Johanna ist dankbar für jedes Lebenszeichen von außen. Aber Hildes Brief klingt erschütternd.

»Liebe Johanna«, schreibt die Schulkameradin, »ich hatte Dir geschrieben, dass mein Mann doch noch gezogen worden ist, obwohl es erst hieß, die Bergleute müssten bleiben, um Kohle zu fördern. Manfred war auch erst noch zu Hause, dann kam er nach Russland. Ich habe lange nichts von ihm gehört, aber jetzt ist er entlassen worden. Sie haben ihm in Russland beide Arme abnehmen müssen, weil er schwer verwundet war. Es ist schrecklich für uns alle, aber für ihn am allerschlimmsten.

Unser Häuschen ist inzwischen nicht mehr bewohnbar. Anfangs bin ich mit den Kindern in den Keller gezogen. Es wurde aber immer feuchter und kälter dort, da bin ich aufs Land gegangen. Manfred hat Verwandte am Niederrhein, die uns aufnehmen konnten. Wir wohnen in einer kleinen Stube, die früher einmal eine Mägdekammer gewesen ist. Da ist es wenigstens trocken und warm.

Glaub mir, es war schrecklich, als ich Manfred zum ersten Mal wieder sah. Er ist sehr abgemagert. Und ständig hat er Schmerzen. Schmerzen in den Armen, die es überhaupt nicht mehr gibt. Er sitzt meistens nur herum und macht sich trübe Gedanken. Er weiß nicht, wie er uns nach dem Krieg ernähren soll. Er hält sich für wert- und nutzlos. Ich rede ihm immer wieder gut zu, aber er will mich nicht hören. Ich zeige ihm die Kinder, aber selbst das muntert ihn nicht auf. Gerade Manfred, der immer so stolz war auf seine kräftigen Arme, dem muss so etwas passieren. Gibst Du mir einen Rat, was ich ihm sagen soll?

Entschuldige, dass ich Dir nichts Angenehmeres schreiben kann. Glaub mir, ich bin manchmal selbst ganz verzweifelt, es geht alles oft über meine Kräfte.

Ich grüße Dich in alter Freundschaft, Deine Hilde.«

Jahreswechsel

Weihnachten 1944 steht vor der Tür. Der Kommandeur lässt Johanna und Marianne zu sich rufen.

»Ihr beiden habt in den letzten Monaten noch keinen Urlaub gehabt. Ihr könnt über Weihnachten ein paar Tage nach Hause fahren.«

»Ja, aber …«

»Wir schaffen das schon alleine hier. Am 2. Januar möchte ich euch aber wieder hier sehen. Eure Urlaubsscheine sind schon vorbereitet.«

Marianne fällt Johanna um den Hals. »Ich fahre zu meiner Mutter nach Berlin. Vielleicht bekommt ja auch mein Mann Heimaturlaub. Das wäre zu schön, um wahr zu sein.«

Johanna sagt: »Ich fahre nach Bad Wildungen. Dort wohnt meine Mutter jetzt mit meinem Bruder. Ob mein Vater kommen kann, weiß ich nicht.«

Die Eisenbahnfahrt wird mehrfach unterbrochen, weil Tiefflieger den Zug beschießen. Die Bahnhöfe der großen Städte sind meistens von Schutt übersät. Trotzdem verkehren die Züge mehr oder weniger fahrplanmäßig. Einige Gleise sind immer freigeräumt.

In Bad Wildungen kommt Johanna sich vor wie in einer anderen Welt. Hier gibt es keine Bombenangriffe, kein Donnern der Flakgeschütze, keine Trümmer. Und in den Nächten kann sie ungestört schlafen.

Heinrich und Lenchen haben einen Baum geschmückt. Um die Weihnachtsgeschenke ist es in diesem Jahr kärglich bestellt, aber das ist nebensächlich. Es tut einfach gut, wieder mit den Lieben vereint zu sein. Heinrich und Johanna machen Spaziergänge durch die Kuranlagen und durch die Brunnenallee mit den uralten Bäumen.

»Komm«, sagt Heinrich eines Nachmittags, »ich zeige dir, wo nach dem Endsieg die Siegessäule aufgerichtet wird. Die Zufahrt von der Odershäuser Landstraße ist schon fertig.«

Bald darauf stehen beide auf dem Warteköppel. Von hier aus hat man einen wunderschönen Blick über die Stadt. Johanna muss zugeben, dass sie kaum einen geeigneteren Ort für eine Siegessäule kennt.

»Weißt du«, erklärt Heinrich der Schwester, »Göring will doch nach dem Krieg Wildungen zu seinem Quartier machen. Ihm gefällt es hier so gut … Und da müssen wir hier eine prächtige Siegessäule haben.«

Die wenigen freien Tage vergehen viel zu schnell. Johanna muss ihre Sachen packen und sich zur Abreise rüsten. Mutter fällt ihr immer wieder um den Hals. Ihr kommen die Tränen.

»Ich bete jeden Tag für dich, Kind. Gott möge dich bewahren. Wer weiß, was die Zukunft bringt.«

»Die Zukunft bringt uns bald den Endsieg, davon bin ich fest überzeugt! Und dafür lohnen sich alle Opfer. Außerdem weiß ich mich in Gottes Hand. Ich mache mir keine Sorgen.«

»Pass gut auf Mutter auf, Heinrich!«, befiehlt sie dem zu einem hübschen jungen Mann herangewachsenen Bruder beim Abschied auf dem Bahnhof.

Schnell findet Johanna in die raue Wirklichkeit zurück. Die Bahnfahrt zieht sich in die Länge, weil einige Züge wegen verschiedener Streckenschäden – so nennt man Beschädigungen durch Bombenangriffe – nicht pünktlich fahren können. Trotzdem gelingt es ihr, rechtzeitig in Barleben bei ihrer Stellung zu sein. Auch Marianne ist wieder pünktlich zurück.

»Mein Mann hat keinen Urlaub bekommen«, erzählt sie traurig, »aber mit meiner Mutter habe ich eine schöne Zeit verbracht. Von Berlin will ich dir lieber nichts erzählen. Du glaubst ja nicht, wie es da jetzt aussieht.«

Marianne packt ihren Koffer aus.

»Sag mal, ist das Zivilkleidung?«, fragt Johanna erstaunt, als sie einen Blick in Mariannes Koffer wirft.

»Ja, meine Mutter hat gemeint, die könnte ich vielleicht bald brauchen.«

»Zivilkleidung? Hier? Die darfst du doch gar nicht tragen.«

»Das weiß ich auch, aber Mutter meinte, sie wäre vielleicht bald nötig.«

»Das verstehe ich nicht.«

»Mutter meint, dass der Krieg bald zu Ende sein könnte. Und da wäre … da wäre Zivilkleidung gut.«

»Ach so, sie meint, der Endsieg steht kurz bevor?«

»Ja, der … Endsieg …«

Das kurze Gespräch hat Johanna irgendwie beunruhigt. Beim Endsieg ist es doch eine Ehre, gekämpft zu haben. Da braucht man doch keine Zivilkleidung.

»Vierundzwanzig Flugzeuge haben wir schon heruntergeholt. Wir mit unserer Batterie. Beim fünfundzwanzigsten bekommen wir alle zusammen eine Auszeichnung. Da bin ich mal gespannt«, meint Johanna.

»Vielleicht gibt es eine Ration Verpflegung extra oder ein Glas Sekt oder so. Irgendetwas lassen sie sich bestimmt einfallen.«

Ende Januar wird Johanna zum Hauptfeldwebel gerufen.

»Wir haben Order, geeignete junge Frauen zum Unteroffizierskurs nach München zu schicken. Wir haben dabei gleich an Sie gedacht. Sie sollen dort für das Kommandogerät ausgebildet werden. Der Kurs dauert vier Wochen. Danach kommen Sie zurück und können hier zur Bedienung eines Kommandogeräts eingesetzt werden.«

Marianne muss in Barleben bleiben.

»Die paar Wochen sind schnell herum«, tröstet Johanna ihre Freundin. »Sei so lieb und pass auf meine Habseligkeiten auf. Ich nehme nur das Nötigste mit nach München.«

Johanna macht sich – mit dem Marschbefehl nach München im Gepäck – auf den Weg in die bayerische Hauptstadt.

»Ein bisschen schade ist es doch«, denkt sie unterwegs. »Nun werde ich den fünfundzwanzigsten Treffer nicht miterleben. Und natürlich auch die Auszeichnung nicht bekommen ...«

München

Johanna meldet sich in München in der Kaserne.

»Damit du es gleich weißt, Kameradin«, sagt eine junge Frau, die schon einige Tage in München ist und ebenfalls am Unteroffizierslehrgang teilnehmen soll, »mit der Verpflegung hier hapert es.«

Johanna denkt: »Na ja, vier Wochen werde ich wohl überstehen. Dann fahre ich ja zum Glück wieder nach Magdeburg, wo es an Verpflegung nicht mangelt.«

Wie oft hat sie als Schulmädchen davon geträumt, einmal München zu sehen, die Pinakothek zu besichtigen oder auch die Feldherrnhalle anzuschauen.

Hatte der Führer hier nicht früher bereits versucht, die Macht zu erlangen? Damals war er gescheitert und wurde zu einer Festungshaft in Landsberg verurteilt, wo er sein Buch »Mein Kampf« schrieb.

Nun ist sie in dieser schönen Stadt – aber rechte Freude darüber will nicht aufkommen. Zu stark sind die Zerstörungen des Krieges. Zu oft gibt es Fliegeralarm, zu sehr ist sie selbst abgestumpft gegen alles, was schön und lebenswert ist. Jetzt geht es nur noch darum, weiter zu funktionieren und weiter zu leben.

Zusammen mit anderen jungen Frauen aus den verschiedensten Waffengattungen lernt Johanna nun das Kommandieren. Wer irgendwann als Unteroffizier tätig sein will, muss das schließlich können. Anschließend erfolgt eine intensive Ausbildung am Kommandogerät. Immer wieder aber werden sie durch Fliegeralarm unterbrochen, meistens nachmittags.

Sobald die Sirenen aufheulen, müssen sie so schnell wie möglich zu den Felsen laufen, die hinter dem Kasernenplatz, etwa einen Kilometer entfernt, aufragen. In diese Felsen sind Stollen gegraben, die den Bewohnern der Kaserne als Luftschutzbunker dienen. Man muss schon tüchtig rennen, um die Stollen zu erreichen, bevor die Flieger eingetroffen sind. Nur die Brandwache bleibt in der Kaserne zurück, um eventuell niedergegangene Brandbomben sofort zu löschen, so dass sie keinen großen Schaden anrichten können. Man weiß nur nie, ob der Feind nun Brand- oder Sprengbomben abwirft. Deswegen hat man als Brandwache – der Dienst erfolgt reihum – immer ein etwas mulmiges Gefühl in der Magengegend.

Ostern 1945. Zusammen mit einer katholischen Kameradin besucht Johanna am Ostersonntag einen Gottesdienst. Die Kameradin trifft dort eine befreundete Familie – und die beiden werden prompt zum Kaffeetrinken eingeladen. Johanna fühlt sich herzlich wohl bei dieser Familie. Sie bekommt sogar ein richtiges buntes Osterei geschenkt.

Ende März 1945 ist der Lehrgang zu Ende. Johanna holt sich ihren Marschbefehl ab – ein lebenswichtiges Stück Papier. Man benötigt ihn, um sich unterwegs auf den Kommandanturen zu melden, wo man auch gleichzeitig Verpflegung erhält.

»Sie wollen zurück nach Magdeburg?«, fragt sie ein Uniformierter auf der Schreibstube. »Ja wissen Sie denn nicht, dass Sie da nicht mehr hinkönnen?«

»Warum denn nicht?«

»Dort sind doch schon die Amerikaner!«

Johanna schluckt. »Die Amerikaner sind schon in Magdeburg? Ja aber …«

»Wir werden Ihnen einen Marschbefehl nach Prag ausstellen. Dort suchen sie Fachleute für die Fliegerabwehr.«

»Nach Prag? Wie soll ich dorthin kommen?«

»Das ist jedem selbst überlassen.«

Als Johanna mit ihrem Marschbefehl in Richtung Prag auf dem Kasernenhof steht, ist sie wie vor den Kopf geschlagen. »Die Amerikaner sind in Magdeburg. Wie wird es meinen Kameraden, wie wird es Marianne dort ergehen? Und wie meinen Lieben zu Hause?«

Irrfahrt

Auch die meisten anderen jungen Frauen haben einen Marschbefehl nach Prag erhalten.

»Wir müssen zuerst einmal eine Landkarte haben, damit wir nachsehen können, wie wir am besten dorthin kommen«, schlägt eine Kameradin namens Bärbel vor.

Eine Landkarte ist schnell organisiert. Viele Köpfe beugen sich darüber.

»Eindeutig: die erste Etappe ist Rosenheim!«

Ab und zu verlässt ein Wehrmachtsfahrzeug das Kasernengelände. Sofern es nach oder über Rosenheim fährt, nimmt jedes Fahrzeug einige junge Frauen mit, die ihre Reise nach Prag antreten wollen. Jede von ihnen ist mit einem Rucksack bepackt, in dem alle ihre Habseligkeiten stecken.

Am frühen Abend treffen sie nach und nach vor der Kommandantur in Rosenheim ein.

»Verpflegung gibt es hier für jede«, erfahren Johanna und Bärbel von einer Kameradin, »aber Nachtquartiere müssen wir uns selbst beschaffen.«

Die beiden melden sich, nehmen ihre Verpflegung in Empfang und kommen wieder heraus.

»Wir fragen einfach in einem Gasthof nach, ob wir da schlafen können«, schlägt Bärbel vor.

Ob es in Rosenheim einen Gasthof mit genügend Platz für dreißig uniformierte Frauen gibt? Vor einem respektablen Haus stellen sich alle auf. Jemand klopft den Gastwirt heraus.

»Wisst's was?«, meint der, als er die vielen Unterkunft Begehrenden sieht, »ich schütte euch Stroh in die kleine Gaststube, da könnt's alle schlafen.«

Zeitig am nächsten Morgen sind alle wieder auf den Beinen und laufen zur Ausfallstraße Richtung Salzburg. Von dort aus soll es nach Linz gehen und dann in nördlicher Richtung weiter nach Prag.

Die Frauen hoffen darauf, dass sie gruppenweise in Armeefahrzeugen mitgenommen werden. Johanna und Bärbel stehen an der Straße und winken einem Soldaten, der in einem Lkw unterwegs ist. Er hält tatsächlich an und springt aus dem Fahrzeug.

»Wo soll's hingehen?«, fragt er.

»Irgendwie in Richtung Prag«, sagt Bärbel und lächelt den jungen Soldaten an. Er macht einen netten Eindruck.

»Was wollt ihr denn in Prag?«

»Wir haben einen Marschbefehl dorthin«, sagt Johanna.

»Lasst doch mal sehen!« Der Soldat schaut sich das Papier an. »Tatsächlich, ein Marschbefehl nach Prag. Wollt ihr da wirklich hin?«

»Natürlich! Befehl ist Befehl!«

»Seid ihr denn des Wahnsinns? Da sind doch schon die Russen!«

»Nein!«

»Doch! Jetzt noch nach Prag zu gehen, das ist Selbstmord!«

»Was sollen wir denn machen?«

Der junge Soldat winkt die anderen jungen Frauen dicht zu sich heran. »Hört zu! Ich bin auf der Schreibstube der Kommandantur in Bad Aibling«, flüstert er. »Ich stelle euch einen anderen Marschbefehl aus. Überlegt euch, wo ihr hin möchtet! Nach Prag könnt ihr jetzt auf keinen Fall mehr.«

»Ja geht das denn so einfach?«

»Das lasst meine Sorge sein. Bleibt heute in Rosenheim. Morgen früh kommt bitte hier zur Brücke und holt euch neue Marschbefehle ab. Ihr müsst mir nur sagen, was ich ausstellen soll. Habt ihr hier Bekannte oder Verwandte in der Gegend?«

»Verwandte nicht, aber Bekannte schon«, sagt Johanna. Sie denkt an den Organisten Wiesinger, den sie in der Duisburger Kaserne kennen gelernt hat. Seine Familie hat einen Bauernhof in der Nähe von Kempten. Er hatte ihr angeboten, sich im Falle eines Falles bei seinen Leuten auf ihn zu berufen.

»Stell uns doch einen Marschbefehl nach Kempten im Allgäu aus.«

Der junge Mann hält Wort. Am nächsten Morgen hat er die Marschbefehle ausgefertigt. Bei Johanna und Bärbel steht Kempten im Allgäu darauf.

Teils zu Fuß, teils als Mitfahrerinnen erreichen die beiden Kufstein, holen auf der Kommandantur ihre Lebensmittelrationen ab, übernachten im Straßengraben, besichtigen die dortige Burg und setzen ihre Reise fort.

Am nächsten Tag fahren sie bei herrlichem Frühlingswetter durch das Inntal. Ein Bauer lässt sie auf der Ofenbank übernachten.

Als sie in Innsbruck eintreffen, melden Johanna und Bärbel sich pflichtgemäß auf der dortigen Kommandantur. Doch der Mann auf der Schreibstube schüttelt den Kopf.

»Sie haben einen Marschbefehl nach Kempten? Da können Sie jetzt nicht hinfahren.«

»Sind da etwa auch schon die Amerikaner?«, fragt Johanna entnervt.

»Die Amerikaner nicht, aber die Franzosen. In Kempten wird gerade gekämpft.«

»Haben Sie denn andere Verwendung für uns?«

»In Bozen wird ein großes Auffanglager für Flakhelferinnen eingerichtet. Wir schicken Sie dorthin.«

Kurze Zeit später halten die beiden den Marschbefehl nach Bozen in Händen.

»Übernachten können Sie hier im Sammellager. Und morgen versuchen Sie, auf einem Armee-Lastwagen mitzukommen, der über den Brenner nach Südtirol fährt.«

Am nächsten Morgen stehen die beiden jungen Frauen marschbereit mit ihren Rucksäcken an der Straße. Das schöne Wetter der letzten Tage ist vorbei. Es regnet heftig, die Täler sind nebelverhangen. Von der schönen Landschaft ist nur wenig zu sehen.

Als sich ein Lastwagen nähert, winken beide. Das Fahrzeug bleibt stehen.

»Wo soll es hingehen?«, fragt der Fahrer.

»Wir müssen nach Bozen«, erklärt Johanna. »Habt ihr Platz für uns beide?«

»Platz schon, aber mit uns zu fahren, ist höchst gefährlich. Unser Wagen ist bis oben hin mit scharfer Munition beladen.«

»Das macht uns nichts aus.«

»Jetzt gibt es aber täglich Tieffliegerangriffe. Wenn wir

einen Treffer abkriegen, fliegen wir allesamt in die Luft«, warnt der Beifahrer.

»Kamerad«, Johanna winkt müde ab. »Seit Monaten hausen wir in unmittelbarer Nachbarschaft von scharfer Munition.«

»Das sind wir gewöhnt«, pflichtet Bärbel bei.

»Also gut, dann steigt auf.«

Das vollbeladene Fahrzeug kriecht die Straße zum Brenner-Pass hinauf. Der Nebel wird immer dichter, je höher es kommt.

»Habt ihr nicht etwas von Tiefffliegern erzählt?«, fragt Bärbel. »Wo bleiben die denn?«

»Die fehlen einem ja richtig«, spottet Johanna.

»Scheinen sich heute nicht zwischen die Berge zu wagen. Bei der schlechten Sicht könnten sie schnell mal mit einer Felswand Bekanntschaft machen.«

Regen und Nebel halten an, bis das Fahrzeug Bozen erreicht hat. Tieffliegerangriffe hat es heute nicht gegeben.

»Wenn ihr gestern gefahren wäret, dann hätte es ganz anders ausgehen können. Gestern war klare Sicht. Da kamen unsere Freunde ständig und haben uns beschossen. Ihr habt also wirklich Schwein gehabt!«

Johanna senkt den Kopf. »Danke für das Regenwetter«, betet sie im Stillen.

Auffanglager Bozen

Spät am Abend melden sich die beiden in Bozen.

»Gut dass ihr kommt«, begrüßt man sie in der Kommandantur. »Die Italiener laufen uns nämlich aus den Stellungen weg.«

Klar! Die Italiener haben in letzter Minute die Fronten gewechselt und sich auf die Seite der Aliierten geschlagen.

»Nachtquartier haben wir keins! Aber Verpflegung könnt ihr haben!«, sagt man den beiden jungen Frauen in Uniform. »Morgen bringen wir euch in die Flakstellung. Wo ihr übernachtet, müsst ihr selbst sehen.«

Kurze Zeit später stehen beide mit ihrer Ration Kommissbrot und der Beilage auf dem Bozener Marktplatz. Suchend blicken sie sich um. Es ist schon spät, wo können sie noch ein Nachtquartier finden?

Da entdecken sie in einer Seitenstraße »ihren« Lkw, mit dem sie hergekommen sind. Beifahrer und Fahrer haben den Wagen inzwischen entladen und rüsten sich zur Nachtruhe auf der Ladefläche. Sie erzählen, dass sie noch keine Bleibe für die Nacht hätten.

»Ihr könnt hier bei uns auf dem Wagen übernachten.« Eine freundliche Geste lädt sie ein, auf die Ladefläche zu klettern. Beide Mädchen verzehren ein Stück Brot und rollen dann ihre Schlafsäcke aus.

Kaum ist Johanna hineingekrochen, da spürt sie, wie eine Hand nach ihr greift. Erschrocken fährt sie auf. »Was ist?«

Im Dämmerlicht erkennt sie, dass einer der Männer neben ihr sitzt. Er ist nur spärlich bekleidet.

»Was wollen Sie?«

»Was ich will? Ich will dich nur ein bisschen lieb haben. Hast du was dagegen?«

»Ja«, sagt Johanna, »ich habe etwas dagegen.«

»Nun sei doch nicht so! Ihr Flak-Mädchen …«

»Johanna«, ruft Bärbel, »ich glaube, wir müssen uns doch ein anderes Nachtquartier suchen. Ich fühle mich hier belästigt.«

»Na, na …«, beruhigt sie einer der Männer. »Dann eben nicht.«

»Lasst uns bitte in Ruhe!«, sagt Johanna.

»Ihr seid doch auch beide verheiratet«, fügt Bärbel hinzu. »Ich habe die Eheringe an euren Händen gesehen.«

»Schon gut, schon gut! Aber ihr braucht deswegen kein neues Nachtquartier zu suchen. Wir schlafen jetzt auch.«

Am nächsten Morgen kann keiner der beiden Männer den jungen Frauen in die Augen sehen. Johanna kocht Tee für beide mit. Als sie sich anschließend in eine Ecke zurückzieht, um in ihrer kleinen Bibel zu lesen, machen beide betroffene Gesichter.

Am Vormittag melden Johanna und Bärbel sich wieder in der Kommandantur. Sie werden daraufhin in die Flakstellung bei Bozen gebracht. Offiziell haben sie die Aufgabe, Bozen zu schützen, aber es gibt fast keine Angriffe. Gelegentlich taucht ein einzelnes feindliches Flugzeug auf, das irgendwo eine Bombe ins Feld wirft. Niemand nimmt das richtig ernst. Jedenfalls braucht man sich deswegen nicht die Mühe zu machen und zu schießen.

Nach der ersten Nacht im Auffanglager hat Johanna am ganzen Köper kleine Pickel, die fürchterlich jucken. Bärbel geht es ähnlich. Jeder Pickel hat in der Mitte ein winziges rotes Pünktchen, als wenn dort etwas zugebissen hätte.

Während Johanna noch den Schaden begutachtet, sieht sie in den Ritzen der Wand kleine Tiere entlangkrabbeln. Wanzen! Die Pickel sind also Wanzenbisse! In diesem Barackenraum wird sie keine Nacht mehr verbringen. Sie organisiert sich ein Klappbett, das sie im Vorraum der Baracke aufstellt. Die Wanzen scheinen den Umzug ihres Opfers nicht registriert zu haben, denn anschließend lassen sie Johanna in Ruhe.

Die Verpflegung im Lager ist manchmal etwas ungewöhnlich. Mal gibt es nur Brot, ein anderes Mal wird Butter und Schokolade verteilt. Johanna macht es wie die anderen Kameradinnen auch. Sie streicht die Butter dick auf die Schokolade und beißt Stück für Stück ab.

In ihrer Freizeit dürfen die Flakwaffenhelferinnen auch die Stadt Bozen besuchen oder Wanderungen in die wunderschöne Umgebung machen. Es ist fast wie im Urlaub. Nach den hektischen Wochen, die hinter ihnen liegen, wird es fast langweilig.

Eines Tages werden Frauen gesucht, die nähen können. Johanna meldet sich.

»Wir haben eine Menge Stoff vorrätig. Alle Frauen, die nähen können, sollen aus dem Stoff Turnhosen für Soldaten nähen.«

Die Nähkundigen setzen sich an die vorhandenen Maschinen und beginnen mit der Arbeit. Von nun an rattern fast ununterbrochen die Nähmaschinen.

Wiederum ein paar Tage später wird den Lagerbewohnerinnen mitgeteilt, sie könnten zu der nahe gelegenen Schuhfabrik gehen und sich nach Belieben mit Schuhen eindecken.

»Das ist kein Diebstahl, das ist Wehrmachtsgut! Nehmt euch so viele Paare, wie ihr brauchen könnt. Sonst fallen sie den Italienern in die Hände.«

Nach und nach laufen die Mädchen zu der Fabrik hinüber. Jede sucht sich einige Paare aus. Johanna findet ein Paar Schuhe, das ihr besonders gut passt und gefällt. Sie weiß noch nicht, dass sie in diesen Schuhen einmal vor den Traualtar treten wird …

Kurz darauf wird das gesamte Lager zusammengerufen.

»Soeben wurde in den Nachrichten gemeldet, dass der Führer im Kampf um Berlin den Heldentod erlitten hat«, teilt der Lagerleiter mit.

»Der Führer ist tot!« Es klingt wie ein Aufschrei. Auf vielen Gesichtern ist Entsetzen und Ratlosigkeit zu sehen. »Was soll nun werden? Wir haben keinen Führer mehr!«

Johanna läuft es kalt den Rücken herunter. Der Führer ist tot. Heldenhaft soll er im Kampf um Berlin gefallen sein … Es würgt sie im Hals, aber sie muss nicht weinen. Was soll nun werden? Das weiß sie auch nicht. Niemand weiß es. Sie schluckt. Aber eins weiß sie doch: Sie hat einen Herrn, dem sie ihre Zukunft anvertrauen kann und der sie jetzt nicht fallen lässt.

Wenige Tage später ist der Krieg zu Ende.

Nach Italien hinein

»Die Amerikaner sind da«, flüstern die Mädchen im Lager sich zu. Von der Übernahme des Lagers durch die Eroberer hat niemand etwas bemerkt. Das Einzige, was sich geändert hat, ist die Hautfarbe der Bewacher. Unter ihnen sind auch farbige Amerikaner.

Die Lagerinsassinnen erhalten den Befehl, in der Kantine zu bleiben. Später dürfen sie die Kantine verlassen, nicht aber das Lager. Ausgang in die Stadt Bozen gibt es ab sofort nicht mehr.

Johanna hat schon seit Januar keine Post mehr von daheim erhalten. Sie weiß nicht, wie es ihren Lieben geht. Was ist mit ihrem Vater? Zuletzt war er in Berlin, aber die Stadt soll heftig umkämpft worden sein. Ob er noch lebt?

Wenn die Amerikaner sogar bis Magdeburg vorgedrungen sind, dann haben sie bestimmt auch das Waldecker Land erreicht. Sie hofft, dass alle Verwandten dort wohlauf sind. Umgekehrt kann sie sich ausmalen, welche Sorgen sich ihre Mutter und ihr Bruder um sie machen werden.

Einige Tage später wird der Befehl ausgegeben, die Flakwaffenhelferinnen sollten sich fertig machen zum Abtransport ins Gefangenenlager.

Große Busse fahren vor. Die Frauen laden ihr Gepäck ein, und ab geht die Fahrt in südlicher Richtung.

Johanna fühlt sich nicht wohl. Sie schaut aus dem Bus, um die italienische Landschaft zu betrachten, aber irgendwie flimmert es ihr vor den Augen. Schließlich schläft sie ein.

Als Bärbel sie weckt, hat der Bus auf einem großen Parkplatz Halt gemacht. Johanna sieht einen weißen Turm, der sich bedrohlich zur Seite neigt, als würde er sich vor ihr verbeugen. Das erschreckt sie.

»Siehst du den schiefen Turm von Pisa?«, fragt Bärbel.

Sie schaut Johanna fragend an. »Was ist mit dir? Du hast bestimmt hohes Fieber.«

Johanna nickt. Aha, dieser Turm, der sich ständig vor ihr verbeugt, das also ist der schiefe Turm von Pisa. Plötzlich fängt der Turm an, sich zu drehen, zu tanzen ...

Johanna wird in einem Lazarett in Florenz wach. Als es ihr langsam besser geht, erzählt man ihr, dass sie an Diphterie erkrankt sei.

Sie wird bestens verpflegt; gute Medikamente bringen sie allmählich wieder zu Kräften. Aber erst nach neun Wochen darf sie das Lazarett verlassen.

Nun erfährt sie, dass die Amerikaner ein großes Sammellager für Wehrmachtshelferinnen in Florenz errichtet haben. Nebenan, nur durch einen hohen Stacheldrahtzaun getrennt, befindet sich ein Lager mit kriegsgefangenen deutschen Soldaten.

Die Lagerinsassen bekommen nun die Erlaubnis, nach Hause zu schreiben. Johanna schreibt sofort einen Brief nach Bad Wildungen. Antwort erhält sie nicht.

Im Kriegsgefangenenlager ist die Verpflegung äußerst dürftig. Morgens gibt es eine Tasse Kaffee und ein Scheibe Weißbrot mit einem Marmeladeklecks darauf, mittags eine Kelle Suppe, abends eine Scheibe Weißbrot und dazu Tomatensaft.

Neu ist, dass auch die Frauen eine wöchentliche Tabakzuteilung erhalten. Johanna raucht aus Langeweile und Hunger Zigaretten der Marke ›Chesterfield‹, dann aber entscheidet sie sich, die Tabakzuteilung lieber gegen Seife einzutauschen. Am Zaun zum Männerlager blüht der Tauschhandel. Seife wird sehr knapp an die Gefangenen ausgegeben, deshalb ist Johanna froh, einige Stücke gegen die Zigarettenschachteln eintauschen zu können. So kann sie sich unter der Dusche wenigstens richtig einseifen.

Eines Tages sind deutsche Sanitäter im Lager, um nicht normal transportfähige Verwundete nach Deutschland zu bringen. Sofort werden sie umringt und ausgefragt, weil alle wissen wollen, was in der Heimat los ist.

»Ihr werdet euch wundern, wenn ihr nach Deutschland kommt«, sagen die Sanitäter.

»Warum?«

»Na, zum Beispiel dies: In Deutschland, jedenfalls in der amerikanischen Zone, sind deutsche Mädchen mit schwarzen amerikanischen Soldaten befreundet.«

»Was?«, ruft Johanna empört. »Ich denke, das ist Rassenschande! Das würden doch deutsche Mädchen niemals machen.«

»Na, wartet es ab!«

»Das kann ich nicht glauben.«

»Du wirst sehen. Übrigens … Rassenschande, das gibt es nicht mehr. Das tausendjährige Reich ist vorbei. Es hat gerade mal zwölf Jahre gehalten.«

Johanna wendet sich ab. Das kann doch alles nur Lüge sein. Aber wenn es nun *keine* Lüge ist?

Hitler soll auch nicht im Kampf um Berlin gefallen sein. Nein, inzwischen erfährt man, er habe Selbstmord begangen, anstatt dem Feind entgegenzutreten. Wenn das stimmt, dann war der Führer also gar nicht der strahlende Held, sondern … ein elender Feigling.

Im Lager erzählen die Leute, die amerikanische Nachrichtensender verstehen können, im Osten seien Lager eingerichtet gewesen, in denen die Juden fabrikmäßig getötet wurden. Unvorstellbar!

Das muss feindliche Propaganda sein, entscheidet Johanna. Sie hat doch in der Schule gelernt, dass die Juden in den Osten zurückgebracht würden, von woher sie früher einmal eingewandert seien, und dort sollten sie wieder angesiedelt werden. Aber … inzwischen hat sich schon so vieles als Lüge herausgestellt … Was, wenn es nun doch so wäre, wie man sagt?

Die Leute, die Englisch verstehen, erzählen schreckliche Dinge. Überlebende aus diesen Lagern seien in den Sendungen zu Wort gekommen und hätten genau geschildert, welche Gräuel sich dort abgespielt hätten.

Johanna weiß nicht, wo ihr der Kopf steht. Alles, was ihr früher wertvoll, teuer, ja heilig war, stellt sich plötzlich als verbrecherisch heraus. Hat man sie die ganze Zeit über belogen, betrogen? Ihre Begeisterung für das Vaterland, die Begeisterung, mit der sie in den Krieg gezogen ist, um an einer gerechten, besseren Welt mitzubauen – all das soll sich auf ein Fundament aus Lug und Trug gestützt haben?

Seit ihrem sechzehnten Lebensjahr kennt sie nur Krieg. Jetzt ist sie bald dreiundzwanzig Jahre alt … Die unbekümmerten Jahre der Jugend, die Jahre, in denen junge Leute einfach in den Tag hinein leben, ohne sich zu viele Sorgen zu machen, um diese Jahre wurde sie betrogen. Nicht nur sie allein, alle ihre Altersgenossen auch. Hilde mit ihrem Mann, der nun keine Arme mehr hat. Ursula, die ihrem Mann nur ein Löckchen und die Fingernägelchen ihres Söhnchens schicken konnte und schon lange von ihm nichts mehr gehört hat … Sind die nicht alle betrogen worden?

»So viele meiner Ideale sind zerbrochen«, stellt Johanna

immer wieder fest. »Wie soll das Leben nur weitergehen? Wenn ich nicht wüsste, dass Gott es gut mit mir meint und dass er mit meinem Leben einen Plan hat, dann müsste ich tatsächlich verzweifeln. Der Führer, die Nazi-Größen und sogar die Volksgenossen – alle haben mich enttäuscht. Aber ich weiß, dass Jesus mich niemals enttäuschen wird. Er wird mir auch jetzt einen Weg zeigen.«

Etwa vier Wochen später soll Johanna mit einer Gruppe junger Frauen ins Gefangenenlager nach Pisa verlegt werden. Als sie gerade in die bereitstehenden Busse einsteigen wollen, kommen plötzlich italienische Zivilisten mit Stöcken und Steinen auf sie zu. Sie sind ganz offensichtlich zornig und schimpfen in ihrer Sprache. Einige streichen sich mit dem Zeigefinger am Hals entlang und strecken die Zunge heraus. Es ist ganz klar, was die Geste bedeuten soll: Man möchte die abreisenden Frauen am liebsten aufhängen. Als die Gruppe bedrohlich nahe herangekommen ist, schreiten die amerikanischen Soldaten energisch ein und vertreiben die aufgebrachte Menge.

»So ist das jetzt«, sagt Johanna zu ihrer Nachbarin, »unsere Feinde beschützen uns vor unseren Freunden.«

Einer der Bewacher sagt in gebrochenem Deutsch zu den Frauen: »Wir auch nicht lieben die Italiener. Das war nicht gut, wie sie ihre Freunde zuletzt haben verlassen.«

Als die Frauen ihn erstaunt anschauen, erklärt er lächelnd: »Ich habe gehabt deutsche Grandmother.«

Zurück in die Heimat

Etappenweise geht es nun auf Lastwagen der Heimat entgegen. Irgendwo werden die Frauen in einen Zug geladen, der sie bis nach Bad Aibling bringt. In dem dortigen Auffanglager sollen alle, die aus der Kriegsgefangenschaft entlassen werden sollen, gründlich untersucht werden, damit niemand eine ansteckende Krankheit mit nach Hause bringt.

Am Abreisetag stehen amerikanische Militärlastwagen vor dem Tor des Lagers. Ein dunkelhäutiger Fahrer besteigt das Führerhaus. Und los geht die Fahrt, immer weiter Richtung Norden. Der Fahrer scheint vergessen zu haben, dass er Menschen befördert, denn er fährt in rasantem Tempo über die Straßen, die nach dem Krieg nicht mehr in bestem Zustand sind.

Irgendwann ist das Auffanglager in Gießen erreicht. Johanna übernachtet hier, am nächsten Tag fährt sie mit dem Zug bis nach Wabern. Den Anschlusszug nach Bad Wildungen bekommt sie nicht mehr; in diesen Tagen werden Zugfahrpläne nur selten eingehalten.

Ein freundlicher Lastwagenfahrer nimmt sie schließlich mit und lässt sie an einer Straßenkreuzung kurz vor Bad Wildungen aussteigen.

Johanna holt tief Luft. Endlich daheim! Was und wen wird sie hier antreffen?

Das Glück braucht nicht Paläste ...

*Johanna erzählt selbst von ihrer Rückkehr
nach Bad Wildungen*

»Gott sei Dank, endlich daheim!«

Mit letzter Kraft warf ich meinen schweren Rucksack durch die offene Haustür in den Flur. Meine Mutter und Heinrich rissen erschrocken die Küchentür auf, und mit einem Freudenschrei fielen wir uns in die Arme. Hinter ihnen standen mein Vater und die Oma.

In der Küche konnte ich auch noch Tante Emma, Cousine Lenchen und Onkel Friedrich begrüßen, der ebenfalls aus der Gefangenschaft zurückgekehrt war. Seine Familie wohnte in Mecklenburg. Auf dem Sofa saß noch ein junger Mann, den ich zwar nicht kannte, dem ich aber ebenfalls die Hand zum Gruß reichte. Er nannte seinen Namen.

Bei der allgemeinen Wiedersehensfreude fiel mir gar nicht auf, dass er nur ein Bein hatte. Kurz darauf war er unbemerkt wieder verschwunden.

Nun gab es so viel zu erzählen! Ich hatte zwar aus der Gefangenschaft mehrere Briefe geschrieben, aber bis dahin war keine Nachricht von mir eingetroffen. Die Post kam erst, nachdem ich schon einige Wochen zu Hause war.

Kurz vor dem Abendbrot fragte mich meine Mutter: »Hast du eigentlich den jungen Mann begrüßt, der auf dem Sofa saß? Er sitzt im Wohnzimmer und weint.«

Ich bejahte und fragte, wer er sei. Daraufhin erfuhr ich, dass meine Tante, die bei einer orthopädischen Firma arbeitete, ihm bis zur Fertigstellung seiner Prothese Quartier gewährt habe. Er sei Sudetenländer, könne nicht zurück in seine Heimat und wisse auch nichts über seine Angehörigen.

Meine Heimkehr hatte ihm wohl schmerzlich ins Bewusstsein gerufen, dass er ein Heimatloser war, der – noch verstärkt durch den Verlust seines linken Beines – auf die Güte und Freundlichkeit fremder Menschen angewiesen war. Meine Lieben hatten ihn mit viel Herzlichkeit und Wärme aufgenommen, und das hatte bis jetzt seinen Kummer überdecken können. Doch nun war er neu aufgebrochen; daher seine Tränen.

Nun saßen wir am Abendbrottisch und dankten Gott für die guten Gaben und das Dach über dem Kopf. Wie die Oma es nur immer fertigbrachte, die vielen hungrigen Mäuler zu stopfen, ist mir bis heute ein Rätsel! Wenn auch nicht üppig, so war doch immer das Nötigste vorhanden. Dank Gottes Güte bescherte uns der Sommer reichlich Gemüse und Obst – und dafür brauchte man keine Lebensmittelmarken. Auch Kartoffeln gab es genug, und wenn es doch mal eng wurde, dann fuhr Oma zu ihren beiden Töchtern in Netze und Sachsenhausen, die große Gärten besaßen. Dort fiel immer mal etwas ab, auch manchmal ein Stückchen Speck oder eine Schwarte.

An den lauen Sommerabenden saßen wir oft in dem kleinen Vorgarten, der durch eine hohe Hecke zur Straße hin abgeschirmt war. Wir redeten über Vergangenheit und Zukunft ... Was konnte sie uns nach dem verlorenen Krieg noch bringen?

Dann griffen die Männer zu Gitarre und Mandoline, und da wir alle keine schlechten Sänger waren, hatten wir bald einen kleinen Chor zusammen. Zunächst sangen wir

Soldaten- und Wanderlieder, die wir noch im Ohr hatten, danach unsere schönen alten Volkslieder, die dann in tröstliche Glaubenslieder übergingen. Josef brillierte dabei mit seiner wunderschönen Tenorstimme und flocht zur allgemeinen Erheiterung ab und zu einen lustigen Jodler mit ein. Das alles stimmte uns wieder froh und zuversichtlich. Wir waren einfach dankbar, den furchtbaren Krieg überstanden zu haben und wieder ein Stück Geborgenheit genießen zu können.

Für uns alle war es selbstverständlich, dass wir am Sonntagmorgen den Gottesdienst besuchten. Auch Josef, der katholisch war, nahm daran teil. Als zehnjähriger Junge hatte er die heilige Kommunion empfangen, doch ihre Bedeutung war ihm nicht recht bewusst geworden. Die Ängste im Krieg, das Sterben von Kameraden neben ihm hatten viele Fragen aufgeworfen, für die er eine Antwort suchte. Würde er sie in Gottes Wort finden? Gab es wirklich einen Gott der Liebe, der sogar seinen Sohn für die Menschheit opferte? Als er das endlich begreifen und glauben konnte, bekam sein Leben eine ganz neue Perspektive. Diesem Gottessohn vertraute er fortan sein Leben an.

An einem Wochenende fand ein Jugendtreffen in Sachsenhausen statt, an dem wir alle teilnehmen wollten. Es war gar nicht so einfach, dorthin zu gelangen, wir mussten erst mit der Bahn, dann mit dem Bus fahren und zum Schluss noch ein Stück zu Fuß gehen. Deshalb mussten wir schon einen Tag zuvor die Reise antreten. Die wurde jedoch schon in Netze unterbrochen, weil die Reiherbachbrücke zerstört war. Meine Tante in Netze konnte einige Gäste über Nacht aufnehmen. Ich musste jedoch noch an dem Abend zu Fuß nach Sachsenhausen laufen, denn in Netze reichten die Quartiere nicht für alle. Dabei war mir recht unheimlich zumute, denn der Weg führte durch einen einsamen Wald.

Josef begleitete mich trotz Krücken ein Stück. Am Waldrand machten wir eine Pause. »Du hast übrigens schöne Schuhe an«, bemerkte er plötzlich.

»Gefallen sie dir?«, fragte ich zurück.

»Nicht nur die Schuhe, das ganze Dirndl gefällt mir.«

Was sollte ich nun dazu sagen?

Das Jugendtreffen am Sonntag fand in der Kirche in Sachsenhausen statt. Von weit her waren die Besucher gekommen, und nicht nur junge Leute.

In der Mittagspause machten wir auf einer Wiese hinter dem Haus meiner Tante Rast. Wie selbstverständlich legte Josef dabei seinen Kopf in meinen Schoß. Mir war das furchtbar peinlich, denn vom Haus aus konnte man uns genau beobachten – und vielleicht irgendwelche falschen Schlüsse ziehen.

Die Ermahnung meiner Mutter ließ dann auch nicht lange auf sich warten. Bei der Heimreise im Bus sagte sie: »Halte dich doch ein bisschen zurück ... Wir wissen doch gar nichts über den Josef und wo er wirklich herkommt.«

Ich konnte nur verlegen stottern: »Ich habe doch gar nichts getan ...«

Für die Mittagsmahlzeiten unserer so bunt zusammengewürfelten Familie waren hauptsächlich wir Frauen verantwortlich, ausgenommen Tante Emma und Cousine Lenchen, die berufstätig waren. Da ich die jüngsten Beine hatte, wurde ich oft zu Besorgungen in die Stadt geschickt.

Josef ging dann mit seinen Krücken gerne mit, um sich die Zeit zu vertreiben.

Einmal schlug er vor, einen kleinen Abstecher zum Schlossberg zu machen. Ich hatte zwar Bedenken, ging dann aber doch mit.

Am Waldrand setzten wir uns auf die Wiese und genossen den schönen Ausblick, die gute Luft und das Vogelgezwitscher. Plötzlich legte Josef den Arm um mich und wollte mich küssen.

Ich wehrte ab und fragte: »Willst du mit mir spielen?«

»Glaubst du, mir wäre zum Spielen zumute?«, war seine Entgegnung.

Ich war so überrascht, dass ich heute nicht mehr weiß, ob er sein Vorhaben noch durchführen konnte oder nicht. Schnell besann ich mich auf meine Pflichten, und wir gingen nach Hause, wo ich schon ungeduldig erwartet wurde.

Am Abend des gleichen Tages sollte ich noch etwas zu Bekannten hinüberbringen. Josef, der vor der Haustür saß, ging wieder mit. Als wir noch keine hundert Meter vom Haus entfernt waren, rief mein Vater hinter uns her: »Wartet, ich komme auch mit!«

Darüber wunderte ich mich sehr. Ich dachte: »So schwer habe ich doch nicht zu tragen – oder schickt Mutter mir am Ende einen Aufpasser hinterher?« Dieser Gedanke ließ mich nicht los, und es wurmte mich immer noch, als wir auf dem Rückweg zu dritt auf einer Bank am Kaiser-Wilhelm-Platz saßen. Doch mein Vater blieb nicht lange bei uns sitzen. Hatte er jetzt – hundert Meter vor der Haustür – seinen Auftrag erfüllt?

Ich war aufgebracht. Monate und Jahre war ich von zu Hause fort gewesen: Arbeitsdienst, Kriegshilfsdienst, Flak-

Helferin in der Duisburger Kaserne und draußen mit Soldaten in den Stellungen. Überall hatte ich selbst auf mich aufpassen müssen – und nie hatte ich mir jemand zu nah an die Wäsche kommen lassen.

»Sollte er vielleicht Aufpasser spielen?«, entfuhr es mir.

Josef hakte sofort ein. »Natürlich wollen sie ihr Töchterchen vor mir schützen. Wer bin ich denn schon? Ein Krüppel, der nichts hat und nichts ist. Wenn ich meine Prothese habe, verschwinde ich sofort. In Bayern habe ich Kriegskameraden und auch einen Onkel. Vielleicht finde ich da irgendwo eine Bleibe.«

Mir taten seine Worte weh, im Geiste sah ich ihn mutterseelenallein vor einer Tür stehen und um Aufnahme betteln. Mir liefen die Tränen die Wange hinunter.

»Hannchen, du weinst doch nicht etwa um mich?«

Ich muss wohl genickt haben.

»Ja, liebst du mich denn? Du, ich liebe dich auch und habe mir immer eine Frau wie dich gewünscht. Ich weiß ganz gewiss, dass Gott uns zusammengeführt hat.«

In meinem Kopf ging alles durcheinander, und ich konnte gar nichts sagen. Da nahm er mich einfach in den Arm und gab mir einen Kuss.

»Hannchen, lass uns zusammenbleiben. Sag, willst du meine Frau werden?«

Ich sah ihn unter Tränen an und nickte. Wir umarmten und küssten uns.

Nun waren es nur noch wenige Minuten bis zur Sperrstunde um 22 Uhr, darum mussten wir schleunigst nach Hause. Meine Mutter war schon schlafen gegangen, und Oma hatte sich ihr Lager in der Küche bereitet. So ging ich auch nach oben und legte mich hin.

In meinem Kopf wirbelten die Gedanken. Was hatte ich da getan? Josef mein Ja-Wort gegeben, obwohl ich ihn doch erst drei Wochen kannte.

Meine Mutter war empört und sprach lange Zeit nicht mit uns. Josef ließ sich aber nicht beirren und bat am nächsten Morgen meinen Vater um die Hand seiner Tochter. Da ich bereits 22 Jahre alt war und damit eigenverantwortlich, konnte er nichts dagegensetzen. Ihm war nur wichtig, dass wir sicher waren, dass unser Entschluss auch dem Willen Gottes entsprach. Bei Josef gab es darüber keinen Zweifel.

Nun war ich über Nacht zur Braut geworden – eine gewöhnungsbedürftige Situation, die mich aber recht glücklich machte, denn ich merkte, dass ich Josef wirklich lieb hatte.

Da wir im selben Haushalt lebten, waren wir täglich beieinander, konnten vieles gemeinsam unternehmen, und das war sehr förderlich für unser Kennenlernen. So konnte ich ihm auch bei den ersten Gehversuchen mit seiner Prothese hilfreich zur Seite stehen.

Bewundernswert war es immer wieder, mit wie viel Humor er seine schwere Behinderung meisterte. Freundlichkeit und Frohsinn waren Teil seines Wesens. Ein gut aussehender Mann war er auch – das werden alle bestätigen, die ihn gekannt haben. Rückblickend kann ich sagen: Seine zärtliche Liebe und Treue waren das Fundament unseres 47 Jahre dauernden Eheglücks. Ja, ich hatte mit ihm das große Los gezogen – kein Geldlos, sondern ein Glückslos!

Nun galt es, ein gemeinsames Leben aufzubauen. Wir hatten beide nichts, also hieß es, eine Arbeit suchen. Eine Bürostelle gab es für mich nur bei den Amerikanern. Da ich aber erst kurz zuvor aus amerikanischer Gefangenschaft heimgekehrt war, hatte man auf dem Arbeitsamt volles Verständnis, dass ich eine solche ablehnte.

»Sonst haben wir leider nichts für Sie«, sagte man mir.

Nachdem er mit der Prothese gut zurechtkam, konnte Josef in einer Werkzeugfabrik in Wega arbeiten. Das war gut, denn Kriegsbeschädigten-Rente gab es ja noch keine, und so hatte er auch etwas selbst verdientes Geld in der Tasche und konnte bei Oma einen kleinen Betrag für Kost und Logis abgeben.

Herbst 1945. Bad Wildungen war eine mittelgroße Kurstadt mit einer reizvollen Umgebung. Die Wälder prangten in satten Herbstfarben, und die schon wieder frisch aufgeworfenen Ackerschollen bildeten einen wohltuend beruhigenden Kontrast dazu.

Josef und ich gingen so oft wie möglich hinaus, um die letzten warmen Sonnenstrahlen zu genießen. Ein Spaziergang führte uns an der Friedhofsmauer entlang hoch zum Warteköppel. Wo die Mauer endete, stand auf der gegenüberliegenden Seite ein einsames Haus zwischen den Feldern. Ein Feldweg mit Schleedornbüschen teilte die Äcker. Dort machten wir Rast und hatten einen herrlichen Ausblick auf die Stadt – rechts der schon erwähnte Schlossberg mit Schloss Friedrichstein, in der Mitte die Altstadt mit dem trutzigen Kirchturm und links das Kurviertel, aus dem die roten Türme des Fürstenhofes malerisch hervortraten. Ein schönes Bild – und es war Frieden.

Josef legte den Arm um mich und gab mir einen Kuss. Wir waren glücklich. Dieses Glück half uns dabei, die Schrecken des Krieges abzuschütteln und – im Vertrauen auf Gott und unsere Liebe – nach vorn zu schauen. Damals ahnten wir noch nicht, dass an diesem Feldweg einmal unser Häuschen stehen würde, in dem wir mit unseren vier Kindern viele glückliche Jahre verleben durften. Doch bis dahin verging noch einige Zeit.

Ungefähr Mitte November kam unser Pastor zu uns und fragte mich, ob ich auch eine Arbeitsstelle in einem Haushalt annehmen würde. Warum nicht, dachte ich.

Es handelte sich um eine Fabrikantenfamilie in der Nähe von Homberg. Ich stellte mich vor und begann am 15. Januar meine Tätigkeit. An sich gefiel es mir dort sehr gut, wenn nur die Sehnsucht nach meinem Josef nicht gewesen wäre!

Alle vierzehn Tage durfte ich übers Wochenende nach Hause fahren. Das war immer sehr schön, aber auch umständlich, denn die Zugverbindungen waren katastrophal. Zunächst fuhr ich mit meinem alten Fahrrad bis Wabern, dann weiter mit dem Zug nach Wildungen. Montags morgens um sechs Uhr ging es dann umgekehrt. Wenn nur die vielen Berge nicht gewesen wären! Ich musste doch um acht Uhr wieder zum Dienst zurück sein. Aber was tut man nicht alles aus Liebe! Dazwischen flog manches Liebesbrieflein hin und her.

Als ich wieder einmal ein Wochenende zu Hause war, sagte Josef: »Es tut mir so Leid, dass die Oma um meinetwillen jeden Morgen schon um sechs Uhr aufstehen muss. Sie ist doch auch schon über siebzig und hat ein schweres Leben hinter sich.«

Wir überlegten und kamen zu dem Schluss: Wir haben nichts, aber erst wenn wir verheiratet sind, können wir Anträge auf Wohnung, Möbel, Heizmaterial, Kartoffeln und so weiter stellen. Für alles brauchte man einen Bezugsschein. Also war der erste Schritt die Heirat! Als Termin legten wir den 20. August fest, Josefs Geburtstag.

Ich bat Frau Horn für diesen Zeitraum um vierzehn Tage Urlaub zwecks Heirat. Dann würde ich wieder zu ihren Diensten stehen.

Doch da machte sie ein bedenkliches Gesicht.

»Johanna«, meinte sie, »wenn man verheiratet ist, gehört man zu seinem Mann und lässt ihn nicht wieder allein. Bleiben Sie dann bei ihm.«

Ich war verwirrt. So hatte ich mir das nicht vorgestellt. Wollte sie mich vielleicht los sein? Sie hatte doch nie etwas an meiner Arbeit beanstandet. Oder glaubte sie etwa, ein »Muss« hätte diesen kurzfristigen Entschluss bewirkt? Später war ich ihr für diese Reaktion dankbar.

So packte ich also am 15. August meine Sachen und fuhr wieder nach Wildungen. Dort konnte ich meiner Mutter behilflich sein, eine bescheidene Hochzeit vorzubereiten. Das weiße Kleid, Kranz und Schleier wurden mir gern geborgt. Ebenso der dunkle Anzug für Josef.

Wir hatten zunächst an eine kleine Haustrauung gedacht, doch unser Pastor meinte, der eine oder andere aus der Gemeinde würde sicher gern daran teilnehmen. Deshalb sollten wir die Trauung doch lieber im Gemeindehaus stattfinden lassen. Wir ließen uns überreden.

Am 20. August, unserem Hochzeitstag und Josefs 24. Geburtstag, gingen wir morgens früh zunächst ins Badehaus an der Königsquelle, um ein Bad zu nehmen. Um 11 Uhr wurden wir auf dem Standesamt getraut. Trauzeugen waren Tante Emma und Werner Albrecht, ein Schicksalsgenosse von Josef.

Mit einem Taxi ließen wir uns anschließend zum Gemeindehaus fahren. Beim Aussteigen liefen neugierige Kinder und Passanten zusammen und machten mich ganz nervös, so dass ich es kaum erwarten konnte, bis Josef an meiner Seite war. Ich lief einfach voraus und musste zurückgerufen werden, um schön schicklich an der Seite meines Mannes den Saal zu betreten.

Doch da wartete ein neuer Schock auf mich. Hatten wir geglaubt, dass sich vielleicht einige Bekannte und Verwandte zu der Feier eingefunden hätten, so erwartete uns ein festlich geschmückter Saal voller Menschen! Alle erhoben sich von ihren Plätzen. Wo war das Mauseloch, in dem ich mich verkriechen konnte? Josef musste mich festhalten, sonst wäre ich wieder davongelaufen.

Die kleine Heidi mit dem Blumenkörbchen schob ich einfach beiseite. Ich ließ ihr kaum Zeit, die Blümchen zu streuen.

Im Altarraum angekommen, setzten wir uns auf zwei mit Girlanden geschmückte Stühle. Mein Blick fiel auf einen riesigen wunderschönen Blumenkorb, den ich auch während der Feier immer wieder anschauen musste. Wem der wohl gehören wird, dachte ich und ahnte nicht, dass er ein Geschenk des Chores an uns war.

Der Chor umrahmte durch seine Lieder auch unseren Traugottesdienst. Eines begann: »Herr, führe du, ich kann allein nicht gehen, ich weiß ja nicht den Weg, der vor mir liegt …«

Aus der Predigt habe ich zwei besonders beeindruckende Zitate behalten: »Wer heiratet, um glücklich zu werden, tappt daneben. Wer aber heiratet, um glücklich zu machen, der steht richtig.«

Und das andere: »EHE – drei Buchstaben. *Er* – der Mann, *Es* – das Weib und dazwischen das H. Daraus können die beiden sich *Himmel* oder *Hölle* machen.« Für uns wurde ein Stück Himmel daraus!

Ja, und dann der Trauspruch: »Ich will dich nicht verlassen noch versäumen ... Aber versäume gern das Deine um meinetwillen.«

Mein Herz konnte es kaum fassen. Was für eine gnädige Verheißung hatte Gott uns da gegeben – oder war es nur die Sympathie unseres Pastors, der uns Mut für unseren weiteren Lebensweg machen wollte? Erst als ein Jahr später am 20. August die gleiche Verheißung wieder in der Tageslosung stand und dazu noch: »Siehe, ich bin bei euch alle Tage bis an der Welt Ende«, da konnte ich sie wirklich für mich annehmen und glauben. Natürlich wollten wir auch gern das Unsere versäumen um *seinetwillen*. Ob es uns immer gelungen ist, weiß nur Gott allein. Wir haben jedenfalls erfahren, dass er zu seinen Verheißungen steht.

Kurz nach der Hochzeit bot man uns ein Zimmer an – eine Rarität in damaliger Zeit. Wir bekamen so viele nützliche Geschenke (von Frau Horn eine ganze Küche), so dass uns fast nichts mehr fehlte zu unserem bescheidenen Haushalt. Wie sang man damals: »Das Glück braucht nicht Paläste; ein warmes Herz, das ist das Beste in einem kleinen Zimmer mit etwas Sonnenschimmer ...«

Fünf Jahre später zogen wir dann in unser kleines Häuschen – an dem Feldweg am Warteköppel. Das Glück und Gottes Liebe und Treue begleiteten uns auch weiterhin.

Nachwort

Wir Heutigen tun uns schwer damit, die Generation zu verstehen, die zur Zeit der Herrschaft der Nationalsozialisten in Deutschland lebte. Angesichts unseres Informationsstandes können wir rückblickend leicht fragen: »Wie konntet ihr …?« oder »Warum habt ihr nicht …?«

Auch viele Menschen mit christlichem Hintergrund sind damals der Ideologie der Nationalsozialisten erlegen und hielten Hitler für einen durchaus religiösen Menschen und seine politischen Anliegen für vernünftig und legitim. Wir dürfen nicht vergessen, dass den Damaligen viele Informationen bewusst vorenthalten wurden. Zudem war das Abhören ausländischer Sender bei Androhung strenger Strafe untersagt.

Heute haben wir die Fähigkeit der kritischen Haltung gegenüber aller Art von politischer Propaganda entwickelt, was seinerzeit nur bei wenigen der Fall war. Viele junge Menschen glaubten tatsächlich, dass der Krieg den Deutschen von ihren Feinden aufgezwungen war; die Verteidigung des eigenen Volkes schien ihnen daher notwendig und sinnvoll. Ebenso schwer nachvollziehbar ist für uns Heutige die Wucht der Enttäuschung und Ernüchterung, als nach dem Ende des Krieges das Ausmaß der Verbrechen der Nationalsozialisten bekannt geworden war.

Johanna und ihre Familie gehörten zu den Menschen, die sich als Christen verstanden und Hitler als das von Gott eingesetzte Staatsoberhaupt betrachteten. Der von Hitler begonnene Krieg wurde auch von Johanna nicht als deutscher Angriffskrieg, sondern als Verteidigungskrieg verstanden, was die deutsche Propaganda ja auch immer wieder betonte. Johanna – wie auch fast alle anderen jungen Menschen jener Generation – sahen sich daher völlig im Recht, feindliche Flieger abzuschießen. Die schreckliche Enttäuschung nach dem allmählichen Bekanntwerden der Naziverbrechen, die einem Schock gleichkam, Leben und Jugend im guten Glauben an die gerechte Sache in den Dienst einer verlogenen, verbrecherischen und machtgierigen Ideologie gestellt zu haben, kann im Bericht über Johannas Jugend nur andeutungsweise dargestellt werden.

Anliegen dieses Buches ist es, Johannas Leben in ihrer Zeit und aus ihrer damaligen Sicht zu schildern. Vielleicht erklärt das, warum viele ihrer Zeitgenossen ebenso verführt und verblendet waren wie sie. Anliegen des Buches ist aber auch, aufzuzeigen, dass der lebendige Glaube an Gott durch alle Schicksalsschläge hindurchzutragen vermag.

Heinz-Lothar Worm

Heinz-Lothar Worm

Marie

Der weite Weg zum Glück

176 Seiten, Gebunden
ISBN 978-3-7655-1751-8

Marie, ein Mädchen aus dem nordhessischen Kleinern bei Bad Wildungen, ist glücklich und verliebt. Viel zu selten hat sie Gelegenheit, ihren Karl zu treffen. Umso mehr freuen sich die beiden auf die Heirat – obwohl ihr Vater seine Einwilligung immer noch nicht geben will. Was hat er nur gegen den tüchtigen jungen Mann? Wenn er wüsste ... dass sie ein Kind von Karl erwartet!

Dann kommt der Tag, der Maries Leben komplett auf den Kopf stellt. Der jähzornige Vater jagt Karl davon und muss zugleich ein altes Familiengeheimnis preisgeben: „Weißt du denn nicht, dass ihr Geschwister seid?" Die beiden sind verzweifelt, denn damit ist eine Heirat ausgeschlossen. Was können sie tun?

BRUNNEN VERLAG GIESSEN
www.brunnen-verlag.de